陆学艺全集

第12卷

北京市陆学艺社会学发展基金会　编

社会科学文献出版社
SOCIAL SCIENCES ACADEMIC PRESS (CHINA)

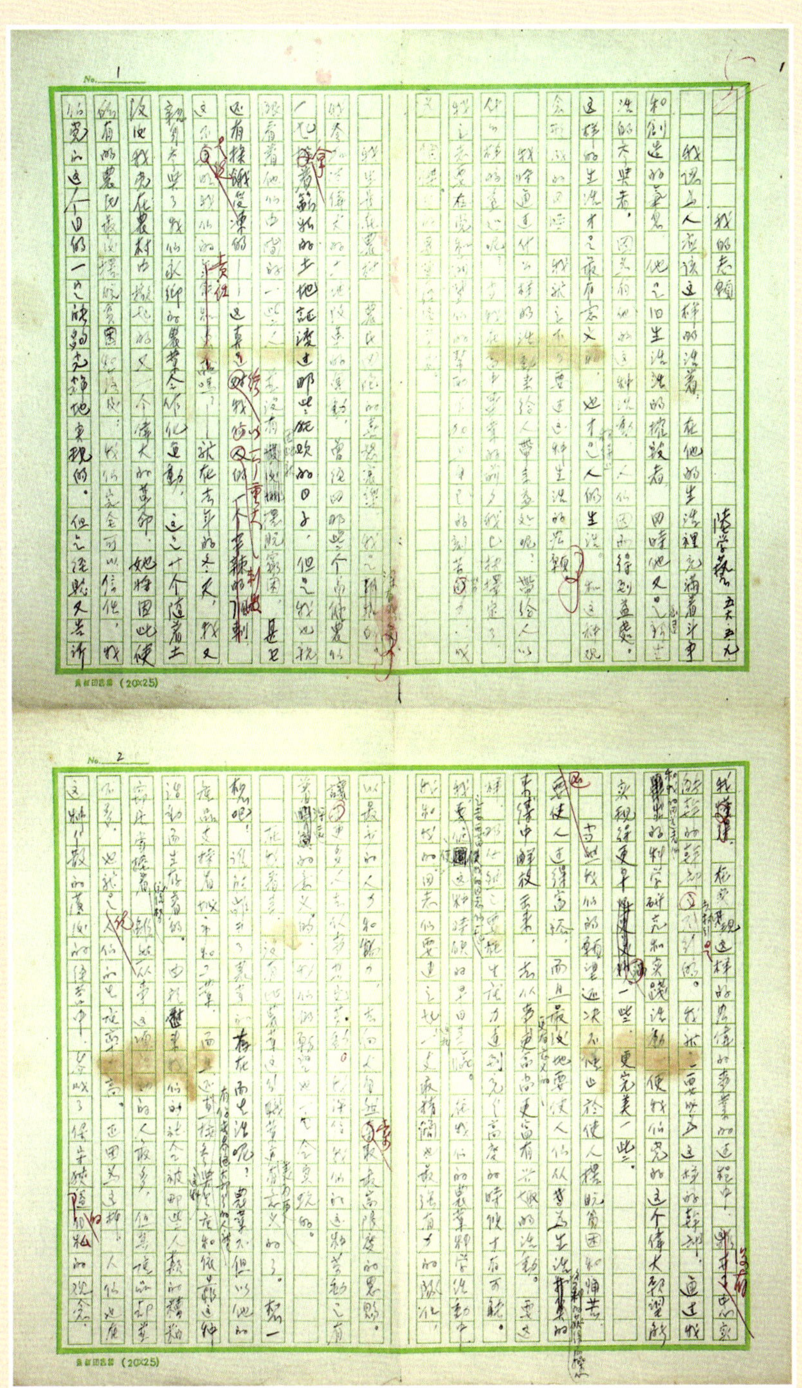

《我的志愿》原稿第一至二页

纪念费孝通先生百年诞辰讨论会

2010.4.17

今年是费孝通教授百年诞辰。再过一周就是费先生诞辰百周年的日子。费孝通教授是中国社会科学院社会学研究所的创始人，今天，我们在社会学研究所成立三十周年的时候，召开这个研讨会，来缅怀费孝通先生，表达我们社会学所同仁对我们的老所长的崇敬和怀念之情。饮水不忘掘井人，社会学所有今天的发展，是三十年前费先生披荆斩棘、艰苦创业、聚集人才、建章立制，打下了一个很好的基础。费先生常说的一句话，他为我们学术搭建了一个很好的平台，我们这些后来者，才有了用武的场所。

我们知道，今年，北京、南京、上海等地的社会学界都在以各种形式来纪念缅怀费孝通教授，这是很好的，今年我们来纪念费孝通教授具有特别重要的意义。放后面

费先生的一生，精彩而又辉煌，为中国社会的发展、人民的幸福事业，为中国社会学的发展，特别是中国社会学的重建做出了重大贡献。他是著名社会活动家、社会学大师。

《学习费孝通先生“学以致用”“志在富民”的精神》原稿第一页

1

我为什么要办这个基金会

2009.4.9.

《我为什么要办这个基金会》原稿第一页

第 12 卷　　其他

（1956～2012）

本卷收录了陆学艺先生1956～2012年撰写和发表的文章、演讲稿、访谈录、书序及学术书信，汇集了作者的早期文稿、纪念文章和自我回顾文章。1956年陆学艺高中毕业前写的作文《我的志愿》明确了他终身为之奋斗的目标——成为一个农业经济学家。《芦城公社见闻》是1963年他还在读研究生、与同学下乡调研时撰写的第一篇调查报告。《要重视解决穷城穷市的问题》是他1980年对辽宁阜新市系统调研的研究报告。《论六对关系》《提高农业劳动生产率是实现国民经济现代化的关键》《正确处理经济建设中的若干关系问题》等文稿反映了他20世纪70年代到80年代初关于国家政治和经济建设问题的思考。《论王安石变法的基本经验与教训》《马克思主义认识论：实践的观点和探求真理的途径》则是他早年对哲学问题的思考。《包产到户好》是他以1979年夏安徽农村调查的生活体验为主要背景而创作的反映安徽肥西县山南区包产到户过程的剧本，《农村新谚》则是他1978年以后在农村调查时收集、整理、编辑和注释的反映农村改革的农村谚语汇编。一系列纪念文章反映了陆学艺对先辈和同行的优秀学术传统和品格的继承与发扬。而《陆学艺学术经历自述》《关于农村社会分层的研究确定了我在社会学领域的研究方向》《往事杂忆》等文则系统回顾了他的学术经历。《我做“三农”研究，是从芦城开始的》是陆学艺2012年回顾54年前其学术生涯起点的一篇文章，作为《陆学艺全集》的终结篇，它可以让我们感受到这位以毕生精力奉献于“三农”问题和社会问题研究与实践的学者不忘初心、慎终如始的可贵精神。

本卷目录

早期文稿

纪念文章

自我回顾

早期文稿

我的志愿*

我认为人应该这样活着：在他的生活里充满着斗争和创造的气息，他是旧生活的摧毁者，同时他又是新生活的参与者，人们因为有了他的这种活动而得到益处。这样的生活才是最有意义的，也才称得上是人的生活。在这种观念形成的同时，我就立下了要过这种生活的宏愿。

我将通过什么样的活动来给人带来益处呢？带给人什么样的益处呢？当我在高中毕业的前夕我已抉择定了，我立志要在党和前辈们的帮助下，加上自己的刻苦努力，成为一个杰出的农业经济学家。

我生长在农村，农民同胞的喜怒哀乐，我是深有感触的。我参加过伟大的土地改革运动，曾经同那些个贫雇农们一起，拿着崭新的土地证度过那些狂欢的日子。但是我也亲眼看着他们中间的一些人，并没有因此就摆脱穷困，甚至还有挨饿受冻的——这真是给我以一个重大的刺激，这不正说明我们的责任吗？——就在去年的冬天，我又亲身参与了我们家乡的农业合作化运动，这是土改后我党在农村发起的又一个伟大的革命，它将使所有的农民最后摆脱贫困和落后，我们完全可以相信，我们党的这个目的一定能够光辉地实现。但是经验又告诉我，在完成这样宏伟的事业的过程中，没有忠实能干的干部去执行是不行的。我就是要成为这样的干部，通过我和我的同道者们的科学研究和实践活动，我们党的这个伟大愿望能实现得更早一些、更完美一些。

当然我们的愿望还绝不仅止于使人摆脱贫困和痛苦，还要使人过得富裕，而且最后要使人们从为生活资料的获得而操心的束缚中解放出来，去

---

* 本文源自作者手稿。该稿写于1956年5月9日，系作者于高中毕业前夕撰写的一篇作文。作者于1954年10月在中国人民解放军第三野战军部队转业后通过测试考入无锡市公益中学，插班读高二，于1956年7月高中毕业。——编者注

从事更有意义的、更高尚的、更富有兴趣的活动。要这样，那必然是要在生产力达到充分高度的时候才有可能。我立志要同我的同志们一起，促使这个时刻早日来临。在我们的农业科学活动中，我和我的同志们要建立起这样一支最精简也最强有力的队伍，以最少的人力和物力，去向大自然索取最高限度的恩赐。让更多人去从事其他劳动。我深信我们的这种劳动是有着深远的意义的，我们的愿望也一定会实现。

在我看来，没有比农业这个行业更美丽、更有意义的了。想一想吧！谁能离开了农业的存在而生活呢？农业不但以它的产品支持着城市和工业，而且，占世界绝大部分的人就是直接参与这种生产和依靠这种活动而生存着的。由于历来我们的社会被那些人类的糟粕窃取、掌握着统治权力，虽然从事这项活动的人最多，但其产品却并不多，也就是说，人们的生产率不高。正因为这样，人们在这种分散的、落后的经营中，养成了保守、狭隘、自私的观念。我们的任务，就在于最有效地把人们组织起来，提高田地的生产率，帮助人们去掉头脑中的落后因素。要做到这样，绝不是一件轻而易举的事，但是在我们的这个时代里，往往最艰巨、最复杂的事业，也就是最光荣和最有意义的事业。既然我已立下了要使自己的生活有益于人们的宏愿，那当然也就有勇气和胆量来挑起这沉重而又艰巨的担子。

我也懂得要做前人所没有做过的艰巨复杂的事业，单凭勇气和胆量是不够的，更主要的是必须要有知识和能力。而现阶段还是我从前辈们那里获得知识、提高自己能力的时候，因而为了使我的生活过得有意义，使人们因为有我的活着而得到好处，使我们党在农村中的事业得以早日实现，现在，我必须在学习上加倍努力。

【老师评语】语言富有逻辑力量，有说服力，说明了你选择这个志愿的原因和实现这个志愿的决心。

哲学的中国*

第一次宣传总路线①的情景还历历在目，时间却过去了五年。这短短的五年在历史上不算一回事，但这是在我党所制定的总路线照耀下度过的五年，我们的祖国经历了一个翻天覆地的变化，中国向新的时代迈出了豪壮的、震惊世界的第一步！

这五年在经济上我们打下了一个初步的基础。与此同时，全国人民的政治觉悟空前提高了，也就是在领导我们全国进行社会主义革命和建设的过程中，我们党的马列主义水平空前提高了，全党干部的政治经验更加成熟了，所有这些都是我国的建设可以高速发展的可靠保证。

这种高度的马克思主义水平，集中表现在党中央和毛主席的许多伟大而英明的指示中。拿这次八大②通过的总路线为例，总路线不仅指出了我们的目标是建设社会主义，而且着重指示我们应怎样来建设。这样的提法能最大限度地激发人们的潜力，使人们参加伟大的建设；这样的提法能贯彻到每个人的整个生活中去，这是完全符合当前我国人民觉悟空前提高、都有为祖国事业建立功勋的强烈愿望的情况的；这种提法在我党的历史上也是空前的。总路线发布后，立刻受到全国人民的热烈欢迎，并化为巨大物质力量的事实，就证明了党中央的英明和正确！

这种高度的马克思主义水平，还表现在各级党的机关的活动及其工作

---

* 本文源自作者手稿，该稿大约写于1958年6月，应为作者在北京大学哲学系学习时撰写的学习贯彻“鼓足干劲，力争上游，多快好省地建设社会主义”总路线精神的学习体会。——编者注

① 指1953年正式公布的党在过渡时期的总路线：在一个相当长的历史时期内，基本上实现国家工业化和对农业、手工业、资本主义工商业的社会主义改造。——编者注

② 指1958年5月5日至23日召开的中国共产党第八届全国代表大会第二次会议，下同。这次会议根据毛泽东的倡议，通过了“鼓足干劲，力争上游，多快好省地建设社会主义”的总路线。——编者注

人员的活动中。在这次八大会议的发言中，我们看到各级党的干部都在遵循着党中央、毛主席的指示，依据马克思主义的原则，又密切结合当地情况，在进行着创造性的劳动，其结果是使每个角落都在向共产主义的方向跃进！而且代表们的发言稿本身也都是典范的马克思主义作品，里面含了多少革命的乐观主义。

由此我们可以看到马克思主义的革命精神与方法的伟大威力，可以看到它已深入人心，并且可以预料马克思主义本身在这样伟大的人民的实践中也会得到空前的有力的发展。

中国将变成哲学的中国。

作为这样的时代、这样的国家的哲学系学生我是异常荣幸的。但是在我们这个时代，幸福总是同责任相应的，我们双肩上的担子是不轻的。

芦城公社见闻*

大兴县芦城公社有四百多户人家。原来处在十年九涝的薄碱沙洼地带，群众过着“春熬硝，夏打草，秋天掏鱼，冬天跑”的贫困生活。1954 年河北省委在这里搞洼地改造试点，试种水稻成功。1955 年以后连年丰收，人民丰衣足食。1958 年到 1960 年，由于天灾和工作中的缺点错误，生产遭到破坏。1961 年贯彻“十二条”“六十条”之后，生产有所恢复，1962 年生产又有大幅度提高。这个公社 1961 年总产粮食 460 万斤，1962 年实产达到 640 万斤，增长 39.1%。如 1957 年鹜房大队粮食产量达 98 万斤，1960 年降到 39 万斤，1961 年恢复到 74 万斤，1962 年增加到 104 万斤，1962 年比 1961 年增长 40.5%。

一　芦城公社的生产为什么能发展得这样快?

第一，贯彻执行“十二条”“六十条”以后，政策兑现了，生产逐步恢复，生活逐渐改善，群众的生产劲头越来越足，集体经济日益巩固。1961 年春天群众还怕“归大堆”，秋后按春天的方案分配了，群众才安了心。政策一兑现，立即调动了干部、社员的积极性。

第二，“大跃进”中搞的基本建设发挥了作用。1962 年春旱，插秧需要大量的水，但因为前几年大搞了水利，建了永定河大闸，挖了天堂河水库，整修了水渠，尽管天不下雨，插秧也不缺水。前几年平整土地，建立拖拉

* 本文源自北京市档案馆 2k1 全宗 14 目 20 卷，作者为陆学艺、贾信德，写于 1963 年 2 月 15 日。该文为陆学艺与同学贾信德在 1963 年春节期间去芦城公社调查后所撰写的调查报告。据陆学艺在 2012 年回忆，这是他与贾信德合写并发表的第一篇农村调研文章，发表在北京市委内刊《北京内参》上，作者当时已经找不到此文了（参见本书第 12 卷收录的《我做“三农”研究，是从芦城开始的》一文）。——编者注

机站，修机耕道，当时花费不小，现在优越性表现出来了，东西芦城的稻田全部由拖拉机包下来，节省了大量的人力、畜力。

第三，各方面的支援。西芦城1960年有男女劳动力388个，到1962年增为540个，净增152个，增加39%。其中大部分是从学校毕业和退学来的，以及从工业战线上调回来的。

芦城公社机械化程度相当高，80%以上的土地是机耕的，基本上实现了电力灌溉（水田有抽水站，旱地有机井），脱粒、碾米也是用电，东西芦城还各有一辆运输汽车等。

二　粮多、钱多了干什么?

1960年每人收入60元，每户收入275元；1961年每人收入91元，每户收入407元；1962年每人收入104元，每户收入481元。除集体分配以外，据公社和大队估计，东西芦城平均每户自留稻田产粮达500斤，副业收入有200元。有个队干部说："今年社员的生活是解放后最好的，大米足吃，家家户户又换了白面，油足吃，肉每户几十斤（三四户人家杀一头猪），真是要面有面，要肉有肉。"

因为这个丰收来得比预料的要快得多、好得多，人们的思想准备不足。在这样大的胜利面前，大有茫然不知所措之感。对于"下一步怎么办"，东芦城副小队长说："现在出门有车骑，上炕有匣子（收音机）听，桌上有钟，厨里有肉，囤里有米，袋里有钱，往后就该提酒瓶子了!"鹫房支部组委杨甫说："社员的生活够'社会'的了，今后怎么办？想不出来了，一句话，知足了。"有的社员说："现在的生活要面有面，要肉有肉，往后社会主义还有啥稀奇的呢?"有些社员准备盖房修房，有的准备结婚，有的购买各种日用品。在分红以后，东西芦城、鹫房三个村的社员买了150辆自行车，现在平均三户有两辆车，两户有一台收音机，大多数人家都有钟（还有安上电钟的），家家都装上了电灯，有些户还是"棍灯"（日光灯）。有不少群众大办红白喜事，铺张极盛。元旦一天，西芦城就有三家办事请客的。兽医姚殿增为儿子娶亲，办了70桌（400多人）酒席，杀了一头猪、一只羊，吃了300多斤米，喝了70多斤酒，花费在1000元以上。除婚丧事之外，还有做寿、办满月、吃回酒、接姑爷等名目。大队统计员李长旺说："我家去冬今春得花60～70元送礼钱，真不得了!"

形成"办事"之风，原因甚多。群众说，前几年吃食堂，使得亲也不亲了，热也不热了，亲戚都断了。今年收成好，在一起喝杯酒联络联络感情。其次是群众有这种传统习惯。另外是“办事”能赚钱。张广年为儿子办满月赚了100多元。姚殿增给儿子娶亲，估计可赚200多元。

三　这里也有两条道路的斗争

芦城地区1951年办互助组，1953年办初级社，至今已有10多年的历史。基本群众对走集体化道路是坚定的。但是单干的思想不仅富裕中农有，贫雇农也有。如贫农杨凤生（基本群众）说：“要是上级允许，队再分小一半，粮食还能多打一倍。”农民的单干情绪还表现在：对自留地的热情胜过对集体生产的热情，最好的本领，最好的肥料，也都全用在自留地里；搞个人副业的热情胜过搞集体副业的热情。有些农民热衷于打草搞副业，不参加或少参加集体生产。

另外，不少人要求自由市场里粮、油、棉自由买卖，称河北省的集市贸易为“解放区”。张广年说：“你（指北京地区）统治得紧，我就到‘解放区’去。”有些人偷着去做买卖。

迷信活动，也有抬头。近来村里又有请和尚念经的。西芦城一社员替亡父做斋事，专程到河西花80元钱，请7个和尚来念了一天经。据说，这些和尚已还俗了，老婆、孩子都有了。人们说：“请的不是真和尚，念的不是真经，花的钱倒是真的!”芦城的土地庙早已扒平了，有人居然找到了三块庙砖，在原地供起来，有人就去烧香化纸。另外，最近村里又常听到“算命先生”的声音了!

四　应该解决的几个问题

（1）现在一部分社员滋生了“知足”的情绪，这对今后进一步搞好生产是很大的障碍。应该好好地对群众进行教育，告诉他们1962年的生产搞得不错，但是劳动生产率还是很低的，建设社会主义、共产主义还要付出更多的劳动。芦城附近荒地还不少，已耕地平均亩产也还不足300斤，人力、地力的潜力还很大。

（2）应该组织一些健康的文化娱乐活动去丰富群众的精神生活、提高群众的觉悟，让那些封建迷信活动找不到市场，如办识字班、组织农民参加业余剧团、放映电影等。另外，青少年的教育也是问题。芦城中学原有近300名学生，现在不足100人，多半退学搞生产去了。小学生退学的也很多。原来50人一班，现在只有30人了。这样若干年以后，又会出现一些新的文盲。青年工作很差，东芦城从学校回来的有20多名青年学生（5名团员），因为没有人管，他们说："回来不到半年，不但聋了，而且瞎了！"

（3）造林问题。1958年以后这里的林木基本上被伐光了，无论冬夏，极目望去，一片旷野，不少防风防沙林也被砍坏了。风沙害及庄稼，希望有关方面研究一下造林的问题。

论一个人的价值*

一　每个人都是有价值的

中国唐代伟大的诗人李白讲过一句名言——“天生我材必有用”。这句话不仅对于如李白这样凤毛麟角、才气横溢的诗人是适用的，而且就是对于亿亿万万的芸芸众生也是适用的。

每个人降生到这个世界上，都在社会上占有了一定的位置，都起了一定的作用，都为这个世界尽了一份力量，为这个世界的发展做了贡献。当然，这种作用、力量、贡献因每个人不同所以是有差别的，而且差别是很大的。那个历史上赫赫有名、为后代的人所争论不休的秦始皇，同他统治下的一个普通黔首相比，对社会的作用是不一样的，但就其有作用这一点来说却是一样的。体格强健数次打破世界举重纪录的陈镜开和身患不治之症被医院用作标本的人对于社会都是有作用的。爱迪生、爱因斯坦、门捷列夫、钱学森，等等，这样的发明家、工程师和普通的工人、农民对于社会的贡献是不同的，但他们都是有贡献的。

说这些人于社会有作用、有贡献，主要是因为这些人用不同的方式、以不同的程度为社会创造了物质的或者精神的财富。前面那些人创造的财富，那是人尽皆知的。现在我们试着来解剖一个普通的人为社会所做的贡献。其实社会就是靠着这亿亿万万之人默默无闻地劳作、创造，才进步的。

一个人降生了，先是社会供养了他（不管是哪种方式，都是社会所供养的），对他预支了价值，使他长大了，受了教育，他成人了，进入社会，参加劳动，他劳动后为社会创造的财富（用各种不同的形式）成倍、成十

* 本文源自作者手稿，该稿大约写于1967年。——编者注

倍、成百倍地偿还给了社会。这些世世代代的千千万万个劳动者所付出的劳动以财富的形式积累起来，就成为人类社会日益发展、日益进步的物质基础。

二　人类社会进步的速度是越来越快的

人类社会就总的趋势来讲是越来越进步的，而且就发展的速度来讲是越来越快的，就有如一个加速运动那样。这种进步的物质基础就是亿万劳动人民世世代代创造的物质财富和精神财富，这些财富越来越多，而且这种积累的绝对值是越来越大的，其积累的速度也是越来越快的。

就社会形态来讲，原始社会有40万至50万年，奴隶社会有4000～5000年，封建社会在欧洲自罗马帝国的崩溃到1640年资产阶级革命有2000余年，在中国自西周的建立到1840年鸦片战争则有3000余年。资本主义社会从1640年资产阶级革命到1917年十月革命则只有277年。但是奴隶社会5000年所创造的物质财富和精神财富远比50万年的原始社会时期创造的要多，3000年的封建社会时期则又比奴隶社会时期创造的要多得多。而大有甚者，277年的资本主义时期所创造的文明和财富，比以前数10万年各个社会所创造的总和还要多！这一点马克思在其《共产党宣言》中曾经做了恰当的评定。而在1917年至今的50年中，社会的文明水平又阔步向前跨越了，所创造的文明、财富又数倍于以前诸社会。

探讨一下这种财富增加的原因。

（1）创造这种财富的人的增殖，在和平时期，世界各国的人口约以每年增殖2%的速度在发展着，几乎是不到40年人口的繁殖数量就要增加一倍。

（2）财富是越积越多的，而且这种财富本身通过人的作用在生产新的财富的过程中是能起一定作用的。所有的生产都是扩大再生产。

当人们还使用着木犁，不知道施肥，在刀耕火种的时候，每个劳动力每年的生产量是不过千斤的；当人们使用牛耕、铁犁，已经有了牛、马、犬、猪的粪肥田，则每个劳动力每年生产2000斤～3000斤，相当于现今我国一般农民生产水平（2亿劳动力生产了4000亿斤粮）；当人们使用拖拉机、收割机、电力灌溉、优良品种、化学肥料、药物杀虫之后，则每个劳动力每年生产的粮食能达到10000斤～100000斤。

在上述比较中，还有生产关系和生产力发展水平等重要因素。但就在同一时代、同一条件下，我们也能看出这个问题。在合作化以前，在同一个村里，假设一个贫农和一个中农所有的土地和土质都相等，中农有资金，养了猪，有牛，肥料数倍于贫农，在田中挖了土井，可以灌溉，这样两人每年在相同年成下，虽然勤劳程度相同，甚至贫农的勤劳程度要比中农高，但产量可以相差 2 ~3 成，乃至 5 成不等。

在工业中这种差别就更显著了。例如一个锻工，他在手拉鼓风炉旁边，手抡铁锤，虽然有 2 ~3 个助手帮忙，一天生产的零件、铁器不过百件；而使用了电动鼓风炉、蒸汽锤的一个锻工，每天则能生产数百吨的钢铁锻件；再进一步，如果他使用了万吨水压机，那他几分钟内就能锻好一个上百吨的锻件，这种产值就相差不啻数千万倍了。

这种差别也可以这样来说明：社会的一切财富都是劳动的产物，是人通过他的体力和智力的劳动，把自然界中的能量及其转化物、潜在物转化为于人类自身有益的东西。所以自然在这里是起了一定作用的。300 多年前斯密说："劳动是财富之父，自然是财富之母。"这句话是有一定道理的，不过需要加以说明和补充。在财富生成过程中，自然只是一个条件，人的劳动才是具有决定作用的因素。没有人的劳动，自然还是自然，世界至今还是混沌的东西。因为有了人的劳动，世界才变成今天的样子。劳动创造了世界，所以一切财富可以归结为劳动的产物。这种劳动的产物是日积月累的，它不仅以实体的形式积累下来，而且还转化为精神，进而通过人的体脑日益发展的形式积累于人本身。

（3）人的自身的智力体力的改变，表现为科学技术的进步。

（4）人的社会结构、社会关系的进步。

三　人的潜力是无穷的

就个人来说，一个人的生命是有限度的，然而其体力、智力的发展，特别是他智力的发展，和他所凭借体力、智力的劳动给社会创造的财富，却是无限量的。

从体力方面说，由于社会给予人的营养水平不足、养育方式不完善、医疗条件和劳动条件不良，现代人的体力发展远远没有达到应有的水平。如果今后社会进一步发展，给予人的营养水平提高、医疗条件改善，特别是养育方式的完善，那么人的体力发展还能达到我们现今所不能想象的地步。未来的劳动使用得当，做到劳逸适度的话，那么，人的体力在劳动方面发挥的作用，也能达到现今所不能想象的地步。

尤其是智力发展方面，由于体质条件的改善，特别是未来的教育水平的提高，从小受到良好的、科学文明的、优良的政治教育、正确的思想方法的训练，那么人的智力发展会达到惊人的水平，不仅会导致全社会的智力普遍提高，而且每个时代将会产生出成千上万的优秀的天才人物来，造福智力人类。

在原始时代，人类基本上只使用其四肢的力量和极初步的智力来进行生产，谋取生活来源。以后社会生产的发展、物质财富的增多，使得一部分人能从事较进一步的智力活动。随着经济进一步发展，政治、科学、文明也日益发展起来，有日益众多的人去从事智力活动，人的智力发展也达到了一个较高的水平，出现了今日科学昌隆的时代。然而就全世界30亿人口来说，绝大多数的人，还只使用其体力和初步的智力活动在以很低的生产率进行着财富生产，而且那些专门从事科学研究和进行高度发达的工业生产的人，也并非已经完全发挥了他的智力和体力的巨大潜力。因此，可以说现今世界的人力资源的利用还仅是初步达到很原始的地步。如果社会发展到人类所理想的真正的共产主义社会，没有了人剥削人、人压迫人的时代，人类共同向自然开战，人类的智力和体力都得到充分的发展，人类的潜力得到充分的发挥（而这种发展是无止境的），以那样的水平来衡量今天的人力资源的利用率，那么今天人类的劳动生产率只能是那个时代的万分之几或亿分之几。有个科学家计算过，说如果到1980年人类发展到36亿人，那么也只要消耗全世界可耕土地生产食物的2%。这当然已经能说明很多问题了，但是他只是以他能想象的水平来衡量土地的潜力，他没有计算也不可能计算千百年后人类的智力和体力的发展会达到何种水平，而土地的潜力是要看人类对它的利用程度的。如果人的智力、体力发展是无穷的话，那么可以肯定土地潜力的利用也必然是无穷的。那种担忧世界会有人满为患，会匮乏到无地可以养活人的想法是悲观的、错误的。只要社会能给予人以良好的养育、正确的训练和正确的人力资源的利用，人的智力、体力的发展和利用就是无穷的。人类发展的前途是无限量的。

论六对关系*

一　经济建设与巩固政权的关系

（一）历史的回顾

从历史上看，“生产关系的革命，是生产力的一定发展所引起的。但是，生产力的大发展，总是在生产关系改变以后”①。例如，资本主义革命、资本主义建立自己的国家，也不是在工业革命之后，而是在工业革命之前，也是先把上层建筑改变了，有了国家机器，然后进行宣传获得实力，才大大推动生产关系的改变，生产关系搞好了，走上轨道了，也就为生产力的发展开辟了道路。“首先制造舆论，夺取政权，然后解决所有制问题，再大大发展生产力，这是一般规律。”② 社会主义的革命和资本主义革命在这个问题上当然有所不同（在无产阶级夺取政权以前，不存在社会主义的生产关系，而资本主义的生产关系在封建社会中已初步成长起来了），但是基本上是一致的。

我国社会主义革命、社会主义建设的全部历史就是按着这个一般规律发展的，经过28年的艰苦卓绝的斗争，中国人民在共产党和毛主席的英明领导下，推翻了三座大山，夺取了政权，成立了新中国；经过土地改革、农业合作化、手工业改造、私营工商业改造、人民公社化，实现了所有制的革命，建立了社会主义的全民所有制和集体所有制。此后，我们实行了

* 本文源自作者手稿，该稿写于1974年6月。——编者注

① 毛泽东：《读苏联〈政治经济学教科书〉的谈话（节选）》，载《毛泽东文集》第8卷，北京：人民出版社，1999年6月，第132页。——编者注

② 参见《毛泽东文集》第8卷，北京：人民出版社，1999年6月，第132页。——编者注

第一、第二、第三和第四个五年计划，进行了社会主义革命和社会主义建设，把我国从一个贫穷落后的国家，建设成一个初步繁荣昌盛的社会主义的新中国。

从历史上看，我们的经验也说明，一个新的政权、一个新的社会制度建立了，要巩固、要发展，除了要正确解决政治上、军事上的问题，还必须进行经济建设，发展生产力，解决好经济问题。如果不解决好经济问题，这个新的政权、新的社会制度就不能得以巩固，人民的生活就不能改善，革命的目的——发展生产力，也就无法实现。

毛主席说：革命就是解放生产力，革命就是促进生产力的发展。[①] “人民民主专政的政权，给我国的经济和文化的迅速发展开辟了道路。”[②] 社会主义是中国的唯一出路。“……不能认为新制度一旦建立起来就完全巩固了，那是不可能的。需要逐步巩固。要使它最后巩固起来，必须实现国家的社会主义工业化，坚持经济战线上的社会主义革命……”[③]

列宁在总结十月革命和以后的历史经验时讲到，“归根到底，只有新的更高的社会生产方式，只有用社会主义大生产代替资本主义生产和小资产阶级生产，才能是战胜资产阶级所必需的力量的最大泉源，才能是这种胜利牢不可破的唯一保证”[④]。他还说：“劳动生产率，归根到底是保证新社会制度胜利的最重要最主要的东西。资本主义造成了在农奴制度下所没有过的劳动生产率。资本主义可以被彻底战胜，而且一定会被彻底战胜，因为社会主义能造成新的高得多的劳动生产率。”[⑤]

我国古代历史的发展也能说明这个问题，秦始皇统一六国，建立了中央集权制的封建制度，但他只活了52年，统一后12年就死了。之后刘邦篡夺了农民起义的果实，承袭了秦始皇的制度，建立了刘姓的汉朝。数十年间，复辟与反复辟的斗争接连不断，直到汉武帝刘彻在桑弘羊等人的辅助下，进行了盐铁、均输等一系列的财政经济改革，进行了大规模的农田水利的建设，初步解决了财政经济问题，使得汉王朝出现了一代繁荣昌盛的

① 参见《解放军日报》1967年8月3日。

② 参见《毛泽东文集》第7卷，北京：人民出版社，1999，第275页。——编者注

③ 毛泽东：《在中国共产党全国宣传工作会议上的讲话》，载《毛泽东文集》第7卷，北京：人民出版社，1999，第268页。——编者注

④ 列宁：《伟大的创举》，载《列宁选集》第4卷，北京：人民出版社，1972年10月第2版，第13页。

⑤ 列宁：《伟大的创举》，载《列宁选集》第4卷，北京：人民出版社，1972年10月第2版，第16页。

局面。

取得了政权，改革了生产关系，解决了所有制问题，这只是说为大大发展生产力创造了条件，开辟了道路，并不等于就是发展了生产力。要发展生产力，大大提高劳动生产率，还需要经过努力，还需要解决一系列政治和经济方面的政策问题，否则生产力并不能自然地发展起来，在社会主义条件下，则尤其是这样。

（二）苏联变修后我们的任务

苏联社会主义变修以后，西方资产阶级曾经按照他们的观点做过解释，他们认为苏联的变修是由“经济发展会引起一种自动地向自由制度的趋势”造成的。“随着它所生产的消费品增加，它将成为一个思想意识不那么浓厚和斗争性不那么强、越来越注意物质舒适的社会……随着苏联公民的生活水平的提高和他们的社会关系增加，他们将施加越来越大的压力，要求早已为西方所熟悉的各种自由。工业化需要技术人才，而教育则培养怀疑精神。经理阶级不会屈服于警察国家的压力。适合于促进原始社会的经济发展的方法，在一个非常复杂的社会中就不再行得通了。”①

基辛格还说：“共产主义社会发生……这种演变是不可避免的。”② “演变的性质不仅部分地说明了共产主义长期存在的原因，而且也说明了它的失败之处。同自己的期望相反，共产主义取得最大成功的地方是在摆脱封建统治和工业化演变发展刚刚开始的农业地区。它在西方民主社会中最不成功，而按照他们的理论，是期望在那里取得胜利的。这是因为，共产主义作为一种实现经济发展的途径和一种政治组织形式，是西方民主制度的一种代替办法而不是它的一种演变形式。在工业化初期已经有民主制度的地方，经济发展的过程使民主制度加强了。”③

基辛格把希望寄托在某些领导人的更迭上。“如果由于某种原因领导人物消失了，运动就可能崩溃或改变到无法辨识的地步，法西斯恐怖时代由于失掉了罗伯斯比尔这一个人而结束。”

---

① 基辛格：《选择的必要》，国际关系研究所编译室译，北京：商务印书馆，1972 年 11 月，第 345 ~ 346 页。

② 基辛格：《选择的必要》，国际关系研究所编译室译，北京：商务印书馆，1972 年 11 月，第 359 页。

③ 基辛格：《选择的必要》，国际关系研究所编译室译，北京：商务印书馆，1972 年 11 月，第 366 ~ 367 页。

日本的资产阶级也说："经济非常不发达的落后国家，或许可以采用社会主义制度以发展本国的经济，但当达到一定程度的工业化水平之后，仍然会陷入停滞不前的僵局，仍然不免要实行'自由化'，并复活资本主义。社会主义适宜落后国家，像日本这样经济高度发展的先进国家，则不适用。"①

根据这种理论，西方就拼命向社会主义国家进行经济、技术、思想、文化的渗透，以促使社会主义国家的演变，他们认为苏联变修就是这种政策成功的结果，他们现在也想对中国实行这种政策，妄图获得成功。

马克思主义认为革命解放了生产力，促进了生产力的发展，而生产力的提高、经济的发展，是建成社会主义、实现共产主义必不可少的条件。但这不是实现共产主义的唯一的条件，此外，还必须通过阶级斗争，进行一系列政治、经济、"文化革命"，提高全体人民的共产主义觉悟，提高文化教育水平，消灭三大差别，只有在那个时候，才能完全超出资产阶级的狭隘眼界，社会才能在自己的旗帜上写下"各尽所能，按需分配!"，才能进入共产主义时代。苏联变修了，复辟了资本主义，决不如西方资本主义所说的是经济发展的必然结果（苏联虽然实现了工业化，但苏联的经济建设还有很多问题)。苏联社会变修，是一小撮隐藏在党内的走资本主义道路的当权派篡夺了党和国家的领导权，背叛了马克思列宁主义，向国际国内资本主义投降，实行修正主义政策的结果，是阶级斗争长期反复的一种表现，是历史进程中的一个曲折。

我们在 1949 年成立中华人民共和国，和以后开始实行第一个五年计划、进行社会主义建设的时候，苏联是以斯大林同志为首的苏联共产党领导下的社会主义国家，那时的苏联曾经在精神上、物质上给予我们巨大的援助，对于苏联人民给我们的这种帮助，我们是永志不忘的。那时，我们在建设社会主义的过程中，是认真学习了苏联的先进经验的，他们的经验对于我们来说是十分宝贵的。我们那时确立了一条方针，即：一切国家的好经验，我们都要学，不管是社会主义国家的，还是资本主义国家的，但是主要的还是学苏联。我们那时在不少方面也确实是把苏联看作榜样来学习的。在经济建设中尤其是工业建设开始的时候，因为我们缺少办工业的经验，我们是学了苏联的经验的。当然，就是在那个时候，我们也没有照搬照抄苏联的做法，我们是有分析地吸取那些对我们有益的经验的。我党中央从来

---

① 新谷明生、足立成男、佐久间邦夫、原田幸夫：《苏联是社会主义国家吗》，余以谦译，香港：香港三联书店，1969 年 12 月，第 200 页。

就反对教条主义的照搬照抄的学习方法的。苏联变修之后，我们一部分同志在思想上产生了一些问题，苏联社会主义经济建设的经验还灵不灵？应该怎样评价我们过去学习苏联经验和我们建立的一些经济企业中的问题？

我们的经济发展了，生产力提高了，会不会也像苏联那样出现“自由化”？我们今后怎样搞社会主义的经济建设呢？苏联这个榜样倒了，今后按什么样的路子走呢？

这些问题，归结起来讲，一个是进行社会主义经济建设的信心问题，另一个是进行社会主义经济建设的榜样问题。过去在我们党内、在我们的国内，由于林彪的反革命路线的干扰，他们的洋奴哲学、爬行主义思想的影响还是有的。林彪就说过，要“看花绣花，看蟹雕蟹”，他是主张全盘苏化的。这种洋奴思想的余毒还束缚着我们一部分同志的头脑。苏联变修了，这个榜样倒了，苏联的经验不灵了，这些人就觉得无所适从，不知从何做起。

不过这个问题还是第二位的，关键还在于人们有没有进行社会主义经济建设的信心。这个问题也就是一国能否建成社会主义社会的问题。20 世纪 20 年代，列宁逝世以后，苏联在进行大规模的社会主义建设的初期，曾经辩论了好几年，斯大林等同志花了很大的力气，领导这场大辩论，彻底战胜了托洛斯基集团（他们认为在落后的俄国是不可能建设社会主义的），说服了全党和全国人民，确立了一国能够建成社会主义社会的信心，为苏联进行伟大的社会主义经济建设奠定了比较牢固的思想理论基础。现在第一个社会主义国家苏联变修了，复辟了资本主义，这个问题好像又成了问题。西方资本主义断言：“经济发展会引起一种自动的向自由主义制度靠近的趋势。”他们是把他们的愿望变成现实，把偶然看成必然。他们是从本能上反对社会主义社会建成的。我们的同志千万不要上帝国主义和资本主义的当。

我们党从苏联修正主义出现在地平线上开始，就和他们进行了针锋相对的斗争，以后又开展了关于国际共产主义路线的公开的大论战，批判了苏联叛徒集团的修正主义路线，总结了苏联变修的经验教训，捍卫和发展了马克思列宁主义，同时也总结了进行社会主义经济建设的经验教训，肯定了一国可以建成社会主义社会的理论。

毛主席总结了国际共产主义运动的正反两方面经验，提出了无产阶级专政下继续革命的学说，为我党制定了在社会主义历史阶段的基本路线，只要我们按照毛主席指引的方向，按照党的基本路线去做，经过全党全国人民的努力，我们是能够把我国建设成为现代工业、现代农业、现代国防和现代科学文化繁荣昌盛的社会主义伟大国家的。当然，我们也一定要估计到历史的曲折和反复，我们在预计我们的前途时也要预计到有几种可能。按照毛主席的方针路线办事，我们在反修防修的条件下建成了社会主义国家，这是第一种可能，这是我们全国人民奋斗的目标；也可能是我们经济建设起来了，但没有搞好防修反修，这是第二种可能；也可能是既没有把经济建设起来，也没有搞好防修反修，甚至退到殖民地半殖民地的悲惨境地去，这是第三种可能。这后两种可能都将是历史的悲剧，是我们一定要避免的。但是，即使出现了这种情况，那也只是历史的暂时倒退，社会主义、共产主义终将在中国取得胜利，这是毫无疑义的。

上面提到的几个问题是必须讨论清楚的，否则会使我们的同志，尤其是从事经济工作的同志，无所措手足，不知从何做起。我们要弄清楚，苏联变修的真正原因是什么。这个问题我们党在国际共产主义运动总路线的大论战中是讲清楚了的。苏联经济建设的正反两方面的经验是什么？这是指要弄清楚斯大林时代进行经济建设的正反历史经验，要对我们过去所进行的经济建设，以及我们20多年来进行经济建设的经验和教训有一个正确的认识，哪些是应该继续发扬的，哪些是应该摒弃的，有一个清楚的认识。

要认清苏联变修不是经济发展的必然结果。所以那种所谓“抓革命保险、抓生产危险”的论调是不对的。苏联在经济建设过程中本身有不少问题，这是不可否认的。一长制、专家路线、高薪制、物质刺激、农轻重倒置等，都是要批判的，要具体分析。其中有些是修正主义的表现，是修正主义的结果，而不是产生修正主义的原因（有些是产生修正主义的部分原因）。

（三）历史的曲折

“人类总是不断发展的，自然界也总是不断发展的，永远不会停止在一个水平上。因此，人类总得不断地总结经验，有所发现，有所发明，有所创造，有所前进。”①

人类就是在不断总结经验的过程中前进的。在自然科学上是这样，在社会科学上也是这样。但历史是曲折的，是波浪式地前进的，在人类对历史经验的总结中也常常出现总结错了的现象。

---

① 毛泽东：《学习马克思主义的认识论和辩证法》，载《毛泽东著作选读》（下），北京：人民出版社，1986年8月，第845页。——编者注

历史上的各个统治阶级也总是在有意无意地总结历史经验，以求实现他们的常稳久治之道，保持他们的统治。

汉高祖刘邦统一天下之后，曾召集了一个御前会议，总结秦所以亡、汉所以胜的经验教训，企图找出一个长久保持刘家天下的灵丹妙方。讨论的结果是，秦之所以亡是因为没有分封诸侯，农民一起来，中央在各地没有辅翼力量，所以亡了国。刘邦认可了这个结论，乃分封诸侯于全国，以为朝建辅翼。

但这个经验是错的。刘邦还没有死，异姓王就在各地造起反来，刘邦又不得不东奔西战去扫平这些异姓王，他自己也死在征战中。但刘邦至死没有认清这个总结错误了的历史经验，他只认为异姓靠不住，因此他生前立了一条规矩，曰："异姓不得王。"他以为诸侯之所以造反，是因为不是刘家的人，以后只让刘家的人为王，靠血缘亲属关系就可以辅佐中央，不敢再造反。刘邦总结的这一条经验也是错的。所以在刘邦死后不久，刘姓诸侯王就与朝廷发生种种矛盾，以至于大动干戈，争夺中央的领导权。其中有吴王刘濞等人的七王之乱、淮南王刘长等人的造反，这使得汉初 70 余年战争不息。文帝时的贾谊，看出这个分封诸侯、辅翼朝廷的经验是错的实质，指出当时国家政权的主要危险就是这些同姓诸侯的权力太大，主张削平这些诸侯国。后来，晁错也是这个主张。一直到汉武帝用了主父偃献的"推恩分封"计，让诸侯王把自己的封地和臣民推恩分封给自己的子孙和亲属，这样大诸侯国逐渐分成中等诸侯国，逐渐又变成小诸侯国，同时朝廷又用各种方法把诸侯国的政治、军事权力收走，诸侯因地狭民少，就无力与中央抗衡了。从此，汉初这个分封诸侯所引起的问题终于得到了解决。历史上这种现象还是有不少的。资产阶级也是不断总结历史的。

（四）我们在经济方面的任务

在党中央和毛主席的领导下，新中国成立 25 年以来，我们的国家已经有了天翻地覆的变化，我们在经济建设上已经取得了史无前例的巨大成就。8 亿人口的社会主义中国已经在世界的东方巨人般地站立起来了，她的光辉照耀了世界革命人民，特别是被压迫人民，她的声音使帝国主义及其一切走狗胆战心惊。

但是在经济方面，我们还是个发展中国家。由于封建主义长期的黑暗统治，近百年来帝国主义的野蛮侵略和剥夺，以及蒋介石、国民党的破坏，旧中国给我们留下的遗产太破烂、太落后了。1949 年新中国刚成立的时候，我们年产只有 16 万吨钢（每人 1.2 斤）、2200 亿斤粮（每人 400 斤粮），工农业总产值只有 466 亿元人民币（每人 86 元，约合 36 美元）。与当时主要的发达国家相比，经济上要落后近百年（如美国在 1849 年，有 2263 万人，年产 428 亿斤粮，每人 1850 斤粮；年平均国民收入 107 美元；1849 年生产钢 1200 吨，1872 年达 14.3 万吨，1873 年达 19.8 万吨，1879 年达 93.5 万吨）。

新中国成立以后，帝国主义封锁我们，军事上包围我们，不断鼓动我们的邻邦发动侵略战争。社会帝国主义背信弃义，撕合同、撤专家，卡我们的脖子。在中国国内，反党集团的干扰、破坏，加上自然灾害，以及我们还缺少经验、在工作中有缺点和错误，这些都增加了我们发展经济的困难。

在党的领导下，经过全国人民的努力，我们已经取得了巨大的成就，但是这个成就还不够，还不够令人满意。1971 年，全世界国民生产总值约为 4 万亿美元，我们为 1320 亿～1500 亿美元，只占全世界国民生产总值的 3.5% 左右；全世界 1971 年生产了约 3 亿吨钢，我国生产了 2340 万吨，占全世界的 7.8%；全世界 1971 年生产了 26179 亿斤粮食，我国生产了 4920 亿斤，占全世界的 18.8%；1971 年全世界的总人口为 36 亿，而我国 1971 年的总人口为 7.5 亿～8 亿，约占全世界的 21%（就国民生产总值和钢的产量而言，我们大约为美国 20 世纪三四十年代的水平，约为苏联 20 世纪 50 年代的水平）。

我们是个社会主义国家，是人口众多、国土辽阔、资源丰富的国家，我们目前的经济状况同我们国家的国际政治地位是不相称的；同我们要进行大规模的经济文化建设，要改善 8 亿人民的物质、文化生活状况的要求是不相称的；同我们要建设现代国防，防止帝国主义、社会帝国主义的突然袭击的要求是不相称的；同我们要支援世界革命，要援助被压迫民族和人民、履行国际主义义务的要求是不相称的。在这些方面，我们的经济状况还不够令人满意，还处于力不从心的境地。

（五）政治建设与经济建设的关系

新中国成立的时候，国民党反动派在经济上遗留下来的是一个破烂的摊子，国民党的政权是大官僚、大资本主义、大地主统治的机器，解放战争的胜利，把这一套通通打碎了。新中国成立以后，我们首先建立的是由共产党领导的人民民主专政的国家，建立了各级党政军机构，并立即着手进行经济、文化等各方面的建设，可以说是百废俱兴，整个国家的政治、经济、文化系统设施完全是新建的。

25 年来，我们国家的政权建设是逐步健全、逐步完善的，我们的建设也是逐步发展逐步提高的。

25 年来，历史表明，政治建设和经济建设有着一种必然的联系，政治是领导，是进行经济建设的先决条件，而经济建设、经济发展又保证了政治领导，促进了政治建设，为政治建设的完善提供了条件。

各地、各厂矿、各社队的实践说明了这个问题。哪里领导比较坚强健全，比较团结，政治路线正确，这个地区、这个厂矿、这个社队的生产就搞得比较好；而生产上的成绩，经济上的发展，促使这个地区社会秩序比较稳定，群众受到鼓舞，政治热情比较高涨，人民的福利增长，领导和群众的关系比较好。相反的例子也是有的，凡是领导机制不健全、不团结、不稳定，政治路线不正确的，那个地区、厂矿、社队的生产就搞不好，经济建设就上不去，社会秩序不好，群众生活有问题，精神面貌也有问题，领导和群众关系就不正常。

前不久，陈永贵同志在北京的一次大会上讲到，干部参加生产，领导生产，跟群众同甘共苦，同群众密切关系，就有了领导生产的经验，重要的是，保持了干部的相对稳定性。现在大寨大队的干部，大多数还是土改时的干部，当然还培养了几批新干部。保持干部的相对稳定性很重要，前些时候开了晋中学大寨经验交流会，会上说有个大队，“月月起来换队长，一年换了 12 个，年终结算还是没队长”。干部不能相对稳定，怎么能够领导好生产呢？月月换干部还行？一年一换也不行。

政治建设和经济建设两者不是平行的，某一个时候侧重于政治建设，某一个时候侧重于经济建设，这主要是由国内外、本地区内外、单位内外的政治经济的全部形势来决定的。

就某个地区、某个单位而言，当前领导班子有问题，政治路线不正确，那么，解决政治领导问题就成为解决这个地区问题的主要矛盾，就要着重于解决这个政治问题，因为这个问题不解决，经济建设就不可能顺利地进行。如果某个地区的政治领导问题得到基本解决，而经济问题比较突出，那么进行经济建设就成为主要的任务。

（六）反修防修和经济建设的关系

苏联领导变质，他们在世界上第一个社会主义国家复辟了资本主义。

这件事是 20 世纪 50 年代以后最大的事件之一，引起了全世界的注意，特别是引起了我们中国共产党人的注意。我们就不得不想一想，我们的国家建设起来了，会不会也变修？西方资本主义说，苏联的变修是经济建设的必然结果，我们应该如何建设才能防止变修，才能防止资本主义复辟。

逻辑的结论必然是，我们在进行经济建设的时候，要同时注意防修反修。这是一项史无前例的任务，我们必须要走自己的道路。这个问题，只有在实践中才能解决。我们决不能够只进行经济建设，只顾经济发展的速度和质量，而不考虑反修防修的政治问题。同时，我们也不能够由于考虑防修反修的问题而不敢大胆地进行大规模的经济建设。这就是因噎废食、为丛驱雀了，这就相当于承认了西方资本主义的解释。

经济建设和防修反修的问题，只有在实践中才能解决，而不能靠预先制订好某种计划来解决。

二 阶级斗争、生产斗争和科学实验的关系

毛主席说："阶级斗争、生产斗争和科学实验，是建设社会主义强大国家的三项伟大革命运动，是使共产党人免除官僚主义、避免修正主义和教条主义，永远立于不败之地的确实保证，是使无产阶级能够和广大劳动群众联合起来，实行民主专政的可靠保证。"① 他还说："人的正确思想，只能从社会实践中来，只能从社会的生产斗争、阶级斗争和科学实验这三项实践中来。"②

怎样来认识阶级斗争、生产斗争和科学实验这三项革命运动的关系呢？毛主席在 1963 年底曾讲过："我讲的科学实验，主要是讲自然科学……社会科学的一部分在一定意义上也可说是科学实验。"③ 自然科学是人类生产斗争知识的总结，结果是以生产劳动为基础的，归根到底是为生产斗争服务的。社会科学则是阶级斗争的学说，是为阶级斗争服务的。马克思说：

① 毛泽东：《转发浙江省七个关于干部参加劳动的好材料的批语》（1963 年 5 月 9 日），载《建国以来重要文献选编》第十六册，北京：中央文献出版社，1997 年版，第 292 页。——编者注

② 毛泽东：《人的正确思想是从哪里来的》（1963 年 5 月），载《毛泽东著作选读》（下），北京：人民出版社，1986 年 8 月，第 839 页。——编者注

③ 参见中共中央文献研究室编《毛泽东年谱（一九四九— 一九七六）》第五卷，北京：中央文献出版社，2013 年 12 月，第 295 页。——编者注

“一般劳动是一切科学劳动，一切发现，一切发明。它部分地以今人的协作为条件，部分地又以对前人劳动的利用为条件。”①

所以，关于阶级斗争、生产斗争和科学实验三者的关系问题，实质上是关于阶级斗争和生产斗争的关系问题。

（一）生产斗争是人类最基本的实践活动，是决定其他一切活动的东西

“人类生存的第一个前提也就是一切历史的第一个前提，这个前提就是：人们为了能够‘创造历史’，必须能够生活。但是为了生活，首先就需要衣、食、住以及其他东西。因此第一个历史活动就是生产满足这些需要的资料，即生产物质生活本身。同时这也是人们仅仅为了能够生活就必须每时每刻都要进行的（现在也和几千年前一样）一种历史活动，即一切历史的基本条件。”②

而生产在任何时候和任何条件下都是社会的生产。“人们在生产中不仅仅影响自然界，而且也互相影响。他们如果不以一定的方式结合起来共同活动和互相交换其活动，便不能进行生产。为了进行生产，人们便发生一定的联系和关系；只有在这些社会联系和社会关系的范围内，才会有他们对自然界的影响，才会有生产。”③ 这种人与自然的关系，就是我们通常所称的生产力；这种人们在生产过程中的相互关系，就是生产关系。社会的生产就是由这两个方面组成的，它们是不可分割地互相联系着的。

这种一定的生产力和一定的生产关系的统一，就是生产方式，各个历史阶段都有不同的生产方式。这种社会的生产方式决定了各个社会历史阶段的本质，决定了社会的思想和理论，决定了政治观点和政治制度。我们整个人类社会发展史，首先就是生产发展史，就是人类社会生产方式变更的历史、生产力和生产关系的发展史。

生产力是生产中最活跃、最基本的因素，是生产发展过程中的决定因

---

① 参见《马克思恩格斯全集》第 46 卷，北京：人民出版社，2003 年 5 月第 2 版，第 119 页。——编者注

② 马克思、恩格斯：《德意志意识形态》，载《马克思恩格斯选集》第一卷，北京：人民出版社，1972 年 5 月，第 32 页。

③ 马克思：《雇佣劳动与资本》，载《马克思恩格斯选集》第一卷，北京：人民出版社，1972 年 5 月，第 362 页。

素。“一切历史冲突都根源于生产力和交往形式之间的矛盾。”① “社会制度中的任何变化，所有制关系中的每次变革，都是同旧的所有制关系不再相适应的新生产力发展的必然结果。”②

在晚年，恩格斯曾扼要地叙述了这个基本原理。他说：“虽然《宣言》是我们两人共同的作品，但我终究认为必须指出，构成《宣言》核心的基本原理是属于马克思一个人的。这个原理就是：每一历史时代主要的经济生产方式与交换方式以及必然由此产生的社会结构，是该时代政治的和精神的历史所赖以确立的基础，并且只有从这一基础出发，这一历史才能得到说明；因此人类的全部历史（从土地公有的原始氏族社会解体以来）都是阶级斗争的历史……这一思想在我看来应该对历史学做出像达尔文学说对生物学那样的贡献。”③

毛主席在总结人类认识和实践的关系的时候，也曾经指出：“人类的生产活动是最基本的实践活动，是决定其他一切活动的东西。人的认识，主要依赖于物质的生产活动，逐渐地了解自然的现象、自然的性质、自然的规律性、人和自然的关系；而且经过生产活动，也在各种不同的程度上逐渐地认识了人和人的一定的相互关系。”④

人的社会实践不限于生产活动一种形式，还有许多其他形式，阶级斗争、政治生活、科学和文化艺术活动，总之，社会实际生活的一切领域都是社会的人所参加的。因此人的认识，在物质生活以外，还从政治生活、文化生活中（与物质生活密切联系），在各种不同程度上建立了人和人的各种关系。其中尤以各种形式的阶级斗争，给予人的认识发展以深刻的影响，在阶级社会中，每个人都在一定的阶级地位中生活，各种思想无不打上阶级的烙印。

（二）阶级斗争是历史发展的动力

几千年的文明史，就是一部阶级斗争史。“一些阶级胜利了，一些阶级

① 马克思、恩格斯：《德意志意识形态》，载《马克思恩格斯选集》第一卷，北京：人民出版社，1972年5月，第81页。

② 恩格斯：《共产主义原理》，载《马克思恩格斯选集》第一卷，北京：人民出版社，1972年5月，第218页。

③ 恩格斯：《〈共产党宣言〉1888年英文版序言》，载《马克思恩格斯选集》第一卷，北京：人民出版社，1972年5月，第237页。

④ 毛泽东：《实践论》，载《毛泽东选集》第1卷，北京：人民出版社，1966年7月，第259～260页。

消灭了。这就是历史……”① 革命的阶级斗争，是阶级社会发展的真正动力。马克思主义哲学认为事物的内部矛盾、对立统一的斗争是事物发展的根本原因。社会的变化主要是由于社会内部矛盾的发展，即生产力和生产关系的矛盾、阶级之间的矛盾、新旧之间的矛盾。这些矛盾的发展，推动了社会前进，推动了新旧社会的代谢。

“一切历史上发生的斗争，无论是在政治、宗教、哲学的领域中进行的，还是在任何其他意识领域中进行的，实际上只是各个社会阶级的斗争或多或少明显的表现，而这些阶级的存在以及它们之间的冲突，又为它们的经济状况的发展程度、生产的性质和方式以及由生产所决定的交换的性质和方式所制约。”②

在阶级社会中，阶级、阶级矛盾、阶级斗争的存在是客观事实。社会划分为阶级——“社会分裂为剥削阶级和被剥削阶级、统治阶级和被压迫阶级，是以前生产不大发展的必然结果。当社会总劳动所提供的产品除了满足社会全体成员最起码的生活需要以外只有少量剩余，因而劳动还占去社会大多数成员的全部或几乎全部时间的时候，这个社会就必然划分成为阶级。在这个完全委身于劳动的绝大多数人之旁，形成了一个脱离直接生产劳动的阶级，它从事于社会的共同事务：劳动管理、政务、司法、科学、艺术等等。因此，分工的规律就是阶级划分的基础……这种划分是以生产的不足为基础的，它将被现代生产力的充分发展所消灭。”③

“所谓阶级，就是这样一些大的集团，这些集团在历史上一定社会生产体系中所处的地位不同，对生产资料的关系（这种关系大部分是在法律上明文规定了的）不同，在社会劳动组织中所起的作用不同，因而领得自己所支配的那份社会财富的方式和多寡也不同。所谓阶级，就是这样一些集团，由于它们在一定社会经济结构中所处的地位不同，其中一个集团能够占有另一个集团的劳动。”④

所以，阶级的产生、划分、发展、演化是由经济原因决定的。而各个

---

① 毛泽东：《丢掉幻想，准备斗争》，载《毛泽东选集》第四卷，北京：人民出版社，1960年9月，第1491页。

② 恩格斯：《〈路易·波拿巴的雾月十八日〉第三版序言》，载《马克思恩格斯选集》第一卷，北京：人民出版社，1972年5月，第602页。

③ 恩格斯：《社会主义从空想到科学的发展》，载《马克思恩格斯选集》第三卷，北京：人民出版社，1972年5月，第439页。

④ 列宁：《伟大的创举》，载《列宁选集》第四卷，北京：人民出版社，1972年10月第2版，第10页。

阶级之间的斗争首先是为了经济利益而进行的，政治权力不过是用以实现经济利益的手段，阶级斗争是由于不同阶级的经济地位的对立和利益的矛盾而产生的。所以各阶级的利益的对立、分歧是这些阶级之间互相斗争的基础。各个阶级为本身的经济利益、为在物质资料和生产分配方面的作用和地位进行斗争。而政治是经济的集中表现，所以各阶级的经济利益的斗争必然转到政治方面，表现为争夺政权的斗争。政权总是维护统治阶级的利益的。这种政治、经济相关的斗争，又必然反映到意识形态方面，表现为各个阶级的哲学、道德、思想的斗争。思想斗争总是为政治、经济制度的斗争服务。

在生产还不发达，还不能满足全社会的物质生活普遍需要的情况下，一部分人要靠剥削、靠牺牲大部分人来满足自己的需要，得到发展的垄断权；而另一部分人则要反对剥削，为满足自己的最低需求而斗争；以及一小撮人要垄断这种剥削权，另一小撮人则要夺取这种剥削权而彼此进行剥削阶级内部的斗争，这就构成了阶级斗争的全部内容。

历史发展到了近代，无产阶级和资产阶级的阶级斗争成为社会阶级斗争的主要内容。恩格斯说："在现代历史中至少已经证明：任何政治斗争都是阶级斗争，而任何争取解放的阶级斗争，尽管它必然地具有政治的形式（因为任何阶级斗争都是政治斗争），归根到底都是围绕着经济解放进行的。"① 未夺得政权的无产阶级要获得这种经济解放，就必须从资产阶级手中夺取政权，所以无产阶级在资本主义社会进行的一切斗争汇总到一点就是要夺取政权。

工人阶级夺取了政权，建立了社会主义国家，建立了无产阶级专政。在无产阶级专政的条件下，无产阶级虽然已经成为统治阶级，已经掌握了政权，成了国家的主人，掌握了生产资料的所有权，但无产阶级还必须继续革命，还必须自觉地进行阶级斗争，这是因为在社会主义这个历史阶段中，始终存在着阶级、阶级矛盾和阶级斗争，存在着社会主义和资本主义道路的斗争，存在着资本主义复辟的危险性，存在着帝国主义、社会帝国主义进行侵略的威胁。这些矛盾，只能靠无产阶级专政下继续革命的理论和实践来解决。

马克思在1852年对于无产阶级斗争的革命学说做过极其精辟的说明：

---

① 恩格斯：《路德维希·费尔巴哈和德国古典哲学的终结》，载《马克思恩格斯选集》第四卷，北京：人民出版社，1972年5月，第247页。

“在我以前很久，资产阶级的历史学家就已叙述过阶级斗争的历史发展，资产阶级的经济学家也已对各个阶级作过经济上的分析。我的新贡献就是证明了下列几点：（1）阶级的存在仅仅同生产发展的一定历史阶段相联系；（2）阶级斗争必然要导致无产阶级专政；（3）这个专政不过是达到消灭一切阶级和进入无阶级社会的过渡……”①

阶级斗争必然要导致无产阶级专政。无产阶级革命必然胜利，资本主义必然灭亡，共产主义必然实现。革命导师在一个多世纪以前就极其明确地预言了。在这个预言中，马克思对于无产阶级专政的任务也明确地规定了：无产阶级专政是人类最后一个阶级专政的社会。无产阶级专政就是要消灭一切阶级，是进入共产主义社会的一个过渡阶段。这个过渡阶段不能不是兼有两种社会经济结构的特点和特征，这个过渡阶段不能不是衰亡着的资本主义与生长着的共产主义彼此斗争的时期。在这个过渡阶段中，新阶级只有在反对其他阶级的激烈斗争中保持自己，才能推翻旧阶级，取而代之；而且只有当它能够根本消灭阶级时，它才能获得最终胜利。

无产阶级专政就是要消灭一切阶级，要镇压一切剥削阶级各种形式的反抗，彻底消灭剥削阶级，要改造小生产阶级和一切中间阶级及阶层；同时，无产阶级本身也要不断改造自己，根除在经济、道德和精神方面由旧社会带来的痕迹，所有这一切都必须要在无产阶级专政条件下，通过一系列的革命运动、一系列的阶级斗争来实现。

无产阶级专政要完成消灭一切阶级的历史使命，还必须最终消灭产生阶级区别的条件，所以，“为了完全消灭阶级，不仅要推翻剥削者即地主和资本家，不仅要废除他们的所有制，而且要废除任何生产资料的私有制，要消灭城乡之间、体力劳动者和脑力劳动者之间的差别。这是很长时间才能实现的事业。要完成这一事业，必须大力发展生产力”②，“就是要造成使资产阶级既不能存在，也不能再产生的条件。很明显，这个任务是重大无比的，如果不解决这个任务，那也就是说，还没有社会主义”③。

所以在无产阶级专政的历史任务中，就必然包括要组织生产、发展生

① 马克思《马克思致约·魏德迈》，载《马克思恩格选集》第四卷，北京：人民出版社，1972年5月，第332页。

② 列宁：《伟大的创举》，载《列宁选集》第四卷，北京：人民出版社，1972年10月第2版，第11页。

③ 列宁：《苏维埃政权的当前任务》，载《列宁选集》第三卷，北京：人民出版社，1972年10月第2版，第498页。

产，造成比资本主义高得无可比拟的社会生产力，建立与之相适应的生产关系。只有到那时，“在共产主义社会高级阶段上，在迫使人们奴隶般地服从分工的情形已经消失，从而脑力劳动和体力劳动的对立也随之消灭之后，在劳动已经不仅仅是谋生的手段，而且本身成了生活的第一需要之后，在随着个人的全面发展生产力也增长起来，而集体财富的一切源泉都充分涌流之后，只有在那个时候，才能完全超出资产阶级法权的狭隘眼界，社会才能在自己的旗帜上写上：各尽所能、按需分配！”[①] 只有在那个时候，社会的强制分工的情形消失了，最根本的差别——脑力劳动和体力劳动的差别消失了，划分阶级的经济条件消失了，阶级也就归于消灭了，人类就进入了没有阶级、没有剥削的共产主义社会这个最高境界了。历史的经验已经证明，要进入这样的共产主义社会，单独一国是不可能的，在帝国主义还存在的条件下，一国可以建设社会主义社会，但一国不可能单独首先进入共产主义社会。按照列宁主义的观点，“一个社会主义国家的最后胜利，不仅需要本国无产阶级和广大人民群众的努力，而且有待于世界革命的胜利，有待于整个地球上消灭人剥削人的制度，使整个人类都得到解放”[②]。马克思说，无产阶级只有解放全人类，才能最后解放自己。

（三）阶级斗争和生产斗争的关系

阶级斗争存在了几千年，奴隶主、地主、资本家统治、剥削了劳动人民（奴隶、农民、工人）几千年，镇压、迫害了劳动人民、对劳动人民进行了阶级压迫几千年，奴隶、农民和工人也举行了无数次的包括起义在内的斗争来反抗这种统治和剥削，但是在马克思主义产生之前，奴隶、农民、工人对剥削阶级所进行的阶级斗争都是自发的。毛主席在总结这个历史过程时曾经说过：“马克思主义的道理千条万绪，归根结底，就是一句话：造反有理。几千年来总是说：压迫有理，剥削有理，造反无理。自从马克思主义出来，就把这个旧案翻过来了，这是一个大功劳。这个道理是无产阶级从斗争中得来的，而马克思作了结论。根据这个道理，于是就反抗，就斗争，就干社会主义。”[③]

---

① 马克思：《哥达纲领批判》，《马克思恩格选集》第三卷，北京：人民出版社，1972 年 5 月，第 12 页。

② 转引自《人民日报》，1969 年 4 月 28 日。

③ 毛泽东：《在延安各界庆祝斯大林六十寿辰大会上的讲话》（1939 年 12 月 21 日），参见中共中央文献研究室编《毛泽东著作专题摘编》（上），北京：中央文献出版社，2003 年 11 月，第 180 页。——编者注

自从有了马克思主义，无产阶级就从自为的阶级变为自觉的阶级，无产阶级所进行的阶级斗争就从自发的斗争变为自觉的斗争了。资本主义污蔑我们说，“阶级斗争是马克思捏造出来的”。不对，阶级斗争是客观存在的，已经存在几千年了。奴隶主、封建主对我们进行了几千年的阶级斗争，你们也对我们进行了几百年的阶级斗争，你们政治上压迫我们，经济上剥削我们，思想上毒害麻醉我们，哪一样对我们进行的不是阶级斗争？说实在的，我们无产阶级进行阶级斗争，向你们夺取政权，剥夺你们，镇压你们的反抗，从政治上、经济上、思想上彻底消灭你们，这是从你们那里学来的，这叫以其人之道还治其人之身。

我们共产党公然申明我们是搞阶级斗争的。“共产党的哲学就是斗争的哲学。”我们在无产阶级专政条件下进行阶级斗争的目的就是要消灭阶级斗争。我们不是为阶级斗争而进行阶级斗争。这是因为在社会主义社会还存在着阶级，存在着阶级矛盾，存在着阶级斗争。被推翻的地主买办阶级的残余还是存在，资本主义还是存在。

小资产阶级刚刚在改造。阶级斗争并没有结束。无产阶级和资产阶级之间的阶级斗争，各派政治力量之间的阶级斗争，无产阶级和资产阶级之间在意识形态方面的阶级斗争，还是长期的、曲折的，有时甚至是很激烈的。无产阶级要按照自己的世界观改造世界，资产阶级也要按照自己的世界观改造世界。在这方面社会主义和资本主义之间谁胜谁负的问题还没有真正解决。因此，在社会主义条件下的复辟与反复辟、改造与反改造、消灭与反消灭，就构成了社会主义社会内部阶级斗争的基本内容。无产阶级要防止资产阶级复辟，要改造小资产阶级，要消灭资产阶级的一切意识形态，就必须自觉地进行阶级斗争，通过一系列的阶级斗争、革命运动来实现上述目的。毛主席总结了国际共产主义运动的正反两方面的经验，在 1962 年提出了我党在整个社会主义阶段的基本路线，这是指导我党自觉地进行阶级斗争的路线，是马克思列宁主义的路线，是我党的生命线。

资产阶级和无产阶级的起源和发展是由于纯粹经济的原因，而同样明显的是，土地占有制和资产阶级之间的斗争，正如资产阶级和无产阶级之间的斗争一样，首先是为了经济利益而进行的，政治权力也是用来实现经济利益的手段。“在现代历史中至少已经证明：任何政治斗争都是阶级斗争，而任何争取解放的阶级斗争，尽管它必然地具有政治的形式（因为任何阶级斗争都是政治斗争），归根到底都是围绕着经济解放进行的。”①

无产阶级对资产阶级的斗争，就是为了要获得经济解放而进行的。在资本主义社会，工人要获得经济解放，就必须夺取政权。在社会主义条件下无产阶级进行的阶级斗争，归根结底，也还是围绕着经济解放的。这就一方面必须要防止资本主义复辟，保住已经获得的成果，不再受二茬罪；另一方面就必须进行生产斗争，进行经济建设，形成资本主义无可比拟的生产力，形成消灭一切阶级的经济条件。所以，在这里，阶级斗争和生产斗争就在完成无产阶级历史使命这个总任务下统一起来了。

历史的实践已经证明，在无产阶级专政条件下，阶级斗争和生产斗争是统一的。无产阶级只有自觉地进行阶级斗争，镇压资产阶级的反抗，防止资本主义复辟，改造小资产阶级与其他中间阶级和阶层，排除了敌对阶级和资本主义思想的干扰，才能顺利地进行生产斗争，进行经济建设。否则即使生产斗争、经济建设有了某些成绩，如果资本主义复辟了，那也会前功尽弃，无产阶级仍然会陷到受奴役、受剥削的痛苦境地去。

另一方面，在无产阶级专政条件下，无产阶级只有在进行阶级斗争的同时，努力进行生产斗争、进行经济建设，形成了巨大的生产力，形成了资产阶级既不能存在也不能再生的条件，才能消灭一切阶级、消灭一切阶级斗争，才能最终防止资本主义的复辟。毛主席英明地阐明了阶级斗争和生产斗争的关系，那就是“抓革命，促生产”，保证生产斗争的顺利进行，保证社会主义经济建设多快好省地进行。

在社会主义条件下，生产斗争中也充满着阶级斗争。社会主义社会中还存在着阶级，而生产斗争就存在着破坏和反破坏的关系。在社会主义社会中，资产阶级思想的意识形态还存在于不少人的头脑里，生产斗争按什么方向、什么道路进行，这就是两条道路、两条路线斗争的问题，这就是阶级斗争。无产阶级必须执行“抓革命，促生产”的方针，在经济工作中必须坚持抓阶级斗争，抓两条道路、两条路线的斗争，只有这样才能坚持社会主义方向、坚持无产阶级革命路线，才能防止敌人的破坏，才能调动广大群众的积极性、激荡政治热情。我们搞阶级斗争的目的是要消灭阶级斗争。

阶级斗争和生产斗争是统一的，阶级斗争归根到底是为生产斗争服务

① 恩格斯：《路德维希·费尔巴哈和德国古典哲学的终结》，载《马克思恩格斯选集》第四卷，北京：人民出版社，1972年5月，第247页。

的（无论在什么时候，经济的发展总是无情地、无例外地打造自己的道路）。“政治是经济的集中表现。”① 政治归根到底是为经济服务的。但在一定阶段、一定条件下，经济政策、方针必须为政治服务。巩固政权、防止复辟就是最大的事。而要最后巩固政权，还必须发展经济，而且巩固政权的目的还是发展经济，为经济生产力开辟道路。这些关系要弄明白。所谓的生产好政治就好，是错误的。所谓的政治好生产自然好，也是错误的。抓政治保险，抓生产危险，也是错误的。

“关于什么是大事的讨论”，不能形而上学地来讨论这个问题。要与具体的历史条件、具体的单位的实际情况联系起来。列宁讲过：在社会主义条件下生产就是大事。

我们不是为阶级斗争而进行阶级斗争，阶级斗争是为共产主义的目的服务，其中也为生产斗争服务。革命就是解放生产力，革命就是促进生产力的发展。把革命和生产对立起来是错误的。

我们需要重温马克思主义关于阶级、阶级斗争的基本原理。（1）阶级斗争的目的：首先是为了经济利益而进行的，归根到底总是为了经济解放而进行的。（2）阶级斗争的根源：阶级存在是由分工引起的。（3）阶级斗争的内容：列宁说，阶级就是对生产资料的占有关系不同，生产中地位不同，分配不同，阶级是社会上一部分人占有另一部分人的劳动。阶级斗争正是由私人利益和公共利益之间的这种矛盾，由分工所决定的阶级的利益所导致的。一部分人要剥削，一部分人反对剥削，一部分人要垄断剥削，夺取这种剥削垄断权。这就是阶级斗争的内容。（4）阶级斗争的作用：阶级斗争是社会发展的动力。阶级斗争归根到底是改造了生产关系，发展了生产力。革命的阶级斗争，消灭旧的生产关系、机构和生活方式，推动生产力前进。辩证法：对立的力量倾向斗争是一切发展的根源。（5）最终消除复辟的危险，只有在生产力大大发展之后。因为，“只要生产的规模还没有达到既可满足社会全体成员的需要，又有剩余去增加社会资本和进一步发展生产力，就总会有支配社会生产力的统治阶级和另外一个阶级即贫穷和被压迫的阶级的存在”。② 经济的发展总是无情地、无例外地打通自己的道路。

① 列宁：《再论工会、目前的局势及托洛茨基和布哈林的错误》，载《列宁选集》第四卷，北京：人民出版社，1972 年 10 月第 2 版，第 441 页。

② 恩格斯：《共产主义原理》，载《马克思恩格斯选集》第一卷，北京：人民出版社，1972 年 5 月，第 218 页。

三　经济建设与承担国际主义义务的关系

（一）滞后效应

物理学上有一种滞后效应，像用温度计测量人的体温，把温度计放到腋下，温度计接触人体后，温度计中的水银柱逐渐升高，一定要经过一定时间才能使温度计和人体达到热的平衡，量出人的体温来，而不是一接触马上就能量出人的体温的。又如开动电动机，一通电流，机器就转动，由慢到快，经过一定时间后，达到一定电流相应的转速，而不是马上就达到相应的转速；同样，当关闭电动机时，电流切断了，机器不是立即就停了，而是要经过一定的时间，由快转慢，直到停止。物理学上的这种原因和结果之间的反应有一个过程的现象，叫作滞后效应。

这种滞后效应在社会政治生活中也是屡见不鲜的。在国际关系与外交工作中，我们常常会遇到这种情况，某一国家的政治、经济、军事状况与实力改变、发展了，国内或国际政策改变了，别的国家需要经过一定的时间和阶段，才会对它采取相应的政策去适应它。这是因为这个国家的实力和政策的改变，别国认识它需要一个反应过程，在这种新的认识基础上，制定出相应的应对政策，更需要有一个过程。例如，1964 年我国第一颗原子弹爆炸成功，随后进行了一系列核爆炸实验，1970 年第一颗人造卫星上了天，以及一系列其他的政治、经济、科学文化的消息，这些都在世界上引起了巨大反响，第三世界的各国人民为之欢欣鼓舞，向我们祝贺道喜，帝国主义、社会帝国主义则心颤、纷争、沮丧，尽管反应是如此不同，但有一点是肯定的，这就是中国原子弹的爆炸和中国人造卫星上天，彰显了我国的政治、经济、科学技术达到了一个新阶段的事实，引起了世界上各种人物的注意，他们就要想一想，特别是那些当政者就要想一下，于是就有了各国的外交政策、策略之转变，出现了国际关系的新变化，逐渐形成了国际关系的新局面。

（二）战后帝国主义的经济策略

在第二次世界大战中，美帝国主义大发战争横财，而德、日、意三个帝国主义国家战败，英、法两国实力被大大削弱。战后美帝崛起，成为世界的一霸。欧洲一分为二，东欧六国解放，成了社会主义国家；西欧衰败，政治动荡，经济危机重重，社会秩序混乱，到处酝酿着革命。当时担任美国国务卿的马歇尔，在1947年提出了马歇尔计划。美国拿出1000亿美元，帮助西欧各国恢复、发展经济，特别是扶植西德，支援英、法，从解决经济问题入手，以稳定各国摇摇欲坠的资本主义政权，安定社会，扑灭革命。这个马歇尔计划，名为欧洲复兴计划，实为控制奴役欧洲的计划，这是一个和社会主义争夺中间地带、防止和扑灭欧洲革命的战略措施，是美帝国主义全球战略的一个最重要的组成部分。对美国而言，任何其他地方都没有欧洲那样关系重大。“如果要实现我国建立一个以我们所珍视的自由和人类尊严的信念为基础的世界的希望的话，北美——也可以说是整个西半球——和欧洲之间进行最密切的合作是必不可少的……如果这些国家不能应付他们所面临的挑战，自由的前途就暗淡了。”①

战后美国对日本政策的转变也是和社会主义争夺中间地带的一个实例。刚开始，美国政府制定了一个彻底摧毁日本的军事、经济机器的行动计划，并已着手实行了，但美国有一部分政客反对这个计划，主张扶植日本，使其作为美帝在亚洲的宪兵和代理人。中国抗日战争的胜利，使上述反对派的主张获得支持，美国就迅速改变了对日本的政策，由摧毁变为扶持，积极帮助日本恢复并发展经济，如先后提供21亿美元的经济援助，归还850座决定拆毁作为战争赔款的军火工厂，使日本较快地渡过了战后经济危机的难关，并以较快的速度发展起来。在美国发动侵朝、侵越战争之后，美帝给日本以大量的军事订单，使日本成了美国在亚洲的兵工厂，这大大刺激了日本的经济，美国和日本签订了《日美安全条约》，给日本提供核保护。20世纪60年代后，美国又对日本进行了大量的资本和技术的输出，促使日本经济畸形地急剧发展，使日本经济在20世纪60年代超过了西德，成了世界的经济大国。日本战后经济的这种发展很大程度上是美帝国主义上述扶植政策的结果，是适应美国全球战略需要的，用以遏制社会主义的中国。但是事物的发展总是不以人的意志为转移的，日本的崛起为美国自己设置了对立面，现在日美经济矛盾频频发生。美国人搬起的这块石头，迟早是要砸美国人的脚的。

战后国家要独立，民族要解放，人民要革命，已经成为不可抗拒的历史潮流。亚非拉三洲原来帝国主义的殖民地纷纷宣布独立，成立民族、民

① 亨利·基辛格：《选择的必要》，国际关系研究所编译室译，北京：商务印书馆，1972年11月，第124页。

主的新兴国家，老牌帝国主义的殖民统治土崩瓦解。但是反动派总是不肯轻易退出历史舞台的。各新兴国家在独立之后，原宗主国除了还在那里保持种种特权之处，还签订各种经济条约，继续统治和剥削这些国家。如英帝国主义在英属殖民地附属国搞英联邦制，搞“联邦特惠制”；在非洲马里、塞内加尔、毛里塔尼亚、象牙海岸①、上沃尔特②、尼日尔、达荷美③、加蓬、刚果（布）④、中非、乍得、马尔加什⑤、多哥、喀麦隆等18国于1960年宣布独立之后，法帝国主义于1963年就与其签订了“雅温得联系国协定”，规定这18国为欧洲6国共同市场的联系国，双方实行“互惠”；规定这18国要在1966年前全部取消对6国的商品的进口限额，1967年前全部取消对6国商品的进口关税，18国要同第三国拟定贸易政策时应同6国协商，并且18国要保证6国的投资和利润自由汇回本国；规定6国在5年内向18国提供7.35亿美元的“援助”；规定6国取消对18国进口的咖啡、可可、菠萝等的进口关税。这样两种经济不同的地区的所谓互惠条件，得到好处的只能是经济发达的国家。老牌帝国主义就是通过这种经济条约，通过不平等交换等手段，对这些新兴国家进行经济制约和剥削的，使这些国家成为宗主国的商品倾销市场和原料供应地，进行新殖民主义的统治。

战后，美帝国主义趁时而起，取代老牌帝国主义的地位，处处插手，成了新殖民主义的头子，主要的手段之一是搞经济渗透、搞经济侵略，打着经济援助、开发资源的旗帜，到处掠夺原料和资源，倾销商品，战后美国成了国际上最大的剥削者。

西方资本主义认为，“提高生活水平会消除共产主义的号召力的根源”，认为“经济发展和政治稳定之间存在着一种暂时的联系”。在这种理论的指导下，帝国主义还拼命向发展中国家输出资本、技术，搞所谓帮助发展经济，以防止这些独立国家变成社会主义国家，扑灭革命，拼命和社会主义争夺这些国家和地区。美帝国主义在这种理论指导下，花了很大力气，选定亚洲的印度、非洲的尼日利亚和南美洲的巴西，作为搞发展西方模型或

---

① 1985年12月29日改为音译国名“科特迪瓦”。——编者注

② 1984年8月4日改为“布基的法索”。——编者注

③ 1975年11月30日改国名为“贝宁”。——编者注

④ 原名刚果共和国，简称刚果（布），1969年改名为刚果人民共和国，1991年改回刚果共和国。——编者注

⑤ 1975年12月改国名为马达加斯加民主共和国，1992年8月改为马达加斯加共和国。——编者注

经济建设的样板，影响周围各国也跟着它们走，走西方资本主义的道路。

20 世纪 50 年代中期以后，及 60 年代，苏联成为社会帝国主义之后，也积极向世界各地扩张，到处与美帝争霸，争夺欧洲，争夺中东，争夺南亚，打着经济援助、军事援助的幌子，把侵略的魔爪伸向全世界，妄想控制、奴役这些国家和地区。

（三）目前国际上的经济斗争

第二次世界大战后帝国主义的经济危机接连不断，美国从 1945 年到 1970 年发生了五次危机。1973 年 10 月的中东战争，阿拉伯国家使用石油武器，停止、减少向美国、西欧供应石油，使整个资本主义世界出现能源危机、出现经济萧条。现在世界的资本主义经济是建立在沙滩上的，经不起风浪了。

战后帝国主义，特别是为首的美帝国主义，搞经济军事化，搞财政赤字预算，扩大公共工程投资，大借国债，增加赋税，在国内向劳动人民开刀，在国际上拼命扩张，争夺市场，掠夺资源，转嫁危机，向经济不发达国家和人民开刀，千方百计地延缓世界性大危机的爆发。所以战后还没有发生像 1929 ~ 1933 年这样的世界性的经济危机，但这个大危机正在酝酿着、蓄积着，这个危机迟早是要发生的，美帝及其仆从就是坐在这样一座火山口上，资本主义世界中稍有经济常识的人已经是惶惶不安了，担忧这个资本主义的天要塌下来。

但是，在帝国主义国家内，包括基辛格在内的一些谋士和卫士们，还处心积虑地想补这个行将倒塌下来的天。他们拼命去给这件捉襟见肘、已经与生产力不相适应的资本主义外衣打补丁，要抢救资本主义。20 世纪 50 年代搞的“西欧共同市场”，就是这样一个补丁；1973 年基辛格起草的《大西洋宪章》，也是这样一个补丁。

现在帝国主义手中还有几张王牌，它们积累着几个世纪以来从世界劳动人民身上搜刮来的巨额财富、资金，有比较先进的科学技术和相应的设备，有一批掌握现代科学技术的人才，因此还有着较强的生产能力。它们利用这些东西，拼命向我社会主义国家搞经济渗透，向亚非拉各发展中国家输出资本、输出技术和输出商品，搞经济侵略，它们认为这是使社会主义蜕变为资本主义、使发展中国家向资本主义发展的主要手段。那些维护资本主义制度的死硬分子还不承认，不甘心资本主义的没落，还在做垂死挣扎。

苏修社会帝国主义也在搞经济侵略，其野心更大，到处与美帝争霸，争夺原料，争夺市场，划分势力范围。帝国主义这种争夺最终要达到火并的地步。资本主义世界发展不平衡的规律在起作用，战后初期形成的美帝称霸世界的格局打破了，苏联变修，堕落为社会帝国主义，进入了帝国主义的行列。西欧联合起来了，与美帝争，与苏修争；日本崛起了，也要与美帝、苏修争，世界的这几股力量正在争斗着。帝国主义就是战争，火并将是不可避免的。第三世界苏醒了，正在联合起来，反帝、反殖、反霸，这是一支有希望、有光明前途的力量。

天下已经乱了，而且将越来越乱。战后建立的以美帝为中心的世界资本主义体系已经崩溃了，美帝的这个大厦的中心主柱已经内部腐朽了，不管它的卫士们给打针、吃药、开刀、缝补，美帝国主义这个主柱再也撑不起来了，别的帝国主义国家又无力代替这根主柱。20 世纪 60 年代后期，资本主义出了个参谋长，这就是基辛格，他想用“多极平衡论”来支撑资本主义，这未尝不是一种适应变化形势的策略，比起那种死不承认形势已经变化的死硬派来要高明一点，但“多极平衡论”就能挽救资本主义吗？历史已经证明，资本主义患的是癌症，“多极平衡论”不过是一剂新的麻醉剂而已。

“多极平衡论”挽救不了资本主义。帝国主义的规律之一，就是发展的不平衡，以平衡论来抑制不平衡，这无异于是拿草绳拴烈马，亦难矣哉！

帝国主义就是不平衡。战后西德和日本这两支力量又再次崛起了。1968 年，日本的国民生产总值超过西德，成为资本主义世界的第二经济大国。日本的这种发展，很值得我们注意。

20 世纪 50 年代初期和中期，日本的国民生产总值仅及我国的一半，1961 年和我们相当，1973 年日本国民生产总值为我国的1.2～1.3 倍。日本经过 20 世纪 50 年代和 60 年代这种急剧发展，前面说过这是美国全力抢救、积极扶植的结果，是靠剥削劳动人民，靠掠夺亚非拉特别是中东和东南亚国家和人民的重要资源，向外扩张，倾销加工商品而获得的，同时也是靠引进新技术、新设备、进行大规模的技术资源更新获得的。

日本的经济发展也可以说是乘时而起，钻空子发展起来的。20 世纪五六十年代，美国侵略朝鲜、侵略越南，给日本很大的军事订单，大大刺激了日本经济，日本资本主义是发了战争横财。美国发动侵略战争后，越陷越深，无暇东顾。加上中苏矛盾，英国从苏伊士运河以东撤退，日本就乘虚而入，把手伸到东南亚各国，特别是南朝鲜①、泰国、印尼和菲律宾，伸到中东。中苏矛盾后，中国和苏联分化，都扩大了与日本的贸易，这些因素合起来，使日本在20世纪60年代得到了一个空前大的原料供应地和倾销商品的大市场，导致这个加工国家无比膨胀起来。据日本报刊透露，日本每进口一吨商品平均为43美元，经过加工，出口到外国，平均每吨商品值395美元，日本就是依靠这种不等价的交换获得了大量的财富。

但是日本这座经济大厦是建立在沙滩上的，实在说，日本的国民经济体系是建立在水上的，这个不到40万平方公里的岛国，住着这样多的人口，集中了许多的工业设备。吃饭靠进口（40%～50%），燃料靠进口（90%～98%），原料要进口（70%～100%），加工产品大多数要靠出口。1亿多人的生产、生活，全靠几艘海轮来维持。有人统计，现在日本每年消费2亿吨石油，90%从中东来，用万吨油轮装运需要2万艘船，从东京湾开始，每2公里停一艘，一直可以排到波斯湾。现在日本只有45天的石油消费储存，只要国外停运石油45天，日本的整个经济就自动解体崩溃。一个国家的经济生活，如此严重地依赖外国，这怎么行呢？世界上有个风吹草动，整个国家就不得了！最近中东战争，阿拉伯国家运用石油武器，对美国搞石油禁运，日本全国上至首相大臣，下至平民百姓，朝野不安，惶恐万分。

日本经济向何处去？现在正处在十字路口。第一条道路：国内外的市场能够继续扩大，特别是国内市场，使它的经济能内向一些。田中上台时，发表了日本列岛改造论设想，搞本土改造，搞公共工程，特别是高架铁路和交通公路的建设，把工业改造向节省能源、节省原料的所谓知识型工业发展。说穿了，这个改造论，就是当年罗斯福用过的“新政”那套办法，是新条件下在日本的应用而已。田中上台两年，这个改造论的实施，就遇到了种种的阻力，能否行得通，还要看，行通了，能否解决日本的问题，还要看；另一条就是军国主义的道路。想走这条路的人，在日本还是大有人在。日本现在年产1.2亿吨钢，年产1200万吨位船舶，有一整套现代化的科学技术和设备，搞国民经济军事化，搞军国主义就很容易的。日本搞军国主义的速度，将取决于国际形势和日本国内阶级斗争的形势的发展。

我们是和日本一衣带水的国家。近100年来日本和我们打过两次大仗，侵占了我们台湾地区50年，侵占了东三省14年，侵入我沿海各省等地8

① 1992年以前中国对大韩民国的称谓，1992年中韩建立后改称为“韩国”。——编者注

年。在日本军国主义分子眼中，中国是块大肥肉，如果日本走上了军国主义道路，首当其冲的是中国。日本军国主义要向外扩张，第一个目标就是中国。这一点我们是切切不能等闲视之的，如果我们在这个问题上麻痹大意，那就是忘记了在两次大仗中失败的历史教训。

（四）我们的经济建设与承担国际主义义务对国际形势发展的影响

帝国主义就是战争。战争是不可避免的，第三次世界大战的危险依然存在。是帝国主义之间先打，还是帝国主义和社会帝国主义先打，或是社会帝国主义先打我们，还是美日帝国主义联合先打我们，这些战争的危险都是存在的。战争从哪里打起来，是由世界各主要国家的国内政治经济形势和整个国际形势的发展来决定的。

我们必须要做好准备，我们能在目前暂时稳定的时机，抓紧机会把经济、国防建设起来，强大的社会主义中国的存在，是防止侵略战争，制止侵略战争，使世界稳定，使亚洲稳定的极重要的因素。

我们是属于第三世界的发展中国家，我们的建设成就会成为占世界人口大多数的第三世界国家的榜样和力量。我们在帮助第三世界国家发展经济方面已经做出了巨大的努力，据外电报道，我们给第三世界的经济援助是很大的，比如我们对非洲的援助，1970 年为 7.09 亿美元；1971 年为 4.1 亿美元；1972 年为 4.2 亿美元；1973 年，同 35 个非洲国家缔结经济技术合作协议。

但是由于我们的经济、技术力量还不足，与第三世界对我们的要求，与我们要尽的国际主义义务还有差距，我们还常常力不从心。我们应该努力改变这种力不从心的局面。1972 年我们的全部对外援助为 55 亿元（人民币），约为国民生产总值的 1.7%，如果我们在近十年内能使经济实力、国民生产总值提高 2 倍，达到 12000 亿元的水平，那么我们即使拿出 1.5% 的款项来，就可达到 180 亿元。就可使目前的爱莫能助、鞭短莫及的状况大大改善。当然，问题还不仅在于经济援助的数目上面，问题还在于目前我们的经济技术、文化援助水平方面。从科学、技术、文化的水平上讲，目前因为我们的经济、技术的发展还不够，有一系列问题我们自己还未解决，需要我们进一步努力。

四　备战备荒为人民的关系

1965 年 9 月，在中共中央工作会议讨论第三个五年计划的时候，毛主席提出了要考虑战争、灾荒、人民三个因素，以后又归纳为“备战备荒为人民”。1966 年 3 月，在毛主席关于农业机械化的指示信中，专门就备战备荒为人民的方针做了阐述。“此事（指实现农业机械化问题——陆学艺注）应与备战、备荒、为人民联系起来，否则地方有条件也不会热心去做。第一是备战，人民和军队总得先有饭吃有衣穿，才能打仗，否则虽有枪炮，无所用之。第二是备荒，遇了荒年，地方无粮棉油等储蓄，仰赖外省接济，总不是长久之计。一遇战争，困难更大。而局部地区的荒年，无论哪一个省内常常是不可避免的。几个省合起来来看，就更加不可避免。第三是国家积累不可太多，要为一部分人民至今口粮还不够吃、衣被甚少着想；再则要为全体人民分散储备以为备战备荒之用着想；三则更加要为地方积累资金用之于扩大再生产着想。所以，农业机械化，要同这几方面联系起来，才能动员群众，为较快地但是稳步地实现此种计划而奋斗。苏联的农业政策，历来就有错误，竭泽而渔，脱离群众，以致造成现在的困境，主要是长期陷在单纯再生产坑内，一遇荒年，连单纯再生产也保不住。我们也有过几年竭泽而渔（高征购）和很多地区荒年保不住单纯再生产的经验，总应该引以为戒吧。现在虽然提出了备战备荒为人民（这是最好地同时为国家的办法，还是‘百姓足，君孰与不足’的老话）的口号，究竟能否持久地认真地实行，我看还是一个问题，要待将来才能看得出是否能够解决。苏联的农业不是基本上机械化了吗？是何原因至今陷于困境呢？此事很值得想一想。”①

（一）经济建设与备战的关系

我们是个 8 亿人口的大国，是社会主义国家。我们的建设是整个革命的一个部分。我们要特别警惕帝国主义和社会帝国主义的侵略，我们在进行经济建设的同时，必须进行国防建设，我们必须经常注视国际形势的变化，根据国际阶级斗争形势的变化，来安排我们经济建设中的民用工业和军事工业的关系。如果我们不提高警惕，对于帝国主义的侵略威胁掉以轻心，不注意建设我们的国防和相应的军事工业，那么我们的社会在帝国主义和社会帝国主义的突然袭击面前就会手无寸铁，我们的革命，我们的一切胜利果实，包括政权，以及所有经济建设，都会得而复失，我们将陷于亡国

① 毛泽东：《关于农业机械化问题给刘少奇的信》，参见《建国以来毛泽东文稿》第十二册，北京：中央文献出版社，1998 年 1 月，第 20 页。——编者注

灭党的悲惨境地。

但是如果我们不善于分析两霸之间、帝国主义之间、第一世界和第二世界之间、第二世界和第三世界之间的各种矛盾的整个斗争形势，不善于判断时机，过于受帝国主义和社会帝国主义的战争讹诈政策影响，把国防建设和军工建设放到不恰当的地位，这样势必要影响我们的整个经济建设的速度和放慢提高人民物质生活水平的进度，使我们的建设陷于被动局面。

因此，全面地注意世界阶级斗争的动向，正确地判断国际形势发展的趋向，掌握时机，安排好我们的经济建设和国防军工建设的比例关系，既要随时应付帝国主义的突然袭击，使自己立于不败之地，又要尽可能高速度地发展我们的经济、科学、文化事业。这是一项重要的战略任务。

整个经济、科学、文化的建设是国防军工建设的基础，国防军工建设既是整个国家建设的一个重要组成部分，又是经济、科学、文化建设的保证。我们国家的现代化，必须包括国防建设现代化，而国防建设和军工建设的现代化，必须立足于整个经济、科学、文化建设现代化的基础之上。没有整个工业的现代化，科学技术的现代化，怎么能设计制造出现代化的武器？怎么保证对现代化部队的供应？林彪的大国防工业主义，是学苏联修正主义的，不仅破坏了经济建设、科学文化建设，也破坏了国防军工建设，离开了整个国家的经济建设、科学文化建设，单独搞所谓大而全的国防工业体系，那怎么可能呢？

毛主席在《论十大关系》中，专门有一章是讲经济建设和国防建设的关系的，他说："可靠的办法就是把军政费用降到一个适当的比例，增加经济建设费用。只有经济建设发展得更快了，国防建设才能够有更大的进步。……你对原子弹是真正想要、十分想要，还是只有几分想，没有十分想呢？你是真正想要、十分想要，你就降低军政费用的比重，多搞经济建设。你不是真正想要、十分想要，你就还是按老章程办事。这是战略方针的问题，希望军委讨论一下。"①

毛主席在18年前把这个问题就讲透了，经济建设和国防建设要摆在一个适当的比例上。你真想要原子弹，真想要现代化的国防，你就要多搞经济建设，加快经济建设的发展速度。一颗原子弹、一颗导弹，都是由几千万个零件组成的，是几百个工厂乃至几千个工厂，几十万乃至上百万个工

① 毛泽东：《论十大关系》，参见《毛泽东选集》第五卷，北京：人民出版社，1977年4月，第270、272页。——编者注

人、干部、科学技术人员的劳动协作的产物，如果没有相应的原材料工业、基础工业、加工工业和相应的科学技术研究的力量和设备，这些现代化的武器怎么可能造得出来呢？研究、设计、制造出来了，又如何能成批地生产呢？谁来供应原材料？谁来加工？谁来支持供应这个庞大的军工生产的机构呢？

从历史上看，军事工业有两种建设方法。

一种主要是先搞经济建设、基础工业、民用工业，再在庞大雄厚的工业基础上，在适当的条件下发展军事工业，如美国等就是这样的，20 世纪初，美国已发展为世界第一的经济大国，工业产品占世界的 20%，但军事工业还远远落后于英、德等国，数量也少得多，在第一次世界大战前后，特别是第二次世界大战前后，美国的军火工业才大大发展起来，现在日本基本上也是走的这条路，他们称为“先富国，后强兵”。

另一种是苏联的方法，即经济建设的同时就进行大规模军事工业的建设，而且一开始就放在比较优先的位置上。斯大林在 20 世纪 20 年代后期和 30 年代，进行第一、第二、第三个五年计划建设时，就同时进行了大量的现代化军工业的建设，并把它放在突出优先的位置上。这在当时第一个社会主义国家处于资本主义包围、处于帝国主义法西斯的威胁的情况下是不得不如此的（20 世纪 50 年代中期以后，苏修集团继续优先发展军事工业，那是适应社会帝国主义向外扩张、要称霸世界的需要，不可与斯大林时代的方针同日而语）。这种搞法，带来的后果很严重，经济长期是畸形的，即头重脚轻，工农业比例失调，重工业、轻工业比例失调，军事工业和民用工业比例失调，苏联经济长期困难，这种军事工业的位置放得不对本身就是失败的根源之一。

这两种方法，我们是应该总结的。20 多年来，我们自己也有经验可总结，也有教训可吸取。例如，我们在第三个五年计划中，进行了大规模的大小三线建设，10 年来取得了很大的成就，不仅建设了三线，而且使我国的工业布局有了很大的改变。10 年的三线建设经验，应该很好地总结。三线建设的投资是很大的，同样规模的同等企业一般造价要比普通城市高 2 ~ 3 倍，而且周期长，发挥效益的速度慢，这样就不能不影响发展速度。

（二）经济建设和备荒的关系

我们基本上还是个以农业为主的国家。农业人口占总人口的 80%，农业生产在整个工农业总产值中虽然只占 25% 左右，但是我国轻工业原料的

70%来自农业，国内市场商品供应的大部分直接或间接来自农业，对外贸易商品的70%直接或间接来自农业。国家财政收入的很大一部分直接或间接来自农业。所以农业的情况如何对我们国家整个国民经济的发展有着决定性的影响。毛主席在《论十大关系》中就指出："农业对整个国民经济的重要性，从我们的经验来看，是很清楚的。解放几年来的事实证明，哪一年的农业丰收了，我们那一年的日子就好过。这是一个规律性的问题。"①

到目前为止，我们的农业生产水平还相当低，农业劳动生产率低，商品性率低，农业生产的单位面积产量低，基本上还是靠天吃饭，靠肩膀和锄头种地，抗灾能力差，农业生产不稳定，丰年灾年差别甚大，这给国民经济计划生产、计划安排造成很大困难。

毛主席在制定第三个五年计划时指出："制定计划的方法，过去基本上是学苏联的，比较容易做。先定下多少吨钢，然后根据这来计算要多少煤、多少电、多少运输力量，根据这些再计算增加多少城市人口，多少生活福利，是摇计算机的办法。……这种方法是一种不合实际的方法。行不通。这样计算把老天爷就计划不进去。天灾来了，偏不给你那么多粮食。城市人口不能增加那么多，别的就都落空。……要改变计划方法。……这几年，我们摸索出来一些方法。我们的方针是：以农业为基础，以工业为主导。按照这个方针，制定计划时先看可能生产多少粮食，再看需要多少化肥、农药、机械、钢铁……年成，如何计划？五年中，按一丰、二平、三歉来定。这样比较可靠。先确定，在这样能够生产的粮食、棉花和其他经济作物的基础上，可能搞多少工业。如果年成好些，那就更好。"②

就备荒来说，就是要解决农业的丰歉对于国民经济计划的影响问题；要解决由灾荒而引起的农民的生产生活问题。我们这样大的国家，每年只有一省或数省遇灾，从省的范围讲每年也总有一县或数县遇灾，灾荒一来，集体经济家底薄一点的社队往往不能维持简单再生产，社员的口粮就会出现问题，这对于农业生产发展影响很大。解决这两方面问题的根本方法，是大力发展农业，进行全国范围的农田基本建设。而根本出路还是要实现农业机械化，实现农业现代化。

---

① 毛泽东：《论十大关系》，转引自辽宁农学院马列主义教研室编，《马克思 恩格斯 列宁 斯大林 毛主席关于农民、农业、农村问题的部分论述》，1974年8月，第27页。——编者注

② 毛泽东：《关于第三个五年计划——在中央工作会议上的讲话》，参见郭德宏主编《历史的跨越——中华人民共和国国民经济和社会发展"一五"计划至"十一五"规划要览（1953～2010）》，上卷，北京：中共党史出版社，2006年3月，第255页。——编者注

（三）经济建设与为人民的关系

我们的一切建设都是为人民的，这没有疑问。但这里有一个用何种方法的问题。

在建设中就常常有为国家和为人民的关系问题，也就是人民的长远利益和目前利益的关系问题。有一个孰先孰后的问题，要安排一个适当的比例的关系。人民的长远的根本的利益是要把社会主义建设起来，早日实现共产主义。所以问题还是归结为如何多快好省地建设社会主义的问题。

有些同志总想把积累搞得多一点，国家的建设搞得多一些，以为这是多快好省的办法，这些同志的心是好的，愿望是好的，但是他们的方法不对，不了解积累和消费、长远利益和当前利益、为国家和为人民的辩证关系，结果常常是欲速则不达的。

毛主席说："国家积累不可太多，要为一部分人民至今口粮还不够吃、衣被甚少着想；再则要为全体人民分散储备以为备战备荒着想；三则更加要为地方积累资金用之于扩大再生产着想。"①

我们的国家利益和人民利益是一致的，人民的长远利益和目前利益是一致的。有些地方提出"辛苦一代、幸福万代""苦战几年、改变面貌"等口号无疑都是正确的。

不过，我们应该看到，我们国家还是个贫穷落后的国家，"至今还有一部分人民的口粮不够吃""衣被甚少"，还有一部分生产队处于单纯再生产甚至遇到荒年连单纯再生产都保不住的状况。所以我们在做计划、安排经济的时候，就要为这部分人民、这部分生产队着想，也为地方积累资金着想，要按照"生产长一寸，福利增一分"的原则办事。这样才能在发展生产的基础上，逐步解决人民的困难，改善人民的生活，才能更好地调动人民群众的积极性，"动员群众，为较快地但是稳步地实现此种计划而奋斗"②。

毛主席在评论苏联的农业问题时指出："苏联的农业政策，历来就有错误，竭泽而渔，脱离群众，以致造成现在的困境，主要是长期陷在单纯再

① 毛泽东：《关于农业机械化问题给刘少奇的信》，参见《建国以来毛泽东文稿》第十二册，北京：中央文献出版社，1998年1月，第20页。——编者注

② 毛泽东：《关于农业机械化问题给刘少奇的信》，参见《建国以来毛泽东文稿》第十二册，北京：中央文献出版社，1998年1月，第20页。——编者注

生产坑内，一遇荒年，连单纯再生产也保不住。”① 竭泽而渔，脱离群众，这就是对农民取之过多，而不为农民着想。苏联虽然实现了农业集体化，实现了农业机械化，但还是不能增产，还没有解决农业问题，这一点我们是一定要引以为戒的。

五 中央和地方的关系

（一）全民所有制有一个发展过程

中央和地方的关系，就经济范围来讲，是关于工交财贸的体制问题。20几年来，我们经历了三上三下的过程。

为什么会这样？因为有矛盾。统得多了，中央集中得多了，妨碍了地方积极性的发挥，不好；放下去了，分得散了，冲击统一的计划，不易管理，亦不好。中央和地方在经济方面的权限到底应该怎样分，体制该怎么定才符合实际发展的要求？没有定论，所以有反复。

这个问题是社会主义建设遇到的新问题之一。苏联在列宁、斯大林时代也是反复了好几次的。十月革命初期剥夺了资产阶级，建立了社会主义国有化工业企业后，开始在战时共产主义时期，是搞中央完全的集中管理的，那时几乎所有的大中型近代工业直接由国家最高经委领导的管理总局管辖，地方无权过问。从新经济政策开始，把中小型工业企业下放到各省管理，但大型企业仍由国家管辖；在第一、第二个五年计划时，又将中小型工业企业的管理权收上来，搞集中管理，以后又分。收和放也是反复了好几次的。

资本主义的工交企业是私人所有的。就其管理体制来说，有一个从小到大、从分散到集中的过程。在资本主义初期，中小企业，特别是小企业，十余人、几十人的厂，占绝大多数，中型的是少数，大型的更是少数。随着生产的扩大、科学技术的发展，到19世纪中下叶出现了卡特尔、辛迪加、托拉斯一类的大型垄断企业，到20世纪初期，特别是在第二次世界大战前后，不仅有垄断一国一类或几类产品的企业，而且出现了多国公司，垄断了全世界的某一类产品和几类产品的生产和销售。一个财团常常管理着几

① 毛泽东：《关于农业机械化问题给刘少奇的信》，参见《建国以来毛泽东文稿》第十二册，北京：中央文献出版社，1998年1月，第20页。——编者注

十万乃至上百万名职工。

我们社会主义所有制的工交企业，开始是没收官僚资本家的企业，或者是由资本主义企业经过公私合营等步骤转过来的，以后我们又新建了大批的企业，数以万计的企业怎样管理才能更好地发挥它们的作用？

我们的理想是，在共产主义社会条件下，应该是“一切生产部门将由整个社会来管理……为了公共的利益按照总的计划和在社会全体成员的参加下来经营。……共同使用全部生产工具和按共同协议来分配产品”①。社会占有全部生产资料。

经典作家所说的这种一切生产部门将由整个社会来管理，是在相应的生产力大大发展起来的情况下才能实施的。目前我们的经济生产力就全国情况来讲还很不平衡。我们已经能够自行设计、自行制造30万千瓦的大型发电机，但我们有些厂还用毛驴做动力，大部分农村还没有电；我们有万吨水压机，但我们的大部分锻工还得靠手锤；我们已经造了2.5万吨的大轮船，造了3吨的载重卡车，但我们不少厂只能用架子车和肩挑手提。

生产力的这种状况，决定着生产关系必须有一个与之相适应的形式。生产关系中最核心、最重要的是所有制形式。我们建立了全民所有制和集体所有制形式，这是适合目前我们的生产力状况的，但也有不适应的方面，这是目前在工交财贸系统中存在一些矛盾状况的原因。

应该肯定，统一的全民所有制（一切生产部门由整个社会来管理，生产资料和产品将由社会来统一分配管理）需要有一个发展过程，需要有一个从低级到高级、由不完善到完善、由一个或几个方面到全面的发展过程。在目前的生产力水平下，要做到一切生产资料、一切产品由社会来统一管理和分配，事实上是不行的。

目前我们实行的是“统一领导，分级管理”，我们在工交财贸企业中实行的是统一的全民所有制，在中央统一领导下实行分级管理。一部分企业系统归中央部门直辖，一部分归省、区、市管辖，一部分由地、县管辖。公社管理的企事业是交叉的，有一部分是全民所有的，有一部分是集体所有的。但是管理权，也就是（部分）所有权。

我国有30个省，200百来个地区，2000多个县，只有地、县两级的工交企事业有了发展，省一级的管理才能比较全面；只有各省的企事业有了

---

① 恩格斯：《共产主义原理》，载《马克思恩格斯选集》第一卷，中共中央马克思恩格斯列宁斯大林著作编译局编，北京：人民出版社，1972年5月，第217页。

充分的发展，统一的全民所有制才能比较充实，才能统一地对全部生产资料和产品实行管理。

并不是我们一建立国营的工交企业，就有了完全的、统一的全民所有制，统一的全民所有制要有一个发展过程。在现阶段应该承认统一的全民所有制下的地方的部分所有制，由较多的地方国营发展到完全的、统一的全民所有制要有一个过程。一方面需要全国的、统一的大型工业有高度的发展，另一方面要使各省的工交企业发展水平大致平衡（在一省范围内，就是各地县的工交企业发展水平大致平衡，这样才能使省级的管理比较完善）。

承认地方的部分所有制，有利于调动本地区建设社会主义的积极性，有利于调动本地区领导和群众的力量，更快地在中央统一计划下发展本地区的经济建设事业，而目的是消除各地区之间的差别，使各地区的生产发展趋于大致平衡，以便实行完全的、统一的全民所有制。

（二）应该把“地区”一级作为重点建设起来

1970 年 12 月 18 日，毛主席在和斯诺的谈话中说：“中国应该学习美国把责任和财富分散到五十个州的那种发展办法，中央政府不能什么事都干，中国必须依靠地区和地方积极性。”①

关于在社会主义建设中要调动两个积极性，特别是要调动地方积极性的问题，毛主席已经讲了 18 年了，过去受到干扰而没有得到积极的贯彻。

1970 年我国批判了条条专政，把原来中央各部所属的企事业，大部分下放给各省各地，这是工交战线上的一次革命性的改革，调动了地方的积极性，推动了生产力的发展，取得了很大的成就。我们应该总结这方面的经验和教训，解决新产生的一些问题。

要调动地方的积极性，就必须要把责任和财富分散到地方上去。企业、事业下放到地方上去了，相应的人权、财权、物权要适当地下放。在保证中央统一领导这个原则下，正确地划分和确立中央和地方、省和地县之间的权限，是很有必要的。中央统一领导和地方各级分级管理，从中央、省、地、县、公社，一直到生产队，都给它一点权，完全无权是不利的。这叫作“大集体，小自由”。应该承认，统一的全民所有制下的地方的部分所有制，是解决上述问题的重要一环。在目前的生产力条件下，把重点放在地

① 武际良：《报春燕纪事——斯诺在中国的足迹》，海口：南海出版公司，1992 年 4 月第 1 版，第 353 页。——编者注

区一级的部分所有制上，是适合经济发展的要求的。

我们是一个拥有960万平方公里国土、8亿人口的大国。有30多个省、市、自治区，200多个地区和州，2000多个县。我们一个省的土地面积和人口数量就相当于欧洲一个大国的土地面积和人口数量。如四川、河南、山东、江苏、河北、广东、湖北、安徽等省，在人口、土地面积等方面，都相当于欧洲的英、法、德、意等国的规模。按照目前的生产条件，把这样一个大省建成一个地区的经济体系都显得过大。

我们可以设想把目前200多个区，适当地调整为100～150个地区。一个地区有2万～5万平方公里、300万～800万人口，大约相当于欧洲的一个中小国家，相当于美国等大国的一个州。从自然条件上讲，最好是按水系流域来调整，这既有利于农业的发展，也照顾到了历史传统，又有利于工农业的全面发展。

把地区建成一个以工农业为本，工业、农业、商业、交通、科学、教育、文化全面发展的体系。根据本地的自然资源和历史传统，建成具有本地特色的独立的经济体系。地区所在的城市，应该建成一个工业、农业、商业的中心，既是交通的中心，也是科学、教育、文化的中心，要按照毛主席讲的“各地应建立独立的工业体系”来办，一个地区逐步按农轻重的顺序来发展本地的经济，首先把农业基础搞好，逐步按工业为农业服务的方针，建立本地区的工业系统。根据本地区的人力资源、历史传统，发展本地区的传统和特有产品。

在划分经济区的时候，要考虑本地的自然条件，按自然水系流域来划分，这样就有利于本地区的农田水利的基本建设，例如，安徽省按自然水系就是三大部分，淮北20个县，两个地区；淮南29个县，四个地区；江南21个县，三个地区。

在划分经济区的时候，应该考虑充分发挥现有中等城市的作用，同时我们正在实现农业机械化，农村需要城市工业的支援，因此现在某些地区主要考虑工矿业的发展而设市的做法值得商榷。现在有些省辖市，单纯搞工业，只有很小的郊区农业，一方面对本身发展很不利，另一方面它本身的工业力量、经济力量就不能在支援农业中发挥应有的作用。城市和农村应该结合起来，合则两胜，分则两损。如江苏省的无锡市，有60万人口，现在有30多亿元的工业产值，有比较发达的机械工业和轻工业，但只有不到10万人的一个郊区。一方面它本身需要的粮食、副食、蔬菜、水果需要外地供给，很不方便，资源、劳动力也常常发生问题；另一方面，它本身有很强的支援农业的力量，却得不到充分发挥。例如，无锡市本身有较强的手扶拖拉机和其他农机的生产能力。但因为它只有一个郊区，用不了，因此这部分生产潜力就没有充分得到发挥，它的农机厂都为工业加工零件而无农机加工任务。如果把无锡市附近的无锡县、江阴县、沙洲县、宜兴县、溧阳县都划进来，不仅能使这五个县的农业因得到城市支援而加快发展速度，它本身的工业也能得到充分发展。不需要数年就能建成一个以无锡市为中心的工农业并举，公交、科学、教育、文化全面发展的经济区域，它既能满足本地区的基本工农业产品的需要，而且能向国家上交数亿斤粮食等农产品和大量的机械工业和轻工业产品，还能为全国培养、训练大量的高等技术文化的人才。

六　工业和农业的关系

（一）目前的关键是必须首先发展农业

国际和国内的形势发展，都要求我们较快地把工农业生产搞上去，增强我国的经济实力。这就要求我们加速地增加生产，加速地扩大再生产。要增加生产，一般只有两个途径：（1）增加劳动量，增加参加劳动的人数和增强劳动强度，延长劳动时间；（2）提高劳动生产率。

我们是社会主义国家，主要要靠提高劳动生产率来增加生产。通过技术革新和技术革命，用先进的技术设备武装工人和农民，提高工农的政治觉悟和技术熟练程度，改善劳动条件和生活水平，改进劳动组织方式，加强领导，严格劳动纪律，开展社会主义劳动竞赛等来提高劳动生产率，这些都是很重要的。

增加生产、发展经济的一个重要环节，就是要劳动力从劳动生产率比较低的农业部门，逐渐地转到劳动生产率比较高的工矿业的生产中去。现在世界上经济比较发达的国家的经济发展过程就是大批农业劳动力转到工业企业的过程。

表 1　美国农业人口和总产值的变化

	总人口（万人）	农业人口比例（%）	工业人口比例（%）	总产值（亿美元）	人均总产值（美元）	工业产值比重（%）
1800 年	530	93.90	6.10	10.92	211	—

续表

	总人口（万人）	农业人口比例（%）	工业人口比例（%）	总产值（亿美元）	人均总产值（美元）	工业产值比重（%）
1830 年	960	91.20	8.80	15.76*	168*	—
1840 年	1710	89.20	10.8	32.82*	197*	26.00*
1860 年	3150	80.20	19.80	92.12*	300*	36.20*
1880 年	5020	71.80	28.20	154.42*	315*	44.80*
1900 年	7610	60.30	39.70	341.42*	456*	61.80*
1910 年	9240	54.30	45.70	496.75*	538*	—
1920 年	10640	48.80	51.20	606.15	569	62.20
1940 年	13190	44.00	56.00	816	619	79.60
1950 年	15120	36.00	64.00	2419	1600	81.60
1960 年	18050	8.80	91.20	4171	2310	88.10
1970 年	20800	4.60	95.40	7987△	3840	97.00

注：1970 年数字根据《各国概况》，其余见《主要资本主义国家经济统计集》；* 均为头一年的数字；△为折算数。

从表 1 可以看出，美国农业人口的减少，从事工业人口的增加，同国民生产总值和国民收入的增加是成正比的。这是因为工业生产的效率，要比农业生产高得多，工业生产的发展速度，也要比农业生产快得多。

29 年前，毛主席在《论联合政府》一文中就说过："农民——这是中国工人的前身。将来还要有几千万农民进入城市，进入工厂。如果中国需要建设强大的民族工业，建设很多的近代的大城市，就要有一个变农村人口为城市人口的长过程。"① 我国要继续发展经济事业，就必须要继续发展工业生产，其中重要的一个方面就是要把至今仍占总劳动力 80% 以上的农业劳动力的一大部分转到现代化的工业生产中去，逐渐改变这种劳动力结构。应该说，全国总劳动力在现代化工业生产中的比重如何，是衡量工业化水平的一个重要标志。

1970 年，周总理在和斯诺的谈话中说：1970 年我国工业生产总值是 900 亿美元（2160 亿元人民币），农业生产总值是 300 亿美元（720 亿元人民币），工农业总产值为 2880 亿元人民币。我国 1970 年职工总人数为 4200 万人，1970 年农业劳动力约为 2.4 亿人，工农业劳动力合计约为 2.82 亿

① 参见《毛泽东选集》第三卷，北京：人民出版社，1966 年 7 月，第 1026 页。

人。每个工人平均年产值为5143元，每个农业劳动力年产值为300元，工人的平均年产值是农民的17倍多（同年日本一个工人的平均年产值为3583美元，农民的平均年产值为815美元，相差约4.4倍；美国一个工人平均年产值为12175美元，一个农民的平均年产值为8150美元，相差约1.5倍）。我国农业生产率水平和工业生产率水平相差如此之大，这一方面有价格上的原因，主要还是我国农业生产不发达，农业生产资料太少，生产工具太落后的原因。

按1970年的劳动力结构计算，在我国2.82亿劳力中，工业和农业的劳动力分配是1∶6，全部劳动力的平均年产值是2880/2.82≈1021元。

如果说10年后，到1980年，我们的总劳动力想达到3.5亿人，工业和农业的劳动力分配为7000∶28000=1∶4，按1970年农业劳动生产率增长30%和工业劳动生产率增长60%计，则：

工业总产值：5143×70000000×160%=576016000000元≈5760亿元

农业总产值：300×280000000×130%=109200000000元=1092亿元

工农业总产值：5760+1092=6852亿元，约为1970年的2.4倍。

如果我们能把工业劳动力和农业劳动力分配为1∶3，应是工业劳动力为8750万人，农业劳动力为26250万人，工农业劳动生产率仍按上述比例增长，则：

工业总产值：5143×87500000×160%=720020000000元≈7200亿元；

农业总产值：300×262500000×130%=102375000000元≈1024亿元；

工农业总产值：7200+1024=8224亿元，约为1970年的2.86倍。

而如果我们的工农业劳动力之比例仍为1970年的水平，即1∶6，工业劳动力为5000万人，农业劳动力为3亿人，工农业劳动生产率水平仍按上述比例增长，则：

工业总产值：5143×50000000×160%=411440000000元≈4114亿元；

农业总产值：300×300000000×130%=117000000000元=1170亿元；

工农业总产值：4114+1170=5284亿元，约为1970年的1.83倍。

但是，我们要达到上述的目标，要实现工业化，要使大量的农业劳动力转到工业生产上，就必须首先要发展农业，要有足够的商品粮食供应城市。人是要吃饭的。我们这样大的社会主义国家不能靠输入粮食来发展工业。我们不能像英国、日本那样挤垮农业来发展工业，粮食和原料依靠国外，这会变成日后的心腹大患。英国已经在大吃苦头了，日本今后要吃更大的苦头。我们也不能像苏联那样，靠买粮食过日子。马克思讲，超越劳

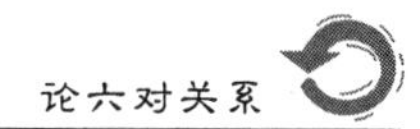

动者个人需要的农业劳动生产率，是一切社会的基础。①

我们二十余年的经济发展的历史，已经说明这个问题了。

1949年，我国全民所有制在职职工有800万人，1957年达到2450万人，8年间增加了1650万人，每年增加200多万人。除了其中有城市失业人口就业和私营职工转为全民所有制职工，有800万～1000万农业劳动力转为工业劳动力。这个时期每年有120万～150万人进城。相应地，这一时期我国的城市人口从占总人口的10.6%，增长到15.4%。这8年工农业总产值从466亿元增长到1387亿元，增长了近2倍。

1958～1960年底，全民所有制的职工增长到5038万人，3年增长一倍多，增加了2581万人，其中大约有2400万人是从农村进入城市的，每年达800万人。到1960年底，城市人口达到总人口的19.8%，农村人口下降到80.2%。

由于自然灾害和苏修的破坏，我们从1960年底开始对国民经济进行了调整、巩固、充实、提高，在此期间动员了大批劳动力回到农业第一线去。到1962年底，职工人数下降到3303万人，城市人口也相应下降到11660万人，占总人口的17.5%，农村人口回升到82.5%。

此后，我国进行了第三个五年计划建设，工业人口又逐年增加。1970年、1971年因工交事业发展，大量招工，两年新增职工893万人，1972年又增加100多万人，3年实增了1000多万人。到1971年底，职工总人数突破5000万人。这新增的1000万人中除了有300万～400万人是下乡知识青年回城就业或城市青年就业外，约有600万人是从农村进城的，每年达200万人。

1972年，农业遭灾，粮食减产。1972年10月，中央下达文件，明令停止招收新职工。1972年减产幅度并不大，只有2.4%，粮食总产还有4800亿斤，达到1970年的水平。之所以采取这个措施，是鉴于粮食问题严重。前几年每年平均增加300万工业劳动力，从农村招200万人进城，这么大的数字，我国的农业负担不起。不是说我国农村每年抽不出200万人来（如果采取相应措施，保证农业增产，我国农村每年抽出500万～1000万劳动力都不成问题。我们现有6.4亿农业人口，按15‰增长，每年要新增劳动力960万人），而主要是我国目前农业生产率太低，产量低，商品率尤低，供养不起这么大量的城市人口。因此，虽然我们的工业各部门亟待发展，

① 《资本论》第三卷，北京：人民出版社，1953年，第1025页。

到处要人、要劳动力、要技术人员，但我们却不得不暂时规定“三年不招工”。为什么？主要的原因就是粮食不够，农业负担不起。

因此问题就归结到了这样一点上来了，要迅速改变我国经济与政治、国防不相适应的状态，就必须迅速发展工矿交通等事业，就要有几千万农民进入城市、进入工厂。可是因为目前我国农业劳动生产率低，满足不了这样大规模发展工交事业的人口增长对粮食的需要，这样工业发展就受到限制，城市事业发展就受到限制，农民就进不了城。目前，要发展我国的经济事业，就要发展我国的工交事业，关键的问题就必须首先发展我国的农业。所以，列宁指出：“一切政治问题就都集中到了一个方面，就是无论如何要提高农业劳动生产率。农业生产率的提高，必定带来工业情况的改善。”①

（二）国家工业化、地区工业化与公社工业化

现在世界上经济比较发达的国家，都经历了工业化的过程。通过大办轻工业－重工业，或是大办重工业－轻工业的办法，改造整个国民经济体系，使国家的经济现代化，解决本国的经济问题。如前所说，发达国家的工业化过程都经历了一个逐步使大部分农业劳动力转到工业生产部门的过程。

我们现在正处在工业化的过程之中，正处在发展之中。但是，我们现在遇到了反映时代特点的新情况。我们是一个拥有8亿以上人口资源的大国，农业人口占80%以上。而且我们是在20世纪70年代这样一个科学技术已经如此发达的历史条件下来进行经济建设的。在这样的时代条件和我国特有的条件下，我们就不能走各国走过的老路，也不可能走各国已经走过的老路。

问题之一是我国现在的6.5亿农业人口怎么办？怎么解决我国农村的经济问题。我国现在有8亿人口，农村人口6.5亿，城市人口1.5亿。有大约2.5亿劳动力从事农业生产，全国职工总数为5600万人，约有4000万劳动力从事工交事业的生产。

按照我国已往的建设经验，在通常的年景下，我国农业生产每年增长3%～4%，工业生产每年增长10%～12%。农村每年提供的商品粮约为800

① 参见《列宁全集》第四十二卷，中共中央马克思恩格斯列宁斯大林著作编译局编译，北京：人民出版社，1987年第2版，第284页。——编者注

亿斤，每年的财政收入约为800亿元，每年的基建投资为220亿~250亿元，每年平均增加的新职工为150万~200万人。我国目前城市人口的自然增长率为12‰~13‰，每年纯增180万~200万人。农村人口的自然增长率为15‰~18‰，每年纯增975万~1170万人。这就是说，按我国现在的经济发展的规模和速度，每年需要增加200万新职工，大致与每年城市人口的自然增长的新劳动力相适应。每年农村纯增加的1000多万新劳动力主要就在农村就业。虽然由于各种原因有一批农村青年参加了工业建设，但同时有一批知识青年下乡，这个数字大致是相一致的。按照这种建设规模和速度发展，我们的农业人口和农业劳动力不但不会减少，反而每年还会大量地增加。城市人口在总人口中的比重不但不会增加，反而还会相对减少。1970年我国有6.5亿农业人口，按15‰增长，到1980年将达到75440万人；1970年有1.5亿城市人口，按10‰增长，1980年将达到16568万人。那时总人口是9.2亿人，农村占82%，比目前的81.2%还要高；城市人口占18%，比目前的18.8%还要低。

我国现在工农业生产总值每年平均增长约8%，按这个速度发展，1980年我国的国民生产总值将达到7555亿元（合3740亿美元），扣除价格上的因素，约相当于目前苏联或日本的国民生产总值。数目是相当可观了，但我们的农业问题仍未能解决，算几年账就能知道这个问题的严重性了。

1980年，我国将有7.5亿人在农村，有3亿劳动力集中在18亿亩耕地上，农业的劳动生产率仍是很低的。1970年我国的农业产值为720亿元，有2.4亿农业劳动力，每个劳动力的平均年产值是300元；6.5亿农业人口，每人的平均年产值为118元，按55%分配，农业人口每人每年的收入为61元。农业生产按4%的速度增长，1980年农业总产值为1332亿元，那时每个劳动力的平均年产值为444元，每个农业人口的平均年产值为177元，每个农业人口分配的平均年收入为97.4元。

如按照这种速度和规模发展，到1980年，我国的农村情况、农民生活较现在将有很大的改善，但问题是如果遇到较大的灾荒怎么办？不仅农业不能按4%的速度增长，工业和整个国民经济体系也将不能按上述速度发展，这方面我们是已经有过深刻的经验和教训的。农业生产增长率、农业劳动生产率总是低于工业生产增长率和工业劳动生产率，势必会对我国整个国民经济带来实质的影响。而且我国的这种城乡人口的比例，工业和农业劳动力的比例能够这样长此发展下去吗？这显然是同我国整个经济体系的发展不相适应的，是与我们的社会主义国家要逐步缩小以致消除城乡差别、工农差别的要求不相适应的，也是与世界整个形势发展的趋向不相适应的。

那么解决这个问题的途径在哪里呢?

“农业的根本出路在于机械化。”在农业集体化的基础上，实现农业机械化（简称农机化），这是我党在农村的根本路线，是解决我国农村问题的根本途径。我们的国家已经打下了初步的工业化的基础，已经完全有能力自己设计、自己制造农机化所需要的各种机器；我国实行合作化已经 18 年了，实现公社化也已经 16 年了，农村的集体经济已经巩固，生产和其他各项事业也有很大的发展，已经为实现农机化提供了各种条件，实现农机化现在是 6 亿农民的迫切愿望。

现在是我们要加速实现农业机械化的时候了，应该把加速实现农机化作为我们当前经济工作的中心任务来完成。

实现农机化的主要目的是使农业高产稳产，更快地提高农业劳动生产率，使农村能为城市提供更多的粮食、原料和其他农产品，使农村能腾出更多的劳动力来参加工业、交通事业的生产和建设。而且，因为能提供更多的粮食和原料，所以工业生产规模迅速扩大成为可能。

我们可以把解决我国的农村问题的途径做如下设想。

第一步，实现国家工业化，建立独立自主、自力更生的比较完整的现代工业体系，奠定改造整个国民经济使之现代化的基础。这一步我们已经初步完成了。现在我们在进一步实现它。这一步完成了，我们的工业职工达到 5000 万人，工业产值在国民生产总值中占 70%，城市人口达到 20%。

第二步，实现农业机械化，并同时实现地区工业化。在我们这样辽阔广大的国家里实现农业机械化是一项具有历史意义的任务，同时也是一项十分艰巨复杂的任务。我国从南到北，迢迢万里，气候不同，土壤不同，栽种的作物不同，各地的耕种习惯不同，对于农机的要求是很复杂的。要有各种各样的农机型号和品种，要生产这样众多、这样复杂多样的农业机器，单靠国家统一生产是不行的，要靠各地区根据本地的情况和特点来组织安排农业机械的生产，并且要求各地区都要建立相应的农机修配网。所以要实现农业机械化就必然要求各地建立农机工业，建立为农业服务的工业系统。实现了农机化，农业生产的效率会大大提高，农产品会被大量生产出来，这就要求各地区组织加工和运输，要求建立和发展地方工业和运输系统。随着农业生产的发展，农业上可以腾出大批劳动力和提供更多的粮食与原料，这也为建立地方工业创造了条件。

根据这种客观发展的必然趋势，我们在今后若干年内，把建设的重点放在全国150～200个地区，大力发展以农机工业和农产品加工业为中心的各种地、县两级的中小工业。有计划、有步骤、分期分批地实现地区工业化，把各地区都建成以工业为主体、以农业为基础、工农业并举的经济体系，把各地区的所在城市都建成具有符合本地资源特点、历史传统和以为农业服务为主体的工业体系，相应地，这些地区的城市都应建立本地的科学、技术、教育、文化、卫生的体系，成为本地区的政治、经济、科学、文化、交通运输的中心。

实现地区工业化，最必要的条件是同时实现本地区的农机化。本地区实现农机化，也必然以本地区的工业化为条件，要求农业劳动生产率比现在提高1倍左右，要求本地区的粮食和原料自给有余。

实现了地区工业化，我们的全民所有制职工会超过1亿人，全国的工业总产值将达到工农业总产值的80%（各地区的工业产值都要超过本地农业产值或达到本地工农业总产值的60%～70%），城市人口将增加到总人口的35%～40%。

第三步，实现公社工业化。人民公社是我国的基层单位，是工农商学兵相结合、各业全面发展的政社合一的基层组织。1958年，党的八届六中全会通过的《关于人民公社若干问题的决议》指出："人民公社的建立为农村逐步实现工业化，农业中的集体所有制逐步过渡到全民所有制指明了道路。"现在我们的农村人民公社的生产，主要还是以农业生产为主。1958年办公社的时候就兴办了一大批社办工业企业，后来大部分撤掉了。"文化大革命"后，社办工业再次兴起，不少公社建立了农机修造、农产品加工、传统工艺品生产等的工业和手工业企业，现在正在进一步发展之中。在一些社办工业办得较好的公社里，社办工业的生产总值已经接近或者超过了农业生产的总值。

随着农业机械化、现代化的实现，农业生产率的提高，农业生产的发展，这种农村社办的工业企业的进一步发展就有了需要和可能，必然会迅速地发展起来，最终会实现公社的工业化，也就是实现乡村的工业化。

这第三步完成了，公社工业化实现了，我们的工业产值将占到工农业总产值的90%左右，城乡的差别、工农的差别基本上消失了，我国的农村问题，现在的6.5亿农民的问题就基本上解决了（那个时候，农民也不必进城了）。

不要小看现在的公社工业。我们现在有7万个公社，以每社500个工业职工计，全国就有3500万名公社工人，大约相当于现在的全部工业工人。不过他们现在还是以农民的身份在工作而已。

（三）问题是要提高农业劳动生产率

农业是国民经济的基础。“超越于劳动者个人需要的农业劳动生产率，是一切社会的基础。”① “从事工业等等而完全脱离农业的劳动者人数，取决于农业劳动者超出他们自身的消费以外所生产的农产品的数量。”②

要实现国家工业化、地区工业化、公社工业化，必须有相应的农业发展作为基础。实现上述目标的快慢，取决于农业劳动生产率提高的速度，它由农业劳动力在满足自身需要以外还能供养的人数的增长速度来决定。

可以从下面的计算来看这个问题（见表2和表3）。

表2　我国农业劳均耕地、劳均产粮和劳均供养人口的关系

总人口（亿人）	农业总劳动力（亿人）	每劳动力耕地（亩）	每劳动力平均产粮（斤）	每劳动力供养人口（含自身）（人）
8	2.5	7.2	2000	3.2
8	2	9	2500	4
8	1.6	11.25	3125	5
8	1.35	13.33	3700	6
8	1.14	16	4386	7
8	1	18	5000	8
8	0.8	22.5	6250	10

表2是从提高农业劳动生产率的角度来计算的。如果从耕地与单位面积产量的角度来考虑，结果见表3。

表3　我国耕地平均亩产及供养1人所需耕地数

总人口（亿人）	总耕地（亿亩）	总产（亿斤）	平均亩产（斤）	平均供养1人所需耕地（亩）
8	18	5000	278	2.25

① 《资本论》第三卷，北京：人民出版社，1953年，第1025页。

② 马克思著、考茨基编《剩余价值学说史》第一卷，北京：生活·读书·新知三联书店，1949年，第41页。

续表

总人口（亿人）	总耕地（亿亩）	总产（亿斤）	平均亩产（斤）	平均供养1人所需耕地（亩）
8	18	5400	300	2.08
8	18	6400	400	1.56
8	18	9000	500	1.25

如表2和表3的计算，如果我们能使农业劳动生产率提高25%，一个农业劳动力能供养4个人，则可以有5000万人从农业中解放出来，去从事其他建设。

（四）我国农业生产力水平低的根本原因

解放20多年来，我国的农业生产已有了很大的提高和发展。但因为旧中国遗留下来的摊子太破旧、太落后，所以至今我们的农业生产力水平相当低、单位面积产量低、抗灾能力差、商品率低。与世界各国的农业发展水平相比，我们差得甚远（见表4）。

表4　1970年中、美、日三国农业生产力水平比较

国家	农业总劳动力（万人）	总耕地（亿亩）	劳均耕地（亩）	农业总产值（亿元）	劳均产值（美元）	粮食总产（亿斤）	劳均产粮（斤）	棉花总产（亿斤）	劳均产棉（斤）
中国	24000	18	7.5	300	125	4800	2000	48	20
美国	397	27	680	308	8150	3375	85000	46.16	1162
日本	1025	—	—	123	1200	300	2926	-	-

从表4可以看出，1970年美国一个农业劳动力平均产值为8150美元，我国一个农业劳动力平均产值为125美元，相差65倍。以实物计，美国一个农业劳动力年平均生产粮食85000斤、棉花1162斤，以一斤棉花折6斤粮食计，则一年共折粮91972斤，以每年300个工作日，每个工作日8小时计，他平均每天生产粮食约306.6斤，每小时38.3斤。我国一个农业劳动力年平均生产2000斤粮食、20斤棉花，共折粮2120斤，平均每天生产粮食约7.1斤，每小时约0.9斤，相差约43倍。

从这个对比中我们看到，1970年我国的农业劳动生产率要比美国低50

倍的样子。为什么有如此大的差别呢？是我们的农民不够勤劳吗？不是，中国农民的勤劳勇敢在世界上是首屈一指的。是我国农民的耕地技术不行吗？不是，我们是个有悠久农业历史的民族，有丰富的耕作经验，精工细作已成传统。那么原因在哪里呢？根本的原因在于，我国农民所使用的生产工具太落后，每个农民所使用的平均生产资料太少了（见表5）。

表5 1970年中美农业生产资料对比

国家	农业总劳动力（万人）	总耕地（亿亩）	劳均耕地（亩）	拖拉机（万台）	劳均拖拉机（台）	农用载重汽车（万台）	劳均农用载重汽车（台）	农用电力（亿度）	劳均农用电力（度）	化肥（万吨）	劳均力化肥（吨）	人均总计价值（元）	人均包括土地的生产资料总价值（元）
中国	24000	18	7.5	15	0.000625	2.4	0.0001	80	33	2000	0.083	162.35	1662.35
美国	397	27	680	477	1.2	311	0.78	269	6800	3500	8.8	38260	174260
相差倍数（倍）			90		1920		7800		206		106	236	105

由表5可见，美国每个农业劳动力所使用的耕地为680亩，为我国每个农业劳动力所使用耕地7.5亩的90.67倍；如果把上述使用的生产资料按我国现行价格折算，美国每个农业劳动力平均使用的除土地外的生产资料为38260元，而我国每个农业劳力平均使用的生产资料约为162.35元，相差约236倍；如果每亩耕地以200元计算，则美国一个农业劳动力平均使用的全部生产资料约为174260元，我国一个农业劳动力平均使用的全部生产资料约为1662.35元，相差约105倍。

综观上述对比，问题就很清楚，我们目前农业生产力水平太低的根本原因就在于，我国农业生产资料太落后，现代化农业生产资料太少了。我国一个农业劳动力每年平均生产的农产品比一个美国农业劳动力少将近50倍，之所以如此，根本原因是我国一个农业劳动力平均使用的农业生产资料比美国少100多倍！马克思说，“一定量的劳动所推动的生产资料的价值和数量是同劳动的生产效率的提高成正比例地增加的”“使用一架强有力的自动机劳动的英国人一周的产品的价值和只使用一架手摇纺车的中国人一周的产品的价值，仍有大得惊人的差别。在同一个时间内，中国人纺一磅棉花，英国人可以纺好几百磅。一个几百倍大的旧价值总额使英国人的产品的价值膨胀了”。[1] 全部问题就在这里。中国农业的生产力水平低，就是因为我国农民的“劳动所推动的生产资料的价值和数量”实在太少了。

现在，中国的纺织工人已经使用了与英国工人使用的可以相媲美的自动纺织机，棉纱和棉布就大量生产出来了。现在我国是世界上生产棉布最多的国家，整个一个世纪穿用洋布的中国，现在把这种棉布大量地输出到这个“洋布的故乡”英国去了。

现在该是我们大规模地进行农业技术改造，大办现代化农业的时候了。“只有用那种使农民能大大改善以至根本改造全部农业技术的办法来帮助农民，才能加速这种过渡。”[2]

我们是个地少人多的国家，可开垦的荒地有限，要大规模增加耕地不可能，但可以大大增加对农业的投资，搞高度集约化的农业，搞农田基本建设，用拖拉机、电动机、载重汽车、水泵、化肥等现代化农业生产资料把我国2.4亿农业劳动力武装起来。“农业的根本出路在于机械化”，只有我们实现了农业的机械化、现代化，到那个时候，成倍，成十倍、十几倍的农产品就会在我们这块960万平方公里土地上大量涌现出来。有了这样的农业基础，我们的整个国民经济、工业、交通、科学、文化、教育、卫生才能以人们所不能想象的速度突飞猛进地发展起来，而且无后顾之忧。只有到了那个时候，我们才能够，“打个比喻说——从一匹马上跨到另一匹马上，就是说，从农民的、庄稼汉的、穷苦的马上，从指靠破产的农民的国家实行节约的马上跨到无产阶级所寻求的而且不能不寻求的马上，跨到了大机器工业、电气化、沃尔霍夫水电站等等的马上”[3]。

只有到了那时，我们的大量的农民才能进城，或者就地转到劳动生产率比较高的工业战线上去。我们现在的农业劳动生产率是每日生产7.1斤粮食，2.4亿农业劳动力每年提供800亿斤商品粮，供养5000万名职工、1.6亿城市人口；如果我们的农业劳动生产率在若干年内提高一倍，每个农业劳动力每天生产14.2斤，每个劳动力平均年生产量为4240斤，那么我们只要2亿农业劳力，就能生产约8000亿斤粮食、8000万担棉花；就可向城市供

---

① 《马克思恩格斯全集》第二十三卷，中共中央马克思恩格斯列宁斯大林著作编译局译，北京：人民出版社，1972年9月第1版，第665、699页。

② 列宁：《无产阶级专政时代的经济和政治》，载《列宁选集》第四卷，中共中央马克思恩格斯列宁斯大林著作编译局编，北京：人民出版社，1972年10月第2版，第89~90页。

③ 列宁：《宁肯少些，但要好些》，载《列宁选集》第四卷，中共中央马克思恩格斯列宁斯大林著作编译局编，北京：人民出版社，1972年10月第2版，第711页。

应 1300 亿 ~1500 亿斤粮，可以供养 8000 万名职工、2.4 亿 ~2.5 亿城市人口；就可以使 2000 万 ~2500 万农业劳动力进城。

拿我国工人和农民的劳动生产率相比，同样也可以说明这个问题。1970 年，我国工农业总产值为 1200 亿美元，也就是 2880 亿元人民币，其中工业 2160 亿元，农业 720 亿元。1970 年，我国有全民所有制职工 4200 万人，除去国家机关、文教卫生、商业金融等，工矿、交通的职工约为 3000 万人。所以工矿、交通职工的年平均产值为 2160/0.3 = 7200 元，而当年农民的年平均产值为 720/2.4 = 300 元，工人和农民的年平均产值相差 24 倍。

工人和农民使用的生产资料的状况怎样呢？

1957 年全部工业职工为 535.2 万人，全部工业企业固定资金为 474 亿元，平均每个工人使用固定资产为：4740000/535.2≈8856.5 元。

1962 年全部工业职工为 865.2 万人，全部工业企业固定资金为 878 亿元，平均每个工人使用固定资产为：8780000/865.2≈10147.9 元。

取其平均值，则每个工人平均使用的固定资产为 9502.2 元，而农民使用除土地外的生产资料约为 162.35 元，两者相差：9502.2/162.35≈58.5 倍。

如果农民使用的生产资料包括土地则为 1662.35 元，两者相差 9502.2/1662.35≈5.7 倍。

（五）提高农业劳动生产率的途径

发展农业生产，提高农业劳动生产率，改变一穷二白的状况，是我国社会主义经济建设的关键任务。改造山河、改变农村面貌，是我国 6.5 亿劳动农民的迫切愿望。土地改革、合作化、公社化等一系列伟大的革命运动，改变了生产关系、解放了生产力，农民的社会主义政治觉悟、集体生产的积极性空前高涨，为发展农业生产开辟了广阔道路。

发展农业生产，提高农业劳动生产率是一场很大的革命。在这个伟大的革命进行的过程中，大寨人走在最前列。大寨的贫下中农在党的领导下，从 1953 年办社开始，就发扬自力更生、艰苦奋斗的革命精神，与天斗，与地斗，与阶级敌人斗，改造了七沟八梁一面坡的穷山恶水，把原来跑水、跑肥、跑土的“三跑”田，变成了保水、保肥、保土的高产、稳产田，产量年年增长，社员的生活逐年改善，对国家的贡献年年增加。近几年大寨实现了农业机械化、电气化，集体公共积累达 80 多万元，每户平均在 1 万元以上，现在亩产在千斤以上（合作化前亩产只有一百来斤），每年卖给国家的余粮在40万斤以上，每户平均5000斤、每人1000斤、每劳动力2500斤以上。

大寨为全国树立了光辉的榜样，1964年，毛主席发出了“农业学大寨”的伟大号召。十年来，农业学大寨运动在全国广泛开展，取得了很大成就，涌现了许许多多的大寨式的大队、公社和县。大寨的道路就是我国6.5亿农民的道路。

在向生产的广度和深度进军中，各地贫下中农在大寨精神的鼓舞下，创造了许多发展农业生产、提高农业劳动生产力、解决农村问题的经验，举例如下。

韶山灌区的经验。毛主席的故乡湘潭县和湘乡、宁乡、双峰一带面积约为2500平方公里的地方，是一个广阔的丘陵区，有83多万亩耕地，气候温暖湿润，是适宜发展双季稻的稻作区，但因这里一般是春末夏初雨多，容易泛滥成灾，夏末秋初又常常缺雨干旱，而且水低田高，大部分农田得不到灌溉，因此农业生产上不去，产量低又不稳，平均亩产只有400~500斤。

1958年，当地政府在上游兴建了水府庙大水库，年容积3.7亿立方米，初步解决了洪水泛滥问题，但没有解决灌溉的问题，生产有所发展，但是还没有上去。

1965年在党中央的关怀下，湖南省委领导决定在这里修建韶山灌区。1965年7月1日动工，10万民工上阵，1966年5月完成了第一期骨干工程，1966年7月1日到1967年1月完成了第二期工程，到1970年基本完工，从此改变了当地的面貌。共修干渠240公里，支渠1600公里，移走110个山头，填平90条沟谷，大型工程48处，渡槽26座，隧洞9个，小型工程2300处，电灌站193个，水轮泵站24个。这个灌区建成后，83万亩农田得到了灌溉，变成了旱涝保收田，还增加了1500亩耕地，这几年又开荒1.5万亩，造林15万亩，建果菜园2.5万亩。农林牧副渔都得到了快速的发展。1965年这个地区平均亩产才480斤，总产量为3.88亿斤。灌区建成后的1971年，该地区总产达7.75亿斤，平均亩产957斤。粮食生产猛增了一倍。此外茶叶、水果、菜籽、湘莲等经济作物，分别增加了1.2~8.7倍。灌区建成，从此就彻底改变了这里农业的基本面貌，而且会越来越好。

假定这个工程的总投资为1亿元，这一地区的人口为83万人。这个工程建成后，这83万人的农业劳动生产率从此就成倍地增加了，对国家的贡献也就会越来越大了。原来这个地区平均每人生产粮食约467斤，除去口粮、种子，每年向国家提供的商品粮是有限的；现在人均产粮约为934斤，每年能提供的余粮就会超过3亿斤，还可提供大量其他经济作物。就经济价值来说，这1亿元投资不要几年，国家也就从这些农产品中收了回来。

海河流域的治理。总流域为26万平方公里，耕地1.8亿亩，人口7000万（占全国的1/10），包括冀、鲁、豫、蒙、津、京六个省（区、市）。治理以前由于入海口狭窄，十年九涝，碱化严重。这一带农业劳动生产率不高，要国家供应大量粮食，仅河北省一年就要为其供应20亿~40亿斤。其中黑龙港洼地区只有河北省面积的1/3、人口的1/4，1953~1963年，国家就为其供应了87亿斤粮。

1963年毛主席发出了“根治海河”的伟大号召。10年来每年有50万民工参加治河战役，现在这个地区的治理基本完成了，修建了80座大中型水库，小型水库1500座，万亩以上的灌区271处；打机井40万眼，井灌达3900万亩；上游造林1000万亩，整修梯田300万亩，改造了1/2的盐碱地，10年共完成土方20亿立方米；疏浚了30条大河，筑堤4300公里，对230条支流、15万条渠道进行浚修，建了6万多座桥和涵洞，使海河入海能力提高了5倍。

海河流域的治理为这一带农业生产打下了基础。1972年粮食总产量比1963年增加了一倍。河北省从1969年开始粮食自给，鲁北于1971年开始自给。

韶山灌区、海河流域治理、淮河流域治理，这些大规模的改造工程的成功，说明了这样一个问题，就是这样大的工程，不是一个大队、一个公社、一个县所能解决得了的，需要全地区、全省乃至全国来统筹安排。这类问题是涉及几百万乃至几千万人口的问题，关系重大，意义重大，对整个国民经济都有直接的重大影响。比如南水北调，解决了北方的干旱问题，冀、鲁、豫数省的盐碱化问题，苏北的水涝问题等……需要我们加以重视，组织力量，进行科学研究，综合治理，解决这些地区的农业问题，同时这也就为这些地区经济、文化等事业的发展打下了基础。

还有一种经验，就是通过自力更生、艰苦创业的精神，实现农村机械化，加速农业劳动生产率的提高。像湖北新洲县的刘集公社、黑龙江甘南县太平大队等都属于这一类。这个太平大队有2800人，2.2万亩地，劳动力700余人，每劳动力平均种30亩地。机械化前广种薄收，亩产只有200来斤。1963年开始就逐步进行农机化建设，现在已有拖拉机11台，汽车1辆，各种机引农具64台，高压线路50里，初步实现了机械化，大大提高了农业产量，提高了农业劳动生产率。1971年太平大队粮食总产达900万斤，每个劳动力生产1.3万斤（这可说是全国每个劳力产量最高的）。每年向国家交售500万斤粮，每个劳动力平均7000斤（全国每劳动力平均提供粮食330斤，超过平均数的20倍）。

北京、上海、天津三个市所属的郊区各县的农业发展都比较快，这个经验体现了社会主义城乡关系、工农业关系的新特点，值得我们注意。上海市郊十个县，原来是苏南的松江专区，地处湖嘉平原，本来农业生产比较发达，产量比较高。现在更高了，就土地的单位面积产量来说，现在是全国最高的。

北京和天津两个市郊，原来的农业生产条件并不好，属于河北省的广种薄收的地区，但被划给北京和天津两市之后，两市对其加强了领导，在城市支援、工业支援下，生产条件发生了巨大变化，农业生产迅速发展。

例如，北京市大兴县，1957年划归北京，20多万人口，50多万亩耕地，都是些盐碱沙洼，粮食亩产只有100多斤，总产才6000多万斤，不但不能向国家提供粮食，还要吃国家的商品粮。但这些年来在城市和工业的支援下，兴修了水利，引进了水稻，改造了盐碱地，推进了农机化，现在亩产上了纲要，总产超过了2亿斤，不仅提供了大批商品粮，而且成了北京市的蔬菜、水果、肉食、奶类的供应基地之一。

平谷县是个山区县，生产条件很差，全县有34万亩粮田，亩产只有200~300斤。1965年达到400斤。“文化大革命”后，政府加强了领导，贯彻了基本路线，加强了城市和工业支援，1971年亩产达到583斤，总产超过2亿斤，1973年过了长江，亩产801斤，总产2.7亿斤，一年向国家上交余粮5700万斤。

像北京、天津、上海这些市的郊区，再经几年努力，由农机化向现代化继续前进，逐步做到粮、菜、肉、油的自给是完全可能的（上海市郊再稍扩大些）。

大中城市的郊区农业发展都比较快，都比较早地上了纲要，全国上纲要的有6个省份，京、津、沪占了3个。为什么？主要有如下几个方面。

（1）政治领导比较强，群众发动得比较好；

（2）城市工业对农业的支援比较大，这三个市的郊区农村都比较早地用上了电，北京的郊区农村各大队都有电，农业机械化水平都比各省高。工业的剩余、陈旧设备可以武装农村，以及工人的支农队下乡对农村起到很大的作用；

（3）城市的财政支援大，水利、农田基建的投资较多，农业生产的贷款比较及时；

（4）郊区农村的农业负担比外省的平均水平轻，而且由于蔬菜、水果、肉食的价格高，郊区农村的收入水平也较外省高。这就有利于积累，有利于扩大再生产。

我国现在有120个左右的大中城市（共177个市），如果以每个市带5个县计（大市可多带一些，带十余个），则有600多个县的农业可较迅速地发展，同时对这些城市的工交文教事业的发展也有益处。

如吉林省现在就是这样做的，据1971年的《人民日报》报道，吉林市的5个县，都是上了纲要的，而邻省辽宁省却是把工业地区和农业地区划开的。这两种办法可以总结一下，怎样才有利于工业和农业较全面的发展。

江苏的苏州地区（太湖平原）、浙江的杭嘉湖平原、广东的珠江三角洲和四川的都江堰地区，这些都是历史上农业比较发达的地区，新中国成立以后，特别是合作化、公社化以后，生产水平有大幅度的提高，而且虽然这些地区的基数比较高（合作化前就达到亩产400～500斤），但其增长速度还比全国的平均数快，商品粮的增长率也比其他各地高。如1949年全国粮食平均亩产142斤，1952年平均亩产183斤，现在平均亩产340斤，1952年至今增长不到1倍，但这些地区的增长却在1倍以上。

为什么？这里的农业基础好，农业技术比较好，虽然人口密，但贫下中农精耕细作，国家对这些农业高产区的农机、化肥、农药的供应也较充足，扩大再生产条件好，所以农业发展也是比较好的。这四个地区目前是全国提供商品粮比例最高的地区。对比之下，有些地区农业却搞不上去，其主要原因之一是缺少扩大再生产的条件，只能搞简单再生产。

综合上述大寨的道路和韶山灌区、刘集公社、城市郊区、太湖平原等发展农业的经验，都可以归结为一条，这就是要较快地发展农业就必须要创造扩大再生产的条件。不少地方农业生产上不去的主要原因就是老在简单再生产的原地打转，一遇灾荒，连简单再生产也保不住，需要很多年才能恢复。

（六）我国农业生产中的几个基本特点

1. 人多地少

我国现在有8亿人口，约有18亿亩耕地，每人仅2.25亩，按6.5亿农业人口计，每人约2.77亩；按2.4亿农业劳动力计，每个劳动力只有7.5

亩。与世界各国比较：苏联，1960 年每人为 15.8 亩；美国，1960 年每人为 19 亩；法国，1959 年每人为 7.2 亩；西德，1959 年每人为 2.3 亩；英国，1959 年每人为 2.1 亩；日本，1970 年每人为 0.8 亩。我们的每人平均的耕地只有美国的 1/8，苏联的 1/7，法国的 1/3，同英国和西德相仿，比日本多一点。

我国人多地少这个特点，决定了我们的农业生产发展的方针应是以尽量利用土地为目的，要搞集约化农业，增加单位面积产量，充分发挥劳动力的作用。

2. 人口增长比耕地增长快

表 6　1949 ~ 1973 年中国人口与耕地增长趋势

年份	人口（万人）	耕地（万亩）	每人拥有耕地（亩）	人口较 1949 年增长（%）	土地较 1949 年增长（%）
1949	54167	146822	2.71		
1957	64326	167730	2.6		
1973	80000	180000	2.25	47.7	22.6

从表 6 可见，1949 ~ 1973 年，我国人口增长率比耕地增长率高一倍还多，这种趋势还在继续发展。我国未开垦的荒地约为 7 亿亩，而且大部分都是偏僻的生荒地，开垦较为困难。估计到 1980 年，每人平均耕地可能降到 2 亩，这就更加要求我们的农业发展要在现有的耕地上打主意，以提高单位面积产量为主。

3. 劳动力多、机械少，现代化生产资料少，劳动力便宜，机械贵

我国现在有 2.4 亿农业劳动力，每劳动力平均耕种 7.5 亩田。种田主要靠两个肩膀和一双手。我国 1972 年拥有拖拉机 20 万台，每 1200 个劳动力才合一台，每台负担 9000 亩耕地。美国 1960 年就有 477 万台拖拉机，按当时 700 万农业劳动力计，1.5 个劳动力就有一台，每台负担约 200 亩。

4. 土地多少不均

就全国来说，我们是人多地少，但分布很不均匀。如果在我国地图上的黑龙江爱辉县和云南的瑞丽县之间连一条直线，则右下部的面积约为全国总土地面积的 1/3 强，但在这 1/3 土地上居住的人口占全国总人口的 95% 以上。在左上部那一块，面积为 600 万平方公里以上，占全国总土地面积的 2/3，而这里居住的人口不到全国总人口的 5%。

现在广东和福建有些公社、大队，平均每个农业人口只有4~5分田。而在黑龙江、新疆等地则还有大片荒地，有的生产队中的每个农业人口平均有20~30亩地。

5. 农业生产发展不平衡，产量高低不均

就全国水平来说，我国的农业发展水平还不高，农产品的单位面积产量与世界水平相比处于中下水平。

但从全国来说，各地产量相差很大。如浙江全省粮食单位面积产量已经超过千斤，江苏和广东都超过800斤，这样一个省的大面积高产，在世界上也是产量较高的了。如我国的江浙两省加起来的总面积并没有日本大，总人口也没有日本多，但两省的粮食总产量比日本多得多，平均单位面积产量也比日本高。所以笼统地说我国的农业生产力水平低是不对的，我国的一些高产地区，农业比较发达的地区，在世界上也是高水平的（不过就是在这些地区也是劳多机少，就农业劳动生产率来说还是较低的）。

如我国的苏南地区、杭嘉湖地区、珠江三角洲地区、都江堰地区，这些在世界上都可以称得上是农业高产区。但我们现在的雁北、甘肃、陕北等地区，由于干旱、低涝，亩产量还只有100斤~200斤。

把我国按农业纲要划分，有三类地区（1957年水平），详见表7。

表7 我国农业的三类地区

	总耕地（万亩）	占全国总耕地的比例（%）	1957年平均亩产（斤）
全国	167728	100	277.2
黄河、秦岭、白龙江以北地区	76234	45.5	163.6
黄河以南、淮河以北地区	28918	17.2	229.12
淮河、秦岭、白龙江以南地区	62576	37.3	436.1

农业生产的差别不仅表现在大区上，还表现在同一地区、同一县市上。如山西省大寨的亩产接近千斤，而大寨所在的昔阳县，在“文化大革命”前平均亩产只有200来斤，相差4~5倍。

6. 忙闲不均

就我国农业生产来说，目前的情况是劳力多、土地少，农业劳力有剩余。但是农业生产有极强的季节性，每到农忙季节，农村劳力紧张，甚至感到劳力不足。在农忙时由于劳力、畜力、机力不够，以致错过农时的情况时有发生，影响农业生产水平的提高。

所谓农忙季节主要是夏种、夏收（芒种到小暑）一个月（在双季稻地区是从芒种到立秋两个月）和秋收、秋耕一个月（寒露霜降前后）这两段时间，尤其是在6~8月这一段，“三夏”工作非常繁忙，夏收、夏种、夏管全挤在一起。这时农业上需要大量劳动力。特别是在双季稻连作区，到夏季收割时人们忙得不亦乐乎，要收割、打场、耕田、灌水、施肥，还要插秧，这些全部要在十来天中完成，否则误了农时就要减产。在这个季节“时间就是粮食”。双季晚稻在这时早插一天，就能增产很多。如有关部门在湖北荆门地区所做的试验发现，同样的种子、肥料、管理水平，7月13日插秧，每亩可产972斤；7月30日插秧，每亩可生产810斤；8月5日插秧，颗粒无收。

在我国长江以南地区，无霜期长，大部分是可以种双季稻的（有在徐州一带试种双季稻成功的），事实证明，种双季稻是增产的一个重要措施，但之所以推广不迅速，主要原因之一是劳动力紧张，劳动力强度太大，忙不过来。如果能及时供应这些地区以大量的手扶拖拉机、肥料机、插秧机，那么推广双季稻就会更迅速。如果推广2亿亩双季稻，按一亩增产100斤计，就能增产200亿斤稻谷，这是个大数字，有关部门应该重视这点。除了这两个大忙的季节（“三夏”和“三秋”）外，其余时间，农村的劳动力是够用的，在深秋以后到春耕之前，这一段约100天的时间，农村的劳动力是有剩余的。

多年来我们已经积累了一些解决忙闲不均矛盾的经验，如每到大忙季节，城市和军队组织支援夏收和秋收的运动，我们农村的中小学规定，学生应在农忙放假时参加劳动。我们在农村兴办了一些农忙务农、农闲做工的亦工亦农的工副业单位。

总结各地这方面的经验，解决好忙闲不均的问题，是发展农业生产，发展农村经济及其他各项事业的一个重大任务。要充分发挥2.4亿农业劳动力这支强大的人力资源队伍的巨大作用。在农闲时更多地实施农田基本建设的工程，在农村和城镇兴办更多的亦工亦农的工副业的企事业单位，以解决农闲时劳动力富余的问题。在农忙时，不仅要组织劳动力下乡，而且要组织柴汽油机、汽车等动力机械、运输机械下乡，以抢农时，这些都是值得因地制宜地发展的。

有些地方只看到农业劳动力在农忙时不足的一面，不积极为农闲时富余劳动力找到适当的出路，不肯兴办为农业服务的亦工亦农的工副业单位，而有些地方则过于强调农闲时劳动力多余的一面，把过多的劳动力投入非农业生产方面去，以致农忙时劳动力不足，误了农时，影响了农业生产，这些问题都是要解决的。

7. 水多与少的关系矛盾

“水利是农业的命脉。”人要喝水吃饭，农作物也要喝水吃饭。农作物的饭就是肥料。农学家威廉士讲，“只有当植物生活的一切条件（水分、营养）都永远以最高量供应着的时候，才能提供最高的工作效率。植物才能完全地工作”。而水是“农业八字宪法”中的第一个。

中国的老天爷很不公平，降水不均衡。长江以南每年降雨 1500 毫米以上，黄河以北只有 400～500 毫米，甘肃、新疆只有 100 毫米左右，降雨量从东南到西北递减，最少的只有 50 毫米。但不论南方和北方、广东和新疆，同样的农作物需要的水量是差不多的。是以常常有南涝北旱之灾。而北方的雨集中在夏秋之间，因此在北方常常有春旱秋涝之灾。据统计，但凡大灾之年，都是由于这两个问题引起的。

解决好水的问题，是发展农业的一大关键。20 多年来，我们兴修了许许多多的水利工程，解决了很多问题，但还没有从根本上解决这个南涝北旱、春旱秋涝的问题。一个根本的问题就是北方的水源不够，我们如果能兴修南水北调的巨大工程，把长江以南多余之水灌溉冀鲁豫陕诸省旱涸之地，则可基本改变北方数省的农业面貌，解决北方十几省的缺粮问题。“水就是粮食”，搞了南水北调，北方农业产量上去了，南粮北调的历史就会结束。

8. 农业配置不均的矛盾

我们国家在秦始皇统一六国时有 2000 万人口，经过约 200 多年，到西汉汉平帝时（公元 1 年），有记载的人口是 5959 万～4978 万。自汉至宋末历经 1000 多年，人口一直在 2000 万～5000 万徘徊。明中叶突破 1 亿，清统一时不到 1 亿。康熙二十四年，全国登记的成丁数是 23427740 个，这是很不正确的，因为当时人民逃避封建政府的劳役，有不报丁和逃逸山村的。康熙五十年以后做了“滋生人丁，永不加赋”的规定，搞摊丁入亩，国家税赋主要按地亩征收，取消了秦汉原来的丁税（人头税），从此人口就猛增起来。1711 年，康熙五十年，丁口为 24621324 人；1751 年，乾隆十六年，为 181811359 人；1771 年，乾隆三十六年，突破 2 亿，为 214603560 人；1810 年，嘉庆十五年，为 348717214 人；1840 年，道光二十年，为 412814828；1851 年，咸丰元年，为 432164047 人。在 1711～1840 年这 130 年时间人口几乎增长了 4 倍。鸦片战争以后人口增长就停滞了，增长速度缓慢了。1840～1949 年，人口从 41281 万增长到 54167 万，110 年人口增长 30%。新中国成立以后人口增长速度加快了，从 1949～1973 年，24 年人口增长了 47.26%。

由这个人口发展的历史可以知道，我们的人口主要是从农村发展起来的，而且主要是在小生产规模的条件下发展起来的，农田基本上都是在气候、自然条件较好的沿海地区。上面已说过，人口集中在沿海地区，沿海地区农业较发达。就这点讲，我国的农业配置和人口分布基本上是相适应的。但也有不相适应的方面，主要有两点。

（1）西北、华北和东北的辽宁、河南、华东的山东和皖北等 14 个省市的人口有 3 亿多，约为全国人口的 40%，但农业生产特别是粮食生产却不到全国的 30%，这个 40% 和 30%，就是不相适应的，这些地方每年需要从外面调进上百亿斤粮食。

（2）新中国成立以后，由于国防上的需要，我们的工业经济建设向内地发展，人口向内地迁移，特别是工业向内地、山区发展，而这些内地、山区的农业的发展，没有相应地跟上去。这就出现了这些地区的工业和农业、人口和农业的发展不相适应的问题，这个问题需要解决。要建设内地，要建设山区，要建设三线，必须要贯彻毛主席的农业为基础、农轻重为序的方针，要首先搞农业。历史的经验已经证明，就一个地区来说，农业搞不上去，农业问题不充分解决，农村提供不了足够的粮食、肉类、蔬菜等副食，那么这个地区的工业、交通、文教等都是发展不好的。

9. 自给性生产比重太大，农业生产的商品率太低

农业生产率低的一个必然结果是农民生产的产品有很大一部分要用以养活自己，用来交换工业产品的部分很少。以粮食为例，1973 年我们生产了 5200 亿斤粮食，国家征购的部分只有 800 亿斤（还要扣除返销部分），只占总产量的 15.4%。这就是说，84.6% 的粮食是农村自己消费了的。棉花、甘蔗等经济作物商品率要高一些。但我国农业的主要农产品是粮食，经济作物的总面积不超过 10%，所以就整个农业产品来说，商品率不超过 20%（1969 年日本的大米和小麦的商品率分别为 75.3% 和 77.5%）。

加上我国的农产品价格较低，工业产品的价格较高。例如，国外一般一斤大米可以换两斤化肥，我们是两斤大米换一斤（好的）化肥；国外一般是一斤大米换两斤煤油（中东战争后高得多了），我们是两斤大米换一斤煤油。20 世纪 70 年代，按市场价格日本一台手扶拖拉机为 91600 日元（合 680 元人民币，同时每公斤大米为 135 日元），约合 1360 斤大米。我国 1970

年一台手扶拖拉机售价为2800元（大米按0.18元计），约合15500斤大米，相差11倍还多。

因此，我国的农村每年对于工业产品的购买力相对来说是比较低的。1973年我国的农业总产值约为800亿元。按20%的商品率计，则为160亿元。加上劳务等其他收入总数在200亿元左右。这是我们6.5亿农民的集体和个人的购买力，即吸收工业产品的能力只有20%（1973年全国工资总额按330亿元计，储蓄如果有10%，则5500万职工的社会购买力为300亿元，超过6.5亿农民的购买力的50%），这个比例对于农业的发展、工业的发展都是不利的。

提高商品生产数量的根本途径是提高生产力。就目前来说，因为农民生活水平有了很大提高，所以农业生产水平本身也提高了，商品生产部分会以更快的速度提高。如农业生产水平提高10%，商品率就能提高10%以上。例如，1973年粮食产量为5200亿斤，商品率为15.4%；而如果1974年粮食产量为5720斤，提高10%，则商品粮可超过1000亿斤，商品率达到17.5%，超出2.1个百分点。

10. *以机械化为主的工业生产和以手工业为主的农业生产之间的矛盾*

现在我国的工业生产是建立在机械化大生产基础上的，是遵循有计划、按比例的规律发展着的。国民经济的基础是农业，而我国目前的农业主要还是靠两只手，靠锄头和牛来耕种，基本上还处于手工业生产的阶段。这样的农业生产，劳动生产率不高，单位面积产量低，商品率低，而且抗灾能力弱，产量很不稳定。

农业生产的这种不高不稳的情况，使得我们的整个国民经济的发展常常受到影响，计划的执行遇到障碍，有时甚至被打乱。我们的经济建设是有计划安排的，但老天的脾气我们还摸不透、管不住，突然间灾害来，偏不给你那么多粮食，不给你那么多的原料，工业生产马上就要受到阻碍。这样的事情发生过几次，一次是在1959～1961年，一次是在1972年，农业遇到天灾，突发减产，对此我们工业生产的整个经济计划就不得不做出改变来适应这种情况。这好像一列在全速行进中的火车，突然要改变速度，改变方向，其损失是不好估量的。

工业生产和农业生产的这种矛盾表现在：一方面是有计划、按比例、有规律地发展着，另一方面却只好听天由命，依老天的脾气安排；一方面工业大规模扩大再生产，另一方面却只能提供少量的商品生产，有时常常只能维持简单再生产。这两者必然发生矛盾。这就产生了当前我们的经济工作中的不少矛盾、不少问题。

（七）“农业的根本出路在于机械化”

因为我们的农业生产率低，农业不得不占用较多的劳动力，而且产量不高，为城市工业不能提供较多的粮食、原料和劳力，这就限制了工业、交通、科学、文化事业的发展。商业、工业、交通等事业不发展，就不能为农业提供较多的农业机械和其他现代化的生产资料，就不能更快地武装农业和支援农业。这样就陷入一种困难的消极循环之中，使农业和工业等其他事业互相限制，不能得到较快地发展。

就某些生产队和公社来说，因为生产力水平低，积累就少，积累少就无力购置、增添新的生产资料，无力进行较大规模的农田基本建设，而不搞农田基本建设和添购农机等生产资料，就不能扩大再生产，就提高不了生产力水平，而只能在简单再生产的原地打转，处在一种困难的消极循环之中。

必须克服这种消极的循环，摆脱这种困境，变消极循环为积极循环，变逆境为顺境，使得农业能为工业提供更多的粮食原料和劳动力，促使工业发展更快，更多地提供现代化的农机和生产资料，更快地武装农业，促进农业更快地发展……；使得农业生产力水平提高、积累更多，可以更大规模地进行农田基建，更多地添购农机和生产资料，更快地提高农业生产力水平……

打破上述消极循环的根本和关键就是要提高农业生产力水平，就是要“农业学大寨”，走大寨自力更生、艰苦奋斗的道路，“大寨大队这么多年每年农田水利基本建设投工占全年总投工数的60%还多，来改变生产条件”。只有进行基本建设，改变生产条件，才能提高农业生产力水平，这是规律，这是真理。大寨的道路是我国6.5亿农民的道路。学大寨就是要学大寨党支部加强领导，贯彻党的基本路线，自力更生、艰苦创业等基本经验。这是主要的、基本的原则。大寨花了十多年功夫，先搞农田水利基本建设，改造狼窝掌，改造“三跑田”，改变生产条件，提高了农业生产力水平，使粮食产量由亩产200来斤提高到400多斤、500多斤、800多斤，上了纲要，过了黄河，过了长江，在农业生产发展的基础上，集体公共积累大大增加（1971年达到每户1万元），在这个基础上才实现了农业机械化、电气化。农机化后，劳动生产率进一步提高，农业生产速度更快，而且农田基本建设搞得更多，向更高的水平前进，1971年还造了人造小平原，扩大了耕地面积……

要提高农业劳动生产率主要靠两条：进行农田基本建设，实行农业机械化。大寨花了十多年功夫，自力更生、艰苦奋斗，进行农田基本建设，提高了产量，并在这个基础上，实现农机化，再进一步搞农田基本建设，进一步提高产量，提高农业劳动生产率。这是我国的农业所要走的基本道路。我们应该进一步调动农民参加社会主义建设的积极性，调动农民的集体生产的积极性，自力更生、艰苦奋斗，像大寨那样进行农田基本建设。这是一个方面。

另一个方面我们应该看到，靠“一对肩膀两只手，锄头犁耙老黄牛”的手工劳动，虽然还有生产潜力可以发挥，但毕竟是有限的。要大规模地发展农业，较大幅度地提高农业劳动生产率，就必须实现农业机械化，对农业进行较大规模的基本建设投资，供给农业以较大数量的拖拉机、电力排灌机械和化肥、农药。

我们党在农村的根本路线是先集体化、后机械化。我们实现合作化已经 19 年了，实现公社化也已经 16 年了。农村已经具备了实现农业机械化的物质条件，经过这些年的政治和实际教育，那种不同意使用农机、化肥等现代化生产资料的保守思想已经基本扫除了。现在农民迫切盼望着实现农机化、电气化。有不少社队，节衣缩食，筹措资金，向有关部门交了款，订购拖拉机。还有的社队交款已经好几年了，但就是买不到拖拉机等现代化生产资料，有的生产队连买到一副架子车的车胎都非常不容易！现在实现农机化的问题，主要是我们的工业能否以较快的速度向农业提供足够数量和质量较好的拖拉机及相应的农业机械的问题。

我们是一个幅员广大、土地辽阔的国家，要实现农机化，需要大量的各种各样的农业机械和各种型号的拖拉机，这要靠从外国进口，显然是不行的，得靠我们自己。我们自己大量生产各种农机的条件正在逐步成熟。我们已经有了巨大的冶金工业和机器工业，在技术上我们自己要生产农村需要的各种型号的拖拉机和相应的农业机械已经不成问题了。问题是如何组织和加速扩大拖拉机和农机的生产。现在的问题正在这上面。现在我们的农村急需拖拉机和各种农机，但我们的农机工业的发展，却远远满足不了农业的需要，不少农村想买拖拉机和其他农机，但买不到。

我们的拖拉机工业是在第一个五年计划期间开始建立的。第二个五年计划开始自己生产拖拉机，最高产量达到 2.49 万台。第三个五年计划期间没有新建大型的拖拉机厂，1970 年的计划产量是 2.36 万台。第四个五年计划期间，农机生产有进一步的发展，1972 年拖拉机产量达到 5 万台（15 匹马力以上的），手扶拖拉机 7.5 万台。1973 年，我国排灌机械动力达 847 万马力。这就是目前我们农机工业的生产水平。这个生产水平是不能适应目前我国农业机械化发展要求的，不能满足各地农村对于农机的需求。

我们这样大的农村，至少要有 100 万～120 万台拖拉机，300 万～400 万台手扶拖拉机，如此才能实现初步的农业机械化。而我们目前只拥有约 20 万台拖拉机和 25 万台手扶拖拉机。按照上述我国目前农机工业的生产水平，即使每年平均以 10%～15% 的速度增长，也要到 1985 年左右才能生产出相应数量的拖拉机和其他农机来（如年产 20 万台拖拉机和 60 万～70 万台手扶拖拉机），这就是说，还需要等 10～12 年的时间。这种农机工业落后于农机化发展形势的状况，显然同农业发展、同国民经济发展的要求是不相适应的。

1955 年，毛主席在《关于农业合作化问题》的光辉著作中曾指出："在第一第二两个五年计划时期内，农村中的改革将还是以社会改革为主，技术改革为辅；大型的农业机器必定有所增加，但还是不很多。在第三个五年计划时期内，农村的改革将是社会改革和技术改革同时并进，大型农业机器的使用将逐年增多，而社会改革则将在一九六〇年以后，逐步地分批分期地由半社会主义发展到全社会主义。中国只有在社会经济制度方面彻底地完成社会主义改造，又在技术方面，在一切能够使用机器操作的部门和地方，统统使用机器操作，才能使社会经济面貌全部改观。由于我们的经济条件，技术改革的时间，比较社会改革的时间，会要长一些。估计在全国范围内基本上完成农业方面的技术改革，大概需要四个至五个五年计划，即二十至二十五年的时间。全党必须为了这个伟大任务的实现而奋斗。"①

毛主席论述了我国农村社会改革和技术改革的关键，论述了技术改革的意义及步骤，并且还初步预计了实现农业机械化的时间，预计从 1955 年起需要 4～5 个五年计划的时间，即预计到 1975 年或 1980 年实现全国的农业机械化。

今年是 1974 年，我国农村的社会改革的任务通过合作化和公社化已经基本实现了，已经为实现农村的技术改造打下了基础，提供了条件。现在

---

① 毛泽东：《关于农业合作化问题》，载《毛泽东选集》第五卷，北京：人民出版社，1977 年 4 月，第 188～189 页。——编者注

的问题是如何加速实现农村的技术改造，在一切能够使用机器操作的部门和地方，统统使用机器操作。而关键是，我国的工业能够自己生产和向农村迅速地提供这种机器。

有些地方的农民讲："农机化就是好，不依靠国家化不了！"对此，有的人提出批判，认为这不符合自力更生的精神。其实这种批判的道理是不充分的。农民讲的这句话，反映了农民热烈欢迎农业机械化的心情和愿望，反映了农民对国家、对工业的殷切希望。要实现农业机械化，需要大量的拖拉机、电力设备、柴油机、水泵以及化肥、农药等，这些都是重工业和化学工业的产品。一般来说，这些现代化生产资料靠农民自己、靠农村人民公社自己制造是不容易的，在经济上也是不合算的。

这些现代化的农业生产资料，需要国家的统一计划、统一安排，来组织大批地生产。1971 年的农机工作会议确立了农机产品的类型以中小型为主，农业机械的制造以地方为主，农机的购置以集体经济为主，这三个方针是正确的。农机制造以地方为主，可以更好地调动地方的积极性，可以充分利用当地的人力、物力和资源，因地制宜地发展适合本地情况的农机制造，更好地为农业服务。问题是要组织，要采取有效的步骤和措施来执行这个方针。一般来说，某个省、某个地区的农业机械工业比较健全地建立起来了，那么这个省、这个地区的农机化的实现也就指日可待了。我国的工业水平，各省是不平衡的，一般来说工业早发展的各省实现农机化要早一些，但关键还在于领导。例如，插秧机的推广就是这样，现在全国共有 70 万台插秧机，广西就有 23 万台，而广西的工业水平比较来说是并不高的。

1969 ~ 1970 年，我们在全国范围内兴起了一个在各地、各县大办五小工业的高潮，在各地、各县相继建立了一批小钢铁厂、小化肥厂、小电厂、小水泥厂和小农机厂。在这个运动中，各地建立了近 2000 个小化肥厂，这对这几年化肥产量的突飞猛进起了巨大的作用，五小工业对实现各地的工业化发挥着巨大的作用，我们应该进一步发展五小工业，特别是促进地方农机工业的发展。

（八）实现农业机械化需要多少资金？

我国现在有 6.5 亿农业人口，2.5 亿农业劳动力，18 亿亩耕地，7.5 万个农村人民公社，70 万个生产大队，560 万个生产队。

要在这样众多的人民公社、生产大队和生产队里实现农业机械化需要多少资金呢？

根据1971年农机工作会议上湖北省介绍的新洲县刘集公社实现农机化的典型经验，我们可以做出这样的推算。

刘集公社地处江汉平原，有1万多人、4000多劳动力，有近1万亩耕地。这个公社1956年从外县借了两台抽水机抗旱，1957年集体购买了三台小型动力机械开始搞农机化，到1965年就初步实现了农业机械化，共花了8年时间。“文化大革命”期间又有进一步发展，到1971年，机耕面积达90%，在排灌、脱粒、农副产品加工等方面，全面实现了机械化，耕作、运输和植物保护等方面也基本上实现了机械化和半机械化。农机化的逐步实现，促进了生产的全面发展，农业产量逐年提高，在初步实现农机化的1965年，粮食亩产就达到1400多斤，棉花（皮）产量192斤。至今全公社的粮棉平均亩产已连续12年超过“全国农业发展纲要规定的指标”。林、牧、副、渔、工各业都有很大发展，为国家作出的贡献也越来越大。

从1957年开始，到1971年基本实现农业机械化，前后花了14年时间。1971年这个公社拥有拖拉机16台，柴油机39台，电动机40台。农用汽车4辆，共计1964匹马力，平均5亩耕地有一匹马力。此外还有各种农业机械260台（套），半机械化农具4100件。这些农业机械和设备的总投资共为130多万元，其中98%是从集体经济的公共积累中提取的。

这个公社就其拥有的人口、户数、劳动力总数来看，略高于全国水平。就其所有的耕地面积来看，低于全国平均水平。刘集公社地处江汉平原，生产稻谷、棉花。刘集公社是以生产粮棉为主的公社，在全国来说是具有典型意义的。以刘集公社为例我们可以做如下推算。

（1）刘集公社从1957年开始实行农业机械化到1971年实现农业机械化（机耕达90%）花了14年时间，共投资130万元。我们全国有75000个公社，要在全国每个公社都实现机械化则需要955亿元。

（2）刘集公社共有耕地1万亩。在这1万亩耕地上实现农机化共投资130万元，则每亩耕地的农机投资需130元，我国现有18亿亩耕地，则需要2340亿元。

（3）刘集公社共有男女劳力4000个。实现农机化共投资130万元，则每个农业劳力需要的农业机械化装备的投资为325元。我国现有2.6亿个农业劳力，要实现农业机械化则需要845亿元。

（4）刘集公社有农业人口1万人，实现农业机械化投资了130万元，每个农业人口需130元。我国现有农业人口6.5亿，要在全国实现农机化，需825亿元。

我们如果取公社、土地、劳力、人口实现农机化所需投资的平均值，则应为：（955＋2340＋845＋825）/4＝1241.25亿元。这是一种计算方法。

另外，我们还可以按我国农机化所需农业机械的价值总额来计算。

（1）拖拉机。我国有18亿亩耕地，按1800亩配备一台大中型拖拉机计，需要100万台大中型拖拉机，按每台1.5万元计，则需150亿元。

（2）手扶拖拉机。我国现有560万个生产队，按平均每队配备一台手扶拖拉机计，需要560万台手扶拖拉机，每台按2500元计，则需140亿元。

（3）汽车。我国现有7.5万个公社，按每个公社配备4台农用载重汽车计，需要30万辆卡车，按每台2.5万元计，则需75亿元。

（4）柴油机、汽油机。在我们全国实行电气化之前，柴油机、汽油机是农村的主要动力机械，排灌、脱粒、粉碎、农产品加工，主要依靠中小型的柴油机和汽油机，约需1.5亿匹马力，以平均每台12匹计，则需要1250万台（平均每个生产队2.2台），每台1000元，则需125亿元。

（5）电动机。在已经通电的农村，可以使用电动机，这个需求量是很大的，约需7500万匹，每台折合平均以10匹计，则需750万台，以每台1000元计，需75亿元。

以上拖拉机100万台，每台55匹，共5500万匹；手扶拖拉机560万台，每台8匹，共4480万匹；汽车30万辆，每辆130匹，共3900万匹；柴油机、汽油机15000万匹；电动机7500万匹。五项共计36380万匹。我国18亿亩耕地，约5亩装备一匹马力。

（6）配备农机具及排灌、脱粒、粉碎等农业机械，共2000万台（套）。按平均1000元1台（套）计，约为200亿元。

（7）电力设备。变电、配电、输出设备，约200亿元，

（8）仓库、油库，农机具的场地、厂房设备等，约200亿元。

上述8项合计，总需投资1165亿元。

从这两个推算中，我们可以估计，在我们国家实现农业机械化这样一个很大的技术改造运动，约需要投资1200亿元。

从合作化开始，我们已在各地进行了农机化的试点，特别是在我们能自己制造出产拖拉机之后，农机化已经有了不小的进展，有些地区、有些县已经初步实现了农业机械化，就全国范围来说已经有相当数量的公社和大队实现了农业机械化。我们现在约有20万台大中型拖拉机，有20万台手扶拖拉机，约有2万台农用载重卡车，约有400万台柴油机、汽油机和电动机，以及有相应的配套农机具、农机场地和仓库等设备，这个数量大约为实现全国农

业机械化的1/6左右。就价值总额来说，现在全国拥有的农业机械总值约为200亿元。所以我们要实现全国的农业机械化，大约还需要投资1000亿元。

（九）1000亿元的农机化投资资金怎样来筹集？

列宁在《论合作制》中指出：“任何社会制度，只有在一定阶级的财政支持下才会产生。‘自由’资本主义的诞生曾花了许多万万卢布，目前我们应该特别加以支持的社会制度就是合作制度。”① 在6.5亿人口的农村实现农业机械化是一件大事，是一次巨大的技术变革运动，会使我国的生产力发生根本的变化；同时也是一次巨大的社会变革，会带来一系列变化。实现这样一个巨大的变革，是需要一定的财政支持的。根据上面的估算，大约需要1000亿元的农机化总投资。这1000亿元的资金从何而来？怎样筹集起来？

靠农民，靠人民公社、生产大队、生产队这三级集体经济的公共积累，自力更生，发展生产，增加收入，增加公共积累，逐步购买农业机器，一步一步地实现机械化。这是基本的，是我们到目前为止在各地实现农机化的试点中所采取的基本途径。刘集公社实现农机化所投入的130万元资金，其中98%是由集体经济自身筹集的。1971年农机工作会议就规定了，农业机械的购买以集体经济为主的方针。我国要实现农业机械化，主要靠6.5亿农民自身，要搞群众运动，要自力更生，这一条是基本的，不能动摇。只有发动7.5万个人民公社、70万个生产大队、560万个生产队、6.5亿农民都来搞农业机械化运动，才能多快好省地实现我国的农业机械化。

但是在我国实现农业机械化是全党全国的一件大事。除了要发动6亿5千万农民自力更生，还要发动各行各业都来支援农业，都来支持这个农业机械化运动。无产阶级首先要给予支持，无产阶级的国家政权要领导这个运动，在财政上也要给予一定的支持。

我们要坚信人民公社集体经济，依靠自力更生，自身能够增加积累，逐渐购置农业机械，逐步实现农业机械化。但我们也应该看到，在目前的生产力水平条件下，经济发展是不平衡的，有一部分公社、生产大队、生产队要在较短的时间内筹集相当数量的农机化资金是有一定困难的。

例如，在1956～1961年6年间我国农业产值总计为3030亿元，平均每

---

① 列宁：《论合作制》，《列宁选集》第四卷，中共中央马克思恩格斯列宁斯大林著作编译局编，北京：人民出版社，1972年10月第2版，第683页。

年的农业总产值为505亿元。这6年间农村集体经济共购买了389.4亿元的农业生产资料，平均每年为64.9亿元，占农业生产总值的12.85%。我国现在的农业生产总值约为800亿元，如果仍按12.85%的水平计，则现在每年农村集体经济购买的农业生产资料为102.8亿元。在这些农业生产资料中，除了像化肥、农药一类当年就消耗掉的物资外，约有一半可用于购买农业机械，则现在每年约有51.2亿元的资金可添置农业机械。

按照《六十条》① 的规定，公积金的扣留为可分配收入的5%以内，在生产条件较好的地区可适当提高一些。假设1973年的农业生产总值为800亿元，农业生产费用为25%~30%，我们按25%算，则可分配收入为600亿元，公共积累留5%，则为30亿元；如果提高到8%，则为48亿元；提高到10%，则为60亿元。假定这么多积累，完全用于购置农机，则每年有30亿元或48亿元或60亿元的农机化投资。

综上所述，现有如下九种情况需要我们注意。

第一，从上述计算可以看到，我国农村目前购买农业机械的能力，大致是每年50亿元。而我国要全面实现农机化，大约还需要投资1000亿元。把今后几年农业生产还会继续发展，购买力还可能进一步提高也考虑进去，靠农村筹集这1000亿元农机化资金，则还需要15~20年时间。从现在算起，则要到1990~1995年，才能实现全国农机化。这个时间显然太长了一些，同我国整个社会主义革命和社会主义建设的发展形势是不相适应的（1957年，原第一机械工业部部长黄敬有篇关于农业机械化问题的文章，据他调查估算，当时每个农民每年的公共积累约为4元，假定一半用来买农机，每人每年只有2元钱的农机购置费。按现在6.5亿农村人口计，每年只有13亿元。假定农民的积累水平经过17年增加了一倍，那么也只有26亿元，我在这里估算50亿元，可能是高了一些）。

第二，我国现在农业生产的发展水平是不均衡的。各省之间、各县之间、各社队之间，发展都有不均衡的情况。有些社队办得好，农业生产力水平高一些，公共积累就多一些（如大寨大队80多户，1971年就有公共积累80多万元，每户平均1万元。我在南方的几个生产队做过调查，有个生产队有19户人家95人，公共积累不到4000元，每户仅200多元，与大寨的水平相差40~50倍）。公共积累多，添置农机的购买力就强一些，靠自

① 指1962年9月27日中共八届十中全会通过的《农村人民公社工作条例（修正草案）》（简称“农村人民公社六十条”“农业六十条”或“六十条”，下同。——编者注

身力量实现农机化的时间就要早一些。但是有一部分社队，农业生产条件较差，农业产量不高，往往只能维持简单再生产，遇到灾荒，连简单再生产都保不住，这些就是我们经常所说的后进队、困难队，这些社队要靠自身来积累资金、添置农业机械的时间就会更长一些。对于这些社队，我们除了要在政治上给予帮助，加强领导，帮助他们在政治上解决问题之外，还要在经济上给予支持，帮助这些困难社队改善生产条件，并在财政上给予必要的支持，使其早日实现农机化。

第三，我国实现农业机械化的步骤——在公社化已经实现了 16 年的条件下——主要是由我国农机工业能提供多少农机和农业生产发展的需要这两个方面来决定的。从 1971 年农机工作会议定下的农机制造主要以地方为主的方针来看，今后将是各省市、各地区在建立相当规模的农机工业的基础上，按社队、按县分期分批地、逐步地实现农业机械化。自然不能够采取等某些社队有了积累，有了购买农业机械的资金，就先实现它们的农机化的方法，而必须是根据农机生产的可能和整个地区农业发展的需要，来分批分期地、逐步地实现农机化。因此就各社队来说，应该自力更生，积累资金，以便及时添置农业机械。就国家来说，要拨出一个相当数量的农机化基金，用贷款或者补助等办法帮助那些无力购置农机具的社队及时地添置这些农机具，以使其较快地实现农业机械化。

第四，我们在农村的政策还要使农民在发展生产的基础上逐年增加收入，逐步改善、提高农民的生活水平。如果人民公社、生产队因为要购置农业机械而增加了公共积累，一连若干年影响了农民收入的提高，这是不符合我们党的政策的，也会影响进一步调动农民集体生产的积极性和实现农业机械化的积极性。而且如果在一定阶段内，农村投入农机的资金过多，则会影响农村对其他工业产品的购买力，波及其他工业的生产，这一点我们也是事先要考虑到的。

注意到这些情况，我们在实现农机化过程中应该估计到农村对于农业机械购买力的这种状况，主要是时间会拖长，有些社队负担不起，会影响其他工业品的销售等。对于这样伟大的事业，无产阶级国家是一定要给予财政支持的，而且这种支持可以促使农机化得到更快推进，可以促进农业生产更快发展，对于整个国民经济是很有利的。

国家对于农机化的财政支持，主要是两个方面。第一，在最近几年要投入相当部分的资金，在各地新建和扩建拖拉机厂和其他各种农业机械工厂，使我们国家的农机工业在最近有一个较大的跃进，能够满足实现农业机械的发展需要，按时供应足够数量和质量较好的拖拉机和农机具。第二，拨出一定的资金，采取减价、降低农机价格、贷款、无偿给予等方法，使农村社队能买得起拖拉机和各种农机具。

目前的农机工业远远不能适应我国农业机械化发展的要求。国家必须在这方面加强领导，拨出资金，调集人力、财力、物力，在较短的时间内把农机工业搞上去。按初步估算，我们需要大约150亿元，详细情况如下。

（1）年产20万台的大中型拖拉机工厂。现在我们的年产量约为6万台，还需年产2万台以上的工厂7个，约为20亿元。

（2）年产50万台的手扶拖拉机工厂。现在我们的年产量约为10万台，需要建年产1万台的手扶拖拉机厂40个，约为20亿元。

（3）年产3万~5万辆农用载重卡车的工厂1个，约为10亿元。

（4）年产100万台中小型柴油机、汽油机的工厂。现在我们的年产量约为40万台（农用），需要建年产2万台柴油机、汽油机的工厂30个，约为30亿元。

（5）发电能力为500千瓦的火力、水力发电厂，约为15亿元。相应的输电、供电、用电设备的工厂，约为15亿元。

（6）与上述拖拉机、柴油机配套的农机具厂，约为30亿元。在各地、各县新建和扩建农机修配厂（约3000个），约10亿元。

我们投入了这150亿元的资金，如果在三五年内这些工厂都能建成，再加上现在的农机产品，到那时每年的农机产品的价值就可达100亿元（按现在的价格计），那么再十年左右，我们的农机工业就能生产出我国实现农机化所需要的全部农业机械。

就国家来说，只要投入上述150亿元的农机工业的建设资金和相应的人力、物力，把农机工业建起来，每年投入约100万吨钢材、2万吨铜材、1.6万吨铅材等，以及约60万名农机工人，再用十年左右的时间，就可以把我国实现农机化所需要的大约1000亿元的农机生产出来。而这1000亿元的农机产品，就构成了我国实现农机化的全部基础。

所以国家对于农机化的财政支持，主要就是这150亿元的建设农机工业的投资。有了这个投资，有了生产上述农机产品的能力，国家就有了援助各社队实现农机化的物质和财政基础，就可以根据各地农业生产发展的需要，采取农机减价、贷款、无偿拨给等方式支持各地县、各社队分期分批地、逐步地实现农机化。

这150亿元农机工业投资应该也可以从经济建设的总投资中分配得到。

在“三五”计划中，我们曾经拿出470亿元用于三线建设（连同“四五”计划，三线建设的总投资为600亿元），现在我国的经济比“三五”计划时又有了进一步发展，在三五年内从国民经济建设资金中拿出150亿元，用于农机工业的投资，应该是不成问题的。能不能在较短的时间内（例如说3年或5年）筹集这样一笔资金，主要问题不是我们国家在经济上是否有这个能力，而是要解决认识问题，应该看到这是加强农业、改造农业、加速农业发展，从而为我国国民经济打下较为巩固的基础的主要一环；是具体执行“备战备荒为人民”的战略方针和“农业为基础、工业为主导”的国民经济总方针的具体步骤。我们应该统一认识、加强领导，发挥中央和地方两个积极性，调动各行各业支援农业的积极性，充分发动群众，大搞群众运动，在较短的时间内把我国的农机工业搞上去。

把农机工业搞起来了，把群众发动起来了，这就使实现农业机械化拥有了最大的物质保障。同时这1000亿元的资金问题也就好解决了。

从现在起，我们用12年的时间实现农业机械化。在这12年中，全国农村各社队平均每年从公共积累中拿出50亿元来购买农业机械，12年共计600亿元。这是第一，也是最主要的一条；第二，我们还要通过发动农机工人群众，提高劳动生产率，增产节约，降低10%的成本，这样可通过减价的方式，使农村社队少付100亿元；第三，在12年中我们陆续从农机工业的利润中抽出200亿元（每年约20亿元）作为支援农村实现农业机械化的基金，采用贷款或无偿拨给的方式，帮助经济较为困难的社队购买农业机械。另外这100亿元，可以从先获得贷款并实现了农机化的社队归还的贷款中筹集。所以我们可以通过这三种方式把这1000亿元的农业机械化的资金筹集起来。

（十）成立农业基本建设委员会

在全国农村实现农业机械化，建成8亿亩（每人1亩）旱涝保收的稳产高产田，有了这两条，我们的农业就基本可以过关了，我们的国民经济就建立在稳固可靠的基础之上了，从此我国的工业、交通、商业、财贸、科学、文化、教育、卫生等事业就可突飞猛进地发展起来而无后顾之忧了。

实现农机化，建成8亿亩旱涝保收田（现在大约有4亿亩），这是一件大事情，需要发动全党、全军、全国人民一起来搞，要调动各方面的积极性，需要制定正确的方针政策，制定合乎科学的规划、措施。需要各级领导和群众具体地去贯彻执行。

应该成立一个农业基本建设委员会来主持办好这件大事。

（十一）目前农村建设的重点在生产大队

在 1960 年制定《农村人民公社工作条例》（《六十条》）的时候，毛主席就亲自规定了农村人民公社集体所有制为“三级所有、队为基础”的原则。1961 年 9 月，毛主席亲自提出了把基本核算单位定在生产小队（生产队）一级。实践证明，这是完全适合我国农村生产力水平的。这个英明决策促进了生产的发展，保证了农村集体经济的健康成长。我国农业 12 年连续丰收就是强有力的证明。12 年连续丰收靠什么？“三级所有、队为基础”是其中主要的一条。以生产队为基本核算单位，这种所有制形式至今仍适合农村生产力，还有优越性，必须坚持，这是《六十条》中的核心。

集体所有制有一个发展过程，从基本队有，逐步发展到基本大队所有，然后发展到基本社有，再从社有过渡到全民所有，这是历史发展的必然趋势，是农村发展的方向，这一点也是没有疑问的。随着生产力的发展，特别是农业机械化的逐步实现，农村生产力在发生迅速的变化，从基本队有发展到基本大队所有的条件正在逐步成熟，我们应该为从以小队为基本核算单位过渡到以大队为核算单位创造条件。

以兴修水利为中心的农田基本建设的发展和农业机械化的发展，使农村生产力发生了根本的变化。生产力的这种变化，就会和目前的生产队基本所有的生产关系发生矛盾。大中型拖拉机的使用，同目前只有 20～30 户、100～200 亩地的生产队规模是不相适应的。农业机械化、电气化的发展要求在更大的规模上合理使用劳动力、耕地和资金，农业电气的使用要求在农村以粮为纲的条件下进行多种经营，这也要求生产队规模的扩大。而且农村实现机械化、电气化本身，其设备的购置、使用、维修，也要求在相当规模上进行，像目前 20～30 户的生产队，要购买配套的农机具是力所不能及的，使用起来也是不经济的。

总之，随着农业机械化的发展，农村以队为基本核算单位的所有制关系的基础正在发生变化，由以生产队为基本核算单位转变到以大队为基本核算单位的条件正在成熟。

毛主席在 1961 年讲到由以生产队为基本核算单位过渡到以大队为基本核算单位时曾经指出，过渡的原则必须是小队共大队的产，而不是大队共小队的产。因此，适应农机化的发展所必然带来的要求，实行以大队为基本核算单位的形式必须在实现农机化的同时把大队一级作为重点建设起来。

生产大队的建设，主要有以下四个方面。

(1) 像大寨那样，首先要进行党支部的政治建设，形成比较坚强的政治领导核心，使政权、生产、建设、科学、文化、教育、卫生、公安、民兵等工作都掌握在比较可靠的人手里。要加强贫下中农协会的建设，以形成在党的领导下农村的坚强组织。这是大队的政治建设。

(2) 进行以机械化、电气化和建成旱涝保收田为主的生产方面的建设，同时也要进行农产品加工等方面的工副业企业的建设，使大队的公共积累逐年增加，形成小队共大队产的条件。

(3) 进行以大小队财会制度为中心的各种规章制度的建设，根据《六十条》解决好分配方面的问题，进一步调动社员从事集体生产的积极性。

(4) 进行以完全小学、七年制学校和卫生所为中心的科学、文化、教育、卫生等方面的建设。

(十二) 关于几个农村政策问题

1. 土地和人口统计不确实的问题

1957 年以后，农村的耕地越报越少，人口越报越多。

1965 年颁布的《农村社会主义教育运动中目前提出的一些问题》(《二十三条》) 中第 12 条专门讲了这个问题，这条的题目就叫“宣布对隐瞒土地的政策”，条文讲：“瞒地，经过群众讨论，自愿公开后，国家对这部分土地，五年左右，不加负担，不加征购。”① “四清”前没有完全解决这个问题。

1965 年 11 月周总理在计划工作会议上讲道：“现在有四个隐瞒，粮食、土地报少不报多，人口、灾害报多不报少。”1970 年周总理同斯诺谈话时提到“我国现在有 18 亿亩耕地”，但 1972 年统计到的数字是 15.1 亿亩，1949 年为 14.68 亿亩，1952 年为 16.18 亿亩，1956 年为 16.77 亿亩，1957 年为 16.77 亿亩，1957 年以后统计到的数字是逐年下降的。1973 年 5 月，周总理在中央工作会议上讲，中央统计的人口是 8.6 亿，还不包括军队和台湾及海外华侨，我不相信这数字，无非是想多要粮票、布票。

1973 年 11 月，陈永贵同志讲道：“有些地方年年减地亩，看起来亩产

① 《农村社会主义教育运动中目前提出的一些问题》，参见中央档案馆、中共中央文献研究室编《中共中央文件选集 (1949 年 10 月—1966 年 5 月)》第 48 册，北京：人民出版社，2013 年 6 月，第 14 页。——编者注

年年增，要看亩产增加的数量可不少呢，今天长江呀！明天千斤呀！总产量增加的幅度不大。……人口增加的不少，这增人也增劳力呀！怎么地亩越来越少？这就是实事求是？这里头有什么名堂？还是降低地亩提高亩产显示成绩?"①

减少耕地亩数、提高单位面积产量以显示成绩，这是耕地越报越少的原因之一，但不是主要的。有些地方明明亩产已超过了纲要，但还是报未上纲要。

"四个不确实"（粮食、土地、人口、灾害数字不确实）的主要原因是农业负担上的政策问题。负担政策主要是表现在征购数字的分配上。我们对于农村社队的征购任务分配是沿袭统购统销时三定的方法而来的。有多少土地，根据平均亩产得出总产；有多少人口，根据平均口粮得出总口粮，总产减总口粮和种子饲料，定出征购总额。所以征购任务主要是根据耕地数来的，土地越多，征购任务越多。而农业生产的另一个要素，人口、劳动力却是作为减少征购任务的指标的，人口越多（劳动力也越多），留的口粮越多，征购任务越少。所以要减少征购任务，主要的办法就是少报土地，多报人口，少报总产，多报灾荒，这就是"四个不确实"的主要原因。

另一个原因，就是陈永贵同志说的，有些地方"降低地亩，提高亩产显示成绩"。表面上单位面积产量年年增加，去年过长江，今年过千斤，但因为少报了土地，总产却增加不多，对国家的贡献（征购任务）没有增加多少。所以某些所谓上纲要、超千斤的社队，事实上并不先进，他们在数字上玩了花样，是有名堂的；而某些多年来未上纲要的所谓后进社队，事实上并不落后，他们实际上分到的粮食并不少，他们在数字上也是有名堂的。

要纠正这种"四个不确实"的情况，重要的一条是要改革以土地为主的分配征购任务的办法。当然，要增加征购任务，提高农业的商品率，关键是要发展生产。

粮食、农产品的总产量，是劳动力（人口）、劳动组织（干劲）、土地和除土地以外的生产资料（农业机械和劳动工具、肥料、农药等）的函数。我们是个人多地少的国家，农业劳动力充足，发展农业应该充分利用土地，通过搞集约化，提高单位面积产量，以提高总的农业生产量。

农业税和征购任务的确定，应该有利于充分利用土地潜力，有利于发展农业生产，对每个社队规定征购任务时，不仅应该根据土地，还应该根

① 在北京市委报告会上的讲话。

据劳力，根据除土地以外的农业生产资料状况。例如，同等的土地，同等的技术设备状况，一个队（社）人口劳动力多一些，一个队（社）人口劳动力少些，人口劳动力多的队（社）应该多征购一些，而不应该是像现在的办法那样少征购一些。当然，要转变到这个征购办法，需要有一个过渡阶段，要逐步实行，条件是要在实现农机化、提高农业生产力的基础上。有了这种征购办法，会有利于解决上述“四个不确实”的问题，有利于充分发挥土地和劳动力的潜力，有利于以粮为纲、多种经营的发展，有利于一部分劳动力从农业中被机器置换出来投入其他事业，有利于控制农村人口的增殖率。

另外，在农村社会主义劳动竞赛的评比标准中，单位面积产量是一个重要的标准，但不是唯一的标准。随着农村机械化的实现和农业生产的发展，应该定出一些标志农业生产发展的主要指标（像工业那样，不仅是产值的指标，还有产量、成本利润、劳动生产力、原材料消耗等好几个指标），如总产量、劳动生产率、每人每劳动力对国家的贡献（商品率）、农机利用率等。要提出每人、每劳动力多少斤的指标，逐步地代替亩产多少斤的指标。

2. 关于工业产品、农产品价格政策的问题

现在世界上关于工业产品和农业产品价格的关系大致有四种情况。

第一种是农产品价格较高，工业产品价格比较低，例如日本、西德、英国等。

第二种是农产品价格较低，工业产品的价格也比较低，像美国、瑞典等国家。1972 年，瑞典卖给苏联 50 万吨粮食（小麦），价格是每吨 240 克郎，约为人民币 6 分钱一斤。

第三种是农产品价格高，工业产品价格也高。如苏联就是这样。1970 年苏联的农业总产值是 858 亿卢布（合 953 亿美元），其主要农业产品产量是：粮食 3728 亿斤，皮棉 229 万吨，猪 6740 万头。而同年我国的粮食是 4800 亿斤，皮棉 240 万吨，猪 1.5 亿~2 亿头。按最低数字估计，我国农产品总量要比苏联多 1/4（如主要以粮食来比较）。所以如果照苏联的价格计算，我国的农业总产值应为：953 × 125% = 1191.25 亿美元。但我国 1970 年的农业总产值是 300 亿美元。这只能有一个解释，就是苏联的农产品价格约是我国的 4 倍。

第四种是农产品价格较低，工业产品价格较高。如我国就是这样。我国的情况正好与日本相反，所以工业产品与农产品的比例关系相差就很大。

日本1970年的农业总产值是123亿美元，其主要农产品产量是稻米253.6亿斤（加上小麦和杂粮、粮食约为300亿斤）、猪397万头、棉花等经济作物几乎没有、鱼900万吨，高于我国。其农产品的总量约为我国的1/16。所以如果按照日本的价格计算，我国1970年的农业总产值应为123×1600%＝1968亿美元。但我国只有300亿美元，因此可以推算日本的农产品价格约是我国的6倍多。

相对来讲，日本的工业产品价格较低，因此同量的农产品交换到的工业产品就多一些。如据日本《朝日年鉴》1972年的材料，1971年日本大米的市场销售价格为每公斤152日元，按每135日元等于1元人民币计，每公斤大米的价格为1.126元，每市斤为0.563元。同年日本一台手扶拖拉机的市场价格为10万日元（约为740元人民币）。日本一吨纯氮的批发价格为10.4万日元，折合每公斤为104日元，按1公斤纯氮折合4公斤尿素计，则每公斤的尿素为26日元（约合每市斤0.096元人民币）。所以在日本，655公斤大米可买一台手扶拖拉机，1公斤大米可买1.46公斤纯氮，约为5.846公斤尿素。这个纯氮的价格是从每吨的批发价格折算来的，市场零售价格还要高些，假定高20%，则1公斤大米仍能换4～5公斤尿素。在我国，1斤大米的平均价格约为0.15元，一台工农Ⅱ型手扶拖拉机约为2500元，1斤尿素为0.24元。所以在我国需要16667斤大米才能换一台手扶拖拉机，同日本1310斤大米换一台手扶拖拉机相比相差12.7倍。在我国，1斤大米换0.625斤尿素，同日本1斤大米换4斤尿素相比相差6.4倍。

日本和我国对比情况正好是相反的，一个是农产品价格高，工业产品价格低；一个是农产品价格低，工业产品价格高，故有这么大的差别。是不是我们应该调整农产品和工业产品之间的比价呢？这个问题比较复杂，涉及的面很广，需要从长计议。

我们是个农民众多的国家，每年征收的农业税只有农业总产值的8%，大约是60亿元。从工业和农业的交换差价中，国家大约又有12%的农业产值的收入，约为90亿元。这是国家积累资金的重要方式之一。一时要完全改变是不容易的，只能逐步来，办法是一面降低若干工业产品的价格，一面提高部分农产品的价格。逐步做到工业产品和农产品的等价交换。

有些工业产品的价格特别是农业生产资料的价格过高，已经直接影响到农业生产的发展了，亟待加以调整。例如，由于化肥和农药价格太高，有些地区的社队本应施肥、施药而增产的，但计算到农药、化肥的价值比因施肥、施药而增产的粮食等农产品的价值还高，在经济上不合算，所以该施三次药的，只施一两次，该用 50 斤化肥的，只用 30 斤，甚至 20 斤，这就减少了农产品的产量，于国家是不利的。

算几笔账，就可以知道这个问题的迫切性了。

1973 年我国共生产了 2380 万吨化肥，全部卖给农村，平均以每斤 0.13 元计，共 61.88 亿元。1973 年的农业总产值为 800 亿元，假定商品率平均按 40% 计，则农村出售农产品的总现金为 320 亿元，而仅化肥一项就花去 1/5 的现金，农村在别的方面的购买力就很少了。

又例如，我国不改变现在农业生产资料的价格，假定 5 年后我国化肥使用量达 3000 万吨，机耕面积达 60%，则仅化肥和柴油这两项的价格总额就会达到约 84 亿元，即化肥以每斤 0.13 元计，共需 78 亿元；我国有 18 亿亩地，按 60% 的机耕计，则为 10.8 亿亩，每年平均耕两次，每次每亩用柴油平均为 1 公斤（把机油等其他用油也折算在内），则总共需用柴油 21.6 亿公斤，即 216 万吨，现在柴油价格是每公斤 0.28 元，总共为 6.048 亿元。

另外，还有一个问题是值得我们注意的。现在还有些社队的拖拉机、农用机器、汽车不务农，而去给工交等企事业部门跑运输。在河南人们一般不愿买履带式的拖拉机，原因就是不能搞运输。有些农机厂不修造农机，而给别的工厂加工零件。有些上级规定要生产支农产品的工厂，往往不能按质按量完成任务，什么原因？这些工厂有种理论叫作支农吃亏、支农赔本、支农没有油水。

这个支农吃亏论的本质还是反映了农产品价格和工业产品价格的比例关系不适当的问题。如果工农业产品的价格定得适当，就不会产生上述这些问题了。现在我们是要让这些社队、厂、店算政治账，提高觉悟，认识支农的重要性，以此来解决这个问题，但是政治账和经济账应该是一致的。

另外，我国国营农场多年来比较普遍的是赔本的，单纯生产粮食，生产农产品，而不搞一些工副业的，则尤其赔得厉害。有些农场的生产搞得相当好，亩产上了纲要，但还是亏本。有的“五七”干校曾粗略地计算过干校生产粮食的成本，不计算干部的工资，仅是农机、化肥、柴油等生产资料消耗的开支，每斤大米就在 0.5 元以上。1968 年以后我们有大批知识青年上山下乡，其中有一大部分到了边疆的军垦农场，据说这些建设兵团多数也是赔本的，开头创办赔本是可能的，但五六年过去了，还是赔本，这就要考虑别的原因了。农场亏损的主要原因，也是农产品的价格与工业产品价格比例不当导致的。

3. 关于分配政策中的一个问题

自1962年以来，我国连续11年丰收，每年有不同程度的增产，粮食总产增加了2000多亿斤，农业生产有很大的发展，相对来讲，农业的征购任务增加不多，农业负担增加不多，贯彻了毛主席关于“藏粮于民、藏富于民”的战略方针。这11年农民生活水平有了很大提高，这对于发展农业生产、发展农村各种事业都是很有利的，打下了一个坚实的基础，这对我国的整个国民经济会产生很深远的影响。

但就全国范围来讲，发展也是不平衡的。一般来讲，城市的郊区，尤其是大城市的郊区，生产发展得快，农民收入增加得快一些，而边远的乡村，生产发展得慢一些，收入增长得慢一些；经济作物区，农民收入增加得快一些，单纯种粮的社队收入增加得慢一些；多种经营、工副业搞得好的社队，农民收入增加得快一些，单纯搞农业生产、粮食生产的社队收入增加得慢一些。

社与队、队与队之间的差别是相当大的。1971年武进县戴季桥公社有个队每个劳动日（10分）分配的分值是6元钱，而同年山西忻县一个队的一个劳动日的分值只有8分钱，两者相差75倍，这是我所知道的两个特殊、典型的例子，据说还有更高的和更低的。一般像上海、北京郊区的农民，每个劳动日的分值平均为1～2元，而在像河南息县一带，农民一个劳动日的平均分值是1～2角，相差5～10倍。

农村社队分配水平过高和过低都有问题，过高于公共积累不利，而且超过了工人生活水平，给城市招工、征兵工作都带来困难（农村每个劳动日如在1.5元以上，则生活水平一般就接近或超过目前工人平均工资的水平了）；过低，则社员生活有困难，不能维持最低生活水平。假如一个社员每年做300个工，一个劳动力养2.5人（连自己），若1人1天需要口粮1斤、烧柴1斤，则一家人一年仅口粮就需900斤，烧柴需900斤，两项折款约为99元。如一个劳动日的分值低于0.33元，就无法满足全家口粮和烧柴的需要，年终就要欠队里的，更不要说分值在0.3元以下的。

要适当解决分配过低和过高的问题。解决过低的问题，唯一的办法就是贯彻“农业学大寨”的方针，积极发展生产，有关方面应该从政治上，从人力、物力、财力上帮助这些后进的社队解决生产问题；也要解决过高的问题。应该说在某些地区社队分值过高的原因中，有些是价格政策上的问题，如上述每个劳动日6元的队，之所以高是因为搞了养珍珠的副业。有些地区的社队的分配过高是因为种经济作物，如菜区、烟区、茶区等。有些则是靠近城市，得到城市的劳动力、水利、肥料等支持。有些则是负担相对较轻。应该制定一定的政策，例如税收政策、征购政策，来解决这个某些社队分值过高的问题。

4. 关于集市贸易中粮食价格的问题

我们有一些老灾区，常常受旱涝的灾害，生产生活上翻不过身来，如苏北、淮北、豫东、鲁西、雁北等地区，都有一些社队，因为旱涝灾害，总陷于简单再生产的泥坑里，遇到大的灾害，连简单再生产也保不住。

要解决这些老灾区的问题，需要加强领导，根本改变生产面貌。例如，河北的黑龙港地区，46 个县市，1000 多万人，3000 万亩地，常受旱涝灾害，1953～1963 年，仅吃国家供应粮就达 87 亿斤。1965 年后国家治理了黑龙港，到 1969 年就开始能够粮食自给。这几年农业就有了较大的发展。

在应解决的灾区问题中，还有个如何保证群众基本生活的问题。老灾区和一部分因天气变化等农业发生减产减量的灾区，因为农村集体经济和社员家庭家底薄、储备粮少，因此一遇灾荒，集市贸易的粮价就暴涨。现在一般集市的粮价为每斤 2～3 角（苏南、皖南），有高到每斤4～5 角的（如山西、四川有些地方粮价为 4 角一斤），在一些重灾区有暴涨到高达 7～8 角乃至 1 元钱一斤的（如汕头），群众不得已只好吃高价粮。钱哪里来？有些群众只好拿衣被、家具去换。所以有些灾区，经过一场自然灾害，不仅集体生产力受到破坏，不能维持简单再生产，而且社员的家庭生活受到严重影响，若干年恢复不过来，这当然也是直接影响生产恢复的。

我们要重视做好备荒和救灾的工作，不仅要关心灾区生产的恢复和发展，而且要重视解决好群众基本生活的安排问题。灾区集市贸易中粮价高涨问题，是直接影响群众生活的，也是影响生产的恢复的，应该处理这件事。灾区集市贸易中粮价高涨，除了有投机倒把分子从中捣鬼，还有一个原因是我们不能及时调运相当数量的粮食到灾区去（有的地方还限制群众从外地携带粮食进来，这要同投机倒把分子的问题分开来），没有采取必要的措施，打击投机倒把活动。凡是集市粮价过高的地区，我们应该过问，从外地调进群众必要的口粮，打击投机倒把，控制集市贸易中粮价暴涨的问题，以保证群众的基本生活，保护生产力，促进生产的较快恢复。

5. 关于农村劳动力出路的问题

目前在我们农村里的多数地方，劳动力是有富余的。一种是在地少人多的地方，如农业人口平均耕地在 1 亩以下的，都有劳动力富余（如广东梅县城郊公社西城大队，平均每人只有 0.34 亩地）；另一种是每年除农忙季节外，有4～6个月农闲时间，在这段时间中的劳动力是有富余的。在农业机械化、肥料大量下乡的情况下，劳动力相对富裕的状况还会更加严重，应该给这部分劳动力找到适当的出路。农村这部分剩余劳动力，要向生产的广度、深度进军。

第一，搞农田基本建设是一个重要方面。但这个量要搞得适当，要受两个方面的限制。其一是农田基本建设和当年有收益生产的关系。农田基本建设搞得如果超过了一定限度，影响了生产，影响了社员的收入水平，是于整个生产不利的。其二是农田基本建设总有一个底，比如说以建成一定数量、一定标准的高产、稳产田为目标，达到这个目标后，劳动力还是要找其他出路。

第二，搞多种经营，搞工副业生产。这有两种方式：一种就在本社、本队范围内，兴办工副业企业，搞工副业产品的生产；另一种是以多种、适当的形式，使农村的劳动力参加城乡的工交等事业的生产，条件是农业生产，特别是粮食生产有了一定发展的基础。应该看到我们国家要工业化，地区要工业化，公社要工业化，农村劳动力会有一个相当大的部分要以各种形式逐步地转到生产力水平较高的工业生产部门去，这是历史发展的必然趋势，我们应该看到这种趋势。在保证农业生产增产增收的基础上，适当地抽出一部分劳动力，搞多种经营，搞工副业生产，是符合这种趋势的（当然不能搞弃农经商、弃农经工，那是挖农业基础的墙角，不能相提并论）。有些地区，有些社队，因怕影响农业生产，不问本地、本社队的劳动力和生产的发展情况，一律规定不搞非农业生产，以为这样做了就能专心搞农业生产，就会把农业生产搞上去，这种想法有片面性。搞工副业生产，只要在保证农业生产的条件下进行，安排得好，是会促进农业生产的，而不是妨碍农业生产。

有些地区为了搞农业生产，出台了不少限制工副业发展的规定（如有些县规定搞工副业的劳动力不超过总劳动力的4%等）。把劳动力集中到农业第一线去，把农业搞好，这是对的，但主要是靠把各方面的工作做好、调动群众的积极性、充分发挥潜力，而不是靠限制发展工副业等其他事业来达到。搞好农业，同时也搞好为农业服务的工副业，两者不是矛盾的，搞得好是可以相得益彰的。

可以给一些县和社队规定一定的农业生产和上交农业产品的任务，在完成国家任务的基础上，允许各县和社队举办一些为农业服务的五小工业等工副企业。农村工副业企业是新生事物，有远大前途，要根据情况予以鼓励，帮助其发展，而不是限制。有些地方这个工作就做得较好，如遵化县，“文化大革命”以来，自力更生，在大办农业的同时，大办为实现农机化目标服务的轻重工业，取得了很大成就。如1970年的工业产值就达3000万元，给农业发展以很大的推动力。他们还在实践中提出了：无产阶级政治挂帅，毛泽东思想引领；以粮为纲，多种经营；以副养机，以机促农；以农促重，以重支农。这是值得各地重视的。

有些地方和附近的大中城市挂钩，以各种形式向城市输送劳动力，参加城市建设，作出了贡献。如无锡市附近的几个县，以外包工、合同工等形式给无锡市输入了1万~2万名劳动力，给无锡市的工交城市建设以很大的帮助，而农村也得到了城市财力和物力的支援，这又是一种形式。

今年北京市要进行很多基本建设，缺3亿块砖，而北京郊区的农村有些公社的劳动力是有富余的，大部分公社在农闲时也有劳动力富余，农村就可以承担这个支援城市建设的任务，京郊有350个公社，平均分担的话，一个公社不到100万块砖（京郊有100万农业劳动力，每人只要做300块，按劳动量只要1~2天就行），只要发动群众，很快就能完成这个任务。

当然，要承担这个任务，并不要采取普遍动员的办法，只要联系若干个劳动力比较富余、农业生产有一定基础的社队，发动群众，建几个大窑，是比较容易提供这3亿块砖的。这样城市得到了必需的建筑材料，农村则得到了相应的物力和财力的支持（按0.05元一块砖计，则有1500万元的收入。按30个社队来计，每社就有50万元的收入，搞上二三年，这个社农机化的资金问题就解决了）。

这是举一个例子，目的是要充分说明，要充分发挥农村劳动力的潜力。我国有2.5亿多农村劳力，这是我国的一笔最伟大的国家财富，潜力是很大的，应该充分利用。要城乡结合起来，采取多种形式，共同使用，使农村富余的劳力和农闲时富余的劳力找到适当的出路。现在城市工交事业基本上是全民所有制的，而农村是集体所有制的，应该制定一些相应的经济政策规定使这两种所有制之间建立适当的联系，互相交往、互相支持。

6. 工农业综合体的问题

在大城市郊区选一两个县做试点，国家给予财力、物力、技术上的支持，充分利用当地丰富的劳动力资源，建设大的工农业综合体，搞农业、蔬菜的生产，自己加工，为城市提供粮食、肉类、蔬菜和各种食品（包括供销、科研、教育等全套的职能）。

提高农业劳动生产率是实现国民经济现代化的关键*

一　我国实现工业化所遇到的新课题

近现代的世界经济史表明，目前世界上经济比较发达的国家都经历了国民经济工业化的过程。通过大办轻工业－重工业，或是大办重工业－轻工业的办法，改造整个国民经济体系，使国民经济实现现代化，解决本国的经济问题。

各国的工业化都经历了一个逐步使本国大部分农业劳动力转到工业生产部门的过程，也就是使劳动力从劳动生产率比较低的农业部门逐渐地转到劳动生产率比较高的工矿业生产中去。相比而言，工业生产的效率要比农业生产高得多，工业生产的发展速度要比农业生产快得多。

表 1　美国经济发展的统计数字

年份	总人口（万人）	城市人口比重（%）	农村人口比重（%）	国民总收入（亿美元）	总产值中工业比重（%）	每人平均国民收入（美元）	农业劳动生产率每小时玉米（公斤）	采矿工业劳动生产率指数（1939 年＝100）	加工工业劳动生产率指数（1939 年＝100）
1800	530	6.1	93.9	10.92√		211√	7.4		
1860	3151	19.8	80.2	92.12	36.2√	300√			
1880	5026	28.2	71.8	154.42√	44.8√	315√	14.1	19.8	

* 本文源自作者手稿，手稿估计写于 1977 年。原稿无题，现标题为本书编者根据手稿内容所拟定。——编者注

续表

年份	总人口（万人）	城市人口比重（%）	农村人口比重（%）	国民总收入（亿美元）	总产值中工业比重（%）	每人平均国民收入（美元）	农业劳动生产率每小时玉米（公斤）	采矿工业劳动生产率指数（1939年=100）	加工工业劳动生产率指数（1939年=100）
1900	7609	39.7	60.3	341.42√	61.8√	456√	17.2	33.4	39.4（1909年）
1920	10646	51.2	48.8	606.15	62.2√	569	22.4	51.8	48
1940	13195	56.5	43.5	816	79.6	619	30.6	103.8	100（1939年）
1950	15123	64	36	2419	81.6	1600		104.1（1945年）	122.6
1960	18053	91.2	8.8	4171	88.1	2310			127.8（1953年）
1970	20800	95.4	4.6	7987△	97	3840		268	251

资料来源：中国科学院经济研究所世界经济研究室编《主要资本主义国家经济统计集》（1948～1960年），北京：世界知识出版社，1962年9月，第6～48页；各国概况编辑组编《各国概况》北京：人民出版社，1972年3月，第870～871页。

注：√为前一年数字，△为折算数。

从表1中我们可以看到。

第一，美国国民经济工业化、现代化的过程，正是工业城市人口比重逐渐提高，农村人口比重逐渐下降的过程。

第二，美国农业劳动生产率的增长速度还是相当快的，从1800年到1940年的140年间，提高了3.1倍。但工业劳动生产率增长得更快。与本国同时期相比，如1880到1940年，60年间农业劳动生产率提高了1.17倍，而同期采矿工业的劳动生产率则提高了4.24倍。如与加工工业相比，则相差得更多。

美国是这样，其他经济发达国家也是这样。日本在第二次世界大战后的经济发展是比较快的，成了所谓的经济大国。日本同样经历了农业劳动力逐渐向工业部门转移的过程。1947年日本农村人口有5224万人，占总人口的67%；农业劳动力有1710万人，占总劳动力的51%。到1972年，农村人口下降到2467万人，占总人口的23.9%；农业劳动力下降到687万人，占总劳动力的14.9%。所以，有个经济学家说："日本经济迅速成长的一个秘密，就是农业劳动力大量地成为工业劳动力。"这句话，从一个侧面说明了问题，有一定的道理。

我们现在正处在工业化的过程中，正处在发展之中。1975年，我们敬爱的周总理遵照伟大领袖毛主席的指示，在中华人民共和国第四届全国人民代表大会的政府工作报告中提出，要在1980年以前，建成一个独立的、比较完整的工业体系和国民经济体系；要在本世纪①内全面实现农业、工业、国防和科学技术的现代化，使我国国民经济走在世界前列。

在实现这两步设想的宏伟目标的过程中，就经济方面讲，我们遇到了反映我国特点和时代特点的新情况：一是我国是一个人口众多、地大物博的社会主义大国，全国有9亿多人口，人力资源特别丰富，其中农业人口占80%以上；二是我们是在20世纪70年代这样一个科学技术已经如此发达的历史条件下来实现国民经济现代化的。在这样的时代条件和我国特有的条件下，我们的工业化、国民经济现代化，就不能走各国已经走过的老路，而且也不可能走各国已经走过的老路。

资本主义国家的工业化，多数是靠打击、排挤以致搞垮农业来进行的。英国、日本是最典型的例子。英国在工业化初期，为了发展纺织工业，把大片耕地圈起来变成牧场，养羊，用严刑重法把农民赶进工厂当工业劳动力。本国需要的粮食、原料主要仰仗殖民地。战后的日本，拼命发展工业，大批农业劳动力进城，耕地本来不多，这十余年反而还日益减少，农业相对落后，30%以上的粮食和50%以上的副食要依赖进口，棉花等工业原料则100%地依赖外国。

历史证明，靠打击农业来发展工业的办法是错误的。那样会致使国民经济畸形发展，成为日后的心腹大患。英国已经在大吃苦头了，日本的经济建立在轮船上，将来会吃更大的苦头。我们当然不可能走这样的老路。问题是我们现有的7.5亿农业人口怎么办？怎么使我国的农村经济现代化？

7.5亿农民是巨大的力量宝库，是建设社会主义的主要动力。怎样充分发挥这7.5亿农业人口的巨大作用，是我们进行社会主义建设的一项重大的任务。

我们目前②有9亿人口，城市人口约1.5亿，占16.7%；农村人口7.5亿，占83.3%。约有3亿劳动力从事农业生产，全国职工总数约为6000万人，约有4500万人从事工业交通事业的生产。按照我们已往的实践经验，在通常的年景下，我国农业生产平均每年增长3%～4%，工业生产平均每

---

① 指20世纪。——编者注

② 指1976年。——编者注

年增长 10% ~12% 。农村提供的商品粮为 900 亿 ~1000 亿斤，每年的财政收入为 800 亿 ~900 亿元，每年的基建投资为 250 亿 ~300 亿元，每年新增的职工为 150 万 ~200 万人。

目前我国城市人口的自然增长率每年为 12‰ ~13‰，每年纯增 180 万 ~200 万人。农村人口的自然增长率为 15‰ ~18‰，每年纯增 1125 万 ~1350 万人。按我们现在经济建设的规模和速度，每年需要新增 150 万 ~200 万名职工，这个数目大致和城市人口每年自然增长的新劳动力相当。因此，农村每年纯增的 1200 万 ~1300 万名新劳动力就要在农村就业。虽然因为种种原因，农村每年有一批人加入城市工业的劳动队伍，但同时有大批城市知识青年上山下乡，这两个数字大致也是相当的。

按照现在这种经济建设的规模和速度发展，我们的农业人口、农业劳动力不但不会减少，而且绝对量和相对量都会大量增加。城市人口的比重不但不会增加，还有相对减少的趋势。如农村人口每年以 17‰的速度递增，那么到 1980 年农村人口将有 8.025 亿人；城市人口每年以 12‰的速度递增，1980 年将有 15733 万人，占城乡总人口 95982 万的 16.39% ，跟目前的 16.7% 相比下降了。这是单从城市人口比例上讲。

从农业人口的经济收入来讲，1975 年全国农业人口的每户平均收入是 124 元，按 50% 分配，每个农业人口每年的平均收入只有 62 元，水平是相当低的。如每年递增 5% ，到 1980 年将达到 79 元，那还是很低的。如果遇到灾荒，问题就更大了。前面讲过，我们的工业每年以 10% ~12% 的速度增长，而农业每年只能以 3% ~4% 的速度增长。如遇到大的自然灾害，连 3% ~4% 都保不住。农业生产的发展速度这样长期落后于工业的发展速度行不行？农业一遇灾，整个国民经济的计划就被打乱，这种情况我们也要充分估计到。

二　要改变七亿五千万人搞饭吃的农业状况

伟大领袖毛主席在《论联合政府》中指出：“农民——这是中国工人的前身。将来还要有几千万农民进入城市，进入工厂。如果中国需要建设强大的民族工业，建设很多的近代的大城市，就要有一个变农村人口为城市人口的长过程。”① 20 多年来的社会主义经济建设的实践，也正是在经历着

① 参见《毛泽东选集》第三卷，北京：人民出版社，1991 年 6 月第 2 版，第 1077 页。——编者注

一个变农村人口为城市人口的过程。

1949年，我国全民所有制职工只有800万人，城市人口只占总人口的10.6%。1957年全民所有制职工达到2450万人，8年间增加了2倍多，每年增加200多万人。其中除去私营企业职工转来和失业人员就业外，有1000万~1200万人是农业劳动力转为工业劳动力，平均每年有120万~150万人进城。相应地，这时城市人口增加达1亿人，占总人口的15.4%。工农业总产值从466亿元增长到1387亿元，8年增加了近2倍。

1958~1960年，全民所有制职工大量增加，达5038万人，3年增加了2588万人，其中大部分是由农业劳动力转过来的，每年达800万人。1960年底，城市人口达1.3亿人，占总人口的19.8%，农村人口比重下降，占80.2%。

由于苏修的破坏，刘少奇修正主义路线的干扰，加上三年自然灾害，我们从1960年下半年开始对国民经济进行调整、巩固、充实、提高。动员大批劳动力回到农业第一线去。到1962年底，职工人数减少到3303万人。城市人口也相应下降到11660万人，占总人口的17.5%，农村人口回升到82.5%。

在第三个五年计划期间，工业人口又逐年增加。

1970年、1971年大量招工，两年新增职工893万人，1972年又增加100多万人。三年实增近1000万名职工，到1971年底我国职工总数超过5000万人。这新增的1000万名职工中，有300万~400万人是返城知识青年就业，约有600万人是从农村新进城的，每年达200万人。

1972年，农业遭遇减产。1972年10月，中央下达文件，明令停止招收新职工。1972年，粮食减产的幅度并不大，只有2.4%，总产量还有4800亿斤，达到了1970年的水平。但之所以采取这个措施，是由于粮食问题严重。1970~1972年，每年平均增加300万名职工，有200万个农业劳动力进城，这么大的数字，我国的农业负担不起，这不是因为我国农业上每年抽不出200万个劳动力来（如果采取相应措施，保证农业增产，我国广大农村每年抽出500万~800万个劳动力都不成问题。我国现有7.5亿农业人口，按15‰的自然增长率，每年要增加1125万人），而主要是因为我国目前的农业劳动生产率低，粮食产量低而且不稳定，商品率尤低，供养不起大量增加的城市人口。因此，虽然我国工业、交通、文教、科技等各部门急需发展，到处要人、要劳动力、要技术人员，但我们却不得不暂时规定“三年不招工”。为什么？主要原因就是粮食不够、农产品不够、农业负担不起。

因此，问题就归结到这样一点上来了，要实现国民经济现代化的宏伟目标，就必须迅速发展我国的工业、交通、科技、文教等事业，就要有几千万名农民进入城市，进入工业和其他各个部门。而要能这样做，就首先要发展我们的农业，提高农业劳动生产率，改变目前7.5亿人搞农业的状况，使农业能够腾出更多的劳动力输送到工交等各个部门中去，能够满足日益增长的城市工业对粮食、副食和原料的需要。马克思说：“从事工业等等而完全脱离农业的劳动者人数，取决于农业劳动者超出他们自身的消费以外所生产的农产品的数量。”①

1976年，我们有3亿个农业劳动力从事农业生产，平均每个劳动力生产粮食1917斤，可以供养包括自身在内的3个人。我们就按1976年的总人口、总耕地、总产量等水平来计算。如表2所示，如果我们能比1976年的农业劳动生产率提高1/3，达到平均一个农业劳动力可以供养4个人的水平，那么我们就可以抽出7500万个农业劳动力去从事其他建设；如果我们能使农业劳动生产率比1976年提高一倍，每个农业劳动力平均可供养6个人，那么我们就可以腾出1.5亿个劳动力，去从事工业等其他多项事业的建设，就可以使目前的城市、非农业人口增长2~3倍，只要有3.75亿农业人口、1.5亿个农业劳动力从事农业生产就可以了。农业人口可以降低到45%以下。如果农业劳动生产率达到这个水平，我国国民经济的面貌，整个社会主义建设的各个方面的面貌，都会发生很大很大的变化。而这个水平，就大致是我国第一个大寨县——昔阳县——1975年的水平。那年，昔阳县每人平均生产1500斤粮食，每人提供500斤商品粮。这大致比目前全国农业劳动生产率的平均水平高一倍。

表2　1976年中国农业人口基本情况

总人口（亿人）	总农业人口（亿人）	总农业劳动力（亿人）	每农业劳动力平均耕种土地（亩）	每农业劳动力每年平均生产粮食（斤）	每农业人口平均生产粮食（斤）	每农业劳动力供养人口（含自身）（人）	备注
9	7.5	3	6	1917	762	3	1976年实际水平

① 马克思：《剩余价值学说史》第一卷，郭大力译，北京：人民出版社，1975年12月，第41页。

续表

总人口（亿人）	总农业人口（亿人）	总农业劳动力（亿人）	每农业劳动力平均耕种土地（亩）	每农业劳动力每年平均生产粮食（斤）	每农业人口平均生产粮食（斤）	每农业劳动力供养人口（含自身）（人）	备注
9	5.625	2.25	8	2560	1022	4	假设农业劳动生产率比 1976 年提高 1/3
9	4.5	1.8	10	3200	1277	5	假设劳动生产率比 1976 年提高 2/3
9	3.75	1.5	12	3840	1535	6	假设农业劳动生产率比 1976 年提高 1 倍

全国普及了大寨县的经验，就经济方面而言，农业劳动生产率提高了一倍，每个农业劳动力每年平均能生产 3840 斤粮食，可以供养 6 个人，达到这一水平，就可以改变目前 7.5 亿人搞农业的状况，就可以从农业中腾出 1.5 亿个劳动力去从事农业以外的劳动，这样就可以大办工业，大办国防，大办科技、文教等事业，整个社会主义建设的进程就会大大加快了。不解决农业问题，农业劳动生产率不提高，7.5 亿人搞农业的状况不改变，国民经济的基础不牢靠，工业、国防、科技文教事业的发展就会受到很大限制。所以，就目前来说，“一切政治问题就都集中到一个方面，即无论如何要提高农业生产率。农业生产率的提高必然会促进我国工业的发展”①。在 1975 年首开的第一次农业学大寨会上提出的实现农业现代化，是实现工业、国防、科技现代化的关键，这个提法是完全正确的。当前，我们就是要首先解决这个关键问题，首先发展农业，提高农业劳动生产率，推动整个国民经济事业的前进。

三　目前我国农业劳动生产率低的根本原因

新中国成立 20 多年来，我国的农业生产有了很大的提高，但因为旧中国留下的条件太差、太落后，所以，至今我们的农业生产的水平还相

① 列宁：《在莫斯科省第一次农业代表大会上的演讲》（1921 年 11 月 29 日），载《列宁全集》第三十三卷，北京：人民出版社，1957 年 8 月，第 105～106 页。

当低，农业劳动生产率低，单位面积产量低，抗灾能力差，农产品的商品率低。其中最关键的一点是，农业劳动生产率低，也就是每个农业劳动力平均每年生产的粮食、农产品少，与世界上农业较发达的国家比差距很大。

表 3　20 世纪 70 年代中国、美国、加拿大每个农业劳动力平均每年生产的粮食、农产品情况

	总农业劳动力（万人）	粮食总产量（亿斤）	棉花总产量（亿斤）	农业总产值（亿元）	每农业劳动力年产粮（斤）	每农业劳动力年产棉（斤）	每农业劳动力年产值（元）
中国（1976 年）	30000	5750	48	1088（约）	1917	16	363
美国（1972 年）	439	456.2	45.98	739.2	103917	1049	16838
加拿大（1972 年）	48	712		94.6	148333		19708

注：农业总产值中中国为 1972 年的数据，加拿大、美国为 1970 年的数据。

如表 3 所示，1976 年，我国每个农业劳动力平均生产了 1917 斤粮、16 斤棉花。如按 1 斤棉花折合 5 斤粮计，共为 1997 斤粮。而美国一个农业劳动力在 1972 年生产了 103917 斤粮、1049 斤棉花，共为 109162 斤粮。两者相比差约 55 倍。如仅按粮食计，我国一个农业劳动力每日生产粮 6.4 斤，每工时 0.8 斤，而美国一个农业劳动力每日生产粮 346.4 斤，每工时 43.3 斤。若以生产价值比，我国 1972 年每个农业劳动力的年产值为 363 元，而美国 1970 年为 16838 元（按 1 美元折 2.4 元人民币计），相差 46.4 倍。从上面的对比中可以看到，我国目前农业劳动生产率的水平要比美国低约 50 倍（按产值计，工业劳动生产率只低 3～5 倍）。

为什么会有如此大的差距呢？是我国农民不够勤劳吗？绝对不是。我国的农民勤劳努力是世界上为首的，是著称于世的。是我国农民的耕作经验不足吗？不是。我国是世界上最古老的农业国家，有悠久的历史，有丰富的耕作经验，精耕细作是有传统的。而且我国的农业是经过合作化、公社化组织起来的集体化的社会主义农业，而美国是资本主义的农场制。那么，我国农业劳动生产率低的原因在哪里呢？

根本原因在于，目前我国农业生产的条件太差，我国农民所耕种的土地太少，使用的生产工具太落后，每个农民平均所使用的生产资料太少。

表 4 中国、美国每个劳动力拥有的农业生产资料情况

	耕地		拖拉机		农用汽车		化肥		农业用电	
	总数（亿亩）	劳均拥有（亩）	总数（万台）	劳均拥有（台）	总数（辆）	劳均拥有（辆）	总数（万吨）	劳均使用（斤）	总数（亿度）	劳均使用（度）
中国（1976 年）	18	6	60	0.002	21467	0.00007	2800	186	132	44
美国（1972 年）	26.1733	578	446.9	1.02	2943000	0.67	1562	6660	269	6130
两国相差倍数（倍）		96		510		9571		36		139

注：中国的农用汽车、农业用电为 1972 年的数据，中国的大中拖拉机为 40 万台，手扶为 80 万台，以 4 台手扶拖拉机折一台大中型拖拉机，故为 60 万台。

从表 4 可以看出，我国每个农业劳动力拥有的现代化生产资料与美国相比要相差几十倍至几百倍，如拖拉机要少 510 倍。如按我国现行的价格折算，美国一个农业劳动力仅拥有上述的拖拉机、汽车和每年使用的化肥、电力，就达 33083 元。而我国每个农业劳动力上述四项只有 53 元。因为我们现在农业中还是以蓄力和手工操作为主，假定如牲口、大车、手推车、犁、耙等工具的总值平均每个劳动力为 100 元，那么这两项的总和才 153 元，与美国每个劳动力拥有的生产资料价值相比，相差 216 倍。如每亩耕地按 200 元计算，那么美国每个农业劳动力拥有的生产资料共为 148683 元，而我国每个农业劳动力拥有的生产资料为 1353 元，相差约 110 倍。

综上所述，问题就很清楚，我国目前农业劳动生产率低的主要原因，从经济条件上说，就在于农业生产条件太差，农业生产工具太陈旧落后，现代化农业生产资料太少。目前我国每个农业劳动力每年平均生产的粮食和农产品，大致要比美国一个农业劳动力少 50 倍。之所以如此，一个重要的原因是我国每个农业劳动力平均使用的农业生产资料要比美国一个农业劳动力少 100 多倍。

中国的纺织工人已经使用了可以与英国纺织工人所使用的相媲美的自动纺织机，大量的棉纱和棉布被生产出来了。现在我国是世界上生产棉布最多的国家。曾经穿用过“洋布”接近一个世纪的中国人，现在把棉布大量地输出到这个“洋布”的故乡英国去了。

现在该是我们大规模地进行农业技术改造、全国大办现代化农业的时

候了。大寨大队是一个在农村中把巩固无产阶级专政的任务落实到基层，多快好省地建设社会主义农业的先进典型；大寨大队也是实现农业集体化，在集体化基础上实现农业机械化、电气化的先进典型。20多年来大寨大队坚持大批资本主义，大干社会主义，用自己的双手改造了七沟八梁，把跑水跑土跑肥的“三跑田”变成了高产稳产的“海绵田”，以革命化带动了机械化，实现了机械化、电气化。

论王安石变法的基本经验与教训*

中国的封建社会到了宋代，已经开始走下坡路了。宋朝自赵匡胤开国，到宋仁宗时代，积弊日久，已经内外交困，日子一天天不好过了。一小撮大官僚、大地主在封建皇权的庇护下，侵占、兼并了全国70%以上的土地，骄奢淫逸，为非作歹。广大农民群众纷纷破产，沦为佃户，约占人口的半数以上，他们处在“鞭挞驱役，视为奴仆”的贫苦悲惨的境地，大量自耕农占有的土地不足全国的1/6，但却负担全国的赋役，中小地主也不断破产、潦倒。国内农民和地主的矛盾日趋激化，各地农民起义此起彼伏，地主阶级内部的矛盾也日益尖锐起来。加上辽国和西夏的不断骚扰、侵逼，北宋王朝处于内忧外患的危机之中。

当时，最严重的问题是财政困难、国用不足。宋太祖、宋太宗时府库充盈、国用富裕，到宋真宗奉天书，祠祀兴盛。宋仁宗以后，宦官日多，兵费日增，加上笼络赏赐之费浩大，致使国用紧张。每年入不敷出，宋仁宗庆历以后每年有300万缗以上的赤字，宋英宗治平二年（公元1065年）赤字为1570万缗。[①] 宋朝为了弥补这些差额，就加紧压榨剥削农民，使田赋和各种税收大量增加，致使老百姓越来越穷。

第二个严重问题是军旅不精、部队没有战斗力。辽和西夏一直是宋朝的心腹之患，不断侵扰边境，每年要勒索大量金帛，这对朝廷来说是个沉重负担。

宋神宗是个很想有作为的皇帝，他于1067年一接任，就想改变这种“兵穷财匮”、积贫积弱的局面。当年就任命有志于改革的王安石为江宁知

---

* 本文源自作者手稿，手稿大约写于1979年5月。——编者注

① 参见项怀诚主编《中国财政通史·五代两宋卷》，北京：中国财政经济出版社，2006年7月，第7页。——编者注

府，翌年4月升调他到汴京任翰林学士，开始和他一起策划旨在富国强兵的改革。1069年（熙宁二年）王安石任参知政事，开始了中国封建社会历史上规模最大、时间最长、收效也最显著的一次改革运动，这就是有名的王安石变法。

王安石自熙宁二年2月开始任职，熙宁七年4月罢官，次年二月复职，熙宁九年10月辞职，前后共7个整年。王安石在宋神宗的全力支持下，实行了一系列新法。其中主要的有以发展生产、广开财源、强兵富国为目的的青苗法、农田水利法、均输法、免役法、市易法和方田均税法；有以安定社会、组织民众、强兵为目的的保甲法、保马法，成立军器监（督造武器），改革军制，置诸路将；有以改革教育、利于培养选拔人才的更改贡举法、立太学三舍法等。

这些新法的施行，使宋朝的政治、经济、军事、教育、科举诸方面为之一新，在一定程度上抑制了大官僚、大地主阶级的兼并势力，有利于中小地主阶级和农民的利益，农业生产有了恢复和发展，如几年间出现了兴修农田水利的高潮，1070～1076年间，兴修水利工程10793处，灌田3600多万亩。生产发展了，国家财源也充裕了，达到了初步富国的目的。军制的改革，增强了战斗力，1071年对西夏的入侵反击，取得了多年未见的大胜利。

王安石的变法在中国历史上是有进步意义的，列宁称他是11世纪的改革家。王安石变法是在不改变封建王朝的基本制度下的一次革命，这次改革部分地改变了生产关系，部分改革了上层建筑，调整了地主阶级内部的关系，抑制了兼并，于中小地主阶级是有利的，在一定程度上减轻了农民的负担，解放了生产力，对农业生产起到了良好的推动作用。

王安石变法实质上是一场革命，从一开始就遭到了大官僚、大地主阶级的反对，变法过程是以宋神宗、王安石为首的变法派同司马光、文彦博等守旧派的斗争过程。我们总结这一变法过程的历史经验和教训，是很有意义的。

第一，变法之所以能够实行，之所以取得成效，关键是有一个以宋神宗赵顼和宰相王安石为首的坚强的领导核心。这次变法虽然一般被称为王安石变法，但这次变法的实际主帅、首领是赵顼，宋史称他“帝天性孝友……小心谦抑，敬畏辅相；求直言，察民隐，恤孤独，养耆老，振匮乏；不治宫室，不事游幸……”。① 他痛心其父辈因循苟且、国穷兵弱的处境，

① 《宋史·卷16·神宗三》，载《宋史》，北京：中华书局，1977年，第316页。

耻于对辽、西夏外族的屈辱地位，立志中兴，以图富国强兵。宋神宗初继位，就对文彦博说，“天下弊事至多，不可不革”，还说，“当今理财，最为急务，养兵备边，府库不可不丰”。[①] 宋神宗嗣位，尤为重视理财。“熙宁初，命翰林学士司马光等置局看详裁减国用制度，仍取庆历二年数，比今支费不同者，开析以闻。后数日，光登对言：‘国用不足，在用度大奢，赏赐不节，宗室繁多，官职冗滥，军旅不精。必须陛下与两府大臣及三司官吏，深思救弊之术，磨以岁月，庶几有效，非愚臣一朝一夕所能裁减。’”[②]。可见，神宗很早就有改革的思想，“有不能畅言之隐，当国大臣无能达其意而善谋之者”。[③] 宋神宗早就在物色能够贯彻他要改革天下的助手了。

王安石出生于世官之家，21岁中进士，当过淮南判官、鄞县知县、舒州通判等地方官，38岁于嘉裕三年就写了上宋仁宗皇帝的万言书，提出了改革政治、经济、军事等的一整套思想和政策，当时未被采纳。他在书中提出：“今天下之财力日以困穷，风俗日以衰坏，患在不知法度，不法先王之政故也。法先王之政者，法其意而已。法其意，则吾所改易更革，不至乎倾骇天下之耳目，嚣天下之口，而固已合先王之政矣。因天下之力以生天下之财，收天下之财以供天下之费，自古治世，未尝以财不足为公患也，患在治财无其道尔。在位之人才既不足，而闾巷草野之间亦少可用之才，社稷之托，封疆之守，陛下其能久以天幸为常，而无一旦之忧乎？愿监苟且因循之弊，明诏大臣，为之以渐，期合于当世之变。臣之所称，流俗之所不讲，而议者以为迂阔而熟烂者也。”[④] 书上，宋仁宗不用，之后朝廷虽曾屡次要他到汴京就职，他都辞了。

宋神宗继位之前，他的老师韩维就经常向他介绍王安石的观点和主张。宋神宗早就想见此人。继位不久，就命王安石为翰林学士兼侍讲，直接向他垂问治国安民的方略。宋神宗问：“为治所先？”王安石说：“择术为先。”问：“唐太宗何如？”曰：“陛下当法尧舜，何以太宗为哉！尧舜之道，至简而不烦，至要而不迂，至易而不难。但末世学者不能通知，以为

① 《宋史全文·卷11》，参见汪圣铎点校《宋史全文》（第2册），北京：中华书局，2016年1月，第635页。——编者注

② 《宋史·卷179·食货志下一》，参见《宋史》，长春：吉林人民出版社，1995年，第2718页。——编者注

③ 参见《梁启超全集》第三册，北京：北京出版社，1999年7月，第1769页。——编者注

④ 《宋史·卷327·王安石传》，参见《宋史》，长春：吉林人民出版社，1995年，第7453～7454页。——编者注

高不可及尔!"[①] 第二年，宋神宗任命王安石为参知政事。宋神宗对他说："人皆不知卿，以为卿但知经术，不晓世务。"王安石对曰："经术正所以经世务。"宋神宗问他："卿所施设以何先?"王安石说："变风俗，立法度，最方今所急也。"[②] 宋神宗正因当时的政治而不满意，要有所作为，一听到王安石这些主张，与自己十分契合，如鱼得水，若获左右手，以此引为知己，把政事完全信托给王安石去做，以后遇到各种守旧势力的阻挠破坏，宋神宗总是支持王安石，使新法得以在十分困难的情况下迅速普遍推行，终宋神宗之世，没有大的反复，使新法的施行取得了很大的成功。应该说，宋神宗是有大功劳的。宋神宗与王安石之间，君相之间，亲密团结、和惠共济是起了决定性作用的。后世不少论者评论赵顼和王安石的关系，正像历史上秦孝公和商鞅的关系一样，这是很有道理的。

第二，制定了一条正确的政治路线和正确的思想路线。赵顼和王安石有一个共同的看法，就是认为当时国家积贫积弱的困境，主要是因为财用不足。而财用不足的根本原因是理财的方法不对，所以改革的第一步就是改革财政，先富国，有了财源，就可能解决强兵的问题，所以他们的方略是先富国后强兵。

熙宁元年11月，执政以河朔旱伤，国用不足，乞南郊勿赐金帛。帝命学士议论。司马光说："救灾节用，当自贵近始，可听也。"王安石说："常衮辞堂馔，时以为衮自知不能，当辞职，不当辞禄。且国用不足者，以未得善理财者故也。"司马光争辩说："善理财者，不过头会箕敛耳。"王安石反驳："不然，善理财者，不加赋而国用足。"司马光说："天下安有此理?天地所生财货百物，不在民，则在官。彼设法夺民，其害乃甚于加赋。此盖桑弘羊欺武帝之言，司马迁书之以见其不明耳。"这场争论没有结果，青年皇帝赵顼判断不了，总结说，"朕意与光同，然姑以不允答之"[③]，采取了两可的态度。

司马光的意见是错误的，他不懂经济常识，说什么天地所生财货百物，不在民，则在官。首先，财货百物不是天地所生，不是自然的产物，而是

---

① 《宋史·卷327·王安石传》，参见《宋史》，长春：吉林人民出版社，1995年，第7454页。——编者注

② 《宋史·卷327·王安石传》，参见《宋史》，长春：吉林人民出版社，1995年，第7455页。——编者注

③ 冯琦原编、陈邦瞻纂辑、张溥论正《宋史纪事本末》(上册)，北京：中华书局，1955年9月，第260页。

人通过劳动创造的。“自然是财富之母，劳动是财富之父。”其次，财货百物不是常数，不是两人分梨，你多了，我一定少了。调整了生产关系，有了正确的政策，调动了劳动者的积极性，同样的土地和物质条件，可以增产更多的财货百物。民可多得，国家也可以多得。王安石说的“不加赋而国用足”是可以做得到的。关键在于调整政策，发展生产。王安石等也是这样做的，他们执政之后，首先就创置三司条例司，以榷制兼并，均济贫乏，变通天下之财。以后赵顼、王安石等推行的经济改革，基本上就是按这条路线进行的。熙宁二年2月设立三司条例司时的诏书说：“朕以为欲致天下于治者，必先富之而后可为也。今县官之费不给，而民财大屈，故特诏辅臣，置司于内，以革其弊。夫事颛于所习，则能明得失之原。今将权天下之财，而资之于有司，有司能习知其事，则其所得必精，其所言必通。物聚而求足，是洵富吾民之术也。若夫苛刻之论，朘削其下而敛怨于上者，朕所不取。”①

王安石认为国家财用不足、人民困乏的原因在于农民不能尽力从事农业生产，而农民之所以不能尽力生产，是因为富豪的兼并，所以他力主抑制兼并，以苏民困，使农民能致力于生产。他有一首诗专叙其事云：“三代子百姓，公私无异财。人主擅操柄，如天持斗魁。赋予皆自我，兼并乃奸回。奸回法有诛，势亦无自来。……”② 后来变法所施行的青苗法、均输法、市易法等都是从这个思想出发的。

民富则国富，国富然后兵强。

---

① 参见《梁启超全集》第三册，北京：北京出版社，1999年7月，第1772页。——编者注

② 王安石：《兼并》，载吉林大学中文系中国文学史教材编写小组编著《中国文学史稿》（唐宋部分），长春：吉林人民出版社，1959年12月，第333页。

要重视解决穷城穷市的问题*

阜新市辖三个城区、一个郊区，还有阜新县和彰武县，160万人口，其中城镇人口为55万，总面积8938平方公里（约1500万亩），地下有丰富的矿藏资源，已探明的含煤面积为825平方公里，储量在10亿吨以上，此外还有硅砂、珍珠岩、沸石、膨润土和草炭等资源。

1901年，阜新就开始有小煤窑，“九·一八”事变后，日本人在这里建煤矿、修铁路，开始大规模开采。1948年解放，1949年产煤130万吨、电360万度，另外还有八个小手工业作坊，工业总产值为3638万元。

第一个五年计划期间，阜新是国家建设重点，156项工程中，有4项在这里兴建。1952年阜新电厂第一台2.5万千瓦的发电机组投产，毛主席还专门发来了贺电。1954年正式建立阜新市，它一开始就以煤电之城著称。从1958年开始，阜新市陆续建起了冶金、机械、化学、纺织、轻工、电子、建材等工业。1978年全市有各类企业224个，工业职工11.3万人，生产煤1360万吨，电44.5亿度，工业总产值为10.68亿元。生产粮食8.7亿斤。

30年来，阜新市人民在党的领导下，埋头苦干、艰苦奋斗，把阜新建成了国家的一个重要能源基地。30年，共为国家生产煤炭29800万吨，发电816亿度。现在每年生产的煤，占辽宁省统配煤矿的33%，每年发的电占全省的15.6%。

30年来，阜新市人民开展了大规模的造林运动，历年造林累计保存面积为443万亩、现已郁闭成林的有270万亩，有森林木材蓄积量为310万m^3。全市的森林覆盖率已由解放初的10%，提高到30%。这对维护生态平

* 本文原载于《经济研究参考资料》（内部资料）1980年第87期（总第287期），刊发时间：1980年6月3日。原稿写于1980年1月30日，该文系作者1980年初赴辽宁阜新市调研所写的调查报告，原稿写于1980年1月30日，曾摘要发表于新华通讯社《国内动态清样》（内部资料）1980年3月20日。——编者注

衡、调节气候、保护环境、防止水土流失、保障农牧业生产、防止风沙南侵，保护辽宁全省的工农业生产起了一定的作用。市辖的阜新蒙古族自治县 1977 年被农林部列为全国林业先进单位。

一 煤电之城 穷得出奇

30 年来，阜新市人民一心一意搞煤、搞电，为社会主义建设创造了巨量财富，为国家和辽宁省作出了很大的贡献。但这个煤电之城的财政情况却异常困难，市委的同志说，我们穷得出奇，我们是全省最穷、最落后的城市。

1978 年，阜新的工农业总产值为 12.5 亿元，工业产值为 10.68 亿元，工业的全员劳动生产率是 3633 元，只有全省劳动生产率的 26%。1978 年全市财政总收入是 7704 万元，只有同级城市旅大市[①]的 3.8%。平均每人财政收入是 48 元，而当年辽宁全省平均每人财政收入为 248 元，全国为 117 元，阜新市每人的平均财政收入只占全省的 19.35%，全国的 41%，阜新在全省 12 个地、市中是最穷的，在全国也是比较穷的城市。

多年以来，阜新市的财政一直有赤字，入不敷出。1976 年超支 485 万元，1977 年超支 334 万元，1978 年超支 125 万元，1979 年预计超支 500 万元，全靠国家、省里补贴来平衡。

由于阜新市的财政长期困难，无力扩大再生产，也没有钱发展地方工业及轻纺工业。国家规定地方收入的 70% 要用于支援农业，阜新市一个子儿也拿不出来，两个县很有意见，也影响了农业的发展。1978 年农业丰收，全市社员的平均分配收入是 61 元，而全省是 91 元，阜新的社员收入比全省平均水平低 33%，在全省是倒数第一，也低于全国农民平均收入 74 元的水平。1978 年，年平均收入不到 50 元的队，在阜新占 40%，是全省最多的。

今年彰武县遭严重涝灾，理应救济照顾，但市里没有钱，爱莫能助，只好说点安慰话。1979 年彰武县农民的平均收入只有 47.7 元，有分无值、倒挂的队还很多。返销粮，国家拨下去了，但灾民无钱买粮。阜新县伊马图大队一队 1979 年的年人均分配收入只有 20 元，由于生活困难，队里有 80% 的青壮年卖血。

由于财政困难，市里无力在市政建设、商业网点，文教卫生，公共福

① 1981 年 2 月，改称大连市。——编者注

利等方面花钱，加上自“二五”计划以后，国家在非生产性建设方面的投资大量减少，致使阜新市的“骨、肉”关系相当紧张，矛盾非常突出。30年来，阜新人民为保煤保电进行了艰苦劳动，付出了较高的代价，但却长期得不到应得的实际利益，群众的物质文化需要长期得不到应有的满足。尤其是公共集体福利事业，前些年每况愈下，问题成了堆，困难成了山，影响了职工及其家属的正常生活，也直接影响了煤电等生产事业的更好发展。据调查，阜新市人民生活的困难，表现在以下十个方面。

第一，走路乘车难。阜新是百里矿区，全市有公路170条，188公里，其中黑色和水泥路面占50.5%，碎石路面占13.5%，其余36%是土路。84万平方米黑色路面，已有53%失修。再加上全市有46%的城市面积没有排水管网，每逢雨季，常常是积水成灾，群众要赤脚趟水，怨声载道。公共交通也成问题，全市只有营运车辆91台，平均每辆负担人口7260人（国家规定，城市2800人应有一辆客车，省规定3400人一辆），所以公共汽车特别拥挤，矿工上下班困难，特别是带孩子的女职工，每天上下班挤车，实在苦恼。今年省里分配下来客车，但阜新市因财政困难，东贷西借，买了六辆，还有就买不起了。

第二，回家住房难。阜新现有住房250万 m^2，居住面积125万 m^2，平均每人 $2.7m^2$，比解放初的 $5.5m^2$，缩小了一半。现在还有1.4万户无房，结了婚等着分配房子。严重拥挤和不方便户共7.3万家，其中每人平均不足 $2m^2$ 的有8879户，有的实在没地方住，只好住在厕所里。现有的住房中，年久失修的很多，有7%是危房，群众形容这些房子是“弯着腰、拄着棍，披头散发掉眼泪”的房子。住伪满时的工棚、马架子房的，至今还有不少。更有甚者，有个五龙煤矿的工人宿舍区和清河门一个镇，地下已经因挖煤掏空了7~8米，这里地陷已经1米多了，不少房子已经墙裂倾斜，朝夕有塌陷的危险。冬至时，这里天气奇暖，还下了雨。群众怕这是地震的前兆，担心会出大事故，人心惶惶。因为市里和煤炭部在关于搬迁费问题上达不成协议，加上三材困难，市财政无钱补贴，盖不了房，这些危房区的数万群众还只能在那里提心吊胆地住着。

第三，吃水做饭难。由于今年国家建设的大凌河水源投产，供水能力可提高到日产19万吨，可满足发电和生活用水。但供水管路基本上还是日伪时留下的，年久失修，流漏严重，而且管径小，满足不了需要。自来水普及率还只有70.3%，主要还靠公用水栓，许多居民区的水管小，水压不足，每逢枯水季节，居民只好吃夜来水、定时水。阜新大多数居民烧洗煤厂剩下的煤泥，市里没有专设的煤球、煤饼厂，全靠群众自己去拉，自己做煤饼烧，很不方便。煤泥堆在门外路边，“风起煤尘扬，雨冲堵水道”，全市黑黝黝的。

第四，买粮买菜难。1952年，阜新只有14万人口的时候，有商业网点1020个。现在50多万人了，商业网点只剩316个，人口增了三倍，网点减少三分之二。在商业服务业的设施方面，国家要求每千居民有700 m^2的营业面积，全省平均为300 m^2，而阜新市只有160 m^2。现在阜新商业系统的仓库、粮库、油库、冷库严重不足。因为冷库少，农民交售猪多，宰杀后无处存放，仅1979年就停购了三次。由于网点少，居民买粮买菜很不方便。有的居民搬家了，户口迁过去了，但粮店少，粮油关系转不过去，还得回原粮店买粮，全市有数万居民要到两华里以外去买粮买菜，打瓶酱油，要骑自行车上街。初步匡算，需新建商业网点600处，才能满足需要，大约要投资2000万元，市里哪儿来这笔钱呢？商业网点少，服务行业更少。全市除矿工有煤矿澡堂外，对外营业的澡堂只有两个，一般市民洗澡难、妇女洗澡更难，有人计算过，阜新市的妇女，要十年才能轮上到澡堂洗一次。

第五，上厕所排队难。阜新矿工和居民的住房，很多还是伪满时期和新中国成立初期的矮平房，用公共厕所。全市有公厕1566个，因管理维修不善，已严重损坏急待修理的830个。有的居民区公厕少，蹲位不够，居民上厕所，常常要排队。有的女职工，家务事多，常有叫男孩到女厕所去排队的。有的要骑车到几里外去上厕所的。据调查，全市需增建公厕133个。1978年市人代会，人民代表把要修厕所问题作为正式提案提出来了，但因市财政困难（需65万元），1979年只修成8个。

第六，呼吸新鲜空气难。阜新电厂就在市区，每天烧成万吨煤，排放出大量粉尘和有毒物质，空气严重污染，冬天供暖期间，大量民用锅炉的烟囱同时排放，市区经常烟雾腾腾，严重损害市民的健康。电厂有好多个大散热炉，周围的居民，整年在雾雨中生活，因为湿度太大，不少人得了风湿病、关节炎。煤矿每天要排出大量煤矸石，总量已达13亿吨，占地5.4万亩。洗煤厂把大量黑水排入河道，污染了西河，30年使河道淤高了1.1米。发电厂每天排出上千吨粉煤灰，淹毁大量农田，还把周围的好地变成了盐碱地。对于这两大企业的三废危害，居民多次强烈要求政府进行治理，但得不到有关部门的支持，市里没有钱，也无技术力量来治理。

居民烧煤泥，日产垃圾1200吨，但全市只有20台运垃圾的汽车和30台手扶拖拉机，日运能力只有300吨，有四分之三的垃圾拉不出去，大部分

煤渣和垃圾只好堆积在市里，致使有些居民区的路面越堆越高，有的地方路面比平房里的炕沿还高，一遇大雨，污水倒灌，群众常要去家门口筑堤防水。

第七，文化娱乐难。阜新市财政困难，无力为群众建办一些文化娱乐场所，这样1个50万人口的煤电之城，只有在20世纪50年代盖的1个剧场、1个电影院、1个体育馆。30年搞了3个1。市文化馆和图书馆，都是临时借的房子，勉强开展活动，有几十万册书，无法上架，只好堆在库房里，发挥不了作用。阜新市有20多万青少年，没有1个少年宫，没有科技活动场所，没有1个游泳池，没有1个灯光球场，没有体育场。

第八，有病住院难。阜新50万人，只有两所医院，第二医院还没有钱造门诊部，不得已，撤了100张病床，应付门诊。看病的人多，远远超过门诊的容量。看病难，住院更困难。许多急重病人，需要治疗，但住不进医院。辽宁全省平均每千人有5.65张病床，阜新只有4.65张；全省平均每千人有医护人员2人，阜新只有1.69人。这在全省都是倒数第一。阜新矿区，粉尘污染严重，但全市没有一个结核病防治医院，没有妇产医院，也没有儿童医院。

阜新是大面积地方病和传染病疫区，曾发生过鼠疫，现在还是重点防范区。这里是低钾区，还有水污染引起的氟中毒病。省里每年只拨4万元防治费，用在铁路沿线的防鼠疫、抓耗子，就所剩无几了。防氟中毒要打深井、防低钾病要在食盐中加碘，这些都因为市里没有钱，办不了。阜新有的公社的小孩脖子肿大的比例达75%。

第九，孩子上学难。与1965年相比，阜新的中学生猛增了4.6倍，但教育经费、校舍、设备、师资都没有相应增加。1966年，每个中学生每年的教育经费是73.2元，1978年只有38.7元，下降了47%。“文化革命”前，每个中学生占用校舍面积为$2m^2$，1978年只有$0.78m^2$。现在全市有46.4%的小学和36%的中学实行二部制。过去一个班级50个学生，现在扩大到65名，还有一个班80人的。全市中小学缺桌椅11万套，学生上学有的要自带凳子，28所中学中，只有两所重点中学有实验室，其余的一概没有。中小学的校舍有不少是失修的，有11%是危房。中学师资缺1000多人，教学质量低，能升入高校的学生少，有劣迹的学生多，小拉兹太多。对此工人很有意见，他们说，在旧社会，我们矿工上不了学，在新社会，我们矿工的孩子还只能上半天学。

第十，青年就业难。全市现有待业青年4万多人，其中矿务局系统的知青待业问题更严重。上级文件规定，矿业和农场的知青，由企业自行安排。阜新矿务局已把1976年以前的毕业生3.3万人全安排了，还有在矿上等着就业的26463人，而以后每年还有8000多青年要毕业就业。煤矿全部职工为77000名，每年正常退休在3000人以内，每年还会有5000多人安排不了。现在矿上的劳动力也使不开。所以这个问题如不打破行业界线，不广开门路，矿上自身很难解决。矿务局同志介绍：现在煤矿工人有三愁，一愁肚子，二愁儿子，三愁房子。农业形势好了，肚子问题解决了，但房子和儿子问题还解决不了，不少老工人为此愁苦，矿上的干部也主要为这些事操心，影响了抓调整和搞四化的进程。他们深有感慨地说：现在我们这一套办法是政府办企业（用行政办法管经济）而企业则自己办政府。如要解决住房、吃饭、托儿、上学升学，就业以后打架吵嘴都找上门来，实在应付不了。

二　穷困的原因何在?

现在阜新突出的问题是穷，因为穷，工农业生产发展不了；因为穷，三废危害治理不了；因为穷，群众生活方面的欠账还不了；因为穷，许多存在的问题长期解决不了；因为穷，不少看准了要办的好事办不了。这些已经影响到党和群众的关系，影响到党和政府在群众中的威信了。

要加快阜新市四化的步伐，要发展阜新的煤电事业，现在迫切的问题是要解决阜新的财政困难，先要治穷。以往靠市委书记、财政局局长每到年底到省里去说情，请求补贴来解决困难，这当然不是解决问题的根本办法。治病先要诊病。阜新穷困的原因是什么呢？是阜新资源贫乏，得地独薄么？不是，阜新有丰富的矿藏资源，含煤面积占十分之一，而且新矿还在继续发现。阜新土地辽阔，每人平均有土地10亩以上。是阜新市人民不勤奋么？不是，阜新是一个勤劳的城市，30年来，阜新人民拼死拼活为夺煤夺电而战斗。并且在比较现代化的生产资料武装下，阜新煤矿的劳动生产率是高的，在同行业中是列得上名次的。是阜新市奢侈浪费么？不是，阜新是一个俭朴的城市，全市没有建什么豪华富丽的楼堂馆所，阜新市人民是艰苦朴素的。

阜新市穷困的原因是多方面的，是许多问题综合在财政上的反映。通过解剖阜新市的财政困难，可以看到我们的经济体制、经济结构中的问题，可以看到我国能源政策的弊病，也可以看到我们国家中央和省市之间、省

和地市之间以及条条和块块之间的关系问题。

第一，阜新的财政困难是阜新市经济体制、经济结构不合理的反映。

阜新是煤电之城，中央和辽宁省有关业务部门只顾向它要煤要电。而作为一个地区来说，经济是一个完整、有机整体，它需要工业农业之间、轻重之间、工商之间、“骨肉”之间能够均衡协调发展。

1949～1978年，中央和省共给阜新市的基建投资为150457万元，其中用于工业建设的122449万元，占81.4%，用于农林水利的只有8594万元，占5.7%；工业的基建投资中，用于煤矿建设为77531万元，电力建设为25928万元，两项共103459万元，占整个工业投资的84.5%，用于轻纺工业的总共才1877万元，占1.53%。在整个基建投资的15亿元中，用于城建、住宅、商业、文教、卫生等非生产性建设的，只有16956万元，占11.3%。

这样一个不合适的投资比例，就形成了阜新市的工农业之间，轻重工业之间，积累和消费之间的严重失调。1949～1978年全国农业投资占基建投资的11%，辽宁省是8%，而阜新只有5.7%。阜新的农业发展缓慢，30年全市人口增加了1.3倍，而粮食才增长98%。1949年每人占有粮食663斤，1978年为548斤，牛羊的存栏数比1952年还少。1978年全国农业总产值在工农业总产值中占25.6%，而阜新市只占12%。

1978年全市工业总产值106811万元，而重工业产值85357万元，占80%，轻工业21454万元，只占约20%，远远低于全国轻工业占42.7%和辽宁省占27%的水平。重工业太重、轻工业太轻，农业腿短，商业、服务业缺少，这种不合理的经济结构，是造成阜新市经济不能迅速协调发展、财政困难的主要原因。

第二，当前我们国家的能源政策不尽合理，煤价太低，不利于煤炭工业发展。发电是有利润的，但核算方式于发电厂所在地不利。

阜新市11万工业职工中，煤电职工共8万，占73%；10.6亿元工业产值中，煤电的产值为5.8亿元，只占54.7%。矿务局和电厂是阜新市两大台柱子。但这两个大企业对阜新市财政不仅没有好处，而且由于目前能源政策不合理，反而成了阜新的两个沉重包袱。

由于煤价低，矿务局是历年的亏损单位，本身连维持简单再生产的能力都没有，穷得很，谈不上还能给地方什么好处。1978年，阜新市财政从矿务局收8%的工商税，共计1670万元，而当年市里针对矿务局的32万职工及其家属实行的粮食肉菜补贴（每人36元）共花去3057万元，扣去税收，地方实际每年要补煤矿1387万元，占阜新市总财政收入的21%还多。

电是赚钱的，阜新发电厂每度电的成本才 0.019 元，在全省是最低的，如果单独核算，一年的利润有好几亿元，但现在的电厂是全东北电网统一核算，阜新电厂本身不是独立核算单位，没有利润。更加特殊的是，现在的税则规定，电税要到销售电的地方收。1978 年阜新本市只用 8 亿度电，收了 565 万元的税。其余 80% 的电是输给鞍山营口的，有 2570 万元的电税成了用电当地的财政收入。这是很不合理的，发电地区，出了力，受了污染，而用电地区反倒有税可收。所以当地群众反映说：现在的这种能源政策是“搞煤的倒霉，搞电的吃灰”。

第三，辽宁省的一些具体业务部门，在安排工业布局，经济布点的时候，较多的是从本部门业务易于发展出发，对阜新的困难考虑不周，照顾不够，搞一刀切。

如阜新是个煤矿城市，职工主要是男的，在这里同时发展一些轻纺、化工行业，这不仅有利于促进阜新的经济均衡发展，增加财政收入，而且也解决矿工的婚姻问题。市委同志谈，阜新不仅存在工农业失调，轻重工业失调的问题，而且还存在着“阴阳失调”的特殊问题，由于女职工少，矿工不容易找到对象，不少工人只得从农村找。这就有个户口问题，据矿务局统计，矿上这样的男职工有四、五千人，已经搬到矿上住的有 3472 户，当地称为“三无”户（无户口、无粮食、无副食），靠买高价粮和副食生活，这些工人生活困难，也加重了城市的负担。

另外，现在省里业务部门向下安排基建投资，建设工厂、商店或其他企业，一般只给 50% ~70% 的投资，其余要地方自筹，这叫作发挥地方的“积极性”。但阜新是个穷市，连年赤字，哪里来自筹资金。而阜新因为拿不出自筹部分，省里准备给的那 50% ~70% 也就不给了，拿到别的地方去建了。所以 1973 ~1979 年 7 年间，省里给阜新的轻化工业的投资，只有 813 万元，基本上没有建什么新厂。现在阜新只有一个 3 万锭的纺织厂，准备搞 1 个五万锭的第二纺织厂，有现成的厂房，只要建一个主厂房，有设备就行了，但市里因为没有钱搞不了。现在中央一再号召节约能源，阜新有大发电厂，搞余热利用最有条件了。据设计，只要投资 700 万元，可以省去 150 个烟囱，每年节省几十万吨煤，于减轻污染也大有好处。但有关方面要阜新自筹 140 万元（20%），市里筹不出来，这个改造方案就至今批不下来，实现不了。市委同志说，自筹在我们这里成了“自愁”。群众反映说，“现在的政策是锦上添花，而我们阜新要雪中送炭”，“在阜新不栽几棵摇钱树，阜新的穷困面貌改变不了”。阜新这样一个 50 多万人口的大市，现在连一个年盈利200万元的企业也没有。

第四，阜新市是个新建城市，基础差，底子薄，轻纺工业起步晚，发展慢、水平低。

解放前这里只有七、八个手工业作坊，连一个民族资本家也没有。解放后，只顾搞煤电建设，市委领导的主要精力放在抓煤抓电上，无暇他顾，搞成了个单打一经济，到1958年才办起了一些小的轻工企业，直到1965年才建设了第一个3万锭的纺织厂，至今只能纺织，不能印染，加上技术力量弱（全市轻纺系统只有2个工程师，工人平均只有3级），经营管理不善，多数轻纺企业投产后，都是亏损的。1965年以来，全市投产了45个厂，投产后就亏损的有39个。因为资金少、简易投产无技术、无经营能力，一般要亏3~5年，有的厂至今还是亏损的。

1971~1978年的8年间，全市工业亏损企业共亏损5723万元（不包括煤矿），盈利的工业企业共盈利9525万元。60%利润被亏损企业吃掉了。近几年市委领导重视了轻纺工业的发展，加强了领导，重点抓了经营管理，扭亏增盈，情况有所好转。但由于种种原因，比起其他市来，阜新市的轻纺产品品种少，质量差，这两年又遇到了订货不足、销路不旺、工厂吃不饱等问题，这对全市工业企业扭亏增盈，增加财政收入又是一个新的困难。

三　解决财政困难的途径

冰冻三尺，非一日之寒。阜新的困难是多年积累起来的。从阜新可以看到，我们不仅存在着穷社穷队的问题，而且存在着穷城穷市的问题。据我们了解，类似阜新这样困难的城市，在东北还有齐齐哈尔、本溪等。现在是到了要着手研究解决这类穷城穷市问题的时候了。在阜新，我们开了多次座谈会，听取了市委干部和基层干部、群众对解决困难的意见和建议，归纳如下。

第一，要调整能源政策，特别是要调整能源的价格政策。1979年提了煤价，矛盾有所缓和，但煤价仍然偏低。据矿务局反映，阜新煤现在实际成本是18.15元1吨，出矿价平均为19元1吨。加上矿上的其他项目开支，1979年全局还会有1300万元的赤字（1977年亏损3866万元）。石油的发热量为煤的一倍，而现在石油的价格（每吨80元）要比煤高3倍还多，显然这是不合理的。1978年阜新矿的劳动生产率是3746元，而全国是11085元，锦西石油五厂是114440元，鞍钢为18148元，分别是阜新矿的2.96倍，30.55倍和4.8倍。劳动生产率相差如此悬殊，主要是煤价太低的缘故。我国目前煤价太低，不利于发展煤炭生产。煤矿企业长期亏损，对阜新这样的煤矿城市特别不利。阜新市的干部讲，大庆富，富就富在油上；阜新穷，穷就穷在煤上。如煤价不调整，阜新矿务局长期亏损的状况不扭转，或盈利也微乎其微，那么这个60%的居民同煤矿有关系的城市的财政困难就不可能从根本上得到解决。

第二，国家在建设像阜新这样的煤电城市时，要统筹兼顾，全面规划。要有计划、按比例地，既安排重工业建设，也要安排轻工业、农业的建设；既安排生产性的建设，也要安排非生产性的建设，使整体经济均衡、协调发展。在基本建设投资上，不能只给生产投资，不给福利设施的投资；不能只给企业投资，不考虑企业所在城市的市政建设资金。如果像阜新市前些年那样，有关业务部门，只顾要煤要电，单打一，不兼顾地方的利益和困难，这就会给企业和地方带来很多难以解决的问题，影响地方对煤、电的关心和支持，影响煤电事业的发展。

鉴于像阜新这样的城市，生产、生活方面的欠账太多，依靠本市的力量在短期内也解决不了这么多问题，国家和有关业务部门，应该拨出一部分专款，帮助这类城市解决生产、生活的“欠账”问题。

第三，在国家总的能源政策改变以前，可以采取一些适宜的临时措施，把能源企业同当地的经济利益结合起来，鼓励地方的积极性，也可解决一部分困难问题。

一是参照国家经委关于煤炭调出省外实行补贴的精神，建议从阜新调出1吨原煤补贴1元，调出一吨洗精煤补贴2元。这样，阜新每年可以增加1000万元的收入。或者按煤的总产量给地方提成，每生产一吨煤，当地提成五角。阜新市可以有600万元的收入。

二是按发电量给地方留成，每发1度电，提成2厘5毫，阜新就可以有1000万元的收入。

三是改电税由在经销地交纳为在发电所在地交纳。这样一改，阜新财政就要增收2500万元。

第四，要逐步改变目前不少企事业单位，都要国家财政补贴的状况。凡有条件的事业单位，都要企业化，不要再搞供给制、半供给制。

例如住宅问题，阜新现在全市住房总面积为250万㎡，其中居住面积125万㎡，每人2.7㎡，除矿务局系统104万㎡外，全市各系统每年收的房租共70万元。这么一点房租，不要说靠房产收入来发展房产，增建房屋，就连以房养房，用房租来维修房子都不够。今年要维修费350万元（房租

只够20%），大部分要靠国家各部门从各个渠道向房产系统补贴。这显然是不太合理的。就全市来说，按现有人口到1985年每人有5㎡住房计，全市需新建住宅210万㎡、每年要新建35万㎡，需要国家投资每年3500万元。而这几年，国家给阜新的总投资也不过4000万元左右，都拿来建住宅是不可能的。按现在的房租收费标准，国家建一批宿舍，收的房租还不够维修的，实际上是建一批宿舍，背一个包袱，盖得越多，补贴越多，财政开支越大，包袱越多。要有计划地把房产系统变为企业单位，逐步地提高房租的收费标准，逐步地做到以房养房，以至于做到可以以房产发展房产，可以有力量增建新房。当然要做到这一点，首先就要将有计划地提高职工的工资水平作为前提条件。

第五，中央和辽宁省的财政部门，工业部门特别是轻纺部门，在近几年内要给阜新市一些特殊照顾，优先给阜新市安排一些轻纺工业基建投资和贷款，兴办一些能提供较多税利的工厂，帮助阜新市开辟财源，解决财政困难问题。阜新市冶炼厂下马了，原厂址可办1个5万锭的纺织厂，另外阜新每年可收购50万斤羊毛，可以发展毛纺厂和毛毯厂，希望纺织部门从投资和设备上给予支持。

第六，辽宁省已经确定要在阜新地区建设畜牧、油料基地，阜新市希望省里能像对商品粮基地建设那样予以重视，给予建设投资，技术帮助和支持，使阜新农牧业有一个较大的发展。近几年阜新的油料生产发展很快，1979年原计划收购油料3942万斤，实际上收购了4500万斤，明年可达9000万到1亿斤。而目前的年加工油料能力只有2500万斤，急需新建两座大的油脂加工厂，需要投资420万元，希望省里的农业和粮食部门予以支持。这样可以为国家提供大量油脂，减少油料运输费用，地方也有税利收入，农民可以就地得到返还的饼肥，这于发展农牧业有利。

第七，阜新本身也要发扬自力更生艰苦奋斗的好传统，努力提高企业职工的技术水平，提高经营管理水平，提高劳动生产率，把现有的224个企业管好办好，扭亏增盈，广开财源，增产节约，发奋图强，这是解决阜新市财政困难的基本方面。

第八，阜新市1979年城市人口已达55万。根据中央1978年第13号文件规定："从1979年起，在所有省会城市和城市人口在50万以上的大城市试行每年从上年工商利润中提成5%的规定。"请辽宁省的财政和城建部门按照文件精神，给阜新市以大城市待遇，允许按上述比例提成，并将提成作为城市建设的费用，解决一部分困难。

正确处理经济建设中的若干关系问题*

1979年我参加了中央财经委员会经济结构小组的调查研究工作，在北京听了中央22个经济部委的情况介绍。之后，我们到东北调查，听了黑龙江省23个经济部门和辽宁省25个委办局的情况介绍，又实地调查了阜新、大连和金县、铁岭、法库、彰武等县市的工业、农业、财贸等部门的经济情况，使我们对于30年来的经济建设的经验教训和目前经济体制、经济结构存在的问题有了一定的了解。回京后我又读了各省（区、市）和各部门印发的有关经济问题的材料，加深了这方面的认识。最近党中央提出要总结30年来经济工作的经验和教训。我根据在调查研究中了解到的问题，认为除了要正确处理好近年来报刊上经常讨论的积累和消费、生产和生活、工业和农业等关系问题以外，还有一些重要的关系问题要引起我们重视，要进行讨论研究，要正确处理好。这些问题一共有10个，也可以说是社会主义经济建设方面的10个经验和教训，提出来，供有关方面参考。

一　政治和经济

社会主义的经济建设必须由党领导，党也能够领导社会主义的经济建设，这是没有疑问的。问题是要总结经验教训，在社会主义经济建设中，党怎样来领导，通过什么形式来领导，能够更好一点、更完善一点。

30年社会主义经济建设的实践表明，凡是在我们党政治路线正确、党内团结统一、民主集中制能够贯彻得好的情况下，经济建设就蓬勃发展、繁荣昌盛。解放初的恢复时期、“一五”时期、三年调整时期及粉碎“四人帮”以后，这几个经济迅速发展的阶段都是这样的；而凡是在党的路线出

* 本文源自作者手稿，原稿写于1980年3月。——编者注

现了偏差、党内不团结统一、党的民主生活不正常的情况下，社会主义经济建设就受到挫折，受到破坏，以致出现危机，甚至到崩溃的边缘。1958年以后的三年大跃进是这样，“文化大革命”中的十年动乱更是这样。

这正反两方面的经验都说明党的领导同社会主义经济建设事业息息相关，不仅在全国是如此，就是具体到一个省市、一个地县、一个企业、一个社队，党的领导状况如何同这个地区、这个单位的经济事业的成败、好坏，也是息息相关的。

这个明显的历史经验还表明，现在党中央提出，在实现“四化”过程中要加强党的领导，要改善党的领导的决策是非常重要、非常英明的。党的领导是我们实现“四化”的最重要的保证。

马克思主义认为，经济决定政治，政治反作用于经济，政治是经济的集中体现。无产阶级的政治是无产阶级和党的集中表现，在无产阶级专政的条件下，政治要领导经济、统帅经济，政治要落实到经济上，要最终为经济服务。经济是政治的出发点，也是政治的归宿。

一个国家、一个地区、一个企业的经济事业的发展，有它固有的规律性，它要求循序渐进地发展，要求相应的政治上层建筑为之服务，以保证这种稳定的发展。但是就政治状况来说，它相对来讲总不是那么稳定，阶级斗争是客观存在的，阶级斗争则必然要反映到共产党内部来，因此党内的斗争是不可避免的，党内的团结统一、党内的民主生活，也难免有不一致、不正常的时候，这就产生了矛盾：要求相对稳定发展的经济和相对来说不那么稳定的政治之间的矛盾。

因此，当我们在进行政治体制、经济体制改革的时候，要考虑上述政治和经济发展的矛盾状况，要力求从体制上来解决好党对社会主义经济建设领导的具体形式问题。从以往的历史经验教训来看，以不采取党直接领导的组织形式为好，使政治和经济适当地分开，经济工作主要由经济组织管，使经济部门有相对的独立性。党和国家主要是通过党的路线、方针、政策和党员的模范带头作用去领导，而不要直接去指挥一切、包办一切。

当然，政治和经济又是密不可分的，党的领导状况如何，对经济建设进程的影响有决定作用，所以我们一定要加强党的领导，改善党的领导。但经济毕竟还不就是政治，有它相对的独立性，我们要从制度上进行保证，再不要出现像“文化大革命”中林彪、“四人帮”那样对经济的冲击和破坏。

我们去研究政治和经济的关系问题时，一些资本主义国家的历史经验是可以借鉴的。第二次世界大战后的日本、西德、美国、法国、英国等，政治中的阶级斗争、党派斗争一直是很激烈的，政府危机、内阁更迭常常是此起彼伏，像走马灯似的。可是这些国家的经济发展，都是比较稳定的，特别是日本和西德的经济，一直保持着比较好的稳步增长的势头。当然，它们的经济也不时出现危机，但它们的经济危机则是资本主义经济规律作用的结果，多数是由经济原因引起的，如石油危机等，同本国的政治危机常常不是并生的。

资本主义国家，这种政治和经济关系的体制，是经历了二三百年的发展而逐步形成的。研究一下各个国家的政治和经济关系演变的历史是很有意义的。

我们是社会主义国家，我们的政治和经济体制，有资本主义无可比拟的优越性，首先这是值得肯定的。但我们的国家制度毕竟才建立不久，许多方面还不健全、还不完善。我们的政治经济统一，我们党对经济建设的集中领导，有其优越的一面，例如，上述当我们党的路线正确、党内团结统一、民主生活正常的时候，易于调动一切积极因素，易于集中各方面力量，经济发展比较顺利，速度也快；在遇到像解放初期、三年大跃进和“文化大革命”之后，经济十分困难的时候，易于较快地克服困难、扭转危局。但从我们的国家、我们民族今后几十年、几百年的长远发展来看，为了避免政治上的动荡而引起的经济折腾，还是把政治和经济适当分开为好，为此我们应该建立一种既能保证党对经济建设的正确领导，又能使经济按其固有的规律发展的较为完善的政治经济体制。

二　生产力和生产关系

应该承认我们目前的生产关系不适应生产力发展的要求。最突出的表现是，一方面我们有大量的劳动力闲着没有事做（城市还有1000多万待业人口，农村有近1亿的过剩劳动力），而另一方面我们有大量的事没有人去做（我们工厂开工不足，设备利用率很低，有的是70%～80%，有的只有50%，商业、服务业行业很不够，农村的20亿亩土地没有充分利用，特别是还有40亿亩草原没有开发）。劳动力和生产资料没有很好地结合起来，一面是生产不足，另一面是相当多类的产品匮乏。要从根本上解决这些问题，就必须对目前生产关系不适应生产力的状况进行调整。

多年来我们没有正确认识和很好运用生产关系一定要适应生产力性质

这个马克思主义的基本原理，总是片面强调生产关系对生产力的反作用，片面强调在一定条件之下，生产关系起主要的决定的作用，而很少讲生产力的决定作用；片面强调生产关系的不断变革，而很少讲对已经建立的新的生产关系的巩固和充实。而且我们还认为生产关系搞好了，就为生产力的发展开辟了道路，认为首先夺取政权，然后解决所有制问题，再大大发展生产力，这是一般规律。在这种思想指导下，在实际工作中，脱离了生产力水平的发展状况，总是在生产关系上做文章，不断地搞生产关系变革。初级社还未普及、巩固，就搞高级合作社，高级合作社还没巩固，又大搞人民公社化。在城市所有制改造的问题上，也有类似的状况。

长期以来，片面地认为经济组织的规模越大越好，公有的程度越公越好，对待原有经济成分的改造则越快、越彻底越好。主观上企图先形成先进的生产关系，再发展生产力，先促进经济组织的形成，再充实生产力内容。多年来的实践表明，这样建立起来的生产关系，超越了现实生产力的发展状况。这同生产关系落后于生产力发展一样，也不适应生产力的状况，同样起了束缚、阻碍生产力发展的作用。这些年来我们经济生活中出现的种种问题，其主要根源，皆在于此。

马克思主义认为，生产关系必须适合生产力的状况，生产才能顺利地发展。生产关系落后于或超越了生产力的状况，都是不适合的，都会阻碍生产力的顺利发展。我们以往较多地注意生产关系落后于生产力状况而束缚生产力发展的一面，而较少注意生产关系超越了生产力的状况而引发的问题。但30年的历史告诉我们，在社会主义的条件下，体现生产关系的具体的经济组织形式，可以由人们（要是国家政权机关）自觉地选择而建立起来。优越性的一面是，发现了生产关系不适合生产力的矛盾状况，可以比较易于调整（相对于资本主义制度而言）。但另一面却往往会出现体现生产关系的组织形式“超越”了生产力的发展水平。这种情况，在苏联发生过，在我国也发生过。这是社会主义改造和社会主义建设过程中出现的新情况、新问题，应该引起我们的重视，要认真地加以研究。当这种“超越”未出现前要防止它的出现，而当它已经出现时，则要及时地进行调整，使之适合生产力的发展要求。

应该指出，这种“超越”生产力状况的生产关系，不仅和落后于生产力状况的生产关系一样，对生产力的发展起束缚、阻碍的作用，而且在一定条件下，当这种“超越”的生产关系发展得严重的时候，还会对生产力起巨大的破坏作用。1958年的合作化、共产风所引起的三年严重经济困难，就是这种“超越”的生产关系对我国城乡生产力（特别是农村生产力）产生严重破坏作用的结果。这个深刻的历史教训，我们一定要牢牢记取。

1962年的经济调整，从根本上讲，就是解决生产关系不适合生产力的矛盾状况，就是使“超越”的生产关系退回到适合生产力的发展状况，从而给遭到破坏的生产力的重新发展开辟了道路，使经济很快地恢复和发展起来。刘少奇同志当时提出：“工业要退够，农业要退够。”这个“退够”就是要使超越的生产关系退到适合生产力的发展要求。这是完全正确的。可是“文化大革命”期间，却把这个正确的主张批为“右倾”，批为“倒退”，批为复辟资本主义，进行反攻倒算，使极“左”的共产风重又刮了起来。在农村，否定“三级所有，队为基础”的基本制度，侵犯生产队的自主权，搞“穷过渡”，批小生产，没收社员的自留地，禁止搞家庭副业，关闭集市贸易，提出什么“堵资本主义的路”“割资本主义的尾巴”之类的口号，实质是再次剥夺农民。在城市，则片面强调国家对国民经济的集中领导，否认地方和企业的应有权限和经济利益，批判资产阶级法权，否定按劳分配，取消计件工资和奖金，搞平均主义，吃大锅饭，对城市集体所有制搞升级过渡等。所有这些问题，概括起来看，就是经过1962年以后的经济调整已经适合生产力状况的生产关系，重又不适合起来，使生产关系重又“超越”了生产力的状况。不过，这次“超越”，由于有了经验教训的各级干部和亿万劳动群众的抵制，它对于生产力的破坏没有像1958年那样普遍、那样突出就是了。但是应该看到“四人帮”粉碎以后一直到目前为止，经济领域里存在的种种问题，从根本上来说，还是由于林彪、“四人帮”干扰破坏所形成的“超越”了的生产关系不适合生产力状况这个根本原因所引起的。所以，我们现在对于经济的调整改革，首先就要把这种“超越”生产力发展水平的生产关系改变过来，使之适合生产力发展的要求，为受到束缚、阻碍的生产力开辟道路。

总结30年来我们在处理生产力与生产关系这对社会的基本矛盾的时候，有几条经验和教训是应该记取的。

1. 我们要重视研究和正确利用生产关系一定要适合生产力性质的规律。30年的实践证明，凡是我们按照这个规律办事，生产关系适合生产力性质的时候，生产就得到顺利的发展；凡是违背这个规律的要求，生产关系不适合生产力性质的时候，生产就停滞以致倒退。因此，我们要自觉地调整生产关系，使之适合生产力发展的要求，既不能使生产关系落后于生产力，也不能使生产关系“超越”生产力。

2. 我们一定要经常对生产力的发展状况，做深入、具体、周密、细致的调查研究，使我们对每个阶段的社会生产力状况有一个科学的估量和正确的认识，这是我们在社会主义建设过程中，按照生产关系一定要适合生产力发展要求这一规律办事的基本前提。多年来，我们对于我国生产力落后的状况，特别是对于广大农村生产力落后的状况长期估计不足，对于我国各地、各部门的生产力的千差万别的不平衡状况长期估计不足，对于要改变这种落后状况和不平衡状况需要经过长期努力和经过一系列的发展阶段的估计不足。因此，在决定生产关系的变革，在确定生产关系的经济组织形式的时候，往往不能从这个基本实际出发，犯了上述“超越”过头和“一刀切”的错误。

3. 在无产阶级专政条件下，我们对确立什么样的生产关系的具体经济形式有自觉选择的可能。对于这种选择，我们一定要非常慎重、非常慎重！一定要从现实的社会生产力的实际出发，一定要按生产关系必须适合生产力性质的规律办事。而且还要考虑到生产关系具有相对稳定性的特点，切不可主观任意地、频繁地变革生产关系，更不要再犯生产关系“超越”生产力状况的错误。1958年、“文化大革命”的“超越”的错误不能重犯了，当然，我们也不能使生产关系落后于生产力的发展要求。

4. 社会主义生产力的发展有一个过程，有一定的阶段性，与此相应，社会主义的生产关系的确立、完善也要有一个过程，有一定的阶段性。

资本主义的生产关系随着资本主义社会生产力的发展，也曾经有过一系列的发展阶段，例如从手工作坊到工厂，从独资经营企业到股份公司，到垄断企业，到国家垄断资本，到目前的跨国公司。总的资本主义生产关系的基本特性是一致的，但各个发展阶段都有不同的特点。而且这种不同的状况还长期错综复杂地交叉着、并存着，任何一个阶段都不是只有某一种单一的经济形式，这种状况越到后来越明显。

我们社会主义的生产关系，生产资料公有制的生产关系，随着生产力的发展，也会有一系列的发展阶段，集体所有制经济和全民所有制经济本身的状况就是两个不同的社会主义公有制的经济，而它们本身都会有一系列的发展阶段，它们的发展将是阶梯式的，随着社会生产力的发展，会一级一级地由小到大，由初级到高级，自然地、逐步地向前发展，而每级都与当时当地的生产力的状况相适应。抹杀这种生产关系发展的阶段性，人为地去“拔高”、搞“超越”，都会使生产关系同生产力发展不相适应，阻碍生产力的发展。所以那种脱离了实际的生产力水平，笼统地讲集体经济越大越好、公有化程度越高越好的说法是错误的。在目前生产力水平还比较低，特别是农村生产力还很落后，各地区、各部门的发展水平还很不平衡的情况下，应该允许规模较小、公有制度较为初级的经济组织形式存在，而且也应该允许各种不同的公有制形式同时存在，以适应各地区、各部门生产力不同的状况，不要强求一律。

5. 长期以来，林彪、“四人帮”搞极“左”路线，总在生产关系上做文章，使生产关系同生产力状况不相适应，破坏阻碍了生产力的发展。“四人帮”被粉碎了，我们当然要重视发展生产力的问题，但是我们也不能因此就讳言生产关系，不去重视研究解决生产关系的问题。因为目前要发展生产力、解放生产力，首先就要拨乱反正，把林彪、“四人帮”搞的不适合生产力发展的生产关系的状况改变过来，否则，工人、农民和各种劳动者的积极性就调动不起来，生产是难以顺利发展的。现在已经决定要对原有的经济体制、经济结构做彻底的调整改革，从本质上讲，这就是调整改革生产关系，为发展生产力开辟广阔的道路。

三　调整与改革

在经济问题上，现在是人心思改、人心思革。上上下下都感到我们这套经济体制和结构、这套办法是非改不行了。

我们这一套经济体制和结构，基本上是按20世纪50年代苏联斯大林的模式建造起来的，30多年来，也加进了一些我们自己的东西，特别是经过“文化大革命”又打了许多补丁，使我们的体制和结构变得更为集中，更为呆滞，更加不利于发展各方面的积极因素，更加不利于按经济规律办事了。要改、要革，已经逐渐被多数人感到和想到了，已经逐步成为上下一致的呼声了。经济改革的思想条件逐渐趋于成熟。

但为了要进行经济改革，则首先必须进行经济调整。“文化大革命”之后，国民经济的一些基本比例关系失调很严重，先要花一定的时间和力量把积累和消费、工业和农业、重工业和轻工业以及重工业内部等的比例关系调整过来，否则经济改革是难以进行的。不过，调整已为经济改革做了准备，因为只有经济体制和结构改革了，才能从根本上解决经济比例失调的问题。例如，黑龙江自1970年以来就缺电，致使30%的企业和设备长期不能正常生产，每年缺电40亿~50亿度，年年调整，都调不过来。1978年国家各部委下达的森工、机械、造币、制糖、电力、交通等各类基本建设

投资，共18亿元，如果拿这些钱去搞电力建设，一两年就能调整过来。但目前的基本建设投资体制规定，投资由中央各专业部戴帽下达、专款专用，买油的钱不能拿来打醋，18亿元投资中只有1.8亿元是用来进行电力投资的，新建的电厂，还不够新建的各类工厂用的。年年建电厂，年年电不够，老账还不清，新账又欠了。不改革投资体制，这种电力和生产失调的情况就得不到改善。

又如东北三省是我国大豆产地，10多年来大豆产量逐年下降，原来我们是大豆出口国，现在要进口豆油了。前几年强调以粮为纲，是大豆产量减少的一个原因。还有一个重要原因是玉米和大豆的比价不合理。这些年推广杂交玉米，使玉米单产猛增，每亩产量可达800~900斤，而大豆还是老品种，亩产200来斤。玉米每斤0.106元，农民种一亩玉米可得100来元，而差不多的成本和人工种一亩大豆只能得40~50元（每斤0.23元）。所以如果不调整价格政策，光调整玉米和大豆的种植面积是调不过来的。

其他如基建战线太长、清仓查库越查库存越多等老大难问题，不进行经济改革，用老方法调整是调不过来的。如经过改革，流动资金要付利息，超额部分利息要加倍，这些政策一改，仓库里的东西就会出来，许多短线产品就变成长线了。

可见调整是为整个经济改革做准备的，而且也只有进行经济改革，才能调得过来，才能从根本上解决失调的问题，目前，一面抓紧进行调整，一面对那些看准了的、有条件的、可以改的，就要抓紧进行改革，使调整和改革交叉相辅进行。

整个经济改革朝一个什么方向进行，改成一个什么样的经济体制和结构，以及从哪儿入手进行改革，这些都是要集思广益、从长计议的大问题。要在短期内，制定一个经济模式，然后照这个模式去构造。这样做是困难的，也是不现实的。国家可以规定一个大的方向，勾画一个大的轮廓，这是一定要有的，而且也是可以做到的。经过亿万群众的实践，不断充实、不断修正，自然地形成新的经济体制和结构。

我们的经济体制和结构，既不是苏联式的，也不是南斯拉夫式的，更不是匈牙利式的。世界上没有哪个国家实现现代化是完全抄袭别国的。我们要寻求一种既能发挥我国人口众多、地大物博、历史悠久的长处，又能较易克服家底薄、科学文化水平低的短处；既能有计划、按比例地高速度持续发展国民经济，又能较快地提高、改善人民物质文化生活水平的社会主义现代化的经济体制和结构。

我们的体制既能保证中国共产党的统一领导，又能使政治和经济适当分开，使经济体制具有相对独立性，能按照经济规律发展；我们的体制既要坚持生产资料公有制和按劳分配的社会主义原则，又要照顾到各地的经济发展很不平衡的状况，能够调动一切积极因素，特别是要能够充分发挥8亿农民积极性。所以包括所有制在内的生产关系的形式可以多种多样，以最能调动劳动者的积极性的、能够更快地发展生产力为原则，全国不必强求一律；我们的体制要以自力更生为主，但又要争取外援，要引进先进技术和利用外国的资金设备。我们既要建立独立自主的经济体系，又要开展国际贸易往来，建立较为广泛的国际联系，能够吸收各国、各民族的长处。但这种经济联系是有限度的，以不受国际资本主义危机的冲击为原则。总之，我们要同国际资产阶级打交道，要利用它，但一定要防止国际资本的大量掠夺（这是它的本性）。一定要避免巴西、印度、南朝鲜[①]、阿拉伯石油国家的命运。

我们目前以中央各业务部门管理为主的经济体制，是苏联20世纪30年代开始搞工业的办法，这种体制是落后了，弊病很多，不利于社会化大生产，不利于科学技术的应用和发展。现在许多产品不是一个部门、一个学科能够研究、生产出来的，而往往是许多部门、许多学科的综合产品。我们目前的部门是按专业设立的，分工很细，管得很死，互相间界限分明，不利于协作，不利于综合产品的生产。现代化大生产不仅要求冲破部门之间的界限，而且要求冲破一省一市的地区界限，因此以块块为主来组织生产就不行。我们要设想的远一点，要考虑到科学技术继续发展的前景。我们的经济体制应该是以组织好现代化、社会化大生产为目标。参照目前世界经济发达国家的经验，可以组织若干个以一业为主又包括一些为发展这个主要行业所需要的其他行业的专业公司或大联合公司。这种公司在国家统一计划的指导下实行独立的经济核算，自身拥有管理人、财、物、供、产、销的权力，而且还可包括科研、教育等事业。这种公司可以是地区性的，也可以是跨地区乃至全国性的。这种专业公司和联合公司，同类的可以有若干个，以利于开展竞争。这种公司企业可以加速发展生产，促进科学技术的发展，应该成为国家的主要经济组织。国家的整个经济体制和结构应有利于保证和促进这些公司企业的建立和发展。为此还应该相应改变不适应的上层建筑。

---

① 即韩国。——编者注

实行经济改革，是我国的生产关系、经济基础和上层建筑的一场大革命，涉及一切领域，涉及9亿人民的切身利益。改革会遇到各种各样的阻力，这是可以想见的。实行这场经济改革一定要有高度的理论勇气和宏大的实践胆略，要下大的决心，要做充分的舆论准备，要进行充分的调查研究，做出周密的规划和准备。方向要明确、步骤要稳当。要广泛动员全国各阶层的一切积极力量，包括在国外的华侨和华裔，以及争取国际上一切友好的力量。大家一起来献计献策、出智出力，来实现这场决定我国四个现代化进程的经济改革。

四　方针和政策

党的各项方针和政策都是为实现党的路线服务的。我们现在的各项方针和政策，就是要从各个方面，为实现四个现代化的总路线而服务。党的某一项方针是引导某项事业前进的方向和目标。而党的政策则是为了实现某一方针所规定的任务而根据历史条件和当时情况所制定的措施和办法。

30年来实践的经验和教训表明，我们党的一系列方针的实现，需要制定一整套具体的政策、措施为之做保证。如果光是某一领域的方针确立了，即使这个方针是正确的，但没有相应地制定一整套政策，或者虽然制定了政策，但这些政策不对头，那么，这个方针就不可能实现，这个方针所规定的目标就会落空。

多年来，由于政治上的动乱、机构不稳定、干部不稳定等，不少方针虽然制定了，但没有相应的政策做保证，这些方针成了空洞的口号，长期实现不了，使党的事业受到损失，使党在人民群众中的威信受到损失。因此，我们不仅要重视制定好党在各个领域里的各项方针，确定好这些领域（事业）的发展方向和目标（这无疑是十分重要的），而且一定要重视制定好实现这些目标所需要的政策和措施。否则，就像不解决桥或船的问题，过河就是一句空话。

我们在1959年就提出发展国民经济要以农业为基础的方针了，并且又提出安排国民经济要以农、轻、重为序，要把农业放在首位，各行各业要支援农业，等等，这个方针无疑是正确的。但出于各种原因，多年来，我们并没有制定出一整套保证这个方针得以实行的各项具体政策。例如在基本建设投资方面，农业得到的基建的份额不是越来越多，而是越来越少，“一五”时期，国家对农业基建的投资占总投资的7.8%（1956年合作化以前为个体经济，农民的投资未计算在内），“二五”时期为12.3%。在“农业是国民经济的基础”的方针提出后的1963～1965年的调整时期，曾达到18.8%，但“三五”期间降为11.8%，“四五”时期是11.3%，1976年为12.1%，1977年12%，1978年10.7%。1976年我国农业投资为44.27亿元，占总基建投资的12.4%，同年苏联的农业的生产性投资为356.4亿元（比我国多7倍），占国民经济基本建设投资的23.4%。同年罗马尼亚的农业投资占总投资的20.8%。这几个国家，近20年来的农业投资一般都占总投资的20%以上。相比之下，我们虽然提出了以农业为基础的方针，但我们的投资政策并没有体现出来。再如我们的价格政策，农产品价格定得偏低，而工业产品价格偏高，1978年与1957年相比，农产品收购价提高了42%，同期农村工业品的销价下降了2%。但同时工业劳动生产率提高了75%，而农业劳动生产率只提高了15%，所以工农业产品的剪刀差不是缩小而是扩大了，这对于改善农民生活、加快农业发展是很不利的。又如在农、林、水部门工作的干部和工人的工资，在国家的各类职工中是最低的，各种福利待遇也低，如此等等。所以一面我们在宣传上很强调发展国民经济要以农业为基础，要把农业放在首位，而各种具体的实际政策，却并不把农业放在应有的地位，甚至有的是放在末位。结果，在党的十一届三中全会前，空喊了十几年的“以农业为基础”，而农业的发展越来越缓慢，农业越来越落后，农民的生活困苦，在农村工作的干部也不安心农业生产，以致连农业院校也没有多少青年报考，1978～1979年应保送出国的进修生、研究生共3000名，学习农业的只有40人，这不是很不相称的吗？要改变这种状况，要使农业为基础的方针得以贯彻，就要制定一系列相应的政策和措施。

我们是个森林资源不足的国家，解放初期，我们的林业照搬了苏联的以生产原木为中心的经营方针，结果是重采轻育，20世纪50年代，森林面积、蓄积量大幅度减少，植被率下降，生态失去平衡。1962年周总理就指示林业要“越采越多，越采越好，青山常在，永续利用”①。随后林业部门又提出以营林为基础，以造林为中心，采育相结合的指导方针。这套方针是对的，这个转变应该是完全正确的。但是由于经济部门并未制定保证采育相结合的方针实施的政策来，所以问题至今还没有解决。实际上执行的还是重采轻造的政策，例如考核林业部门的8项指标，还是以生产原木为中

① 转引自《为了青山常在》，《人民日报》1979年12月10日，第2版。

心的，向林业部的调拨，水泥、钢材、机械等，还是以每生产万立方米木材为根据的，林业职工的奖金多少也是看完成原木生产的情况的。所以在林业企业，生产原木是硬任务，执行不好要被追究责任，执行好了有奖金，而营林是软任务。结果还是重采轻育，森林在一天天减少，过伐、滥伐的情况到处制止不住，“吃祖宗饭，造子孙孽”的局面改变不了。采育相结合的正确方针成了一句空话。

鉴于世界各国和我们自己的经验教训，中央早就提出了要严格控制大城市的人口和规模，多搞中小城镇的方针。但我们的经济政策，正好是反其道而行之的。例如大城市的工资要比中等城市高，中等城市又比市镇高。大城市的市政建设、文化设施要比中小城镇好。去年又规定了 50 万以上人口的大城市可以从工商利润中扣留 5%，作为市政建设之用，中小城市没有这个特惠。大城市的教育和医疗条件好，国家把最好的设备和最好的师资、医生都集中到这里。大城市的物价反而比中小城市便宜，细粮供应多，副食供应好，而中小城市则无此保证和照顾。由此种种，虽然国家年年三令五申限制京津沪穗等市的人口，人们还是拼命向天津、南京、上海、北京挤！这不能怪群众，主要是经济政策不当造成的（黑龙江省委反映，由于这些实际情况，他们仅有的少数研究员、教授，哈尔滨也留不住，也在向京沪活动）。

另外，还由于电力、水源、运输、科研、协作等，许多工厂企业也都往大城市里挤，致使大城市越滚越大，国家的负担越来越重。而且上述倾向还在继续发展。

我国的城市人口占总人口的比例并不大，只有 8%，大大低于工业发达国家，但百万人口以上的大城市的数量和 50 万人口以上的大城市的人口在城市人口中的比重在全世界都居首位。如美国、苏联、日本的大城市人口在城市人口中的比重都在 20% ~30%，而我国达 60% 还多。江苏省 70% 的城市人口集中在南京、无锡、苏州、常州、镇江 5 个市里。而辽宁则有 75% 以上的城市人口集中在沈阳、旅大①、鞍山、抚顺、本溪 5 个市。全国 13 个百万人口以上的特大城市的工业产值占全国的一半。

大城市人口和工业如此高度集中，使城市规模不断膨胀，使城市的交通运输、供水、供电、副食供应、公用设施、环境保护、教育、卫生、社会治安等问题日益严重，现在是到了要解决的时候了。解决的出路不仅要

① 1981 年 2 月经国务院批准更名为大连市。——编者注

重申“多搞中小城镇”的方针，更主要的是要制定能使这个方针得以实行的具体政策，尤其是经济政策。

总结30年的经验教训，我们在各项工作中不仅要善于制定各项事业的正确方针，而且要同时制定保证这条方针得以实行的一整套具体政策。在这方面，结合得好的例证也是有的。如毛主席在1970年提出了“深挖洞”的指示，不久有关部门就制定了执行这个方针的具体政策。国家规定全国基建投资的1%，各地上缴利润中的6%，还有本地基建经费的6%，用作“深挖洞”人防工事的经费，材料也由物资部门按上述标准拨给，而且各级部门都成立了执行这个任务的机构，还规定了各机关、企业的任务，等等。这从机构设置、经费、物资来源等经济政策上解决了问题，所以，各地有不少人对同步挖洞意见很大，提出不如多搞些地上的住宅建设等意见，但各地的工程还是照样在进行。

由此可以总结一条，要想使正确的方针得以贯彻实施，就一定要制定相应的实施这条方针的政策。光宣讲方针是不够的。

五　生产消费和生活消费

据有关部门统计，我国从1950年到1978年的工农业总产值，每年平均增长9.5%，国民收入每年平均增长7.3%，这个速度是相当快了，在全世界也名列前茅。但是很长时间以来，我们在经济方面总感到很紧张，缺这少那，特别是在人民生活方面，收入增长缓慢，衣食住行都感到困难。从1957年到1978年，名义工资平均每人每年增长0.2%，但因为物价上涨得更多，职工的平均工资实际是下降的。

工农业生产发展了，国民收入也增加了，不是说社会主义生产的目的是满足社会的物质文化生活的需要吗？为什么生产越发展，生活水平反而下降了呢？工人、农民、知识分子创造的财富哪儿去了？有人认为，这是积累消费比例失调，积累太多，基建太多的缘故。这当然是重要的原因之一，1970年以后每年积累在30%以上，1978年积累比例达36%。像我们国家目前的经济水平，积累率还是恢复到“一五”期间的25%左右为宜。但这还不是根本原因，不能说积累率超过30%就不合适，如日本多年来积累率就高达30%，而日本20多年来，职工实际收入每年增长5.6%，这不仅没有影响日本职工的实际收入增长，反而成了职工收入增长的保证。

应该说，我们经济困难的原因是多方面的，患的是综合征、并发症。

治理要从多方着手，其中重要的毛病之一是生产消费太多，生活消费太少，也就是生产消费和生活消费的比例失调。

马克思主义认为，消费有两种，一种是生产消费，另一种是生活消费。生产消费，也即“生产资料的消费，生产资料被使用、被消耗，一部分（如在燃烧中）重新分解为一般元素。原料的消费也是这样，原料不再保持自己的自然形状和特性，这种自然形状和特性倒是消耗掉了。……称作生产的消费。……但是，提出生产的消费这个规定，只是为了把与生产同一的消费跟原来意义上的消费区别开来，后面这种消费被理解为起消灭作用的与生产相对的对立面”。后面这种消费指的就是生活资料的消费，例如，“吃喝是消费形式之一，人吃喝就生产自己的身体”①。

一个国家生产的产品，或者通过生产消费，或者通过生活消费而消耗。我国目前的经济结构、经济管理不合理，所以与发达国家比较起来，我们的生产消费过多，而生活消费过少，有许多财富在生产、流通过程中被浪费掉了。没有获得用最少的消耗取得最大效用的经济成果，这就是我们多年来人民实际生活提不高的一个重要原因。

例如，我们的能源消耗很大。据调查，1978 年世界能源消耗的状况是这样的（见表 1）。

表 1　1978 年世界能源消耗状况

项目	中国	美国	苏联	日本	西德	英国	法国
每 1 亿美元产值消耗标准燃料（万吨）	31.00	14.80	13.40	7.50	7.55	13.00	7.00
中国为别国消耗水平的比例（%）	100	209	231	413	411	238	443

1978 年，日本消耗的能源同中国相差不多，但日本当年的产值比我国高 4 倍。也就是说，我们的煤、油的利用率要比日本低 4 倍。1978 年，我国重点钢铁企业炼一吨钢要消耗 1400 公斤标准煤，而日本只要 800 公斤。我国生产 3178 万吨钢，多消耗了 2670 万吨煤。以每吨 30 元计，共 8.01 亿元。当年全部钢铁工人为 250 万人，如果能达到日本的消耗标准，就可少消耗 8 亿元的煤，用来增加钢铁工人工资，每人可增加 321 元，约等于把现在每人的平均工资提高 50% 以上。如果把铁矿石等原料和辅料的消耗降下来，降到先进水平，减少生产性消费，那么钢铁业职工仅此一项就可使工资成

① 马克思：《〈政治经济学批判〉导言》，载《马克思恩格斯选集》第二卷，北京：人民出版社，1972 年 5 月，第 93 页。

倍地增加，使生活性消费大大增加。

1979 年，黑龙江省通过清产核资、清仓利库发现全省 13 个地市、14 个工业局所属各厂矿由于瞎指挥、乱生产、粗制滥造、产品报废、原材料霉烂、丢失等，固定资金损失 5.5 亿元，流动资金损失 3.35 亿元，全省共计损失 8.85 亿元。而当年全省 463 万名职工，工资总额才 33.2 亿元，如果改善经营管理，减少生产性消费和流通中的消费，避免上述损失，就可使每个职工增加 188 元工资，即增加 25%。

其他地区、其他行业也有类似的情况。例如我国的机械行业，钢材利用率只有 50% ~60%，而国外先进水平是 80%。我国的木材利用率只有 50%，国外的先进水平是 80% ~90%。而我国的杭州市由于采取了合理的经济措施，木材利用率达到 90%。农业上的生产性消费也在逐年增多。1957 年人民公社的总收入为 367 亿元，生产费用为 92 亿元，占总收入的 25.1%；1974 年总收入为 909 亿元，生产费用为 274 亿元，占 30.1%；1978 年总收入为 1100 亿元，生产费用为 358 亿元，占 32.5%。农业的生产性消费无论是绝对数还是相对数都在增长。

在一个国家的整个生产过程中，生产性消费的比例大了，工农业生产总值中的纯产值的比例就要下降，也就是可供社会积累和消费的国民收入的比例下降。1957 年我国工农业生产总值为 1398 亿元（按 1950 年不变的价格，下同），国民收入为 944 元，占 67.5%；1975 年工农业生产总值为 4504 亿元，国民收入为 2513 亿元，占 55.8%；1978 年工农业生产总值为 5960 亿元，国民收入为 3011 亿元，只占 50.5%。如果 1978 年的国民收入在工农业生产总值中的比重达到 1957 年的水平，那么 1978 年就该有 4023 亿元的国民收入，要比实有的多 1012 亿元。相差了如此大的一个数目，我们的积累和消费自然都要紧张了。

生产性消费过多的原因是多方面的，有机器设备落后陈旧，有科学技术、工艺水平低，有经济结构不合理、经营管理不善等原因；还与生活消费太低，职工在生产过程中，不甚关心劳动成果有关系。日本 20 世纪 50 年代在铁路行业中有这样一个制度，规定机车运行某一区段消耗煤炭的定额，当机车安全正点到达目的地后，煤炭马上过磅，定额以内节余的煤炭，完全归司机和司炉所得（折价）。这样的激励办法，工人当然会千方百计地节约了。我们的火车司机、汽车司机，有的搞了节约燃料奖，有的则还没有，没有的地方和单位，消耗燃料就比实行奖励的单位多得多。

我们要千方百计地努力降低生产性消费，提高经济效率，拿其中节约

的部分来提高生活性消费。降低生产性消费，提高生活消费，二者存在着一定的联系。我们要通过调整和改革，使职工在生产过程中发挥主人翁的作用，采取具体政策加强经营管理，降低生产性消费，以提高职工的生活消费。

六　富国和强兵

是富国强兵还是强兵富国？在中国历史上大多数情况下，都是走先富国后强兵的道路，只有在外族入侵或者在国家安全受到严重威胁的情况下，才把强兵放到首位。

先富国后强兵的战略方针，毛主席在《论十大关系》中就已经明确提出来了。毛主席说："我们一定要加强国防，因此，一定要首先加强经济建设。""你是真正想要、十分想要，你就降低军政费用的比重，多搞经济建设。你不是真正想要、十分想要，你就还是按老章程办事。"① 在第一个五年计划期间，军政费用占国家预算全部支出的30%，毛主席提出，在第二个五年计划期间要降到20%左右。

但是，从1959年林彪主持军委工作以后，就开始制造紧张气氛，以致叫喊起"要准备好早打、大打、明天就打"的口号，一喊就喊了十多年，误了多少事！军费一直降不下来。"一五"时期军费开支为国家预算的22.9%，"二五"时期降到12%，1963年至1965年提高到18.5%，"三五"时期为21.8%，"四五"时期为19%，1978年为16.6%，1979年为18%。从1950年到1979年，我国国防开支占国家预算总开支的18.6%，加上行政费用，除"一五"期间外一直在25%以上，有时还超过30%，所以毛主席在《论十大关系》中提出的战略方针并没有得到实施。考虑到我们除了直接的军费开支外，还有一个庞大的军工系统和军事科研单位的开支，我们的国防开支是很大的。美国国会联合经济委员会于1974年估计我国的军费开支约占国民生产总值的10%，而同年美国、苏联只有6%，法国是3%，日本为0.9%，世界上除了以色列，在一些主要国家中，我国的军费开支在国民生产总值中所占的比重是最大的。另外在"三五""四五"期间，出于备战的考虑，我们把40%以上的基本建设投资都放在三线建设上（"三五"期间三线建设投资总额为482.43亿元，"四五"期间为690.98亿元，两期共计为1173.41亿元）。出于种种原因，这样一笔庞大的资金浪费很多，未

① 《毛泽东选集》第五卷，北京：人民出版社，1977年4月，第272页。

达到应有的国防和经济支出的效果，这对国民经济发展的消极影响也很大。

所以，我们在进行经济建设的时候，对于国际形势、对于战争一定要有一个恰如其分的分析，我们既不能丧失警惕，也不能上帝国主义（如当年杜勒斯之流）的当。“国防不可不有”，但对国际形势估计得过于紧张，把过多的力量放在国防上，就会使我们在经济建设的总方针上犯战略性的错误，错失良机，贻误、延缓我们经济建设的速度。

日本经济为什么发展得如此迅速，军费负担轻是一个很重要的因素。我们当然不能像日本那样靠人家的保护来搞经济建设，但我们对国际战争问题做出正确的判断，抓住时机，把军费适当降低一些，把更多的资金用到经济建设上，加快经济发展的速度，是有可能的。

加快了经济现代化的速度，也就为加快国防现代化准备了条件。当今世界，像我们这样一个大国要实现国防现代化，靠购买现成的武器系统显然是不行的，只有靠本国的工业现代化和科技现代化来实现。所以还是要实行毛主席20多年前提出的“我们一定要加强国防，因此，一定要首先加强经济建设”的指示，也就是要实行“先富国后强兵”的战略方针。

富国和强兵并驾齐驱行不行？30年来的实践证明，这样做的效果不好。由于我们的国力有限，要同时挑富国和强兵两副担子，迈不开步。结果是国富得慢，兵也强得慢。有同志估计，我们现在军队的装备，陆军是20世纪60年代、空军是50年代、海军是40年代的水平。之所以这样，除了林彪、“四人帮”的干扰，主要原因还是我们的工业、科技不发达，提供不了现代化的装备。据有关部门统计，从1950年到1979年，全国的基本建设总投资为6100亿元，占国家总预算开支的39.4%；同期全国的国防经费开支为2896亿元，占国家总预算开支的18.6%（基建总投资中还包括军事工业和军事科研的经费）。据统计，1952~1978年国防工业和国防科研累计投资达393.72亿元，占国民经济各部门投资总额的6.5%，占工业部门投资总额的11%。如果我们按照毛主席在《论十大关系》中提出的设想，把军政开支降到国家预算开支的20%，像“二五”时期那样，军费降到12%，那么就可节省929亿元来搞经济建设，这大约相当于30年中国家对农业基本建设的全部投资（1952~1978年国家对农业的基本建设总投资为714.89亿元），或相当于30年中国家对轻工业全部投资的2倍（1952~1978年国家对轻工业的基本建设投资额为324.91亿元）。拿这笔资金投到农业、轻工业上，我们的农业和轻工业面貌就会大大改观了。

总结30年的经验和教训，重要的一条就是要处理好富国和强兵的关系，

要走先富国后强兵的道路。我们在制定四个现代化的长远规划的时候，要把这个关系处理好，要对战争的形势做出正确的分析和估计，在这个基础上来确定我们的经济方针和经济措施。

毛主席和周总理生前为我们准备好了一个非常有利的国际环境。目前的国际形势对我们是有利的，我们能否做出一个安排，利用这个好时机，争取在20世纪80年代大大扩充发展我们的经济实力。在军事上则主要搞整顿、搞训练、搞精兵主义，在军事工业上则集中力量搞科研、搞试制，为军事工业过渡到20世纪80年代、90年代做准备。

可以有两种方案：一个办法是缩减经费，以便把财力、物力、人力用到经济建设、科学文化的建设上去；还有一个办法是让军队、军事工业担负经济文化建设的任务。例如，可以像20世纪50年代那样，让一部分军队成编制地转到工业、交通基本建设战线去，承担国家经济建设的任务；也可以利用一部分军队的营房和干部队伍，开办学校，为国家培养、训练经济建设干部，承担文化教育的任务。

七　工人和农民

我们是无产阶级专政的国家，城市、工厂多数是全民所有制，农村则是集体所有制。所以我们讲工农关系、城乡关系，实质上就是国家同农民的关系。

总结30年的经验和教训，我们在处理国家同农民的关系问题上，有几点值得研究。

1. 农民越来越多，农业劳动力大量过剩

世界各经济发达国家，在工业化过程中，都有一个使劳动力从生产率较低的农业部门向生产率较高的工业部门转移的过程，而且一般还是遇到了劳动力不足的问题。如美国工业化过程中不仅是大量农民进入城市，而且每年有大量外侨进入美国就业。我们在工业化过程中，遇到的新课题之一是农民在总人口中的比例反而越来越大（见表2）。

表2　1949～1977年农业、农村人口及其在总人口中的比例

单位：万人，%

年份	全国总人口	农业人口	在总人口中比重	农村人口	在总人口中比重
1949	54167	44726	82.6	48402	89.4

续表

年份	全国总人口	农业人口	在总人口中比重	农村人口	在总人口中比重
1952	57482	49191	85.6	50319	87.5
1957	64653	54035	83.6	54704	84.6
1959	66717	53249	79.8	54439	81.6
1960	66207	52477	79.3	53134	80.3
1962	67295	56024	83.3	55636	82.7
1966	74266	62262	83.8	64301	86.6
1972	86727	73545	84.8	76103	87.8
1977	94524	80280	84.9	83029	87.8

资料来源：参见国家统计局编《中华人民共和国国民经济统计提要》（1949～1979）（征求意见稿），第9页；国家统计局编《统计提要·1992》，第121～122页。——编者注

从表2可以看到，我国在“一五”期间和“二五”期间，农业人口的比例是逐年下降的，但在三年自然灾害后，农村人口的绝对数和相对数都逐步增加。至今，我们的农业人口已占总人口的85%，农村人口占全国人口的87.8%。我们目前的人口自然增长率是12.5‰，按非农业人口7‰的自然增长率计，每年纯增约100万人；农村按12‰的自然增长率计，每年增长约900万人。按现在的建设规模和就业结构（城里人在城里就业，农业人口在农村安排），我们的农村人口还会增多，农业人口在总人口中的比重还会增大。这是个难题，我国现在有1.2亿城市人口，我们目前的农业负担已经很吃力，但我们搞四个现代化，总不能越化农民越多吧！而且据统计，1952年我国有耕地16.1亿亩，每农业人口3.29亩，每农业劳动力9.35亩。而1977年，只有耕地14.8亿亩，每农业人口1.85亩，每农业劳动力只有5.09亩，比1952年下降了45%，耕地越来越少，农业劳动力越来越多，1977年农业劳动力有29267万人（占全部劳动力的75.7%），这个就业结构是很不合理的①，我们应该逐步改变这种状况。

2. 对农业的社会主义改造要求太急、步子太快

党的过渡时期的总路线和总任务规定，从1953年开始，用10～15年或更多的时间，完成对农业的社会主义改造。1955年以前的步子比较稳妥，到年底统计，参加高级社的农户才4%，但从1955年下半年开始，步子加

① 国家统计局编《中华人民共和国国民经济统计提要》（1949～1979）（征求意见稿），第12、9、62、25页。

快了，只用了一年半的时间，就跳跃式地完成了合作化。1956年底入高级社农户达96.3%。有人以为，这是广大农民蕴藏的极大的社会主义积极性迸发出来的结果，认为是社会主义的巨大胜利。后来人们还总结说，这是“趁热打铁”，趁土改后，农民对土地的个体所有制的认识还未十分牢固时，搞社会主义改造比较容易。人们认为经济越落后，从资本主义过渡到社会主义越容易，而不是越困难，人越穷，越要革命。这就是后来概括的“穷过渡”，越穷越容易过渡，这是早就有了指导思想的。

结果怎样呢？实践是最无情的，1956年合作化，1957年农业就减产（据国家统计局的统计，1956年粮食总产3854亿斤，1957年粮食总产3900亿斤，据计算，农业局的前负责人最近讲，实际只有3840亿斤，为了表示合作化的胜利，在各省上报的数字上加了60亿斤）；大牲畜从8773万头下降到8382万头。这两者在解放后都是直线上升的，1957年是第一次下降。1957年全国各地出现了部分农民要求退社的问题，对此我们没有做认真的分析研究，就笼统地以富裕中农自发资本主义势力反抗社会主义为由，用政治和行政的手段压了下去。

规律往往要几经反复，才能被人认识。1957年的实践还不足以使人就此认识真理。对1957年的实践提出的问题，有人做了不正确的理解，没有认识到合作化的步子已经快了，应该就此止步，停下来整顿巩固，反而认为步子小了，所以1958年又来了个公社化。有人说，当时应该是踩刹车的，结果踩了油门，步子更大了。几个月之间，全国农村在所有制方面又搞了一次革命，“一大二公”，把社员的自留地、家庭副业等，都转为公有，还办了公共食堂，真的吃起大锅饭来了。并且还设想三四年或五六年就能够过渡到全民所有制。一时间，以为共产主义就在眼前似的。在生产关系问题上，如此主观、任意地变动，遭到了农民的抵制，很多人消极怠工，农业生产受到巨大的破坏，这是三年困难的主要根源。1961年以后退到了“三级所有，队为基础”，以生产队为基本核算单位，形式上退到了初级社的规模。农民接受了，生产逐渐恢复起来。但在理论上并未批判“左倾”冒进的错误，所以“文化大革命”中又死灰复燃，不少地区又搞“穷过渡”，割资本主义尾巴，没收自留地，关闭集市贸易，不准搞家庭副业。还是搞“一大二公”，农民只剩两只手，只得以消极怠工抵制，结果又把国民经济拖到了崩溃的边缘。

总结30年来的经验教训，回过头来看，一是集体化的步伐太快，要求太急，煮了夹生饭，如果按原来部署，先互助社，再初级社，再高级合作社，一步步走，一个阶梯一个阶梯地上，会好得多；二是忽视了各地农村生产力水平的千差万别，在生产关系上要求整齐划一，全国齐步走。我们960万平方公里的土地上，各地农村土地多寡不同，肥沃贫瘠不同；山区、平原不同，交通条件不同，农民的文化水平不同，传统的耕作制度不同；等等。几亿农民处在很不相同的生产力水平条件下，但我们在合作化问题上，却忽视了这种本质差异，在全国基本上同时实行一种生产关系，一起搞合作化、公社化，后来又一起搞“三级所有，队为基础”，显然有适合的，也有不适合的。生产关系适合当地生产力水平，生产就上去了。有些则不适合，成了生产力发展的障碍。为什么合作化20多年了，有相当多的社队，老是处于贫穷的境地，党和政府想了很多办法，花了很多力气，总是改造不过来，基本的一条，就是这些地方的生产关系不适应生产力的发展要求。这一条不改，这些穷队的社员积极性起不来，这里的落后面貌改不了。现在大家在讲工作上不能一刀切，而我们在农村生产关系这个根本问题上，却犯了一刀切的错误。

3. 农民负担过重，国家向农民取得过多，给得过少

长期以来，我们对农业生产力的落后情况估计不足，实际上也就是对我们的国力的落后情况估计不足，在这个基础上，提出了实现工业化、现代化过快过高的要求。在第一个五年计划开始的时候，就出现了粮食和棉花等工业原料不足的问题，所以1953年冬就实行对粮食的统购统销，1954年实行了对棉花统购和棉布、食油的统购统销。而1954年就多购了过头粮，弄的“人人谈粮食，户户谈统销”。可以说农民对我们有意见，是从此时开始的。1955年少购了70亿斤，缓和了一下矛盾，但问题并未就此解决，1956年实现了合作化，1958年实现了公社化后，粮食和农产品的实际所有者、掌握者，从个体农民改变为政社合一的各级政府，即公社、大队和生产队，国家已经不是直接向农民征购，反而是国家通过各级政府向农民分配口粮。这样，矛盾就被掩盖了起来。多年来中央三令五申绝对禁止购过头粮，而实际上购过头粮的情况年年都在各地发生。据调查，甘肃省从1966年到1976年的11年间，除1975年之外，全省农民的口粮平均都在每人每年300斤以下，有些地区只有100多斤，但统购任务还是“完成”的。1976年全国有1.4亿农民口粮不足，所以说，我们是勒紧裤带搞建设，这是实实在在的情况。

统够了粮棉油之外，以后又实行了对糖料、麻类、生猪、禽蛋等的派购。粮食和农产品越少越要统，而越统这些东西就越不够，处于这样一个

恶性的循环之中。

农民生活最好的时候是在1956年，当年农民口粮平均是410斤，1957年降到406斤，三年困难时期降得更多，饿死了不少农民，1966年恢复到373斤，直到1976年还只有405斤，而且这个水平还是靠进口粮食才达到的。我们从1961年起，一直在进口粮食。

说农民负担重，还表现在农民通过剪刀差的方式向国家做的贡献。1978年与1950年相比，农副产品收购价格提高了107.3%，而同期农用工业品零售价只提高了9.8%，从形式上看工农业产品交换的差价缩小了47%，但同期工业劳动生产率提高了234.2%，而农业劳动生产率只提高了7%（工人劳动力从1950年的3316元/人·年，提高到11085元/人·年，而农业却只从463元/人·年，提高到495元/人·年）。将上述价格和价值两方面的变化进行综合计算，由于工农业劳动生产率提高速度的差异，所以工农业产品交换的差价实际上是扩大了。据农业部杨承志同志估算，30年来，农民向国家贡献了6000多亿元，其中以农业税形式缴纳的只有1000多亿元(1978年是37亿元)，很大部分则是以剪刀差的形式贡献的。30年来，国家在农业上用的资金为1300亿元，其中70%用在水利建设上。

总的情况是国家向农民要的多，给的少，致使30年来工农差别、城乡差别不见缩小，而是扩大了。据国家统计局统计，1978年与1952年相比，全国城乡人民的消费水平由平均每人每年76元增加到175元，增长了130%；职工的消费水平由148元增加到387元，增长了161.5%；农民的消费水平由62元增加到131元，增长了111.3%。原来每个城市人口比农村人口消费水平高138%，1978年则高出195%，差距扩大了。[①] 1949年全国消费品销售额为133.8亿元，1977年为1152.9亿元，比1949年增长了7.6倍，平均每年增长7.5%；同期农村消费品零售额则从77.9亿元增加到1977年的486.4亿元，只增长了5.24倍，平均每年增长6.1%。农村消费品购买额在全国消费品零售额中的比重由1949年的58.2%下降到42.2%。1977年农村人口占全国总人口的87.8%，但他们在全国消费品零售总额中只占42.2%，这个问题无论是从工农差别、城乡差别，还是工业化需要农村市场等角度来看，都是我们要重视解决的问题。

4. 轻徭薄赋，休养生息

纵观中国封建社会的历史，自汉、唐，迄于明清，每个新王朝建立后

① 国家统计局编《中华人民共和国国民经济统计提要》(1949～1979)(征求意见稿)，第347页。

的前期，一般都出现过一个经济繁荣的时期，如汉代的“天下殷富，人民乐业”①、唐代的“民物蕃息，马牛被野”②、明朝时期的“宇内富庶”“赋入盈羡”“百姓充实，府库衍溢”③。究其古文，这种经济繁荣局面的出现，都是新皇朝吸取农民起义的教训，对农民采取各种各样的让步政策，在对待农民的问题上采取“休养生息”“轻徭薄赋”政策的结果。这种改革对处于重赋、重税和备受战乱之苦的农民来说是易于接受的，客观上也符合生产力发展的要求，起到了巩固政权、安定社会的积极作用。

新中国成立30年，实行了土地改革，搞了社会主义，人民当家做主，现在应有一个农业生产大大发展的好局面。为什么农业生产只持续增长了7年？为什么从1957年以后就发展缓慢，粮食和副食等供应长期紧张，以致弄到8亿人搞饭吃还不够，还要靠进口粮食呢？

总结30年的经验教训，对照历史上的经验教训看，我们在处理同农民的关系上有两点要记取。一是我们对农民的社会主义改造要求太快、太急，所有制关系变动太频繁，使农民长期处于不安定状态。把各种生产门路都堵死了，对农民卡得太紧、太严，压抑了农民的生产积极性，8亿农民的潜力、20亿亩土地的潜力，远远没有发挥出来。二是我们对农民取得过多，使之无力更生（有的地方连简单再生产都维持不了），这同样打击了农民的生产积极性。农民没有发展生产的积极性，农业是无论如何搞不好的。这两条正好与前人用过的“轻徭薄赋”“休养生息”的政策相悖。

据此，我们在处理同农民关系的问题上，有两条是要注意的。第一，在坚持党的领导、坚持无产阶级专政的条件下，要继续扩大社队和农民的自主权，在生产关系问题上要允许多种形式，只要坚持生产资料公有、按劳分配两个原则，当地农民愿意采取何种形式就实行何种形式，以能够增产增收为标准。要开放农村，广开生产门路，调动一切积极性把农业生产搞上去，把8亿农民、20亿亩土地的潜力充分发挥出来。第二，要继续减轻农民负担，继续有计划地缩小工农业产品的剪刀差，千方百计地让农民富庶起来。8亿农民不殷富，中国是富不起来的。8亿农民没有搞“四化”的积极性，“四化”是实现不了的。

---

① 《汉书·食货志》

② 《新唐书·食货志》

③ 《明史·食货志》

八 治“穷”和治“白”

毛主席把我国经济文化落后的状况概括为“一穷二白”四个字，他说：“我们一为‘穷’，二为‘白’。‘穷’，就是没有多少工业，农业也不发达。‘白’，就是一张白纸，文化水平、科学水平都不高。”① “穷”和“白”是我们在新长征中要搬掉的两座大山。我们既要治“穷”，也要治“白”。

“穷”，经济落后是我们各方面落后的根源；“白”，文化落后则是经济落后的表现。我们当然要重视治“穷”，解决经济落后的问题，但我们同时要重视治“白”，重视提高文化水平、科学水平。时至20世纪末，世界的文化、科学日益昌盛。科学是生产力，科学文化在发展经济中的作用日益显著，我们要把提高文化、科学水平作为加速解决经济落后问题的重要手段，以实现加速经济的发展。从更长远的观点来看，提高全民族的科学文化水平，满足人民日益增长的对于精神文化的需要，同样也是我们的目的。

日本在明治维新时，确立了富国强兵、殖产兴业和文明开化为立国的三大方针，100多年来，日本全国重视教育，大办教育，他们自称是“教育立国”，在教育方面做了大量的工作，对后来的经济高速发展是起了重大作用的，这个经验很值得我们借鉴。

总结30年的经验教训，我们的教训之一是比较重视治“穷”，而不大重视治“白”，没有处理好治“穷”和治“白”的关系。我们没有十分重视教育，没有重视“开发智力”，没有做到协调经济建设和教育建设的关系。有些同志认为，教育仅是上层建筑，对教育在“四化”中的战略地位缺乏正确的认识，在思想上不重视文化教育事业，长期没有把教育放在应有的地位。我国的文教科研经费“一五”期间为107亿元，占国家预算支出7.82%；“二五”期间上升为191亿元，占8.39%；1963~1965年调整期间为191亿元，占10.71%；但到“三五”期间降到8.82%；“四五”期间再降到8.68%；1976~1979年上升到10.49%。30年来我们在文教、卫生、科研方面的总经费共1424亿元，占30年来预算总开支的9.17%，大约只有30年来国防经费开支（2896亿元）的一半。

单就教育经费而言，1950~1977年，我国教育经费支出占国家预算开

① 毛泽东：《论十大关系》，载《毛泽东选集》第五卷，北京：人民出版社，1977年4月，第288页。

支（不包括基本建设投资）的 9.41%，1978 年为 9.95%，1979 年为 8.99%，一直停留在不足 10% 的水平上。而近十余年来世界各国教育经费是普遍剧增的，如日本教育经费在国家预算支出中的比重由 1965 年的 34.88% 提高到 1971 年的 39.16%，美国由 29.77% 提高到 33.49%，西德由 24.2% 提高到 34.78%。1971 年苏联的教育经费在国家预算的支出中的比例也达 13.1%，印度为 20.80%。我国还不到印度的 1/2。如以绝对数相比则相差更为悬殊，1978 年我国教育经费每人平均 7.3 元，同年，英国为 366 元、意大利为 350 元、荷兰为 1260 元。

如此不重视文化教育，其后果是严重的。新中国成立 30 年，小学还未普及，全国小学生入学率只有 90%，小学毕业的只有 60%，真正达到小学毕业程度的只有 30%。全国至今还有 1.5 亿文盲，占总人口的 16%，有些少数民族和深山偏僻地区文盲率有超过 50% 的。在一个文盲如此众多的国家里，要搞“四化”是很难想象的。我国的高等教育更是落后，1978 年美国每万人中的大学生有 454 人，苏联有 185 人，法国有 141 人，西德有 117 人，英国有 112 人，印度有 25 人，越南有 17 人，而我国只有 9 人。高等教育落后，已经导致人才奇缺，直接影响到经济建设。最近小平同志说：“我们国家面临的一个危机，不是涨价，不是四个现代化的路线、方针不对，真正的危机是缺少一大批实现这个路线、方针的人才。”①

现在已经是到了要彻底改变这种教育和科研事业落后状况的时候了。要正确处理好治“穷”和治“白”的关系，处理好经济建设和发展教育事业的关系，我们如果真想把经济建设、“四化”建设搞得快一些，那就应当把教育事业摆到应有的地位，就要给文教、科研事业多投点资，真正把教育事业看成是一个特殊的生产部门来对待。

多年来，我们吃的轻视文化教育事业的亏是很大的。我们一方面不肯在教育方面进行投资，另一方面却由于教育落后而在大量浪费国家的财富。例如，我们搞农业机械化已经 20 多年了，农用拖拉机大中小型的有 55 万台，手扶拖拉机已超过 137 万台，全国各类农机手超过 1000 万人，但是我们至今没有办几个训练拖拉机手和农机手的农机学校，全国 2000 多个县，大部分没有农机学校。拖拉机手，一部分是采用师傅带徒弟的办法培养的，另一部分是无师自通的。我调查过一些县，这方面的问题是很严重的。法

① 参见《邓小平文选》（第二卷），北京：人民出版社，1983 年 7 月第 1 版，第 193 页。——编者注

库县的农机局局长告诉我：国家不办农机学校，农民只好自己培养，但代价太大了。一个大队辛辛苦苦花 1 万元钱买一台拖拉机，派几个青年去摆弄，就在新车上边干边学，一两年后，这几个青年会开拖拉机了，机器本身也折腾得差不多要大修，或者是要报废了！为什么我们的拖拉机趴窝的这么多？为什么拖拉机发生的机毁人亡的事故这么多？这同不办农机学校是很有关系的。据 1977 年统计，当年有各种拖拉机 155 万台，拖拉机手 265.7 万人，其中无证驾驶的占 1/3。1975～1977 年三年间，发生农机重大事故 179800 起，严重损坏农机 58237 台，重伤 46995 人，死亡 24987 人，总损失在 10 亿元以上。这个代价太大了。

教训之二是多年来我们对知识分子的政策不恰当。有些同志常常把知识分子看作统战对象，解放后自己办的学校，自己培养的大学生，也不相信，还认为是由学校培养的不可靠。还说，最聪明、最有才能的是最有实践经验的战士，不承认学校教育的作用。总的说来，解放后知识分子的社会地位是降低了。特别是中小学教员，解放后他们的政治待遇、经济待遇都低。在“文化大革命”中，知识分子被打成“臭老九”，冲击、侮辱、迫害知识分子，骇人听闻，此事发生在 20 世纪的 60～70 年代，这应该说是我们民族的奇耻大辱了。

粉碎了“四人帮”，我们党落实了知识分子政策，有了根本的改变。但是，多年来在知识分子问题上的极“左”路线一时不容易解决，还要继续做工作。我们在政治上要提高知识分子的社会地位，在政治上关心知识分子、信任知识分子，大胆地重用知识分子。苏联把知识分子和工人、农民并提，有一定道理，这个经验是可以借鉴的。在经济上也要关心知识分子的物质生活，适当提高他们的待遇，现在的中年知识分子物质生活还不如与他们同等年龄的工人，这种情况亟待改变。要在实际生活中改变“读书吃亏论”的思想。鼓励青年人读书、学习、上进，提高全民族的科学文化水平。未来的经济发展，科学这个生产力因素会起越来越重要的作用。有人已提出了生产的基本因素是人的智力，能源、物质等因素只起制约作用，而随着智能的增长，这些制约作用会缩小。这种见解有一定道理。我们一定要从现在起就十分重视科学，十分重视教育和对知识分子的培养，否则，我们的民族是要吃大亏的。

九　真和假

20 多年来，我们吃够了说假话、浮夸风的苦头，为此付出了惨重的代价。1959年4月，毛泽东同志亲自给全党写信，提出了“讲真话”“假话一定不可讲”① 的口号。以后中央三令五申要实事求是，要讲真话。但是时至今日，我们的经济生活中的一些基本数据，有几项是确切的？例如我国现在到底有多少人口？到底有多少耕地？一年到底生产多少粮食？在这些方面“没有一个确切的数字”。1965年周总理在计划工作会议上说：“现在有4个隐瞒：粮食、土地报少不报多，人口、灾荒报多不报少。”这4个不实的问题，提出已经15年了，至今也没有解决。

拿耕地来说，1949年是14.68亿亩，以后逐年上升，到1956年是16.77亿亩。1957年统计数字还是16.77亿亩，这已经是不确实了。以后就逐渐减少，1977年统计为14.8871亿亩②，与1957年相比，耕地减少了1.88亿亩。据统计，1949~1977年共开荒4.88亿亩，同期出于各种原因占地4.68亿亩，28年开荒和占地相抵，纯增2000万亩。

现在统计的14.88亿亩耕地是确实的吗？不，现在这个数字是不确切的。

第一，1970年，周总理同斯诺谈话时讲：“我国现在有18亿亩耕地。”这是周总理根据各方面的实际情况推算得出的近于实际的数字，而当年统计到的数字是15.1702亿亩。

第二，据有关部门分析，从1949年到1977年，城市建设，包括工厂、矿山、公路、铁路、水利、军事设施等占地，每年平均为700万亩。农村建设，包括农田基本建设、田间道路、生产设施、社队企业、社员建房，每年平均占地500万亩。两项合计每年占地1200万亩。从1949年到1957年除占地以外，耕地净增2.09亿亩，每年平均增加耕地2600万亩。而1957年以后，国家基本建设的规模并没有扩大，而在农垦方面的投资量增加了。垦荒的规模扩大了，为什么垦荒和占地相抵，反而每年减少耕地940万亩呢（20年净减1.88亿亩）？这里面显然存在不确实的因素。

第三，据1979年美国人造卫星遥测，我国现有耕地面积为22.6亿亩，比我国的统计数14.88亿亩多出7.72亿亩，为我国统计数的151.8%，出入太大了。

耕地情况如此，粮食产量的情况也如此。每年10月份粮食局局长会议

① 毛泽东：《党内通信》（1959年4月29日），《建国以来毛泽东文稿》第八册，北京：中央文献出版社，1993年1月，第237页。

② 国家统计局编《中华人民共和国国民经济统计提要》（1949~1979）（征求意见稿），第62页。

报的是一个数字，到年终统计汇总时又是一个数字，实际到底有多少，又是另一个数字。如 1978 年，粮食局局长会议各省报的数字合计是 5950 亿斤，1979 年的元旦社论就用了这个数字，而各县上报最后汇总的数字是 6300 亿斤，相差 350 亿斤。各省各县实际的粮食产量又是另一个数。1979 年也有类似的情况。所以现在下边向上报产量是一门学问，而上面看这个数字也很有学问。总之是要会猜、会估。

人口统计也存在不确切的情况。工业方面的数字也并不精确。我们搞的是社会主义计划经济，是要建在严格的统计监督的基础之上的。现在我们统计的耕地相差几亿亩，人口相差几千万人，粮食产量相差几百亿斤，这些经济方面的基础数字如此不可靠、不确切，国民经济计划怎么能够做好？靠估、靠猜，怎么能指挥好经济建设？

这种说假话、搞数字游戏的现象已经存在多年了，有些同志也习以为常了，但这不是马克思主义作风，不是共产党的作风，靠估、靠猜，是不能搞好“四化”建设的，现在是到了要纠正、要彻底改变的时候了。

产生这种弄虚作假、搞数字把戏的原因是多方面的。归纳起来，一是我们的具体经济政策方面的原因，如现行的征购政策，是按耕地、人口、产量计算征购的，少报耕地，多报人口，少报产量，可少计征购。二是政治方面的原因，有些同志，好大喜功，“一吹二压三许愿”①，爱听“假话”，下面有些人投其所好，致使浮夸风、说假话成灾，多年来，成了顽症。三是我们的统计机构和统计制度不健全，统计方法也不科学，没有统计立法。

我们一定要恢复实事求是的优良传统，搞“四化”一定要靠科学精神，要在政治上扭转说假话的风气，杜绝这种恶劣的行为；在经济上要修改制定一些具体的政策，让老实人不吃亏。不让那种说假话的人得利。

十　快和慢

我们的国家“一穷二白”，经济文化比发达国家落后了几十年，搞经济建设要求快一点，这是 9 亿人民的共同愿望。但快一定要有条件，要有根据。离开了客观条件，贪多求快、盲目冒进，结果是欲速而不达，反而慢了！总结 30 年经济建设的基本经验和教训，我们的心太急了，想一下把好事办完，主观、盲目地追求快，追求高速度，结果摔了跤，这是一条要引

---

① 《建国以来毛泽东文稿》第八册，北京：中央文献出版社，1993 年 1 月，第 237 页。

以为戒的教训。

搞工业化、现代化是一个漫长的过程，需要农业、工业、科技、文化等方面全面发展，借用巴甫洛夫的话说，要“循序渐进”。欧美搞工业化、现代化，英、法诸国用了300年，美国用了200年，日本从明治维新算起，也搞了100多年。我们搞社会主义、计划经济，可以快一点，但1958年时提出什么7年赶上英国、15年赶上美国，显然是太性急了。“大跃进”的结果，头三年钢的产量从500多万吨搞到1800万吨，重工业生产增长2倍多，但农业生产下降25%，积累率达到40%，农、轻、重比例严重失调，人民生活水平显著下降。1961年不得不紧急刹车，花了5年时间调整，才把危机化解掉。这次折腾，使国民收入损失了1200亿元，时间浪费了7年。1965年才达到1957年的水平，让大家饿了肚子。1956年城乡居民平均每人消费粮食409斤，1966年降为381斤；1956年每人消费棉布24.8尺，1966年降为17.9尺。

“文化大革命”冲击了经济，对经济建设来说是一场大浩劫，国民收入损失5000多亿元，搞得一塌糊涂。1970年以后又搞高指标，提出钢的产量要达到3500万吨，1980年要实现农机化等，把积累率提高到30%以上。结果是火上浇油，把国民经济拖到了崩溃的边缘。

“四人帮”被粉碎以后，一部分同志以为阻碍国民经济高速度发展的总祸根挖除了，经济建设就可以大上快上了，有一段时间曾经以为十几年、二十几年就可以赶超世界先进水平。没有技术、设备，进口就是了，没有资金，出口石油就有了，不够，借就是了。总之，是热得很。一段时间里，大兴土木、百废俱兴，1978年的积累率达到了36%。

党的十一届三中全会确定了我们党正确的政治路线和实事求是的思想路线。随后，党中央提出了对国民经济进行调整、改革、整顿、提高的方针。林彪、“四人帮”10年的折腾，导致国民经济的工农业之间、轻重工业之间、重工业内部以及积累与消费之间出现严重的比例失调，不调整怎么能前进呢？道理很简单，正像一个人得了重病，昏迷不醒，昨天动了手术，割除了肿瘤，醒过来了，今天你不先调养，去让他跑步，行吗？但是，在相当一个时期内，有一部分同志，对党中央的关键的八字方针，接受不了，怀疑调整有没有必要。他们总想快，总想高速度。现在也还有一些地方和部门，总觉得6%、8%不过瘾，要快，很少去考虑条件和可能。

想快的愿望是好的。但如果你真想要快，真想要高速度，那你就先要

调整，先要治病，先宁肯慢一些，把条件准备好，比例调整好了，经济才能起飞。陈云同志讲，按比例发展才是最快的速度。谓予不信，请看历史经验。30 年来，我们有两个阶段是真正的高速度。

第一段是第一个五年计划期间，经过三年恢复（实际也就是调整、整顿），从 1953 年开始第一个五年计划到 1957 年完成。在这个计划制订时，我们就比较谨慎稳当，初步定好了，还专门到莫斯科，请教斯大林。斯大林根据他多年的经验，提议我们要留有余地，不要搞得太紧。据此，我们又压缩了指标，调整了计划。执行的结果，5 年计划 4 年就完成了，农业增长了 24.8%，每年递增 4.5%；工业增长了 128.6%，每年递增 18%；劳动生产率每年递增 8.7%，5 年增长 52.1%；职工工资 5 年增长 42.8%；农民和职工 5 年的消费水平增长 36%。

第二段是 1963 年至 1965 年调整时期，基本建设战线缩短了，比例调整了，积累率从 40% 降到 22.7%，而工业生产每年递增 17.9%，农业每年递增 11.1%，工农业平均每年上升 15.7%，劳动生产率每年递增 23.1%。

30 年的历史经验表明，当我们的计划比较稳妥，比例安排得好，条件比较充分时，经济发展的速度就快。而当我们不顾条件，不问可能，主观盲目地搞大跃进、搞高速度时，速度反而是慢的。这岂非“有心种花花不开，无意栽柳柳成荫”吗？其实快和慢是对立统一的。大上引来大下，想快反而慢了。

中国人是很懂辩证法的。送人上路的时候，传统的告别话是：慢走！慢走！两人分别，一人还在做工时，传统的告别话是：慢做！慢做！这本意不是要他慢，而是要他安心循序地干，免得出事故，好顺利、迅速做好。2000 多年前，孔子的学生子夏要去做莒父县令，临别老夫子嘱咐他说：“无欲速，无见小利，欲速则不达，见小利则大事不成。”这个训诫，是很有道理的。事情还不具备速成的条件，你主观、盲目地要快，反而要坏事，达不到目的。

“欲速则不达”，这是妇幼皆知的道理，为什么我们在经济建设问题上竟一再犯了这个错误呢？

第一，我们对中国这样一个人口多、底子薄的国情，认识是不够的。对在这样一个“一穷二白”的国家要实现工业化、现代化的艰巨性认识更不够。1978 年我国人口是 95800 万，占世界人口的 2/9，其中 8.1 亿是农民，占总人口的 84%。1978 年的国民收入是 3011 亿元，每人 314 元，约为

175美元。[①] 据美利坚百科全书1978年年鉴计算的国民生产总值，我们在世界上158个国家和地区中排106位，只有美国7060美元的1/21，日本4460美元的1/13，苏联2620美元的1/8，中国香港1720美元的1/5，中国台湾890美元的1/2.7。我们每个工人拥有的固定资产只有美国工人的1/4.8，苏联工人的1/1.5。我们每个农业劳动力所拥有的固定资产只有美国农业劳动力的1/330，苏联的1/34.8，西德的1/203，日本的1/28.6。

第二，对在我们这样一个人口多、底子薄的国家实现现代化的艰巨性认识不足，对发展国民经济的客观规律认识不足。一个国家的财富积累有一个过程，文明的积累有一个过程，一个国家、一个地区的生产力水平的提高也有一个过程。

第三，对林彪、"四人帮"10年的破坏所造成的恶果认识不足。10年浩劫，经济上损失5000亿元，这个账是算出来了。但政治上、思想上、科学上、文化上所造成的灾难性后果是无法估算的。这10年把我们的劳动者搞懒了，把我们的民族搞傻了（教育中断若干年），把组织搞散了，把纪律搞松了，把人民搞穷了，把社会主义的名声搞坏了，把我们党的威信搞低了。1958年大跃进的损失严重，那主要是经济上的，这一次却是政治、经济、科学、文化、道德风尚等的全面破坏，低估了这种破坏性的严重性，对各项工作的开展都是不利的。现在首要的任务是拨乱反正、恢复元气。在经济上则主要是偿还欠账，调整多方面失调的比例关系。

总之，我们应该对我们的国情有一个充分全面的了解，在这个基础上来制订我们的前进规划。宁可慢些，但要实些，再不要好大喜功、急功近利了。30年来我们吃够了高指标、大计划的苦头，"一五"计划以外我们有几个计划是真正实现了的？

最近小平同志提出到2000年国民生产总值达到每人1000美元的目标，这就比较实在、比较可靠。叶剑英同志提出"不怕慢，就怕弯"的主张，这是经验教训的总结。中央领导同志做出了实事求是的表率，应该把这种思想贯彻到每个部门、每个地方、每个单位去，克服那种不顾条件和可能，主张盲目、主观地追求快、追求高速度的急躁情绪，把各项工作建立在确实可靠的基础之上。真正按客观经济规律办事，不图虚名，不抢第一，勿哗众取宠，踏踏实实地向前走，那么我们的经济建设会很快的。

---

① 国家统计局编《中华人民共和国国民经济统计提要》（1949～1979）（征求意见稿），第9、37页。

包产到户好*

（剧本）

时间

1978 年深秋到 1979 年春

地点

皖西县祁庙公社魏岗一队

人物

王书记　县委书记

汤文林　公社书记

张大胜　公社副书记

王秀娟　社员，张大胜媳妇

王开盛　公社副书记、社长

刘大成　生产队长

张　明　生产队副队长

李兰英　社员，张明媳妇

朱荣生　生产队会计

王有泰　社员

刘桂英　社员，王有泰媳妇

魏　荣　市机修厂工人

陈桂香　社员，魏荣媳妇

黄长福　社员

黄　大　社员，黄长福的大儿子

黄　二　社员，黄长福的二儿子

孙　贵　社员

孙连成夫妇　社员

社员甲　社员

社员乙　社员

社员丙　社员

青年甲　社员

军属甲　社员

老　头　社员

---

* 本文源自陆学艺手稿，原稿写于 1981 年 5 月 20 日到 6 月 30 日。该文系陆学艺以 1979 年夏其本人在安徽开展农村调查的生活体验为主要背景而创作的反映安徽肥西县山南区 1978 年深秋到 1979 春包产到户过程的剧本。作者调研过程的回忆可参见本全集第 4 卷收录的文章《包产到户：中国改革的最早突破》。——编者注

小　孙　大队邮递员　　　　委员乙　公社党委委员
委员甲　公社党委委员　　　委员丙　公社党委委员

一

1978年深秋，皖西的一个小山村，不砌草顶的农舍，陈旧破败，三三两两地散落在小山沟两旁，远处是一小片一小片的坡岗地。天旱，庄稼稀稀拉拉。坝上是水田，割过不久，在旁流过的小溪也快干涸了。

早晨，鸡刚叫头遍。

队长刘大成在村中边走边使劲吹哨子，伴随着沙哑的声音，“出工喽！”

王有泰一家。

王有泰从床上起身，披衣。媳妇桂英早已在屋里忙开了，顺手到瓮里攉起一勺玉米面，倒进面缸里，再掏已所剩无几了。桂英面有难色，看看屋里另一端沉睡的一群孩子，大的二十多了，小的才六七岁，唤：“起身！起身！”

王有泰过来，去推醒两个大的孩子，孩子翻了个身，又睡了！

孙连成家。

三间大北房，在当地是鹤立鸡群似的显眼，但里边陈设很差。孙连成老汉已经起身，在园子里忙开了。

孙贵家。

独身一人，听到哨声，在床上只翻了个身，睁了睁眼又闭上了。

黄长福家。

父子三人，哨声过后，黄家老头起身了，黄大、黄二连动也不动。三个光棍家里，满屋杂乱，蜘蛛网四处都是，无一点生气。

刘大成继续吹哨，喊上工。伴随着二遍鸡叫，社员们陆续从家里出来，向队部门前的一个小场上集中。

王有泰和几个老年社员走到场上，蹲下，掏出旱烟锅抽烟。

孙贵听到第二遍哨子，伸出头望望场里，见有人了，这才慢慢穿衣。第三遍哨子了，这才慢悠悠地往场里走。

场上已集合不少人了

社员甲（冲着孙贵）：“孙贵，你又迟到了，扣你的工分。”

孙贵：“咋啦？头遍哨子不算数，二遍哨子探头望，三遍哨子慢慢晃嘛。没来的人还多呢，我迟到啥？”

副队长张明扛着锄上场。

天已大亮了!

孙贵问大成:“队长今天干啥活?”

刘大成:“种麦,昨晚说过了嘛!你又没带家伙!”

孙贵:“早晚行市不同,情况是不断变的,谁知今儿变不变?我现在去拿家伙。”下场。

张明媳妇李兰英慢悠悠地上工,与孙贵撞着。

孙贵:“你又迟到了,扣你工分。”

兰英瞪他一眼,“扣就扣,十个工分还不顶一个鸡蛋,谁稀罕!”

孙贵:“什么?一个工还不顶一个鸡蛋?”

兰英:“昨晚会计来我家,同张明算了,今年的工分值超不过一毛钱!”

孙贵(懊丧地):“噫!堂堂男子汉干一天,还不如老母鸡下个蛋,这活有啥干头!”

兰英:“你还盖房娶媳妇?”

孙贵:“一毛钱一个工,盖个屁!”

兰英:“你今年不盖房,哪能答应你!”

孙贵:“噫!等了一年又一年,咋办呢?”

社员乙来得更晚。……

刘大成:“男劳力到东坝敲坷垃,种麦。有泰,还有你们几个,牵牛,犁地。……”

劳力们散开,有的还回家去拿家什。

出工的队伍,哩哩啦啦,拖好长,宛似一条长龙。

二

男劳力们来到田间。最先到达的年轻人,已经掏出扑克牌玩上了。老一点的坐下抽烟,地头歇开了。

孙贵无精打采地扛着镢头上。打扑克的青年们喊他:“孙贵,来玩一盘!”

孙贵颓然坐地:“玩个屁!”

妇女们在另一头歇,多数妇女拿出针线来,有的纳鞋底,有的缝破烂。桂英等在小声说话。

刘大成前去查看土情。

王有泰牵着一头瘦骨嶙峋的水牛，放下犁杖，看着龟裂了的田地，叹了口气，给牛套犁。

有泰："队长，这田犁不动啊！"

大成抬头望望碧空万里的蓝天："有啥法哩，眼看就要立冬了，一人一亩保命麦的任务，连二分还未完成呢！"

有泰："省委号召一人种一亩保命麦，是对的。今年大旱，秋收不好，如果小麦再种不上，明年夏天就更难过了！"

大成："再不下雨，难种啊！"

刘大成烦恼地喊："干活喽！"

男女社员们陆续地站起身，有的伸懒腰，有的拿家伙，乱哄哄的，几个打扑克的还在嚷嚷："你输了，你输了！"地里乱成一窝蜂。

刘大成又大喊："干活喽！"

这才渐渐安静下来。刘大成和几个老社员走到耕过的陇上去，社员依次站起来，逐渐排成一字横队。队长已在敲坷垃了，大多数人还扶着锄站着、等着。

三

王有泰赶着牛在另一端艰难地犁着。

社员们干活的场面。

年轻人有说有笑，常常是支着锄把不干活。中年社员有气无力地敲着，互相看着，好像是在齐步走。青年们说够了，见一排人已经前去了，三锄二锄大步跟上去了，也不管坷垃敲没敲碎，又继续他们的谈笑。

孙贵没精打采地敲着坷垃。

社员甲："孙贵，今儿个咋一点儿劲儿也没有！"

孙贵："这活有什么干头？大太阳晒一天，还不顶母鸡下个蛋值钱！明年我不干这活了，开'鸡屁股银行'去！养百十只鸡，一年也挣个千儿八百的。"

社员甲："你要搞资本主义啊？你没看见前几年，李书记脖子上挂着老母鸡挨斗吗？"

孙贵（颓然）："我搞社会主义，我天天在社里干活，可连肚子混不饱。年年盼着秋后多分一点，好修修我那破草房。年年还是破草房，人家等了三年了，今天再不修，还不跟我黄！唉！"

孙贵无力地敲着土坷垃。

四

孙连成提着麦种篮子，同另一个老头在撒麦种。撒到刚才那几个青年胡乱敲的那一段，土块很大。

连成恼怒了，冲着青年甲喊："这干的啥活？喂，小子，你过来！"

在前面的小青年扛着锄回来了。

连成："这种下的麦能出吗？"

青年甲："麦子出不出我管不着！"

连成："不长麦子你吃啥？"

青年甲："我吃工分！有工分就有我一份粮。再说你看看，不都这么干吗？你找我一个人管啥用？"

孙连成环视四周，张口结舌，气得说不出话来。

老头："算了，算了，犯不着。"一面劝孙连成，一面挥挥手，让青年甲走开。

孙连成蹲下不干了，老头也蹲下。

老头劝他："大兄弟，你犯不着生气，打合作社以来，这活还不是年年这样的。早先，我们这些庄稼人，还凭着老谱干，现在这批年轻人啊，他才不管你长不长庄稼呢！"

连成："他吃工分，地里不长庄稼，工分顶啥？这么干，能有好吗？"

老头："有啥法来？你生气有什么用？犯不着，这一块不长，摊到你孙连成家才几斤嘛！"

连成："……"

老头和连成看看前面笑着的、站着的年轻人。

老头幽默地说："尖头的站，滑头的看，老实头气得也不愿意干。"

五

"队长！"远处出现会计朱荣生的身影，三十多岁，面孔白净，衣衫整洁，胸前别了一支圆珠笔，很像个下乡的干部。

他一边走一边喊着："队长，大队通知你马上到公社开会。"

刘大成停下锄，社员们也都停下锄，回头来看朱荣生。

大成问："啥事？"

荣生："大概还是抢种小麦的事。"

大成："刚才你在大队开什么会？"

荣生："统计抢种进度。"

大成："怎么样？"

荣生："各队都报了数字。"

大成："你报了多少？"

荣生："已播种五十亩，完成百分之四十。"

大成："四十亩也没有。"

荣生："这样报，我们队就是倒数第二了。"

大成："倒数第二就倒数第二，要实事求是。"

荣生："其实他们那些队还没有我们种的多哩。"

大成："你在这里顶着，种完这块田收工。"

说完把锄递给会计，朱荣生面有难色，无奈地接过了锄头。刘大成下。

社员们围拢来，问会计长短。

孙贵凑过来，"今年工分真的不到一毛钱？"

朱荣生不耐烦："你算的？……"又挥手，"干活喽！"

群众不听。有的听见孙贵的话，本来干活的也停了，凑了过来。

朱荣生："干活，干活。"

社员甲："队长在，我就干。队长走，我就站嘛！"

社员乙起哄似的："该歇歇了！"

另几个社员附和："该歇歇了！"

社员们纷纷散开。

朱荣生慌乱："哎！哎！谁叫歇的！谁叫歇的！队长说，要种完这块地才收工的。"

社员乙："歇歇再干嘛，着什么急？"

青年们打扑克的，又席地干开了。妇女们拿出针线活做起来。老社员们坐到圈外抽烟去了。孙贵等几个社员还是围着朱荣生。

社员乙："会计，账算出来了吗？"

荣生："还没有到年终，决算不出来。只是估算了一下。"

社员乙："分值合多少？"

荣生："劳动日超不过一毛！"

孙贵："我3600多分，才30多元钱，连我一个人的口粮钱都不够，辛辛苦苦干了一年，就什么也不分了？”

荣生：“库里已没有粮，信用社没我们的钱了，还分啥？”

社员乙：“分个窟窿，你还要倒欠队里的。”

孙贵：“我一个人做，还要超支？”

荣生：“全队没有一户不超支。”

孙贵：“咋搞的？”

荣生：“天旱，田里不长嘛！”

社员乙：“天旱也不至于这样。”

荣生：“那你说咋搞的？”

社员乙（火起）：“鬼知道你们咋个搞的？！”

荣生：“你说我们怎么搞的？你说清楚！……”

（争吵起来）

六

公社通往魏岗大队的小路上，公社书记汤文林（五十开外，土改老干部）推着自行车，车后驮着铺盖卷儿，同魏岗一队队长刘大成边走边谈。

汤文林：“今晚就开个社员会，让大家出出主意，小雪前一定得把麦子种下去。这次省委万书记说了，每人一亩保命田，一定要完成任务，这是关系明年的大局。民以食为天，万书记也说了，只要种足，种好，用什么办法都可以。”

大成：“难啊！天要不下雨，牛犁不动，用什么办法也不行。”

文林：“群众是英雄，让群众出出主意，人多主意多，会有办法的。”

大成：“人再多，也拿不出好主意来。”

上坡。烟囱耸立，烟囱上大书：国营南山砖瓦厂。大轮窑正在烧着，炉火融融。坡下一大群做砖坯的农民正在紧张地劳动着，推车的小跑，脱坯的飞快，一块块砖坯了出来。小雪天，脱坯者穿着汗衫、裤衩，流着汗，哼着小曲。坡下稍远处，有一群社员在种麦，稀稀拉拉，同魏岗一队差不多！

大成：“要像他们那样干，麦子早种完了。”

文林：“他们不都是我们公社的劳力吗？为什么到这里就干得这么欢了呢？”

大成：“人家是按劳分配。计件工资，多脱一块砖，有一块砖的钱，订有合同。”

文林："我们不能也订一个合同嘛?"

大成："人家是工厂，跟咱们农村不一样。"

文林（沉思，自言自语）："不一样……"

七

两人继续走路。文林推着车，大成走着，文林还在默默沉思着。

一路上割过的稻田，都还晾晒着，干裂了口子。种上麦子的没有几块，而且种的都是粗粗拉拉，坷垃很大。

快进村了，村边上出现了一片绿地，正像在沙漠中行走突然看到的绿洲一样，汤文林的眼睛亮了，情绪好了，步伐加快。车推到这块绿地跟前，文林把车闸刹住，弯腰就去看这一块麦地。

这是块长方形的坡地，有二十多亩，种满了小麦，一片葱绿，惹人喜爱，但细一看，这一整块麦地中，有的畦朝东，有的畦朝南，一方块一方块的地，正像高级会议厅里铺的镶木地板那样的格局。文林看了又看，推车，边走边问。

文林："这是刚分下去的那片自留地吧?"

大成："是啊，原先的自留地，东一块，西一块，文化大革命割尾巴时收了，做了各种用场，不好恢复了。这次上级布置发还自留地，大家一商量，就把这块坡地划给大家了。"

文林："不是上半个月才通知分的吗？就长得这么好的庄稼了?"

大成："这次上级发还自留地的政策，可得人心了，当天一传达，全队连夜商量，第二天一划地，社员连夜就开干了!"

文林："不是也旱得犁不动吗?"

大成："社员都是拿铁锹挖的。那几夜，社员全家出动，打着马灯，挖的挖，敲的敲，两天就种完了。有的还担心水浇过头了。"

文林："那为啥集体的一亩保命田布置这么多天了，就种不下去呢?"

大成："这个……"

八

汤文林和刘大成边走边谈。到了一个三岔路口，岔路向东的路上，远处有几个妇女，领着小孩，背着鼓鼓囊囊的包袱，衣衫褴褛，缓缓地走着。

路口，王有泰正在和他的媳妇刘桂英话别，桂英四十多岁，面黄肌瘦，头发花白，穿一件满是补丁的黄上衣，背了一个褡裢似的包袱，拄一根棍，旁边站着两个小女孩，一个十岁，一个七岁，都是瘦骨嶙峋、衣衫破旧的，小女孩的裤子还露着肉。王有泰默默地望着妻女无言，但又想嘱咐几句，他一时说不出来，嗫嚅着。

桂英："你回去吧，晚上别忘了给三娃吃药。"

有泰："早点回来。"

桂英："开了春就回来。"

有泰："回来过年吧!"

大女孩："妈，过年回家!"摇着妈妈的手。

桂英："回来过年吃啥?"

有泰，黯然。

远处妇女的喊声："孩儿他娘，快走哇!"

桂英答应着，挽着女孩的手，转身走了。

有泰目送，有一会儿。

有泰喊着："孩他娘。"追上几步。

桂英停下转身，有泰走上一步。

有泰："证明信带了吗?"

桂英："带了。"从口袋中摸出一个牛皮纸信封来，"你看是这个吧，别弄错了"。

有泰接过信封，抽出信纸，上面用钢笔字写着：

证　明

兹有我队社员刘桂英，系贫农出身，贫农成份，政治可靠，其夫为共产党员。本地因遭自然灾害，生活困难。无奈出外自谋生计。希各地机关、社队给予照顾，准予通行。

此证

皖西县祁庙公社魏岗大队革委会

1978 年 11 月 7 日

上面盖着大队圆形的红色公章。

有泰看过，又插入信封，还给他媳妇。

有泰："是这个。"

桂英转身又走，小女孩不断转过身来。有泰欲行又止，欲言又止。凄然，痛苦地摇了摇头，返身往魏岗走了。

有泰与媳妇告别的场景文林和大成都看见了，看见有泰往回走了。

有泰转身："唉，汤书记，孙队长。"哽咽低语。

文林："你媳妇出门了？"

有泰难过地："惭愧呀，我王有泰堂堂七尺男儿汉，连老婆孩子都养不活，让他们出去要饭、逃荒，怪我没有能耐啊！给咱们社会主义丢人了！"

大成："有泰是个好劳力，在队里天天出工，出劲卖力。队里分的少，家口又多。都怪我这个队长，没有当好！"

有泰（对文林）："大成是今年才落实政策，重新当队长才几个月。"（对大成）"你起早摸黑地带领社员干，偏偏遇上这么大旱。底子太空了，能怪你吗？"

文林（低沉，哽咽）："上级叫我们当干部，我们没有把集体这个家当好啊！让群众受苦了，都怪我们这些当家人啊！"

沉默……，几人默默地走着。

九

孙连成老汉家。老汉在拾掇园子，老伴在张罗做饭。屋子陈旧，屋里陈设简单，堂屋里正中贴着毛主席像，在像周围围着黑纱。下面挂着光荣军属的证书，四周贴着一些年画，已经被烟熏黄了。

刘大成领着汤文林进院。

文林："老房东，你好啊！身体还硬朗？"

连成两口子："哦，汤书记，稀客，稀客！你可是好久没来了哇？"

文林："圈牛棚，住干校，一晃就好几年，刚分配工作，就来看望老房东了。"

大成："汤书记是来领导我们种麦的，他说，还住你家。"

连成两口子："好！好！"（对汤）"你还住老地方，西屋……"说着就来接行李，往西屋带。大成："汤书记，你安置一下，我去张罗开会的事。"

刘大成下。

十

汤文林和孙连成老两口刚安置好床铺，连成老伴用一只搪瓷掉了很多的脸盆打了水让文林洗手时，黄长福和几个穿得破烂、形容憔悴、双目无光的农民进屋来了。

长福："汤书记，您来了！"

几个农民："汤书记……"

文林（端详着）："老黄，你可是老多了，你五十几了？"

长福："五十三，属虎的。"

文林（大有感慨）："比我还小一岁。怎么老成这样？"

连成："生活困难！他三个男子汉，食量大，口粮少，年年不够吃的，造孽啊！"

文林："两个孩子都成家了吗？"

长福："哎，孩子都大了，大的二十八，小的二十五。穷啊，哪娶的起亲！"

社员甲（插话）："汤书记，我们本来要到公社找您，听说您来了。"

文林："有什么事吗？"

社员甲："我们想问一下，救济粮、救济款啥时下来？能不能早点？"

文林："你们已经没有粮了？不是刚收完秋吗？"

长福："哎！今年大秋拢共分了100来斤粮，从开镰吃到现在，没剩下多少了，救济粮再不下来，我家就断炊了。"

社员甲："穷魏岗，穷魏岗，碾子一停就逃荒，秋天打一点分一点，分完也吃完了。"

长福："我家老大、老二早想出去了，可今年队里不批准，又不给介绍信。"

这时，副队长张明、会计朱荣生进院。

他们穿戴整齐，面有油光，听到长福说队里不准逃荒……，站住了。

社员乙："家里没有吃的，还不放人出去。不给介绍信算了，还说，不经批准外出，要扣明年的全家口粮，这不要我死人吗？"

张明："你们都外流了，小麦还种不种？"

（其他社员见队里会计来了，不吭了，用冷眼看他们）

社员乙："没有吃的，怎么种？"

张明怒目而视，还要顶，文林向他们靠拢。

张明、荣生越过社员与文林见面，打断群众的话。

张明："汤书记，这是我们队的会计朱荣生。"

文林与荣生握手（问张明）："你是？"

荣生介绍："他是我们队副队长张明。"

文林转向社员："救济粮我回去催一催，让粮站早点发下来，指标已经下来了。"

长福："……那好……"他们见干部来了，就一个个转身走了。

文林："送他们，有问题晚上会上再谈。"

张明："汤书记，我们村落后呢，工作难做。这些社员干活不出劲，老是向国家伸手，不体谅国家的困难，躺着吃社会主义。"

荣生："政治觉悟低啊！"

文林："这样的困难户，你们队里有多少？"

张明："这样的落后社员能占一多半，所以工作不好开展啊。"

文林："一多半？！"

十一

晚上，在村头小学一个教室里。房子不大，窗户上玻璃也大多是没有的，泥的课桌，泥的板凳，讲台也是泥的，讲台上放着一盏马灯。

魏岗一队的社员们陆续进到屋里，很困难地坐到那些"小桌椅"上。不少社员来了就抽烟，老的拿小烟斗，年轻一点的卷喇叭筒，不一会，满屋就充满了劣质烟叶的气味。

外面，刘大成还在喊："开会啰！开会啰！"声音由远及近。社员们一个个进屋来，刘大成刚进屋，张明、朱荣生来了，孙连成也领着汤文林来了，后面还有社员。

张明把汤文林引到泥讲台前坐。

大成（对文林）："来得差不多了，就开吧。"

文林伸手看了看表，看了看全屋，点了点头。

大成："同志们，开个社员会。今天汤书记来了，领导咱们种麦，现在请汤书记讲话。"全场鼓掌，眼睛朝汤文林看，文林摆摆手。

文林："党委分工我到魏岗来，同大家一起把麦种下去。今年天旱减了产，省委指示，要用一切办法保证每人种一亩保命麦，否则明年就成问题了。……”

（问会计）：“种下多少了？”

荣生：“五十亩，占百分之四十。”

大成：“没有这么多，才四十亩，占百分之三十多。”

文林：“今天初八，立冬了，季节到了，再有半个月，种不下去就不着了。今天就请大家来，商量一下，怎么把麦尽早地种下去。”

文林把话停下来，会场沉寂。

张明：“眼下天旱，地干裂了，像铁一样硬，牛犁不动，耕不了，种不下去，要完成每人一亩有困难。”

文林：“现在几犋牛耕？”

大成：“三犋。”

文林：“一天能耕多少？”

有泰：“一天三犋牛耕耕不了三亩地。旱啊！再说，牛也一天天不行了，活路重，料又不够，牛一天天在瘦，要不下雨，三亩都耕不成。”

文林：“一天三亩，离小雪还有十二天，种三十六亩，拢共才七十多亩。照这样种，就有问题了。大家能不能想些办法啊？”

长福：“我有个办法，不知该说不该说。”

大家：“你说嘛。”

文林：“你说说看。”

长福：“省委说千方百计，我想有一计是可以用的，就是搞有责任的办法。”

群众：“怎么个责任法”？

长福：“像工业上那样，有任务，有定额，有奖有罚。你看南山窑厂，他们原来也和我们一样，吃大锅饭，大家泡洋工，懒洋洋的。现在有了定额，有了责任，干得多，分得多，大不一样。我们农业上要搞好，也要学这个办法。”

文林：“好，好，老黄这个想法好，大家再说说，我们怎么搞好？”

社员甲：“黄大哥这个法，我们在下边一起琢磨过，具体的，就是把田划给各家管，定一个合适的产量，秋后按产量的数量交，超产的奖，减产的赔。”

社员乙：“这样就多劳多得，谁种的好，精心，打得多，就多得，大家就用心种田了。”

荣生：“不行！不行！你这不是曾希圣搞的包产到户了吗？这是单干，

搞资本主义，那怎么行呢？”

张明：“把田分到各户管，让各户自己种，自己收，那生产队的领导还要不要？怎么统一分配？这不行，不能这么搞。”

会场上，由此活跃讨论起来，下面议论纷纷的。有赞成的，有反对的，也有不表态的。

大成：“我看长福他们这个办法可以。我们这个队100多口人，百姓，百姓，一百条心。我天天吹哨，催下地，吹够了！我看了上个月分的自留地，没有吹哨子，没有叫出工，都种上麦子了。汤书记，你做主，让我们试验一年，准能多打粮食！”

张明：“粮食多了，但社会主义方向丢了！”

众人：“……汤书记，您让我们实践一下。”

文林（沉默良久）：“这是件大事，我马上回去同党委商量，你们大家还一起合计合计，怎么个具体搞法。明天还照老办法干。”

大成：“明天继续种麦。”

十二

天明了，看着一夜没有睡好的汤文林走向自行车，孙连成替他开门，送他。

连成：“这个法，行是行，准能多打粮食，不过风险大啊！”

文林点头沉思，满腹心事……。大成、长福、孙贵等来送他。

长福：“汤书记，你要为我们魏岗的饿汉们说句话啊！”

文林：“我回去商量……。走。”

社员甲：“别忘了替我们催一催救济粮啊！”

文林答应着。

十三

祁庙公社党委会议室。两间正房，中间是木制的长方形大条桌，三边是长条椅，在挂着马恩列斯毛领袖像的下面，有几把已经陈旧了的藤椅，三面墙上挂着几面红色镶边的锦旗。

室内烟雾缭绕，会议已经进行了很久了。党委书记汤文林坐在主座上，在继续讲话：“……魏岗这个队家底太薄，劲不够，刘大成刚恢复工作，要完成种麦任务，确实困难。现在他们既然提出了这个包种的办法，昨夜我琢磨半宿，有一定道理。现在的魏岗，还有100多亩地没有种。派拖拉机进不去，给他贷款、化肥，起不了作用。照现在的进度，肯定完不成。只有一个法，就是要把魏岗的社员积极性调动起来，像他们种自留地那样，保命麦就能种下去。实行了责任田这个办法，多劳多得，产得多，吃得饱，社员积极性就会起来。所以我主张批准他们尝试一下。”

副书记、社长王开盛（五十多岁，农村老干部）：“同意汤书记的意见。魏岗这个队，算没有办法了，打1958年以来，年年吃救济，吃返销。给他贷款还不了，给他拖拉机用不一年就趴窝了，1975年派去了二十多人的工作队，县里来了人，那时的公社书记坐镇，干了一年，还是不够吃，办法用尽了。这个办法试试看吧。”

副书记张大胜（四十多岁，精明机灵，在公社负责政工）：“魏岗这样搞，实际是包产到户，这可是个大问题，早已正式批判过了的，上面还没有正式文件，我看此事，还得向上级报告。等上级有了指示再干。”

……几个委员欲言又止，意见冲突了，会议空气紧张起来。

文林：“现在文件上还没有提可不可以这样做，这事我想过了，还是暂时不报为好。我们上报了，如果上级同意了，这是把风险推给上级。如果上级不同意，那是把不批准群众干的责任上推，使群众对上级产生误会。所以我想，这个责任就由我们来担，主要由我来担。”

大胜：“那好，那好。”抬头专门看了看正在记录的秘书，“我可是声明在前，我对这个办法持保留意见”。

其余的委员纷纷表态，同意试验。

十四

村边上，刘大成、黄长福和孙贵等在村口张望。看见汤文林的车影，赶紧聚到路边，迎着汤走去。

文林下车，和大家招呼。

大成：“怎么样？汤书记！”

文林：“党委批准了，你们一个队先试着搞。”

“好哇！”几个年轻人和孙贵狂呼起来，跳起来：“党委批准了！”

十五

刘大成等在一起商量，兴高采烈……

刘大成派了几个人，在丈量土地。

会计和几个有文化的在屋里算账。

刘大成领了社员在田野里，指指点点，走一段，留下一个社员……

在小学教室里，人们熙熙攘攘。会计、队长在讲台上、马灯下。

荣生在念："黄长福，三口人，三个劳力，包水田6亩，旱田1.5亩，共计7亩5分，定产共计4500斤。应交公粮750斤，集体提留900斤。这是合同，盖章吧！"

刘大成递过三张纸来，让他一一按了手印。黄长福接过留给他的那一张，郑重地的在头顶上一扬，喊了一声："老大，老二，走，干活去！"

荣生念："张明，5口人，两个半劳力，包水田8亩，旱田3.5亩，共计11.5亩，定产6900斤，应交公粮1150斤，提留1450斤。"

刘大成让张明盖印，张为难，但又无可奈何，只得硬着头皮盖了印。

荣生念："王秀娟，7口人，2个劳力，包水田10亩，旱田5亩，定产9000斤，交公粮1500斤，提留1800斤……"

王秀娟："我家哪有2个劳力？他在大队里不回来，我一个人带5个孩子，谁来种田？老张说了，要包，我们家只包3～5亩，够口粮就中。"

下面哗然。后面有人讲，公粮谁交？集体负担谁交？乱起来。

刘大成挥手让大家静下来，说："张书记在县上开会，不在家，他家怎么包，待支书回来再定。"

荣生念："陈桂香，6口人，1个劳力，包水田8亩，旱田4亩，定产7200斤，交公粮1200斤，交集体提留1500斤。"

陈桂香："我们家是工属，没有人种田，包这么多田，种不了。我们和张书记家一样，只包口粮田就行。"

下面又议论纷纷。

会计和队长商量后，重新宣布："陈桂香6口人，1个劳力，包水田4亩，旱田2亩，定产3600斤，交公粮600斤，免交提留。"

大成："你少包了田亩，上交公粮，不交提留，以后耕种有困难，队里帮助你。"

桂香："我一个妇道人家，包这么多田咋种？"

大成："耕种有困难，队里帮助你。"

桂香："那就靠领导了。"按印。

荣生接着喊："王有泰，……""孙贵，……"

课桌上盖印的合同渐渐多起来，会计手上的渐渐少了……

十六

学校的会散了。夜已经深了。队长、会计等干部从学校出来，见村道上有星星点点的灯光。刘大成注意地迎了上去。一看，是黄长福父子俩拉了一车土肥往外走。

大成马上明白过来，开玩笑地说："长福，你可真够积极啊！"

长福："把责任田包给了我，我就有了责任。不经心，开春交不出粮食咋办！"

大成："你也成了负责同志了！"

长福："哈哈哈……我也负责了，这几亩地归我负责了。"

远处，田野上，有的在送粪，有的在挖地，送粪的把灯挂在车上，挖地的把灯吊在插在地里的杆子上，挑灯夜战起来。

……

大片大片的麦子种好了，大片大片的麦田还在紧张地掭种。

十七

副队长张明家。

宽大、整齐的庄院，石砌的三间瓦房。院内有农村里第一流的陈设。堂屋里放着条桌，正中挂着毛主席的像，桌子上有座钟、收音机……几个大的瓷瓶。门边放着一辆八成新的自行车。

张明正在穿袜子、穿鞋。

媳妇李兰英从房里出来，一边走，一边捶着后腰，一面说："这活真累死我了！"看见丈夫在穿袜子……

兰英："咋啦？干活还穿啥袜子？"

张明："不干了。"

兰英："麦子还种不种？谁给你种？明年是要靠它吃的，要交产的！"

张明："我告他们去！说是责任田，还不是分田单干。哪还有什么统一领导？我这个副队长就架空了，什么权也没了，也要一样干活！”

兰英：“算了！算了！你告谁去？包产到户是汤文林决定的。你哥哥早就不是第一把手了，现在人家是书记，是人家当家。”

张明：“你懂啥？搞包产到户是大是大非的问题，这是早批过的，是方向问题，我就敢告他。”

王秀娟抱着孩子进屋来。她穿着米色的卡其布上衣，下面是海蓝色哔叽带裤线的裤子，穿着皮鞋，手腕上还戴着大手表，完全是城市化的打扮，没有一点种过田的样子。

秀娟：“他二叔，你派人把你大哥叫回来吧。队长硬叫我家也包了6亩田，谁种啊？我哪干过这个，把他叫回来，让他干去。”

张明：“我这就去。”

秀娟：“你自己去？”

张明（诡秘地）：“是啊，我去告他们去，包产到户，这还了得?!”

秀娟：“对！告他们去。这还算什么社会主义？纯粹是分田单干。”

会计朱荣生轻轻地进来。王秀娟继续讲，未察觉，张明看见了。

张明：“荣生，写好了吗?”

会计看到有外人，局促不安，不想回答。

张明：“嫂子不是外人，你讲吧。”

荣生：“写好了，整了我一夜。”

张明：“几条?”

荣生：“一共10条。”

张明：“你真行，念念。”

秀娟：“念念。”

荣生：“第一，包产到户违背社会主义大方向，是搞分田单干，是资本主义!”

张明：“对，这哪是社会主义?”

荣生：“第二，包产到户，把大田分成小田，不能机耕，不能表现机械化；第三，包产到户，不利于统一领导、统一指挥，现在干部不像干部，社员不像社员了。”

兰英：“对！现在有几个社员可神气了，看见干部连个招呼也不打!”

荣生：“第四，包产到户不利于照顾四属、五保，军工烈属没有人管了!”

秀娟：“对！对！对呀，像我这样，他们就不管了，也要我包田，谁还去当干部，谁还革命！这一条好……”

……

十八

党委副书记张大胜在卧室兼办公室里。张大胜和张明正在谈话。

张大胜在看材料，一边看一边对张明说：“好！这个材料好，我正需要。我明天就要到县里去。”

张明：“嫂子叫你马上回去。”

大胜：“不碍，再过几天。实在不行了，你找几个人凑合替我先种上再说。”

张明：“我现在可派不动工了！”

大胜：“你不会请吗？靠你嫂子，田种不上，她从来未下过田！”

张明：“你还是早去早回，你自己回家想法，我包的田还没种上呢。”

大胜：“无论如何，我得先上县里，这事事关路线，我不能看着不管。”

十九

汤书记的住处，院里乱糟糟地有一群人在和汤书记争论。这是村里的几个军属、工属。其中有几个中青年妇女，穿戴明显比社员好。有一个城里回来的工人干部模样的中年人，正拉高了嗓门在对汤书记嚷，他是陈桂香的丈夫魏荣。

魏荣：“你们这么搞，不符合六十条，简直是分田单干，还有什么社会主义优越性，不照顾军工烈属，增加了我们工人的后顾之忧，影响我们的工厂抓革命促生产……”

文林：“你哪个厂？”

魏荣：“市机修厂的。”

文林：“几级工？”

魏荣：“四级工，现在是以工代干。”

文林：“挣多少钱？”

魏荣：“现在是六十二，原来才五十六。”

文林：“每月给家捎多少钱”？

魏荣：“二十元。”

文林："你家几口人？"

魏荣："五个孩子，加老婆，六口。"

文林："给队里交多少钱？"

长福："他家从来没有交过钱，年年是透支户。"

桂香："谁说的？交过三回了。"

文林："你孩子都多大了？"

魏荣："大的十九上高中了，小的也上小学了。"

文林："孩子十九岁了，向生产队交过三回钱。"

魏荣："这全靠人民公社好，社会主义优越性嘛！这是我不能忘的。"

文林："是啊，你在外做工，孩子让人民公社养着。干部在外面工作，孩子让人民公社养着。社员也想把孩子让人民公社养着，可谁来劳动呢？劳动力累死累活干了一年，年终一算，得不到一毛钱，谁还有积极性，谁还肯干？生产怎么搞得好？"

魏荣："你们干部要做工作嘛！"

文林："我们现在就是在做工作，把田包给社员种，大家的积极性就有了。你看，这几天的麦子种得多好。"

魏荣："你这是搞包产到户，是分田单干，是搞资本主义。"

文林："不对，包产到户是责任制，符合按劳分配。"

军属甲："你们这样搞，动摇军心，干部不能安心在外工作，工人有了后顾之忧。"

长福："你们工人涨工资、发奖金，搞什么改革，我们农民没有说话；为什么我们农民搞点改进，你们工人、干部就都有意见了呢？"

魏荣："你们改的不对，这样干不行，得改回来。"

文林："这是社员大会通过的，要改，得社员同意。至于你们四属户耕种有困难，我们可以考虑，安排人帮助你们。"

魏荣："你们不改，我们就到上级去告你们去！"

长福："你告就告吧。"

二十

田野，大片的麦田上已经种齐、种好了，有的已经冒出了嫩绿的幼芽。

在第一场集体种过麦的地里，孙连成老汉正在补种田头（集体种时田头被甩下没有种）。与孙连成争吵的青年，正在和其母一起补种那一段因他未把坷垃敲碎而未种好的小麦。孙连成走过来，青年人故意装作没有看见，他还不好意思呢！

孙连成：“这才像个样子，地就该这么种。”

青年甲：“现在补上，不知还中不中？”

连成：“中！中！你先种上，再补浇两次肥水，就赶上来了。”

不远处，张大胜、张明夫妇等正在种麦。地里还未种多大一片，张大胜已经累得气喘吁吁，一面挥着锄，一面嘟囔着，这地真不好种啊！

张明：“你是多年没干过活了，现在一干就出汗了。”其实他自己也累得满头大汗。

大胜：“这不行，哪能这么干！”

张明：“你不是到县里去反映过了嘛！怎么到现在没有人下来，纠正这里的错误？”

大胜：“甭提了，县里还很重视这个事。钱书记说，现在北京还在开会，会上会有决定的，现在先暂时不动，待有了明确的指示，再和他们说。”

稍远处，刘大成和几个社员正在帮工属陈桂香种麦。刘大成正在一边干，一边教桂香的孩子，告诉他地整得啥样算好了，种子该怎么撒……

二十一

三个月以后。

早春二月，小麦正在拔节阶段，葱绿的小麦，长得茁壮可爱，一片接着一片，一片赛过一片。社员们都三三两两在自己承包的地里劳作着，有的在拔草，有的在松土，有的在施肥。

黄长福父子三人，在给麦子除草松土，他们这块麦田长得尤其茁壮繁茂。黄长福、老大、老二一人一垄在锄地。

老二前面去了，长福突然把他叫回，给他一巴掌：“你看看，现在不是吃大锅饭那时候了，你还混干！”

老二回来，重又把那一垄未锄干净的草锄了。

社员丙挑肥经过，说：“老黄，你们这是在绣花哪！弄得这么好，还在拾掇。”

黄长福：“嗨！咱包了产量了，有了责任了，就得把田种好嘛！再说，今年哪家的麦子都长得好啊！你施过两次肥了，这是第三次了吧！来，坐下歇一歇。”

社员丙（把土肥担歇下）：“庄稼一枝花，全靠肥当家嘛！”

刘大成拿着锄过来：“你可小心哪，别施太多了，小麦疯长也会减产的。”

社员丙：“不会，我问过孙大爷了，我那块田瘦狠了，要增产，就得多施肥。”

大成：“队长，你那块田里，连根草毛毛都没了，还去干啥？”

队长：“我比你家的绣花田还差得远，还要追哪。”

长福：“哪里！哪里！”

大成：“我算相信，党的政策威力大了，往年，我吹破哨子，喊哑嗓子，就是没有人出工，到地里也不正经干活。自从包产下来之后，下田不用人叫，干活不用人催，每人身上像安了个马达似的，自动化了！”

社员丙：“看这个苗势，今年麦收吃馍是没有问题了。”

长福：“我入社以来，还未见过这么好的麦苗。”

大成：“今年丰收是肯定的了。”

远处，土公路上，一辆自行车自远而近，大队邮递员小孙来了。他嘎然停车，从信袋里掏出报纸，给刘大成等，一面说“你们都在这里”，一面又翻身上车，远去了。

黄老大、黄老二过来，从队长手里要过《人民日报》展开。他们立即被头条新闻提到张浩的信吸引住了。两人赶快读了一遍，一面读，一面脸有焦急之色。

黄老大：“队长，政策要变了，你看！”

大成：“什么？你念念。”

老大：“老二，念编者按那一段。”

老二：“连包产组都批了，我们这包产到户就更不行了。”

社员丙：“我说嘛！共产党的政策就好变，一天一个样。”

长福：“噫！这咋整，好不容易有这么好的庄稼，又要归大堆儿了。”

大成：“不要着急，等上级的指示再说。”

黄老大：“这是《人民日报》说的，还有错？”

大成：“大家不要急，我去问汤书记再说。”

众人：“问问去。”

队长起身，大家也起身。

黄长福：“这活还有什么干头！”

社员丙挑起肥，也担往回走。

黄老大：“你把粪还挑回去干啥?”

社员丙：“这田归不归我家还不知道，我还施什么肥!”说着，挑担走了。

二十二

刘大成和张明在去公社的路上。

刘大成和张明匆匆地向公社的大门走去。他们进门，走到会议室前站住了。

公社的会议室里，正在开会。桌子上摊着报纸，几乎是每人面前一张《人民日报》，像是个学习会。

委员甲：“从编者按的精神看，我们魏岗生产队的试点显然是不符合中央精神的。编者按连包产到组都批了，何况我们这里包产到户。”

委员乙：“编者按就是报纸编辑的话，不能算就是中央的话。”

委员甲：“别忘了，《人民日报》就是党中央的机关报。”

委员乙：“但报纸是报纸，中央文件是中央文件，我们要按中央正式文件办。”

张大胜：“《人民日报》的编者按语，击中了目前农村问题的要害。一个时期以来，农村分田到组，分田到户的，乱了套，这样搞势必会动摇‘三级所有，队为基础’的人民公社制度。《人民日报》发表这封信，非常及时，我完全拥护。我提议党委重新研究魏岗生产队的试点，按上级精神办事，坚决停止试点，重新统一起来。”

全场默然。

门外刘大成面有异色，张明很兴奋。

会场上大家都把目光转向汤文林。汤文林继续沉默。但从他的神色看得出，他正在进行着激烈的思想斗争。

委员乙：“张书记谈到魏岗的试点，我提点意见。魏岗是多年来我们提不起来的穷队，班子散，人心乱，年年是‘三靠’。可是从去年秋季试点搞包产到户以来，小麦种得比哪个队都多，而且好，现在长势也是全社最好的，比外村的高一截。这我们都是看见的，现在正在讨论实践是检验真理的唯一标准嘛！我看魏岗的实践证明是对头的。不要因为《人民日报》发了这么一封信，编者这么一按，我们就刹车了！我建议还是等一等中央文件再说。”

张大胜：“不错，魏岗的麦子是长得好，但那是分田单干搞的，大方向不对，粮食再打得多，也不行。我们要坚持社会主义大方向。”

委员甲：“《人民日报》的编者按，非同小可，我建议还是闻风而动的好，前几年还不是吃了不看风向的亏。”

委员丙：“这产量也是重要的，社员得靠粮食才能吃饱肚子！”

张大胜：“党派我们在这里工作，是要领导农民坚持社会主义大方向，农民是小生产者，有自发资本主义倾向，你不抓就不行。我们不能对农民搞小恩小惠，而丢了社会主义大方向。”

委员乙：“我不同意说魏岗搞包产到户就是丢了社会主义大方向，前些年田撂荒，地长草，社员穷得揭不开锅，不得已四处要饭逃荒，那叫社会主义？现在大家干活了，庄稼长好了，麦秋后有饭吃了，这叫大方向错了？”

委员甲：“可现在分开干了，家家小而全，户户粮油棉，一家一户劳动，队里统一不起来了，这还叫社会主义？”

汤文林：“魏岗搞的是社会主义，大方向是对的。（转向委员甲），你说的队里统一不起来，各家各户分开干了。不错，但这是劳动形式的改变，而社会主义性质没有变。文件讲，什么叫社会主义？社会主义最基本是两条，一是生产资料公有制，二是按劳分配，魏岗搞包产到户，这两条都坚持了。因此，没有理由说魏岗的大方向不对！”

刘大成在窗户外叹了口气，点头称是。

张大胜：“可是《人民日报》连包产到组都说要坚决纠正，我们搞了包产到户，还不赶快纠正吗？”

汤文林：“报纸是报纸，工作是工作。我们的工作要按上级的精神结合本地的实际情况办。魏岗搞包产到户，社员出劲干活了，庄稼从来没有今年长的这么好，老百姓有盼头了，要饭的回来了，我们为什么又要去纠正呢？”

张大胜：“这可事关路线，是大是大非问题，现在，我们按报纸精神，闻风而动，把魏岗的问题纠正了，将来上级检查，也好交代，现在不动，将来查起来，这个责任谁负？”

汤文林：“我负，这个我已经说过了，魏岗的试点，有了问题我一人承担，这也是记录在案的。”

委员甲：“汤书记，到那个时候，你自己也泥菩萨过河，自身难保了，怎保得住魏岗！所以我看还是按张主任的意见，乘上级还未来纠正，自己先纠了保险。”

窗外，刘大成面有难色，神情专注地望着汤文林。

汤文林：“不，魏岗的试点不能纠，生产队给社员都定了合同的，我们不能失信于民。听了广播，我琢磨好久了。前几天看《七品芝麻官》电影，唐知县说过：‘当官不为民做主，不如回家卖红薯’，一个封建社会的官僚，都有这样的骨气。我们是共产党的干部，怎么能只顾保自己的乌纱帽，不顾百姓饱不饱肚子呢？这件事我们定的，如果错了，撤我的职，现在公社党委变不了修正主义，同志们尽可放心。现在上级还无明确的指示，我们不能听风就是雨，魏岗的试点还是要试下去。”

此时在桌角的电话机响了，委员乙接听后说：“汤书记。”

汤书记接过电话：“是，好！……”

汤文林：“好了，王书记来了！”

大家互相交换了眼神，好像在问，这时王书记过来，会说什么呢？

二十三

县委王书记要来公社，消息很快就传开了。大家都在等着如何对待《人民日报》的编者按，现在已经搞了的包产到组、包产到户怎么办？干部们想知道上级的意图，社员也想知道领导的意图，到底政策变不变？人们从四面八方陆续地聚拢来，进到公社大院。蹑手蹑脚地围到书记正在同公社干部开会的会议室，其中有不少是魏岗的，黄长福来了，孙贵来了，还有王有泰等。人们都是屏住呼吸，在窗下静静地听着。

会议室里，汤文林正在向王书记等人汇报。

汤文林：“魏岗生产队搞包产到户这件事，主要责任在我，是我同意他们搞的。我又没有向县委请示汇报，错误也在我。县委要追究的话，就追究我，可以处分我，撤我的职也行，下放我也行。但我有一个请求。”

王书记：“什么请求？”

汤文林：“魏岗搞的包产到户，现在不要去纠，让他们搞下去。”

王书记：“为什么？”

汤文林：“魏岗这个队穷了二十多年，群众苦透了，要饭的要饭，流浪的流浪，我们想改造魏岗，办法也用尽了，没有见过效。自从去年种麦，搞了包产到户，魏岗就变好了，庄稼种得好，长得好，全村人欢天喜地，都称赞这个办法。我请求让他们搞下去，不要去纠！这个办法好。”

窗外不少魏岗的社员，都想给汤书记鼓掌，都想说好！但被旁边的另一些群众制止了。

张大胜：“魏岗的庄稼是不错，但方向路线成了问题，这样分开搞，不符合大方向。我刚才已经向公社党委提出了，魏岗的包产到户要纠正。”

窗外哗然，群众议论开了，争论开了。

室内发现门外有这么多群众，张大胜很恼怒，命委员丙：“去，让社员们都出去，王书记在开会嘛！”

委员丙起身。

王书记起身制止了。去看了看窗外，然后把窗户打开，说：“把门打开，请社员们到里面来。”

群众在前面的都进了会议室，有坐的，有站的。济济一堂，窗外还是站满了人，院外还有群众陆续进来的。

王书记：“你们都看到报纸了？”

社员有的说，看到了，有的说没有，有的不知所云。

王书记：“你们刚才都听见了？”

社员：“听见了。”

王书记：“你们说说魏岗搞的这个办法好不好？该不该搞？”

黄长福：“我讲两句，讲理论咱不懂，方向对不对，咱弄不清，咱只知道前几年那个法儿，大家不干活，庄稼长不好，现在这个办法，大家干活了，庄稼长好了。”

王有泰：“不管哪个方向，总要叫咱社员吃饱肚子，方向再对，吃不饱肚子的方向，总不是好方向。”

王书记：“对！社会主义的大方向不是空的，不是好听的，是实实在在的。搞社会主义为什么？总得把生产搞好，总得叫人吃饱饭，还有个钱花，生活一年年好起来。搞革命总得让群众生活一年年改善，否则还叫什么社会主义？还革什么命？有人说，方向和产量有矛盾，我说我们要社会主义方向，也要产量。所以，不管什么法，在现阶段，只要能够增产、增收、增贡献的办法，就是好办法，我们就支持。”

社员丙：“那魏岗的办法？”

王书记：“魏岗生产队用什么责任制的办法，应该由魏岗生产队的社员根据自己当地的情况决定，我们要把选择经营管理的方式的权利交给群众。”

黄长福："王书记，你同意我们的试点？"

王书记："我同意。我支持你们这么干！"

汤文林："王书记！上前同王握手，紧紧地握手，长久说不出话来。"

王有泰（激动地）："王书记！谢谢！谢谢您啊！"

全场热烈……有个魏岗社员跳着、喊着："王书记支持我们了！支持我们了！"群众边喊着边拥出会场。

【剧终】

农村新谚*

说明

1978年以来，我在各地农村调查，了解8亿农民搞饭吃，饭还不够吃的原因，研究解决这个基本问题的途径。为此。我到过号称天堂、天府的苏杭地区、温江地区、京沪郊区等富庶的农村，更多的是到苏北、淮北、大别山区、辽北、陇西干旱区与长期贫困、落后的农村中去访谈①。在农村，我与成百上千个农村基层干部和农民交谈过、讨论过，向他们请教上述两个问题的答案。

在长期的调查过程中，我直接、间接地听到了许多新的农村谚语。这些谚语从各个角度，生动具体地回答了我所要调查研究的问题，给了我很多启发和教育。因此，在之后的调查中，我就比较注意收集这些农村谚语。最近，应朋友之约，我把它们从调查的笔记中摘抄出来，稍加整理、注释，就成了这个《农村新谚》，供同志们阅读，这对了解我国农民30年来的生产生活状况，了解党的十一届三中全会以来农村发生的巨大变化，了解目前农村方兴未艾的大好形势，也许是有好处的。

陆学艺

1981年8月15日

* 本文源自作者手稿。该稿系陆学艺1978年以后在农村调查时收集的农村新谚语汇编，由作者本人加以整理、编辑和注释。编注时间为1981年8月15日。脚注中凡未注明"编者注"的均为陆学艺本人注释。——编者注

① 原文为"访问"，现改为"访谈"。——编者注

一　十一届三中全会前农村的生产、生活状况

田中

尖头人站，
滑头人看。
老实头人气得不愿意干！

心思

从春忙到年，
不见一分钱，
哪有心思来种田。

农民的锅子大

农民的口袋大，
多少只手往他腰里拿；
农民的锅子大，
多少张嘴都往里插。

大家拿①

美洲有个加拿大，
中国有个大家拿；
党是母亲社是家，
缺啥用啥家里拿。

上工 1

你来我亦来，
纳底带打牌；

① 1960年以后，不少农村的偷拿之风很盛，虽多次整顿，但成效不大。越是困难落后的社队，这个问题越严重。有些地方还认为“集体的东西，是婆婆筐里的针线，哪房媳妇都可以拿”“集体家大业大，拿点用点没有啥”“大家的东西，大家拿”“拿集体的东西不算偷”，以致社会的道德风气也变了，特别对年轻一代影响很不好。《大家拿》反映了这个问题，亟待引起各方面的严重注意。

你走我亦走，
工分七八九。

上工2

你来我亦来，
上工带打牌；
我来你不来，
必定有后台。

劳动

队长乏了打转转，
会计乏了打算盘，
保管乏了打卷卷，
社员乏了煨旱烟，
妇女乏了纳鞋底，
秋后分配六两半，
大人小孩都傻眼。

田间①

八点上工九点到，
到了田里还嫌早，
抽袋烟，唠一唠，
干起活来慢慢熬。
拉泡屎，撒泡尿，
望望天空已不早，
一声哨子往回跑，
自留地里使劲刨。

① 在相当一部分生产队里，农民对集体经济丧失信心，对集体生产劳动毫无积极性。这首《田间》反映了这种消极懈怠的情况。这种状况古籍上曾有过类似的记载。如《吕氏春秋·上农》上有这样一段："野有寝耒，或谈或歌；旦则有昏，丧粟甚多！"

矛盾 1

种田的人没有权，
有权的人不种田；
种田的人减了产，
有权的人照拿钱。

开荒

山光石头出，
抱着石头哭；
大山开到腰，
小山开到顶。
家住大山里，
缺钱缺柴烧。

生产和分配

上工人等人，
干活人看人，
下工人追人，
分配人比人。

工分①

分，分，社员的命根，
分是钱串子，
分是粮堆子，
分是草垛子。

上工 3

敲钟敲一阵子，
等人等一阵子，
拉呱扯一阵子，

① 在农村，一般生产队里，所谓按劳分配就是按工分分配。有了工分，就有钱、粮、草，所以社员视工分为命根。

干活磨一阵子，
休息歇一阵子。

上工 4

早上工的捡田螺，
中间来的树下坐，
晚上工的喂猪婆，
不上工的在家休。

赤贫

没盐吃，
没灯点，
穿破衣，
住草房，
屙野屎。
常年是：
稻谷加稻草，
红薯加辣椒。

吃

公社干部请着吃，
大队干部陪着吃，
生产队干部找着吃，
高级社员混着吃。

拖拉机进村①

拖拉机进了村，
忙坏了一队人，
家里不断火，
路上不断人，

① 前些年，拖拉机手等搞不正之风，到生产队作业，要吃要喝，生产队干部也乘此陪着吃喝。拖拉机一来，忙着买鱼买肉，弄吃弄喝，忙得很。因此农民创作此谚，批评这种现象。

好像村子里死了人。

拖拉机

没有酒，拖拉机开不走，
没有烟，拖拉机犁不到边，
没有好茶，拖拉机就好①坏。

不同②

死了大牛哈哈笑，
死了母鸡哇哇叫。

咯咯鸡③

咯咯鸡，咯咯鸡，
打油买盐全靠你！

生活 1

春天吃槐花，
夏天吃南瓜，
秋天吃山芋，
冬天靠国家。

生活 2

吃的是菜稀饭，
住的是破草房，
穿的是烂衣裳，
过的是穷时光。

---

① “好”（hào），喜欢，容易。词句意为：没有好茶，拖拉机就容易坏。——编者注

② 在农村，牛是集体的。在以往很长一段时间内，牛是重要的生产资料，政府规定，不经批准，不能宰杀。在集体经济搞得不好的时代，社员把牛看作“人家”的，所以，死了牛不但不心痛，而且哈哈大笑，因为有牛肉吃了；老母鸡是自家的，靠鸡蛋换零用钱，死了鸡就断了财源，所以就哇哇叫。

③ 农村合作化后，有相当一部分社队经营不好，分配水平低，除了分些口粮、柴草，社员多年分不到现金，过着“吃粮靠集体，花钱靠自己”的生活。在很多地方，养鸡生蛋成了农民的重要财源，所以有“鸡屁股银行”之说。

农村三句半

耕田不用牛
——人拉。
点灯不用油
——摸黑。

姑娘的心事

嫁个队长有人拍，
嫁个会计有钱花，
嫁个工分干甜活①，
嫁个排长有人怕，
嫁个保管不愁吃，
嫁个社员光挨骂。

白干②

不怕拼命干，
就怕疲劳战；
不怕大干，
就怕白干。

借钱

队长用钱一句话，
会计用钱一笔划，
保管用钱自己拿，
社员借钱跑破了鞋。

社员

得罪队长干重活，

① 工分：记工员。

② 白干：农民怕白干，有两个含义：一是领导瞎指挥，搞白费功夫的无效劳动；二是怕领导违反按劳分配原则，多劳不能多得。

得罪会计换笔戳，
得罪保管换秤砣，
得罪排长挨枪托。

干部和社员

你干我亦干，
你泡我亦泡，
你捞我亦捞，
你偷我亦偷。

生产队里

队长有权，
会计有钱，
撑死保管，
饿死社员。

农村十等人

一等人当书记，孩子大人有出息；
二等人当队长，酒壶酒盅一齐响；
三等人当保管，肥猪喂得呼呼喘；
四等人跑外交，花钱多少都报销；
五等人开手扶，亲朋都有柴油烧；
六等人当教员，每月补贴五块钱；
七等人赶大车，样样东西可以捎；
八等人当园头，全家吃菜不用愁；
九等人掏大粪，干多干少没人问；
十等人大老黑，苞米饼子不够塞。

高级社员

什么都不做，每回分满筐；
什么都不干，说话可以中；
什么都不当，能够管一庄。

官

大小当个长，
赛过土皇上；
多少挂个衔，
也比社员强。

队长

天天生产靠队长，
劳动时候等队长，
猪羊下田喊队长，
大小事情找队长。
收不到粮食怨队长，
吃不到返销骂队长。

生产队长

春天是红人①，
夏天是忙人②，
秋天是穷人③，
冬天是罪人④。

等级 1

县委干部后面冒烟⑤，
公社干部屁股颠颠⑥，
大队干部溜溜地边，
生产队干部扛锹抽烟，
社员穷得在地里打转。

---

① 春天选队长，定计划，故队长是红人。
② 夏天抢收抢种抢管，故队长是忙人。
③ 秋天，秋收登场，会计结算，多方来要账，队长成了穷人。
④ 每到冬天，整风整社搞运动，队长是众矢之的，成了罪人。
⑤ 后面冒烟：指坐汽车。
⑥ 屁股颠颠：指骑自行车。

等级 2

公社干部送上门，
大队干部走后门，
小队干部人托人，
社员群众没得门。

香烟

县里干部锡纸包，
公社干部水上漂①，
大队干部猫对猫②，
生产队干部大铁桥，
社员群众白纸包。

尼龙裤③

大干部，小干部，
一人一条尼龙裤，
前面是日本，
后面是尿素，
还有含氮 46%！④

县里干部

星期一悠悠晃晃，
星期三恢复健康，
星期五盼着回家，
星期天拼命加班。

---

① 水上漂：东海牌。

② 猫对猫：双猫牌。

③ 此谚流行在滁县一带。20 世纪 70 年代初，我国从日本进口了一批尿素化肥，包装为较好的尼龙布。农村的干部把用完尿素的口袋据为己有，裁作短裤穿。因此，农民创作此谚批评这种不正之风。

④ “日本”“尿素”“含氮 46%”都是原来口袋上印的字。

心里话

不讲原则关系好，
少说少写错误少，
多吃多占身体好。

干部多

有了工作互相推，
出了问题互相赖，
来了运动互相踹。

精简

龙多不下雨，
人少心眼齐；
有事不要换门找，
一竿子就能插到底。

二 实行生产责任制以后

农村三笑

50年土改，
农民眯眯笑；
62年责任田，
社员嘻嘻笑；
79年包产到户，
社员就哈哈笑。

责任制1

不派工，不打钟，
社员当了主人翁；
不用催，不用喊，
人人赛着往前冲。

包产到户 1

有统一，有自由；
有责任，有报酬；
懒汉变勤劳，
滑头变老牛；
坚持三五年，
大囤尖，小囤流。

灵丹妙药

联产如联心，
联谁谁操心；
联秋秋增产，
联棉棉丰收；
联畜畜长膘，
联麦能吃馍。

包产到户 2

户户忙生产，
个个当队长，
家家试验田，
人人技术员。

包到户好

划组不到户，捂也捂不住；
要想社员富，定要包到户；
走点回头路，为了迈大步。

办法

统一经营，联产到劳。
定产部分，一律上交。
超产部分，谁超谁要。
一季一清，粮钱现交。
林牧副渔，专业承包。

三年不变，合同担保。
谁要违反，法律不饶。

包干好

大包干，小包干，
直来直去不拐弯；
贡献国家的，
上交集体的，
剩下都是我自己的。

责任制以后

活没少干，
戏没少看，
集没少赶，
亲戚没少串，
粮食没少产。

农村三喜

草房变瓦屋，
薯干换蒸馍，
光棍娶老婆。

如今的生活

地瓜干子换酒喝，
高粱面子吃不着，
玉米面饼应改善。
白面馍馍当主饭，
猪肉羊肉不稀罕，
煎煎炒炒家常饭。

包产到户好

谷子灌满屯，
吃饭再不愁；

客人到我家，
有肉又有酒。

包产到户以后

一年解决吃的，
二年解决穿的，
三年解决住的，
四年五年机械化。

标准

形势好不好，
肚皮是记号；
形势高或低，
增产为依据。

包产到户 3

生产队长靠边站，
队委班子自动散，
队长说话没人听，
会计算账不管劲，
保管屋里无现金，
民兵排长调不动兵。

请人帮工

早晨是炸的①，
中午是杀的②，
晚上是喝的③，
手中夹的是两截的④，

① “炸的”：油炸的花生、油条之类吃的。
② “杀的”：杀鸡，杀鸭，指荤菜。
③ “喝的”：酒。
④ “两截的”：过滤嘴香烟。

腰里塞的是软的[①]。

矛盾2

层层设防，节节败退，
干部越搞越被动；
项项增产，年年丰收，
群众越搞越高兴。

责任制2

下问上不问，
暗问明不问，
心问嘴不问。

不要变

一年不变上化肥，
二年不变下饼肥，
三年不变种绿肥。

① “软的”：钞票，指干活的工钱。

马克思主义认识论：实践的观点和探求真理的途径*

石家庄地委响应党中央号召，组织干部学习马克思主义的哲学，这是一个非常正确的决定，是一项对于石家庄地区工作具有战略意义的工作。党中央总结十年来改革开放的正反两方面的经验，重新提出学习马克思主义哲学的号召，这是很有针对性的，是革命的需要，是建设“四化”的需要，是为了我们祖国的“四化”大业，是为了我们国家的长治久安。毛泽东同志在抗日战争时讲：“如果我们党有一百个至两百个系统地而不是零碎地、实际地而不是空洞地学会了马克思列宁主义的同志，就会大大提高我们党的战斗力量，并加速我们战胜日本帝国主义的工作。”① 现在同样，如果我们有 100～200 个精通马克思主义的同志，这对于我们的四个现代化建设是会有巨大意义的。前些年，这方面有所放松，一手硬一手软，出现了很多问题，现在重提学习马克思主义哲学，是很有针对性的。我们一个地区、组织这么大规模的学习，提高领导干部的马克思主义水平，对于地区的工作、地区的发展，也将有不可估量的意义。学习马克思主义哲学，对干部来说，也具有十分重要意义。最近陈云同志发表了关于学哲学的重要讲话，认为学好哲学，终身受用。有的同志说，哲学就是聪明学，使得我们在工作中变得聪明起来，在大的政治风浪中，能保持头脑清楚，是非分明，立场坚定，旗帜鲜明，在工作中具有创造性，灵活性，为党多做贡献。

学习马克思主义哲学，要持之以恒，要坚持读书，读马克思主义的书，读毛泽东、邓小平的著作。要坚持调查研究，在实践中学。我们来讲课，

---

* 本文源自作者手稿。该文稿系陆学艺 1990 年 4 月 26 日在石家庄地委所作报告的讲稿。——编者注

① 毛泽东：《中国共产党在民族解放中的地位》，载《毛泽东选集》第 2 卷，北京：人民出版社，1991 年 6 月第 2 版，第 533 页。——编者注

只是给大家开个头，点点题。希望地委把学哲学的做法坚持下去，也希望大家坚持下去。

地直工委给我出的题目是讲马克思的认识论，今天我就讲这个题目。什么是马克思主义认识论？就是关于正确认识世界，正确认识事物的学问。讲三个题目：（1）正确的认识来源于实践；（2）认识的过程，认识的两个阶段：感性认识和理性认识；（3）理论要为实践服务，受实践检验。

一 认识来源于实践

人的正确思想是从哪里来的？是头脑里固有的吗？不是，是天上掉下来的吗？不是。人的正确思想来源于实践，来源于生产斗争、阶级斗争、科学实验三大运动的实践。

实践是认识的基础，人的认识一点也离不开实践。毛泽东说："什么是知识？自从有阶级的社会存在以来，世界上的知识，只有两门，一门叫做生产斗争的知识，一门叫做阶级斗争的知识。自然科学、社会科学，就是这两门知识的结晶，哲学则是关于自然知识和社会知识的概括和总结。"① 阶级斗争，大规模的、狂风暴雨式的阶级斗争过去了，已不是主要矛盾，但阶级斗争还在，有时还很剧烈。即使不这样，还有社会斗争、社会活动、社会发展、社会实践。所以毛主席这个主义还是站得住的。

人们的生产活动、社会活动是一步一步由低级到高级逐步发展的，人们的认识也是一步一步由低级到高级、由现象到本质、由片面到更多方面再到比较全面的。自然科学是这样，社会科学也是这样。人们的生产活动，先是农业生产，而后是工业生产；先是手工劳动，以后有机器操作，以后是电气化、自动化机械；开始是初等数学，而后是高等数学，以后是几何，而后是微积分。

社会活动，阶级斗争也是这样。我们党1921年成立之后，面对三座大山，敌强我弱怎么办？经过挫折反复，才找到武装斗争、工农联盟、统一战线三大法宝，才逐步找到了在农村建立根据地，农村包围城市，最后夺取政权的正确路线。

建设也是这样，先是照搬苏联的农业集体化、国家工业化，先搞重工

---

① 毛泽东：《整顿党的作风》，载《毛泽东选集》第3卷，北京：人民出版社，1991年6月第2版，第815~816页。——编者注

业的模式，总想快一点，急于求成，急功近利。党的十三届五中全会才找到了经济要持续稳定发展的方针。

从总体来看，生产斗争、阶级斗争、生产活动、社会活动都是客观的、全面的。我们的认识，切忌主观、片面。但我们往往常犯主观、片面的毛病。而且不是个别人，是普遍地犯主观、片面的毛病。

例如我们分析农村形势。说好的时候，大家都说好，一片光明，盲目乐观；说有了问题，又说的一片漆黑，不得了了。农村实行改革以后，二三年，农业生产全面增长。要分析，要全面。不要跟着喊。

就目前来说，工业生产有了问题。工业滑坡，市场疲软，第四季度工业停滞，引起一些人的忧虑。这应该说是个问题。要通过调整、整顿，深化改革来解决。但应该客观全面地来看问题。1984 年、1985 年以后，发展得过快，生活改善得过快。1988 年决定调整、整顿，是完全正确的。实行“双紧”：紧缩财政、紧缩信贷，卡住了，物价下来了，这是很不容易的。客观上，跑步快了，要走几年慢步，不能老是高速度。这符合波浪式发展的客观规律。

我们是个多少年落后的国家。要几年十几年工夫赶上人家是不现实的。不仅是建设太快，我们生活改善得也过快，要消化一下。例如，计算机都买了，有多少人会用？发挥了多少作用？计算器都不会。一些先进的厂建了，先进设备引进了，但管理怎么样？效力发挥了吗？高级宾馆建了，管理怎样？只能请外国人来管理。立交桥建造起来了，司机在桥上下不来，最怕立交桥，怕警察。

另外，有个配套的问题。家电生产这么多，电不够，不少农村电冰箱用来当柜子，放白面、玉米，跑出耗子来。就生活方面来说，电冰箱、洗衣机不少了，家境好一点的，还有录像机、微波炉。我们改善得太快。1980 年我买黑白电视，现在彩电小了都不行。发达国家也要 10 年、20 年。

调整、改革、整顿、提高、巩固一下，踏几年步是必要的。我们要全面看待这些问题，理直气壮讲社会主义的优越性。8 年翻了一番多，大致是“30 年 = 几百年”“10 年 =30 年”，我们够快了。这方面的宣传要全面，不能乱说，把人心搞乱了。要客观全面地看问题，避免片面主观性。

二　认识有一个过程

认识分感性认识和理性认识两个阶段。感性认识是基础，是认识的初级阶段，是认识的起点，是对事物的直接反映，是认识的第一步。但感性认识因为是直接反映，就往往是表面的、有局限性，是把握事物的现象，还没有认识事物的本质。所以，认识必须深化，进到第二步，即理性认识的阶段。

理性认识是认识的高级阶段。从感性到理性的过程，就是由感觉、印象，经过判断、推理、综合分析，达到理性认识，达到对事物的内部联系、事物的本质、事物的规律的认识，得出科学的结论。这个过程就是毛泽东讲的“去粗取精，去伪存真，由此及彼，由表及里”的过程。“感觉到了的东西，我们不能立刻理解它，只有理解了的东西才能更深刻地感觉它，感觉只解决现象问题，理论才解决本质问题。”①

认识了事物本质、事物的规律，得出了科学的结论，用于指导实践。譬如我们对一个县、一个村调查，首先接触到很多问题，很多现象。例如，现在种棉花，群众总是不愿种，这个村完不成任务，缺苗断垄也不管，有好化肥也不使，有时间也不去种，说种 3 亩，实际 2 亩也不到。如果不研究，这就是一堆现象。如果深入研究，把各个村都联系起来，问几个为什么，就能了解。这是因为价格不合理，种棉不如种粮食划算，这是违背了价值规律。有些省总结出了农村有三种产品：第一种是价格放开的；第二种是半放开的；第三种是不放开的。你工作就该对症下药，用价值规律，用行政补贴的办法。

要调查，要深入研究，否则得不出正确的结论来。这些年，调查不少，经验不少，但总结不够，总结不出东西来。这有两个原因：（1）读书的人不下基层，不了解实际；（2）从事实际工作的人又不念书，不研究理论。

我们有好多错误是重复犯的。一放就乱，一乱就统，一统就死，死了就叫，叫了再放。农业好了，上基建，上工业，大手大脚；出了问题，再上农业。例如，1958 年和 1985 年。为什么老犯这一错误？社会主义经济建设的规律是什么？社会主义的主要矛盾是什么？要走什么样的道路？我觉得这些年有个很大的问题，就是不能很好地处理工农关系、城乡关系。

所以我以为应该通过学习马克思主义理论，来很好地总结经验，找出规律来，用以指导我们的实践，使“四化”建设更好地进行。

---

① 毛泽东：《实践论》（1937 年 7 月），参见载《毛泽东选集》第 1 卷，北京：人民出版社，1991 年 6 月第 2 版，第 286 页。——编者注

三　理论要为实践服务，要在实践中检验

从实践中总结了理论，由感性认识上升到理论，目的是用，要回到实践中去应用，为实践服务，并受到实践检验。因为只有通过实践，才能检验是不是真理。实践是认识真理的唯一标准。自然科学是这样，社会科学也是这样。

例如前不久发射的亚洲一号卫星，这是人类智慧的结晶，是数学、力学、天文学、化学、物理学、地球物理学、电子学、气象学、机械学、空气动力学等许多学科的共同成果的检验。我们发射成功标志着我们这方面的伟大成就。这次发射是由无数次小的试验，包括失败的试验，不断改进提高的结果。通过发射，我们还要改进，还要提高，不断修正。继续发射，继续提高，以后要发射更多、更大、更好的卫星。

社会科学也是如此。我们总结革命、建设的规律，也是为了指导建设。在这里，既要反对教条主义，也要反对经验主义。经验主义是不总结、不提高，停留在感性认识阶段，老处于初级阶段；本本主义，有了结论，就照本宣科，不做具体分析，不联系本地实际，往往就吃亏，影响本地工作。就地方工作来说，要处理好大环境和小环境的关系，上面不能要求一刀切，下面要防止照本办事。例如，对于乡镇企业，就中央领导来说，他们考虑的是全体、大局，但你这个局部怎么样？1980 年缩减乡镇企业，山东减了，江苏不减，这样就差多了。这一次，对于小平同志的指示，各地做法不一，要从积极意义上，从实际出发就稳住了，办不好就吃亏了。还有，对已有的框框，如集体经济、规模经营、工业化道路（看不起乡镇企业）等，都要用实践检验。

总的是要从实际出发，因为真理是客观的。在我党的一切实际工作中，凡属于正确的领导，必须是从群众中来，把群众分散的意见集中起来，又到群众中去宣传解释，化为群众的意见，使群众坚持下去，见之于行动，并让群众考虑这些意见是否正确；然后再从群众中集中起来，再到群众中坚持下去……如此无限循环，一次比一次正确、生动、丰富，这就是马克思主义的认识论。要先做群众的学生，再做群众的先生。这些话虽然有几十年了，但这是科学。学习了，对我们的工作是会有好处的。

我今天给大家做一点提要，希望大家继续学习，对石家庄的人民、石家庄事业是一定有好处的。

纪念文章

悼念福武直教授*

福武直教授对中国人民、中国社会学界有特殊的感情和特殊的爱。中国人民、中国社会学界对福武直教授也怀有特殊尊敬的感情和特殊的爱。

早在福武直教授青年时代，他就深入中国苏南农村进行过社会调查，并写出了《中国农村社会结构》这样一本至今仍具有重大学术价值的著作。1979年夏天，当他得悉中国在1979年恢复重建了社会学这门学科之后，他马上组织了日本社会学访华团前来中国，会见中国社会学界的同行们，贡献建设和发展中国社会学的意见，搭建中日两国社会学家的交流渠道。福武直先生回国后不久，就亲自创建了日中社会学会，并出任第一届会长。10年来，在福武直先生的倡导和支持下，中日两国社会学家进行了广泛友好的交流，增进了友谊，加深了相互了解，交流了学术信息资料，受益良深。1980年1月18日，中国社会科学院成立了社会学研究所。为了支援这个中国社会学重要研究阵地的建设，福武直先生决定把自己数十年积累珍藏的图书和资料共4033册无偿捐赠给社会学研究所图书馆，供中国社会学界的同仁们阅读使用。

近年来，很多中国的社会学工作者访日，都受到福武直教授和日中社会学会的热情接待、多方关照。1985年11月，我受甲南女子大学上子武次教授和宫城宏教授的邀请，第1次访问日本。到东京后的第2天，福武直教授就在百忙中组织日中社会学会的同行们与我们会面，共同探讨中日两国农村发展问题，福武直教授自己做了热情洋溢的讲话，给我留下了美好深刻的印象。当晚，回到宾馆，我对我的同事说，福武直教授真是一个热爱

* 本文原载于《社会学研究》1990年第4期，发表日期为1990年8月29日。原稿写于1990年3月15日，该文系陆学艺为悼念福武直教授而撰写的文章。该文还被翻译为日文，刊登于《日中社会学会会报》（第4号）福武直追悼号。——编者注

日本也热爱中国的好朋友。

1987年2月，我出任中国社会科学院社会学研究所副所长。同年3月，以青井和夫教授为团长的日中社会学会第2次访华团来访，我和王庆基副所长负责接待工作。青井和夫教授带来了福武直教授对我们研究所同仁的问候和祝愿，我们也请青井和夫教授回国后向福武直教授转达我们的感谢和问候，并再一次邀请他能在方便的时候来我们研究所访问。1988年6月我接替何建章教授担任社会学研究所所长，此后不久，就接到福武直教授的来信，信中说，他已把捐赠给社会学研究所的第3批图书托运出了，并告诉我们，他将在秋天来华访问，提出想先访问北京，然后去西安和四川，自四川乘轮船游览三峡，到上海后回东京。听到这个消息，我们研究所的同仁们都很高兴，并马上做出了安排，准备迎接老朋友福武直先生的来访。到了秋天，福武直先生函告我们，因年金审议会要开会，与原定访华时间冲突，他不能来访问了，大家都很怅然。

老朋友再次见面的机会终于到来了。1989年3月，以福武直教授为顾问、青井和夫教授为团长、柿崎京一教授为秘书长的日中社会学会第3次友好访华团成行了。3月23日，福武直教授到达北京，我和李国庆到飞机场迎接他，天下着小雨，有点冷。我们向他问候，并建议是否加件衣服，老教授风趣地说：今天又一次很顺利地到达北京，心情很高兴，不觉得冷。当晚我们送他到民族饭店住下。第2天上午，全国人大常委会副委员长、中国社会学界的老前辈雷洁琼教授会见了福武直先生，我在旁边作陪。两位教授在一起讨论了社会保障问题。之后，全国人大另一位副委员长，中国社会学会会长费孝通教授也亲切会见了福武直先生。中国的这两位社会学界的老前辈，国事公务很忙，但只要福武直先生来北京，他们都要接待他。

3月28日，我们社会学研究所专门召开大会隆重欢迎福武直教授和日中社会学会访华团全体成员。会上，中国社会科学院秘书长刘启林先生代表胡绳院长向福武直教授赠送了他亲笔写的条幅。社会学研究所学术委员会主任何建章向福武直教授发了聘书，聘请他为社会学研究所名誉教授。福武直教授愉快地接受了聘请，并且即席发表了很动感情、很亲切的讲话，诚恳表示，要继续为中日两国的友好往来尽一切努力。社会学研究所为了表彰福武直先生无私奉献的精神，专门把他赠送的书刊单辟一室编目陈列，设立“福武直文库”，当天请福武直教授亲自剪彩开幕。中午，社会学研究所的工作人员特地自己动手，包了饺子，以家礼款待日本朋友。午后，两国学者分组展开学术交流，我和福武直先生都在农村社会学组。福武直先生说，这些年来，他不能下乡做调查了，但仍关心农业，关心农村，他认为中国的乡镇企业很有前途，是解决农村问题的一条路子。福武直先生和日本朋友在社会学研究所一天的活动，我们全部录了像，这盒录像带现在成了珍贵的纪念资料。

3月30日，我陪同福武直教授和日中社会学会的先生们离开北京去上海访问，在上海受到了上海社会科学院、上海大学、复旦大学的社会学同行的欢迎，同他们进行了学术交流。在上海期间，福武直、青井和夫、柿崎京一教授同我商讨了要开展中日两国社会学家合作研究的计划，还商谈了中国一部分社会学工作者参加日中社会学会的问题。按照原定日程，福武直教授最后要访问苏州和吴江，去看一看他40年前曾经做过社会调查的苏州农村。4月2日，我陪同福武直教授一起上了由上海到苏州的列车。在车上，先生拿出了前几天研究所聘请他为名誉教授的聘书，对我说："我从东京大学退休以后，就不再授课了。另外，我原打算这次访华是最后一次了，但我接受了你们的聘书，我就要履行我的职务。明年吧，明年我就来讲课。"先生为帮助中国社会学的发展而不辞辛劳的诚挚心意使我深受感动，立即向他表示了谢意，并且同他商讨了明年来华讲学的具体课程，商定就请先生讲《日本社会结构》。我对先生说：明年你来讲课，不仅我们研究所的博士生、硕士生会来听，有许多在京的社会学工作者也会来听你的课。教授说，他回东京之后要做点准备。可惜，福武直教授这个良好的心愿竟没有能实现。

我因为接到无锡老家的来信，我哥哥陆毓麟被汽车撞伤，住进了医院，要我回无锡照顾。所以，只好向福武直教授说明，请他原谅，并请沈关宝博士、陈婴婴女士代我陪同福武直先生到苏州访问，我则在火车上与先生告别，继续乘车去无锡。火车在苏州站停了，我送福武直教授下车，并请他先行，但他执意不肯，久久伫立在车厢边，一直等到火车开走。想不到这次分别竟成了永诀，先生伫立目送我离开苏州站的形象至今深深印刻在我的脑海里。

福武直教授仙逝而去了，但他的学术、他的为人、他的诚挚、他的无私奉献精神将永远活在我们心中。他所从事的中日友好事业，特别是由他开创的中日两国社会学界友好合作交流事业将世世代代进行下去，让我们继承福武直教授的遗志，把先生未竟的事业办好。

祝贺容肇祖先生95岁寿辰*

今天哲学研究所召开大会祝贺容肇祖先生95岁寿辰，我很高兴来参加这个会议。

容肇祖先生是我的导师，1962年我报考荣先生的研究生，从而进入中国社会科学院。30年来，我从容肇祖导师学习中国哲学史，学习做学问的方法，学习做学问的道德和为人的道德。多年来容肇祖先生一直很爱护我、关心我、帮助我，言传身教，我从容先生处学了很多东西，使我终身受益。

容肇祖先生一贯追求进步，为共产主义进步事业奋斗不息的精神是永远值得我学习的。早在解放前，容先生就接近靠拢共产党组织，保护共产党员、进步青年，帮助他们到解放区去。解放以后他积极参加各项工作，不为名不为利。容先生的家庭在“文化大革命”中受到的不公平的待遇，容先生能正确对待、正确处理，拥护党，追随党的宗旨始终不渝。在党的十一届三中全会以后，在容先生85岁高龄的时候，他加入了共产党，实现了多年的夙愿。入党以后，又能以共产党员的标准严格要求自己，前几年还常步行到院里来参加党支部的会议。有时停电没有电梯，容先生还爬九层楼梯来参加组织生活。

容先生严肃认真的治学精神，永远是我学习的楷模。容先生在青少年时就勤奋好学，一辈子认认真真读书，实实在在做学问。容先生知识渊博，文、史、哲、经各个领域都很精通。他撰写的《明代思想史》等专著有独到见解，在海内外学术界有很大的影响。我来社科院之后，他专门教过我先秦哲学和宋明理学。容先生对古代学术典籍非常精通，我和丁冠之跟他学习的时候，每有疑问，他都给予详尽的解答。我们在学术上的一点功底，是他手把手教诲的结果。容先生做学问一丝不苟，1989年齐鲁出版社出版

* 本文源自作者手稿，该稿写于1992年5月12日。——编者注

了《容肇祖集》，他那时已经92岁高龄，还一字一句校读一遍，把竖排版中的错字一一校正之后才送给我们。这种认真的态度是我们这些后学自愧弗如的。

容先生为人正派、刚正不阿，对于不良的人和事，他敢于斗争、直言批评。但容先生待人很诚恳，平易近人，乐意帮助别人，特别是对青年后进，他一贯是积极帮助的，提携后进，我们从容先生学习多年，他不仅在学业上教育我，而且在生活上帮助我，一直是像家人一样对待我的。

容先生治学有一套独特的见解和方法，另外容先生也有一套自己的养生之道，这也是值得我永远学习和效仿的。1965年我搬到干面胡同和容先生同住一个大院，近30年了。容先生天天早起锻炼，跑步、做操，不管是腊月寒冬，也不管是三伏热天，容先生从不间断，这种坚持不懈的精神是我们所有的人都很佩服的。正因为荣先生有这样的毅力、这样的锻炼，所以直到现在95岁高龄，仍有如此好的精神、好的身体。

所有这些都是我要终身学习的，我为有这样的好老师而感到幸运。我祝荣先生长寿健康！

十时严周：中日社会学交流的使者*

十时、富永、柄泽教授，小熊先生，各位朋友：

今天我们在这里举行十时严周文库开幕典礼。首先让我代表社会学研究所对诸位来宾表示欢迎！

十时严周教授是日本庆应大学的社会学系主任，长期从事社会学的研究和教学工作，在产业社会学等方面都很有成就，培养出了一代年轻的社会学家，桃李满天下，是国际知名的社会学家。

十时严周教授是中国人民的老朋友，中日建交后曾多次访华，为中日文化交流、学者交流作出了重大贡献。十时严周为创建中国日本文化学术研究中心倾注了很多的心血，为中国培育了一批研究日本文化的中国青年。

十时先生也是我们中国社会科学院社会学研究所的老朋友。1989 年，十时先生专门为中国社会科学院研究生院接受日本国际学术发展学会的资金，每年派 5 名学生到日本学习这件事作出了贡献。十时先生对我们社会学研究所的帮助就很多了，十时先生多次来我所访问讲学，并和我们共同合作研究中国城市现代化问题。他还专门为我们研究所的学生担任导师，我们研究所的学生到日本访问，都会得到他非常热情的接待帮助。

今年春天，十时严周先生又把自己珍藏多年的社会学图书 3000 多册，专门分好了类，自己出钱运到了中国捐赠给了我们研究所。

今天他专程来参加开库典礼。十时先生对中国人民的支持和无私奉献的精神，对我们社会学研究所的无私帮助使我们十分感动。在此我谨代表全所同仁向十时严周先生表示由衷的感谢！

我们研究所接到赠书后，为了表示对十时的感谢，专门请了人进行协

---

* 本文源自作者手稿。该文稿系陆学艺为 1992 年 12 月 17 日十时严周文库揭幕仪式起草的发言稿。原稿无题，现标题为本书编者根据发言稿内容所拟定。——编者注

助登记、编码、上架，专门建立了十时严周文库，向全国学者开放，以充分发挥图书的效用，为发展中国社会学、日中友好作出贡献。今天乘十时严周先生来所之际，举行揭幕仪式。

请十时先生剪彩！

坚持两个文明一起抓*

邓小平同志的逝世，是中国社会主义建设的巨大损失。对于他的丰功伟绩，江泽民同志在所致的悼词中做了很好的总结：20世纪中国“两次伟大革命，两次历史性飞跃，造就了两个伟大人物，这就是毛泽东同志和作为毛泽东同志的战友、事业继承者的邓小平同志”。① 这个论断完全符合历史事实，科学地总结了邓小平同志的一生。小平同志留下的丰富遗产，即把马克思主义和中国实际相结合、创立建设中国特色社会主义理论，是我们继续前进、实现四化的宝贵财富。

坚持两个文明一起抓，是建设有中国特色社会主义的重要组成部分。邓小平同志一贯强调两个文明一起抓，两手都要硬。我们一定要按照邓小平同志的教导，努力提高全民族的思想道德素质和科学文化素质，不断发展以马克思主义为指导的，立足本国而又面向世界的，继承优良传统而又体现时代要求的社会主义精神文明。

小平同志历来重视社会科学研究，没有他的拨乱反正，就没有社会科学的今天。我们广大社会学工作者，在悼念小平同志的时候，要继承小平同志的遗志，把他的关怀落实到实际研究工作中，发展社会学，为社会主义现代化建设服务。

---

* 本文源自《人民日报》1997年2月28日第2版，《坚持两个文明一起抓（部分全国人大代表、全国政协委员学习座谈江泽民同志在邓小平同志追悼大会上的悼词［二］）》一文。——编者注

① 《江泽民文选》（第一卷），人民出版社，2006，第628页。

学习冯定先生理论联系实际的学风*

我是1957年转学考入北京大学哲学系的，1962年毕业。这是我一生中最愉快、最难忘的5年，奠定了以后从事学术研究生涯的基础。我入学的时候，正是北大哲学系最兴旺、最繁荣的时候，那时全系有31个半教授（院系调整后，全国各大学绝大多数哲学系都并到北大，哲学教授也大多调到北大哲学系，共有31位教授1位副教授，所以称有31个半教授）。当时的系主任是郑昕，主持日常工作的是副主任汪子嵩副教授。记得1957级新生报到后，系里在一教阶梯教室召开迎新会，教授们都在前两排就座，一共有32位，个个都是戴眼镜的。会后，回到宿舍，有同学问，今天先生们戴了多少副眼镜？一同学答"32副"。另一同学说："不对，有34副。""不是32个教授吗？""有两位教授有两副。"迎新会末了，还表演节目，冯友兰先生慢条斯理地讲了一个知识分子怕老婆的故事，引得全场哄堂大笑。

5年间，多数教授都给我们讲过课，有的还直接辅导过我们。有的一讲就是两年，如冯友兰先生教我们中国哲学史、任华先生教我们西方哲学史。1958年8月到1959年5月，北大哲学系到大兴县开门办学，全系师生都住到农村里。我们1957级住在芦城，1956级同学住在小营，冯定先生曾和1956级同学一起住在小营农民家里。

冯定先生是名教授，他写的《平凡的真理》，我在中学就读过，在青年中有很大影响。那时，写书、出书的人很少，不是每个教授都有著作出版。冯定先生已有多本著作出版，而且在莫斯科讲过学，是新四军的高级干部，老革命，同学们对他很敬仰，都以哲学系有这样马列主义的教授为骄傲。他也果然不负众望，每有重大事件，他常给全系师生做学术报告，深入浅

---

* 本文源自《平凡的真理　非凡的求索——纪念冯定百年诞辰研究文集》（谢龙主编，北京：北京大学出版社，2002年9月），第381～395页。原稿写于2002年5月15日。——编者注

出，把复杂的政治问题讲得清楚透彻，要比报上宣传的深刻得多、生动得多。他平易近人，对同学和蔼可亲。燕南园是北大最好的教授宿舍区，有十余幢西式小洋楼，哲学系有多位一、二级教授住在里面。那时，北京刚有电视机，每到重大节日，或有重要节目播出，学生们常到教授家去看电视，看热闹，一处是系主任郑昕先生家，还有一处就是冯定先生家。

一个大学生在大学里，接受学校的教育熏陶，耳濡目染，从一个朦胧青年，逐渐成为专业人才，整个5年学习过程，就像蜜蜂到了大树林、大花园里，在花丛中飞来飞去，从各种花朵中采集各种花粉，酿制成各种蜜糖；蜜的多少，质地是优是良，既靠蜜蜂本身的勤勉程度，也靠树木、花丛的质地。学生的成才与否、成才大小也类于此，有时学校的环境、教师的品格与水平，起着决定性作用。

冯定先生是著名的哲学家，但他主张理论要联系实际，要过问人世间的事，而不能做“在人迹罕至的绝顶上回旋”的鹫。他是马克思主义的理论家，他重视革命和建设中的重大实际问题的研究，重视向人民群众特别是对青年群众宣传马克思主义哲学理论，主张“把马克思主义哲学送到人民手中”。他是这样说的，也是这样实践的，所以他获得了“人民哲学家”的称誉。我在大学三年级时，正遇上三年经济困难，就开始对农村农业问题的研究，寻找解决中国人民吃饭问题的方略，从此踏上了农村发展研究的道路。可以说，这是直接、间接地接受了冯定先生等老师言教身教的结果。

冯定先生写的《关于掌握中国资产阶级的性格并和中国资产阶级的错误思想进行斗争的问题》的重要论文，在同学中广为传诵，那是他在1952年，针对“三反”“五反”、打退资产阶级进攻以后，社会上有一种忽视民族资产阶级的两面性，主张完全摈斥、立即消灭资产阶级的错误倾向而写的，发表在上海《解放日报》上，受到了毛主席的称赞，并指示在《学习》杂志和《人民日报》上转载，在社会上产生了极其广泛的影响，对实际工作起到了很好的引导作用。

冯定先生的这篇重要论文，分十个部分，共22000多字。前三个部分，重点是全面论述世界资本主义和资产阶级发展的历史，指出：“资产阶级在其发生与发展前期，虽用卑鄙龌龊强暴野蛮的手段建立了资本主义剥削制度，可是终究因此也就‘起过非常革命的作用’。……《共产党宣言》认为‘资产阶级占得阶级统治地位还不到一百年，而它所造成的生产力却比先前一切世代总共造成的生产力还要宏伟众多’。”“新兴的资产阶级，对内摧毁

了封建制度的统治，对外成立了统一的民族国家”，为生产力的发展开辟了道路。马克思主义经典作家从一开始就对资本主义和资产阶级做了正反两方面的论述。接着冯定先生指出，到了 19 世纪末叶，资本主义发展到了帝国主义阶段，资产阶级不但完全丧失了革命性，而且成为无产阶级革命的对象了。而恰在这个时期，东方殖民地国家里的资产阶级，为了要发展资本主义，要和封建君主、军阀、官僚、地主阶级以及帝国主义作斗争，起了“一定的革命作用”。①

在论文的第四、第五、第六部分，冯定先生对作为半殖民地半封建社会的中国的资本主义的发展和资产阶级及其历史作用的演变做了全面的考察和叙述，他依据毛泽东思想，对资产阶级变化历史做了透彻的分析，官僚、买办资产阶级从一开始就是帝国主义、封建主义的附庸，民族资产阶级最初能积极参加人民革命运动，但在 1927 年大革命的紧要关头动摇叛变革命，而在日本帝国主义侵略中国、民族存亡的时期，民族资产阶级和非亲日派大资产阶级一起，参加了抗日民族统一战线，“败子回头”了。在抗日战争胜利以后，大资产阶级力图独吞胜利果实，在美帝国主义的直接支持下最终发动了内战。国共两党两大政治力量在进行中国命运的政治大决战时，民族资产阶级终于看清了前途，最终同以国民党为代表的官僚、买办大资产阶级“分道扬镳”，加入了人民革命的阵营。冯定先生论文的精彩之处在于，他在这三部分里不仅叙述了中国民族资产阶级的演变历史，而且着重论述了民族资产阶级能在抗日战争时“败子回头”，在解放战争时同大资产阶级“分道扬镳”，而没有跟着大资产阶级一条黑道走下去的原因。这一方面当然由它的阶级利益本性决定，另一方面也是因为在这整个历史过程中，以毛泽东同志为代表的中国共产党正确地分析了民族资产阶级的两面性，在不同时期，根据民族资产阶级的特性，适时采取不同的政策，采取又团结又斗争的方略，使民族资产阶级最终加入了人民民主阵营。冯定先生详细论述了民族资产阶级在各个历史时期两面性的表现和党对民族资产阶级的具体政策。他在文章开篇时就指出：“资产阶级作为阶级来说，不论何时何地，彼此的性格总是共同的。但同是资产阶级，在初期与在后期是有区别的；同是在后期，在资本主义国家与在殖民地半殖民地国家是有区别的；同是在殖民地半殖民地国家，在革命胜利前与在革命胜利后是有区别的；此外各种类型的资产阶级，也同样在其共同的性格中又各有其

① 《冯定文集》第二卷，北京：人民出版社，1989 年，第 4、7 页。

特殊的性格。中国共产党的正确思想对于中国资产阶级的认识，既从一般的资产阶级方面而掌握其共同性，又从中国的资产阶级方面而掌握其特殊性，所以认识是异常透彻的。”① 冯定先生掌握了马克思主义关于实事求是、具体问题具体分析的精髓，所以能有如此精辟的论述。

在第七、第八部分，冯定先生论述了新中国成立后，党和政府根据民族资产阶级的双重品格，对发展国民经济既有积极作用，又有消极的方面，制定了公私兼顾、劳资两利的原则，对资产阶级采取利用、限制和改造政策。但资产阶级“本性难移”，在国民经济恢复过程中，资产阶级反而“以怨报德”，向党和国家大肆实行行贿、偷税漏税、盗窃国家资财、偷工减料和盗窃国家经济情报等五毒俱全的进攻。1952年初，党中央开展了大规模的“三反”“五反”运动，把资产阶级这些罪恶行径彻底揭露出来，引起了社会的公愤，对资产阶级的进攻实行了坚决的反击，这是非常及时、完全正确的。但就在这个时候，有些同志提出了要完全摈弃资产阶级，立即消灭资产阶级的意见。冯定先生根据党对资产阶级两面性的分析和一贯的政策，明确提出“反击资产阶级的进攻并非在现在就要消灭资产阶级”的主张，并做了全面的有理有据的论述②。这是这篇论文的画龙点睛处，是本文的要点和落脚点，表现了冯定先生在纷繁复杂的局势面前能够比较清醒，能够坚持马克思主义的科学分析，而不是人云亦云、随波逐流，提出了符合实际需要的政策建议。

论文的最后两部分，冯定先生分析了资产阶级思想也有两面性。“作为阶级来说，资产阶级思想和工人阶级思想是对立的，因为一方是个人主义的，一方是集体主义的。个人主义和集体主义的对立，随时随地都会表现出来。不过这种对立，在一定社会条件下，又还是可以而且应该形成统一的阵线。”“今天的中国，资产阶级的思想还是能够有其积极的一面的，这便是资产阶级要真实地拥护工人阶级的领导，遵守共同纲领或宪法……而从资产阶级自己来说，也只有搁置其落后的特别是丑恶的五毒思想，而按照工人阶级领导的、以工农联盟为基础的国家的各项法律去办了，才是有出路与生路的。”③ 对工人阶级和国家来说，要全面地从历史环境中来认识和掌握中国资产阶级的两重性格，对资产阶级思想进行坚决的斗争，消除资产

① 《冯定文集》第二卷，北京：人民出版社，1989年，第1～2页。
② 《冯定文集》第二卷，北京：人民出版社，1989年，第21～25页。
③ 《冯定文集》第二卷，北京：人民出版社，1989年，第27、29～30页。

阶级思想的影响。只有这样，中国的社会主义工业化和社会主义改造，才能更加顺利地进行，中国的工业化与走向社会主义才能更加有保证地实现。

冯定先生的这篇重要论文，有理有据，充满了历史唯物论与辩证法，既澄清了当时社会上的一些模糊认识和错误主张，也对实际工作起到了重要的指导作用。这是运用马列主义和毛泽东思想分析重大问题、解决实际问题的杰作，意义重大，影响深远。

冯定先生的这篇重要论文后来收在人民出版社 1956 年 12 月出版的《有关中国民族资产阶级的某些问题》书中。因为这篇文章写得好，我在大学里就读过几次，工作以后也读过。每次读，都有新的想法、新的体会。

近几年，我们在研究私营企业主问题时，遇到了很多理论和实际问题，可以说，自 1981 年第一批私营企业主（如广东的养鱼大户陈志雄和芜湖的傻子瓜子年广久等）诞生以来，就有各种不同意见的争论：一种认为私营企业是私有经济，私营企业主就是资本家，剥削雇工的剩余价值，属于资本主义性质，不能任其发展；另一种意见则认为我们现在是社会主义初级阶段，主要矛盾是生产力落后，不能适应广大人民日益增长的对于物质文化的需要，个体私营经济有利于生产力的发展，所以应该允许其存在和发展。这一类的争论从来就没有断过，一直争论到现在。

尽管有各种不同意见的争论，但自党的十一届三中全会以来，我们党确立了解放思想、实事求是的思想路线，坚持以经济建设为中心，坚持改革开放，坚持四项基本原则的基本路线，所以，我们并没有停留在不同意见的争论上，而是尊重实践，尊重群众的创造，并在实践中不断修正对于个体私营经济的认识，不断调整对于个体私营经济的政策，从而保护和推进了个体私营经济的发展，也就促进了生产力的发展。

解放初期，我国有个体工商户和个体劳动者 900 多万人，私营工商户 16 万户。经过 20 世纪 50 年代的对个体工商户、私营工商户的社会主义改造，到 1966 年个体工商户和个体劳动者只剩下 156 万人（私营工商户已全部改造完毕），经过“文化大革命”，到 1978 年个体工商户只剩下 15 万户。过去说资产阶级作为一个阶级已经消灭了，不过他们人还在，但绝大多数已转变为国有企业或集体所有制企业的干部和职工了。所以，资产阶级在经济意义上已经消灭了，这是确凿无疑的。

1978 年，党的十一届三中全会以后，实行改革开放，农村首先恢复自留地，允许家庭副业生产，开放集市贸易，实行家庭联产承包责任制，于是，已经在神州大地几乎灭绝的个体私有经济又破土而出，迅速成长发展起来。先是在小城镇的农贸市场，一批半农半商的农民在集市做买卖，办饮食服务业，以后县城和中小城市的市场也开放了，城镇的待业者、失业者办小商业、服务业，特别是1000多万名回城的知识青年，政府、公有企事业单位一时容纳不了，他们只能自谋职业，就到市场找出路，一大批个体商业、服务业和工业小企业就办起来了。由于城乡市场的存在，长途贩运、商业交换就必然兴旺起来了，出现了一批离土不离乡的商业、服务业专业户，有一些是从事长途运输的专业户。不久，就出现了雇工现象，私营企业主也就应运而生了。

1980年，中央召开全国劳动就业工作会议，明确指出："在国家统筹规划和指导下，实行劳动部门介绍就业、自觉组织起来就业和自谋职业相结合的方针。"① 这为个体私营经济的存在和发展开了个口子。1981年6月，党的十一届六中全会通过了《关于建国以来党的若干历史问题的决议》，指出："在一九五五年夏季以后，农业合作化以及对手工业和个体工商业的改造要求过急，工作过粗，改变过快，形式也过于简单划一，以致在长期间遗留了一些问题。"同时指出：在现阶段，"国营经济和集体经济是我国基本的经济形式，一定范围的劳动者个体经济是公有制经济的必要的补充"②。这是改革开放以来，以党的文件的形式第一次明确肯定了个体私有经济在生产资料所有制结构中的地位。但是，对于有雇工的私人企业，思想阻力仍然很大，有很大的争议。1979年广东高要县农民陈志雄承包鱼塘8亩，1980年扩大到105亩，雇长年工1人，临时工400多个工日，当年获纯利1万多元。对此，《人民日报》从1981年5月29日至9月19日辟专栏讨论这个现象，社会上争论很激烈。也就在这一过程中，1981年7月，国务院发出了《国务院关于城镇非农业个体经济若干政策性规定》，文件明确强调了恢复和发展个体经济的重要意义，并且指出："个体经营户，一般是一人经营或家庭经营，必要时……可以请一至二个帮手；技术性较强或者有特殊技术的，可以带两三个最多不超过五个学徒。"③ 这就为个体经济可以雇工

---

① 参见国务院新闻办公室：1980年8月2日至7日中共中央在北京召开全国劳动就业工作会议［EB/OL］（2011－08－02）［2022－05－29］，http://www.scio.gov.cn/zhzc/6/2/Document/1003720/1003720.htm.——编者注

② 中共中央文献研究室编《三中全会以来重要文献选编》（下），北京：人民出版社，1982年8月，第800～801、840～841页。

③ 《国务院关于城镇非农业个体经济若干政策性规定》（1981年7月7日），载国家经济体制改革委员会办公室编《经济体制改革文件汇编》，北京：中国财政经济出版社，1984年12月第1版，第629页。

经营作了政策规定，实际也就是为后来个体工商户（可以雇工7人）和私营企业（雇工在8人以上者）作了界定。1982年9月，党的十二大召开，在政治报告中，专门讲道：“由于我国生产力水平总的说来还比较低，又很不平衡，在很长时期内需要多种经济同时并存”“在农村和城市，都要鼓励劳动者个体经济在国家规定的范围内和工商行政管理下适当发展，作为公有制经济的必要的、有益的补充。”[①] 同年12月，全国人大五届五次会议通过了《中华人民共和国宪法》，其中第十一条规定：“在法律规定范围内的城乡劳动者个体经济，是社会主义公有制经济的补充。国家保护个体经济的合法的权利和利益。国家通过行政管理，指导、帮助和监督个体经济。”[②]

个体经济有了法律地位，但对于雇工多于8人的私人企业，虽然在商品经济的大潮中，已经发展得很多，这是个体工商业在市场发展的必然结果，本来是顺理成章的事，但在党内、在社会上争论仍然很激烈。1982年，邓小平同志亲自提出，中央政治局讨论并通过了对私营企业采取“看一看”的方针。1983年初，中共中央发布了农村第二个一号文件——《当前农村经济政策的若干问题》，指出：“我们是社会主义国家，不能允许剥削制度存在。但是我们又是一个发展中的国家，尤其在农村，生产力水平还比较低，商品生产不发达，允许资金、技术、劳力一定程度的流动和多种方式的结合，对发展社会主义经济是有利的。”“农村个体工商户和种养业的能手，请帮手、带徒弟，可参照《国务院关于城镇非农业个体经济若干政策性规定》执行。对超过上述规定雇请较多帮工的，不宜提倡，不要公开宣传，也不要急于取缔，而应因势利导，使之向不同形式的合作经济发展。”[③]

正是在这个“看一看”的方针引导下，才有了私营企业的发育和成长。据统计，1981年，个体工商户有96.1万户，从业人员有121.9万人。1982年为150.4万户，184万人；1987年为419.5万户，537.8万人；1989年为920.1万户，1438.3万人。当时私营企业还被统计在个体工商户中，如按私营企业占工商户的0.5%计，则1986年已经有4.6万户，多数分布在东南沿海的广东、浙江、福建等省，一是这里开放改革比较早，政策宽松；二是这里市场经济发展快，个体工商户发展为私营企业要有一个资本积累过程。

---

① 《中国共产党第十二次全国代表大会文件汇编》，北京：人民出版社，1982年9月，第22页。

② 全国人民代表大会常务委员会法制工作委员会编《中华人民共和国宪法》，北京：法律出版社，2000年11月第2版，第50页。

③ 中共中央党史研究室、中共中央政策研究室、中华人民共和国农业部编《中国新时期农业的变革·中央卷》，北京：中共党史出版社，1998年12月，第226页。

在这一阶段，社会争论不是很激烈，各地进行了调查研究，陆续出台了一系列登记管理私营企业的政策。工商行政部门也开展了对私营企业的注册登记工作。

1986年冬，中央农村工作会议对私营企业问题进行了讨论，于1987年初发布了中央5号文件《把农村改革引向深入》，指出："在一个较长的时期内，个体经济和少量私人企业的存在是不可避免的。"对私人企业应当采取"允许存在，加强管理，兴利抑弊，逐步引导"的方针。[①] 至此，在党的文件中，第一次确定了私营企业的地位。

1987年10月，中国共产党第十三次代表大会召开，在政治报告中，对私营经济的地位、性质和积极作用做了明确的阐述，"实践证明，私营经济一定程度的发展，有利于促进生产，活跃市场，扩大就业，更好地满足人民多方面的生活需要，是国有制经济的必要的和有益的补充"，并且强调"必须尽快制订有关私营经济的政策和法律，保护他们的合法利益，加强对他们的引导、监督和管理"。报告还指出："目前全民所有制以外的其他经济成份不是发展得太多了，而是还很不够。对于城乡合作经济和私营经济，都要鼓励他们发展……在不同的经济领域，不同的地区，各种所有制经济所占的比重应当有所不同。"[②] 应当说，十三大报告对个体、私营经济的论述，是我们党在社会主义初级阶段对非公有制经济认识的一次重大飞跃。

1988年4月，第七届全国人民代表大会第一次会议通过了宪法修正案，修改后的第十一条增加规定："国家允许私营经济在法律规定的范围内存在和发展。私营经济是社会主义公有制经济的补充。国家保护私营经济的合法的权利和利益，对私营经济实行引导、监督和管理。"[③] 私营经济的合法地位第一次被写进了宪法。以后，国务院又发布了《中华人民共和国私营企业暂行条例》等一系列法律法规，使私营企业进入了合法发展的阶段。

人们的社会实践总是在创造新的生产力，创造新的经济形式，在不断改变人的认识。而认识的改变，形成新观念，新的理论，再付诸实践，又不断推进实践的前进。私营企业从20世纪80年代初期孕育、产生、发展、

---

① 《把农村改革引向深入》（中共中央政治局1987年1月22日通过），中共中央文献研究室编，《十二大以来重要文献选编》，北京：人民出版社，1988年5月第1版，第1237页。

② 《中国共产党第十三次全国代表大会文件汇编》，北京：人民出版社，1987年11月，第38、37页。

③ 全国人民代表大会常务委员会法制工作委员会编《中华人民共和国宪法》，北京：法律出版社，2000年11月第2版，第85页。

成长，到1988年已经发展成一支有相当规模的经济力量了。当年私营企业开始单独统计（过去是和个体工商户统计在一起的），已有22.5万户，从业人员有360多万人。

但是，在1989年以后，社会上一度沉寂的对私营企业非难的舆论又起，认为私营企业主是新的资产阶级，发展私营经济就是搞私有化，私营企业是社会主义公有制经济的异己力量，甚至有人说私营企业主是政治动乱的社会基础等，这对私营企业发展的冲击很大。加上这时国家宏观经济又进行调整、整顿，经济环境趋紧，所以有相当一批私营企业停业或转化了。到1989年底统计，有私营企业90851户，从业人员164万人。比1988年减少了一半还多。据我们调查，实际并没有减少这么多，这其中有相当一部分人，又重新戴上红帽子变成集体企业，或找了挂靠单位，交管理费，买一顶红帽子。还有一批是通过“七不上八下”的办法，又退回到个体工商户。到1990年，逐渐稳定下来，当年有私营企业9.08万户，从业人员近170万人。

私营企业的大发展是在1992年以后。1992年初，小平同志在南方讲话中提出了社会主义也可以搞市场，停止了姓资姓社的争论，并提出了“三个有利于”的标准，极大地推进了人们的思想解放，推动了社会主义经济和各项事业的大发展。1992年10月，中国共产党第十四次全国代表大会明确规定了我国经济体制改革的目标是建立社会主义市场经济体制，指出：“在所有制结构上，以公有制包括全民所有制和集体所有制经济为主体，个体经济、私营经济、外资经济为补充，多种经济成分长期共同发展。”还说：“不同经济成分还可以自愿实行多种形式的联合经营。”①党的十四届三中全会通过的决定还指出：“国家要为各种所有制经济平等参与市场竞争创造条件，对各类企业一视同仁。”② 小平同志的讲话、党的十四大的精神为私营经济的大发展确定了方向，也开辟了航路。各地的私营经济自此更加迅速发展起来。到1992年底，私营企业达到13.9万户，比上年增长28.8%，从业人数达231.9万人，增长26%，注册资金达221.2亿元，增长79.8%。到1996年，全国私营企业已达81.9万户，从业人员达1171.1万人，注册资金达3752亿元。

1997年，中国共产党召开了第十五次代表大会，会议对社会主义市场

---

① 中共中央文献研究室编《十四大以来重要文献选编》（上），北京：人民出版社，1996年2月，第19页。

② 中共中央文献研究室编《十四大以来重要文献选编》（上），北京：人民出版社，1996年2月，第526~527页。

所有制问题进行了总结，指出："公有制为主体、多种所有制经济共同发展，是我国社会主义初级阶段的一项基本经济制度。这一制度的确立，是由社会主义性质和初级阶段国情决定的：第一，我国是社会主义国家，必须坚持公有制作为社会主义经济制度的基础；第二，我国处在社会主义初级阶段，需要公有制为主的条件下发展多种所有制经济；第三，一切符合'三个有利于'的所有制形式都可以而且应该用来为社会主义服务。"提出这一科学论断，也就确立了个体、私营经济在我国社会主义市场经济中的地位。会议还明确指出："非公有制经济是我国社会主义市场经济的重要组成部分。"① 1999 年 3 月，第九届全国人民代表大会第二次会议通过了宪法修正案，把宪法第十一条中关于个体经济、私营经济是社会主义公有制的补充，修正为"个体经济、私营经济等非公有制经济，是社会主义市场经济的重要组成部分"②。

纵观改革开放以来的 20 多年，个体、私营经济从孕育、萌发、发展、成长到近几年的迅速发展，经历了中国共产党的四次代表大会，每次的政治报告，根据个体、私营经济实践进展，都会有一些新的论述，经历了四届全国人民代表大会的多次会议，在制定宪法和后来两次宪法修正案，对个体、私营经济在社会主义建设中的作用、性质和地位，都做了符合实践发展的规定和订正，从而推动和促进了个体私营经济的健康发展，发挥了个体私营经济在社会主义现代化建设中的作用。回顾、总结这个重大的实践和认识过程，很有必要，也很有意义。

1. 私营经济还在继续发展，从表 1 可以看到它的过去和现在，也可推知今后的大致发展趋势。

表 1　1981～2001 年个体私营经济发展状况

年份	私营企业户数（万）	投资者人数（万人）	从业人数（万人）	注册资金（亿元）	营业收入额（亿元）	个体私营经济年纳税额（亿元）
1981	1.00					6.20

① 江泽民：《高举邓小平理论伟大旗帜，把建设有中国特色社会主义事业全面推向二十一世纪》（1997 年 9 月 12 日），载中共中央文献研究室编《十五大以来重要文献选编》（上），北京：人民出版社，2000 年 6 月，第 20、22 页。

② 全国人民代表大会常务委员会法制工作委员会编《中华人民共和国宪法》，北京：法律出版社，2000 年 11 月第 2 版，第 9 页。

续表

年份	私营企业户数（万）	投资者人数（万人）	从业人数（万人）	注册资金（亿元）	营业收入额（亿元）	个体私营经济年纳税额（亿元）
1988	22.50		360			89
1989	9.08		164	84	97	134.20
1990	9.00		170.20	95.20	122	145.60
1991	10.8		183.90	123.20	147	179
1992	13.9		231.90	221.20	205	203
1993	23.8		372.60	680.50	309.20	293
1994	43.2		648.40	1447.80	758.50	370
1995	65.5		956	2621.70	1499.20	429.60
1996	81.9		1171.10	3752.40	2276.70	450
1997	96.1		1349.30	5140.10	3096.70	540
1998	120.1		1709.10	7198.10	5323.70	700.80
1999	150.9		2021.60	10287.30	7149.38	830
2000	176.2	395.35	2011.15	13307.69	9884.06	1177
2001	202.8548	460.8348	2253.0296	18212.2354	11484.20	

①资料来源：张厚义、明立志主编《中国私营企业发展报告（1978～1998）》，社会科学文献出版社，1999；张厚义、明立志、梁传运主编《中国私营企业发展报告（2002）》，社会科学文献出版社，2003；《民营经济内参》等。

②1999年以前的从业人数中包括投资者和雇工。

③纳税额为个体工商户和私营经济的总数。

2. 表1列的数字是私营企业在国家工商行政部门登记注册数，而近些年私营经济发展的实际数字比这个还要大。

第一，全国乡镇企业数量据《中国统计年鉴（1998）》统计：1997年有2015万个[①]，其中乡办34.2万个，村办95万个，共129.2万个。这些乡办、村办的乡镇企业原是集体所有制的，但1995年以后，乡镇企业改制，80%以上都已转制，通过租赁、大户控股、拍卖等形式转变为私营企业或类似私营企业了，但现在统计，多数还是在集体企业里面。这大致有100万户，每户平均有3个投资者，则有300万人。这些转制的乡镇企业规模都比较大，经济实力强，1997年户均从业职工达41人。第二，1995年、1996年以后，国有企业抓大放小，这几年大量的国有小企业都已转制，通过租

① 国家统计局编《中国统计年鉴（1989）》，北京：中国统计出版社，1998年9月，第419页。

赁、拍卖等形式转变为私营企业或私人租赁经营的企业，这大致有50万个，每户的投资者以2人计，则有100万人。第三，2001年12月底，全国个体工商户有2435万户。因为现行的政策对个体工商户还是优于私营企业（如税制和税率等），所以有些个体工商户经济实力已经很强，但仍登记为个体工商户，而不愿登记为私营企业，按总量的5%计，也有约122万户，每户1人则有122万人。这三部分共为522万人，加上登记在册的460.8万人，投资者共为982.8万人。所以，近来有些文章称，现在中国的私营企业主阶层已有千万之众，拥有资本金2万亿元以上，是有根据的。

3. 私营经济的实力已经很强。

据工商行政部门的资料，2001年全国私营企业有202.8万个，从业人员有2714万人（占全国城镇从业人员22940万的11.83%），注册资金18212亿元，实现营业收入11484亿元，社会消费零售额为6245亿元（占全国社会消费零售总额37595亿元的16.6%），出口创汇折合人民币913.47亿元（占全国出口总额的4.2%），当年安置国有企业职工58.61万人，其中有9.69万人作为投资人创办了私营企业。如果加上上述还未统计进的已经实际成为私营企业的数字，那么，其经济总量已很可观了。在有些省、市、地区和县里，私营经济的总量占了半壁江山，或三分天下有其二，已经有举足轻重的地位了。

4. 随着私营企业经济的发展、壮大，政治方面的活动也就多了，社会影响日益扩大，也就有了政治方面的要求，涌现了一批积极参与党和政府组织的活动，赞助、支持社会公益事业。

私营企业主中有的原来就是共产党员、党的干部，积极参加党的活动，有的私营企业主，积极要求加入中国共产党。有的地方干部，更多地被选为乡、县、市、省和国家的人大代表和政协委员，积极参政议政。1998年被选为第九届全国人民代表大会代表的私营企业主有48名，被推选为九届全国政协委员的有46名。1994年，一部分私营企业主响应党中央关于先富帮后富的号召，自愿组织起来，实施光彩事业计划，有一大批私营企业主到老少边穷地区，投资助学助医，兴办公共福利事业，给社会做贡献，博得了国内外的称誉。2002年的全国五一劳动奖状、奖章的评选，有300个先进集体荣获全国五一劳动奖状，997名先进个人荣获全国五一劳动奖章，其中有4名是私营企业主。主持此项评选工作的中华全国总工会的一位副主席说："私营企业负责人也是劳动者和建设者，为国家和经济建设作出贡献的也可以当选。"应该看到，当前私营企业主阶层正处在兴起和上升阶段，

积极方面是很多的。但是，也应当指出，在私营企业主这个阶层中，也有一部分人唯利是图，投机钻营，行贿腐蚀党政干部，与干部搞权钱交易，盗窃国家资产，假冒伪劣，制假售假，虐待工人，办血汗工厂，为富不仁，欺压民众，挥霍浪费，生活糜烂，受到了社会的非议。

5. 从1981年第一批私营企业、私营企业主诞生，社会上就有争论，而且争论很大。

20多年过去了，私营经济已经发展成一支规模很大的经济力量，私营企业主阶层已经有了数百万人的队伍了。党和政府做了判断，三次代表大会的政治报告都有明确的结论，也上了宪法。但是争论至今仍然很大。怎么来正确认识私营经济和私营企业主这个阶层呢？对于私营经济、私营企业主的性质、地位、作用怎么评价？它的前途是什么？怎样来统一全党的认识？我们党和政府应该采取什么样的政策来正确对待呢？我作为一个社会科学工作者，作为中国私营经济研究会的副会长，常常思考研究这些问题，多年来，做了多次长时间的社会调查，也反复学习马列主义和毛泽东、邓小平同志的有关思想。在纪念冯定先生诞生100周年的时候，我又重读了冯定先生《关于掌握中国资产阶级的性格并和中国资产阶级的错误思想进行斗争的问题》这篇重要文章，从中受到了启发，使我对这个问题有了一些新的认识。

第一，我们要学习冯定先生理论联系实际的学风。他长期进行马克思主义、毛泽东思想的理论学习和研究，但他并不是关门在书斋中研究，而是十分关心现实，关注中国革命和建设中的重大实践和政策问题，并对此做理论思考、理论研究。他的这篇重要论文原名为《学习毛泽东思想来掌握资产阶级的性格并和资产阶级思想作斗争——读〈毛泽东选集〉的一个体会》，是他在1952年初，觉察到在“三反”“五反”后，社会上有一种忽视毛泽东思想关于民族资产阶级两面性的分析，而主张立即消灭资产阶级的错误倾向，并针对这一情况而写的，他明确指出：“只看到中国民族资产阶级的反动性而没有看到他们在人民民主专政的条件下还有接受中国共产党的领导对社会主义建设发挥积极作用的一面是片面的，在实践中立即消灭中国民族资产阶级的政策也是错误的。”当前，在改革开放后的我国社会主义现代化经济建设中，孕育产生了一个私营企业主阶层，发挥了越来越大的作用，党和国家已经做了多次研究和总结，也得出了比较明确结论。但至今在社会上仍有很大的争论，党内党外还有不少人有疑虑，连私营企业主阶层中的许多人心中也不安，总怕政策还要变，所以，有一些企业主手里攥着外国护照，在国外银行存着钱，一有风吹草动，就准备走。社会上这些疑虑的存在，对社会主义现代化建设十分不利。有必要对私营经济、私营企业主阶层，继续进行研究，运用马克思主义、毛泽东思想的基本原理，做出新的理论概括。只有理论彻底了，才能说服人，才能有利于实践的发展。冯定先生理论联系实际的学风，为我们树立了一个榜样。

第二，我们要学习冯定先生全面系统地研究重大实际问题的马克思主义的科学研究方法。他为了研究中国民族资产阶级的性格，依据马克思主义，不仅对资本主义和资产阶级发生、发展的历史做了全面系统的考虑，而且对中国民族资产阶级在新的时代背景下产生、发展做了详尽的考察，重点考察了民族资产阶级在大革命时期、抗日战争时期、解放战争时期和新中国成立以后的历史作用、政治态度以及和我们党的关系演变，说明中国民族资产阶级的两面性品格是植根于他的阶级本性的，而处于半殖民地半封建社会的中国民族资产阶级的两重性品格又有其特殊的原因，我们党采取既团结又斗争的方针是成功的。在新中国成立以后，在经济建设中，民族资产阶级仍有积极作用，也有消极作用。所以党采取利用、限制和改造的政策，是完全正确的。解放初期，资产阶级“得意忘形”“猖狂进攻”是错误的，必须坚决反对，但其两重性格并没有改变，所以，在打退资产阶级进攻的时候，提出立即消灭资产阶级的主张是错误的，应该继续坚持利用、限制和改造的政策。冯定先生这样全面地、历史地分析问题，有理有据，很有说服力，真正做到了以理服人，这是我们应该学习的。当今，对于如何正确对待私营经济、私营企业主阶层这样一个重大的实践和重大理论问题，虽然也有了一些调查的研究，有了一批论文和著作问世，但像冯定先生这样全面、系统地研究，通过全部历史来说明问题的论著还没有。所以我们在纪念冯定先生诞生100周年的时候，学习冯定先生这种马克思主义的科学研究方法，对私营经济、私营企业主阶层问题做进一步的研究，写出像冯定先生那样的论著，必将对社会主义现代化实践产生重大影响，这是社会所需要的，也是对冯定先生最好的纪念。

同乡、同学、老朋友*

胡福明同志是我的同乡。他是无锡县长安乡胡巷村人，我是无锡县坊前乡最北头的农丰村北钱巷人，两村相距只十多公里，可说是小同乡。无锡旧俗，称住在县城里的人叫城里人，住在集镇上的人叫街弄上人，住在农村里的人叫乡下人。我们小时都生活在无锡东北部，都是农家子弟，是道道地地的乡下人。

我们俩年龄相仿，都出生在抗日战争前，小学是在日伪时期和国民党统治时期上的。那时的无锡虽号称富庶，但文化教育并不发达，农村里已有村小和完小，中学都办在城里或大的镇上。锡东是农业区，较锡西穷，我们两家附近都没有中学，要上中学必须住校，学费、住宿费、膳费都很高，一般的农家是供不起子女上中学的。1949 年 4 月解放军渡江，无锡解放，人民政权建立，进行土地改革，农村经济发展很快，解放那年，福明同志 14 岁，我 16 岁，正是上中学的好时机。解放初，人民政府重视发展教育事业，设立助学金制度，支持鼓励贫寒家庭子女就学，那时还没有后来的城乡分割的户口制度限制，农村青年同城镇青年一样，可以平等地投考无锡市里的最好中学，我们赶上了这个好机遇。他先考入无锡师范学校，我的经历比他坎坷，在当了 3 年多学徒后，1950 年我参军了，1954 年回乡插班考入无锡公益中学读高中。我们都是靠助学金制度完成了中学的学业。

1955 年福明同志考入北京大学文学系，1959 年毕业后考入中国人民大学哲学系研究生班，1962 年毕业。我 1956 年考入北京工业学院仪器系，翌年再考转入北京大学哲学系，1962 年毕业。我们在北京大学同学两年。

---

* 本文源自《思想的力量——哲学家胡福明》（张异宾、唐正东编，南京：南京大学出版社，2002 年 10 月），第 95 ~ 100 页。该文还收录于《“三农”新论——当前中国农业、农村、农民问题研究》（陆学艺著，北京：社会科学文献出版社，2005 年 5 月）。——编者注

一般的规律是，政权更迭，社会制度变革，引起社会结构的大变迁、社会大流动，改变了原来的流动格局和顺序，使一些原来在底层的民众，特别是青年，有了上升流动的机会。1949年共产党领导人民解放军解放了全中国，建立了人民政府，进行大规模经济建设，社会结构大变迁，需要大批新的人才和干部。福明同志和我都遇上了这样的好机会，应运而起，从一个农家子弟，考上了中学，考上了大学，考上了研究生，一步步地成为国家干部，成为学有专长的人才。

相同的农家出身、相同的经历和学历使我们相知，但我们真正相识、相知、相交是在20世纪90年代以后。1962年，福明同志到南京大学政治系工作。我1962年考入中国科学院哲学研究所当研究生，毕业后，就留在哲学所工作。1978年春天，哲学所在北京主持召开理论研讨会。福明同志专程来北京参加会议。我那时已经投身于农村改革的调查研究，只参加了半天会，所以虽然同在一个会上，并没有相识，失之交臂。会后，福明同志发表了《实践是检验真理的唯一标准》那篇具有重大历史意义的大文章，在理论界、在全国产生了极大的影响，我常为我的老乡、校友、同行有这样的大贡献而感到骄傲。

我虽然是学哲学、研究哲学出身，但改革开放以后，就专门从事农村改革的调查和研究。1987年以后，奉调到社会学研究所，以后长期在社会学系统工作。哲学界的许多活动很少参加，所以也就失去了同福明同志直接交流的机会，1988年，我们同是中国共产党十一届三中全会十周年纪念大会优秀论文的获奖者，但只是同在领奖台上，相识而还没有相交。

1993年，我同福明同志同时被选为第八届全国人民代表大会代表，又同在江苏省一个代表团里。全国人大每年3月要开半个月左右的会议。会议期间，除了5~6次在人民大会堂开大会，主要活动都在各省代表团里，同一个代表团的代表又同住在一个宾馆里，在那些天里，我同福明同志可以说是朝夕相处，交往的机会就多了。

我同福明同志彼此都是相知的，所以，可说是一见如故，对很多实际问题、理论问题看法都是一致的，常常谈到深夜。有了头几次的交谈，以后每逢开会，往往第一天见面就谈个没完，有说不完的话题，很快就成了知己。

1993年以后，不仅在人大会上，而且在北京、在江苏、在外地，我们的交往就多了。人是这样的，不相识的时候，往往在一起相见了也不知；以后认识了，在不同的场合都会碰面，就觉得见面多了。

有几件事使我难忘。

福明同志长期在南京大学任教。1982 年出任江苏省委宣传部副部长，1984 年当选为中共江苏省委常委，并先后担任江苏省委党校校长、江苏省社科院院长、江苏省政协副主席等重要职务，他是一个省的重要领导干部，党务、行政工作繁忙，但是他胸怀全局，关心国际和国家大事，重视理论研究，关注学术界的动向，保持着一个学者的严肃思考。人们同他谈话发现，他对国内外形势、实践发展、理论是非，常有独到的见解、明确的判断，对问题条分缕析，有典有故，头头是道，听了真是一种享受。

从 20 世纪 90 年代初开始，他着重研究和思考中国现代化问题。他不仅自己读书和调查研究，而且组织了一批江苏省和南京的学者，进行这个重大问题的探索和研究，还组织主持召开了几次全国规模的现代化问题的理论研讨会，约请全国的同行、专家、学者参加，集思广益。其中一次是 1995 年夏天，在江苏省无锡县召开的，结合现代化理论专门研讨苏南现代化问题，我也参加了。胡福明同志在会上，做了关于苏南现代化、苏南模式和乡镇企业改制等问题的报告，理论与实践相结合，讲得很好，现在看来，还很有预见性，以后发生的一些事情，他当时就讲到了。

1994 年，福明同志主持、组织编写了《中国现代化的历史进程》，当年在安徽人民出版社出版。与此同时，他主持、组织编写了一套共 10 本的“中国现代化丛书”，就世界各国工业化、现代化进程，当今世界的经济和政治，中国工业化、现代化的历史进程和独特道路，以及社会主义现代化建设中的科技教育、城市建设和可持续发展等重大问题，做了总体性、全面系统的论述。福明同志亲自作了序言，1998 年由南京出版社出版。这套丛书的面世，在全国产生了很大的影响，其中的几本，我是读过的，受益匪浅，对我后来的现代化问题的研究很有帮助。这套丛书的出版，对江苏省执行中央关于沿海发达地区要率先实现现代化的战略指示，起了很好的作用，使在社会主义现代化建设第一线从事实际工作的同志，得到了理论武装，有重要的启迪和指导意义。福明同志组织了一批学者，对现代化问题进行了长期的调查和研究，不仅出了这套丛书这样一项重大的科研成果，而且培养了一批从事现代化研究的人才。江苏省在现代化理论研究方面一直处于较领先的地位，不断有关于现代化问题的论著出版，这与当年胡福明同志倡导、组织现代化问题的研究，特别是精心选拔了一批中青年学者，身体力行地加以培育，培养了一批现代化问题研究的专家是分不开的。

福明同志既是学者又是长期担任领导工作的高级干部，但他经常到基层去，深入实际，他平易近人、没有架子，所以他在各行各业，特别是在农村基层，有一批好朋友，同他无话不谈，亲密得很。一方面，他把中央、省委的指示和精神，很直接、形象地传达贯彻下去；另一方面，也从这些好朋友那里，了解到完整真实的基层情况。所以他的讲话、报告、文章，很少空话、套话，不写官样文章，盖源于此。我担任社会学研究所所长之后，1992年在苏州市委、太仓市委的大力支持下，在太仓市成立了经济社会发展研究中心，作为社会学研究所长期调查研究的基地。从此，几乎每年都要到太仓和苏南去做调查研究。有几次是和中国社科院副院长汝信同志一起去的。汝信也是福明同志的老朋友、好朋友。汝信同志到苏南，福明同志常常是亲自来陪的。有一次，我和汝信同志到江阴华西村调查，就是由福明同志亲自陪同的。在路上，福明同志就如数家珍地向我们介绍了华西村的情况，他不仅对华西的过去是怎么发展过来的历史很熟，而且对华西当时的现状很熟。正在进行哪些建设、是怎么进行的，以及现在遇到了什么问题，他也都很熟。进了村，吴仁宝、赵毛妹等村里的领导同志亲自接待我们。吴仁宝、赵毛妹见了胡福明同志，就像见到至爱亲朋一样，问长问短，亲密无间。福明同志见到他们，也都很亲切，连他们两家的小辈，他都能叫出乳名，一一问到。其情其境，看了真叫人羡慕，也令人难忘。因为有福明同志作陪，吴仁宝等同志向我们介绍华西村的情况时特别详尽，我们听到了许多过去不为人知的背景。这使我们对华西、对苏南农村、对苏南模式有了深一层的认识。

前面说过，福明同志很重视重大理论和实际问题的研究。他不仅自己做这方面的研究，而且还很真心实意地帮助同志们从事重大问题的研究，乐观其成。我自己就受过福明同志的几次帮助。2000年，我主持“当代中国社会阶层结构问题”的研究，需要在全国选几个比较典型的市县，进行社会调查和研究。课题组经过筛选，选中了无锡市。无锡市是乡镇企业的发源地，改革开放以后，经济增长很快，社会事业发展得也好，人民生活有了极大改善，知名度高，是很适合做调查的典型。但当时调查社会阶层问题很敏感，一时不容易被接受，且我们课题组经费又拮据，需要被调查的地方给予财力支持。我在南京把课题组的难处给福明同志说了。时任江苏省政协副主席的福明同志说，这是个重大的基础理论研究课题，很重要，一定要做好，江苏的研究我来帮你。第二天，他安排好南京的工作，就亲自陪我到无锡，直接会见市委书记洪锦昕同志，他给洪书记讲了这个课题的重大意义，讲了为什么要在无锡做，请市委支持。洪锦昕书记当场就表示欢迎课题组来调查研究，市委给予各方面的支持。福明同志的一席话，就谈妥了一个项目。2001 年课题组完成了无锡市的 1000 份抽样问卷和专题调查。现在，《当代中国社会阶层研究报告》已经正式出版了，得到了社会比较广泛的关注。这里也有福明同志的一份贡献，乘此机会，向他表示谢意。

雷老，中国社会学界的楷模*

——在雷洁琼教授学术思想研讨会上的发言

雷老是我们中国社会学界的老前辈，青年时期，她为了探求救国救民的真理，追求社会进步，在美国留学时，转学社会学，学成回国后，从事教学，成为国内外著名的社会学家。

我认识雷老是在1986年召开的社会科学七五规划会议上，她那时已是80岁高龄的德高望重的国家领导人和著名学者，积极参加规划会议的讨论，给我留下了深刻的印象。1987年我正式转入社会学研究所工作后，就有较多机会接近雷老，和雷老参加各种会议，讨论社会学的工作，亲耳聆听她的教诲，10多年来，深受教育，获益良多。

雷先生是一位爱国的革命家、社会活动家，早年投身抗日救亡，反对国民党政府的黑暗腐败，反对内战，参与创建中国民主促进会。新中国诞生后，她积极参加社会主义革命和建设事业，参与中国共产党领导的多党合作和政治协商，是共产党的诤友。

雷先生是著名的社会学家，留学回国后，就在燕京大学社会学系执教，教书育人，培养了一大批社会学者，特别是在改革开放后恢复重建社会学过程中，做了大量工作，著书立说，调查研究，身体力行，她和费孝通等老一辈社会学家一起，作出了极其重要的贡献。她主持了五城市的婚姻家庭等大型社会调查，为社会学深入实际，实事求是，支持面向为社会主义现代化建设服务，开辟了良好的学风，带出了一批好的研究人员。

她在耄耋之年，在国事、社会活动繁忙的情况下，仍在北京大学执教，精心指导研究生，为国家培养人才。

---

* 本文原载《社会工作》2004年第10期，发表时间为2004年10月15日。该文系作者2004年9月4日在雷洁琼教授学术思想研讨会上的发言。——编者注

改革开放以后，她是中国社会学会的创始人，1979 年中国社会学会成立时，就担任副会长，1990 年后，一直担任中国社会学会的名誉会长。她虽然年迈，社会工作很多，但社会学会的许多活动，只要她时间能安排得开，都会参加。如 1994 年中国社会学会学术年会在上海召开，她就亲自参加，并发表讲话，对社会学会工作、社会学科建设提出了许多要求，作出了重要贡献。在我担任社会学研究所所长期间，社会学研究所每年有很多国内外的学术活动、学术工作、学术会议，为了提高这些活动、会议的质量，每次请她参加，她只要时间安排得开，都能亲自参加、亲临指导，一年总要麻烦她好几次。

雷先生积极进取、乐观向上的人生态度，是我们学界的榜样。从雷老八集的传记专题电视片中可以看出，她从青年时代起参加革命运动，就是走在前列的，十分积极，十分活跃，表现出充沛的精力和虎虎生气，这样一直到晚年。她积极参加各种国务社会活动，出席各种重要会议，会上她发言讲话，都是那样坚强有力，实事求是，言之有物，而且嗓音洪亮，铿锵有力，令人信服敬佩。

有几件事是我亲身经历、永远难忘怀的。1998 年，她刚从全国人大常委会副委员长的位置退下来，太仓市委邀请她到太仓考察指导，当时她已 93 岁高龄，欣然接受了，我作为陪同人员之一陪同考察，到了太仓听取了市委的汇报后，即深入乡村、工厂进行调查研究。她仔细地问，认真地听，亲自做记录，对农村的变化和所取得的建设成就，给予了高度的评价。那时，社会学研究所有个基层调查项目正在进行，我们的工作人员正在招待所培训调查员和基层干部，这些人员希望见见她老人家，请她指导。她欣然同意了。头天晚上，我们为她起草了个讲话稿，用稍大一点的字印好了。第二天，她准时到会，讲话时拿出来的讲稿，不是那个稿本，而是头天晚上她自己重新改写的稿子。

还有一件事发生在她担任中国社会学会名誉会长时。社会学会每年开一次年会，到年终举行一次社会学会常务理事、副会长、会长的迎春会，她只要答应参加，一般会准时或提前到会。有一次，我这个主持会议的人还没有到，她就到了，工作人员领她到会场时，会场只到了几个人，我们感到十分过意不去。

雷先生学识渊博，担任国家重要职务，但她一贯谨慎，平易近人，和蔼可亲，使我们这些晚辈，可以无拘无束地同她交谈，接受教诲；她身边的工作人员，受她的长期教育和影响也是那样积极工作，认真负责，顾全大局，可亲可近。

多年来受雷先生的言传身教，很受教益。雷先生是我们学界的楷模，是我们中国社会学工作者的光辉榜样，我们为有雷先生这样的前辈而骄傲。祝雷先生健康长寿。

费孝通与中国社会学的重建*

费孝通教授离我们而去了。他是国内外著名的社会学家、人类学家和社会活动家，中国共产党难得的诤友。他的仙逝，是国家的损失，民族的损失，学界的损失，尤其是社会学界的损失。中国社会学界将永远纪念他70多年来为社会学所作出的杰出贡献。

费孝通先生是重建中国社会学之元勋，是中国社会科学院社会学研究所的创始人

中国社会学在20世纪50年代受到错误的对待，专业教学和科研工作中断了近30年。改革开放，百废俱兴，经济发展、现代化建设事业需要社会学。1979年春节，时任中国社会科学院院长的胡乔木同志约请会见费孝通教授，商谈恢复重建中国社会学事宜，请他出山来担当此项重任。费先生顾全大局，虽已年近古稀，仍毅然接受了这个使命，不久就到“全国哲学与社会科学规划会筹备处”（该处当时设在中国社会科学院）工作，主持恢复重建中国社会学和社会学研究所的筹建工作。

1979年3月15～18日，社会学座谈会在北京召开。胡乔木到会讲话，代表中央为社会学平反，恢复名誉，并就若干社会理论问题做了澄清。费先生自始至终参加了会议，并做了讲话。3月18日，中国社会学研究会正式成立，选举产生了58名理事，推选费孝通为首任会长。在筹备成立中国社会学研究会的过程中，费孝通先生同时主持筹建社会学研究所。1980年1月18日，国务院正式发文，批准中国社会科学院社会学研究所成立，院部

* 本文原载《光明日报》2005年5月10日第8版（B4），原稿写于2005年5月3日。——编者注

任命费孝通教授为第一任所长。学会和研究所的成立，标志着中国社会学学科恢复重建和发展的正式开始。费先生自接受重建中国社会学的使命以后，就全力以赴地工作起来。开始是很艰难的，真可说是白手起家，筚路蓝缕。先是说服动员已经改行多年的老社会学工作者归队，接着开办讲习班，培养中青年学者，邀请国内外专家讲授社会学理论和方法。他亲自讲课，亲自主持编写《社会学概论》等教材，亲自写文章、做演讲，宣传重建中国社会学的重要性，争取社会的支持；并运用他的声誉与智慧，到各省及多所著名大学去动员他们成立社会学会、社会学研究所和社会学系。那几年，中国社会学的重建工作开展得有声有色，社会学在全国各地发展起来，适应了改革开放后国家经济社会大发展的需要。

“脚踏实地，胸怀全局，志在富民，皓首不移”

“脚踏实地，胸怀全局，志在富民，皓首不移”，这是费先生在 1993 年写的一首诗，也是费先生对自己一生精辟的总结。他 18 岁进东吴大学医学预科，受进步思想影响，觉得治病人得先治社会，治社会先得学习社会原理，于是转入燕京大学学习社会学。毕业后，曾到山东邹平参加梁漱溟先生主持的乡村建设项目。清华大学人类学系研究生毕业后，到广西瑶山和吴江开弦弓村做农村社会调查，他目睹了中国农民的苦难生活，从此立下了为改变这个使人民陷于苦难的社会而奋斗的宏愿。他说：“我从早年立志认识和改造中国社会，可以说，一生的心思没有离开过农村和农民。推动我一生学术工作的主要动力，就是希望为农民富足、农村兴旺、中国强盛做点实事。”费先生是这样想的、这样说的，也是这样做的。

1938 年，费先生从英国伦敦大学政治经济学院毕业获博士学位，回到抗日烽火连天的祖国，到云南大学社会学系任教，不久就主动请缨到呈贡农村调查，在魁星阁建立了工作站，进行内地农村的社会学研究工作；在极其艰苦的条件下，一直坚持到抗战胜利，写出了《禄村农田》等一系列农村问题的论著，培养了一批社会学家，取得了优异的成绩。抗战胜利后，他到清华大学任教授，陆续写出了《内地农村》（1946）、《生育制度》（1947）、《乡土中国》（1948）、《乡土重建》（1948）等论著。读费先生这些著作，可以洞察到他对中国农村调查研究之深入，对农村问题剖析之透彻，而那时，他还不到 40 岁。

新中国成立后，费先生继续在清华大学、中央民族学院任教，积极参

加社会活动，担任过民委副主任、国家专家局副局长等重要职务，参加过第一届全国政协会议，当过第一届全国人大代表，为新中国的成立和建设作出了重要贡献。即使在公务、教务繁忙的情况下，费先生还是通过民族调查等活动经常到农村去。1957 年春，他重返开弦弓村，在村里调查了 20 天，写出了《重访江村》，全面反映了农业合作化后农村的变化和问题，提出了多条很有针对性的对策和建议。但是这些文章发表不久，反右运动开始，费先生被错划为右派，这篇文章也成为一个罪状，他从此中断了社会调查和学术工作，接着是“文化大革命”的冲击，前后长达 20 余年。

改革开放，拨乱反正，费先生重回正常的生活轨道，迎来了他的“第二次学术生命”。费先生后来对此有个解释：“我在第二次生命里所走过的学术道路，其实还是早年走过而被迫中断的老路。……我在这 15 年中继续采取这个实地观察的方法到各地农村去调查，然后想办法、‘出主意’，帮助各地的农民脱贫致富。”费先生从开始学习社会学，目的就很明确：“志在富民。”他研究社会学、发展社会学到后来支持领导重建中国社会学，目标始终定在“志在富民”上。他不是为研究而研究、为学术而学术，而是把学习研究社会学作为一种武器、一种手段、一种方法用以实现改造社会、服务国家、富裕民众的目的。因为他有这样崇高的理想、宏大的志愿，所以能始终积极地投身到中国共产党领导的革命和建设的伟大事业中去。晚年身居高位，他仍每年抽出三分之一的时间走南闯北、东西穿梭，几乎走遍全中国，到农村去，到边区去，到少数民族聚居的地方去调查研究，探索强国之道、富民之途。这是一般人做不到的，而费先生这个 90 岁高龄的老人做到了。重建中国社会学不久，费先生就提出：“我们要发展社会学，也要走自己的路，搞中国式的人民的社会学。我们的社会学要面向中国人民的社会生活，研究如何使我们的国家一步一步地达到高度的物质文明和精神文明的目标。”要“建立面向中国实际的人民社会学”。费先生自己就是这样一个人民社会学家。

费孝通教授是中国社会学界的楷模，是我们永远要学习的榜样

1987 年春，我奉调到中国社会科学院社会学研究所工作。因为我也是从事农村农民问题研究的，读过费先生的多本著作，近几年又多次读过《小城镇　大问题》这篇文章，对费先生仰慕已久。到社会学研究所工作

后，我知道了许多关于费先生创建社会学研究所的业绩，以后又有了较多的会面机会，认知了他做人、做事、做学问的风格，使我获益匪浅。1988 年 6 月，我接替何建章研究员，担任社会学研究所所长。不久，费先生就约我到北大参加他的第一个博士生沈关宝同志的论文答辩会。答辩会设在北京大学勺园一楼的会议室，我到会时，费先生、袁方先生已到了。这是我第一次和费先生在一起开会，那时他已是全国人大常委会副委员长，但他是一位和蔼可亲的长者，一点儿没有领导人的架子，邀我坐到他的身边。因为都是调研农村问题的，开谈几句，我们就很投机了。答辩会中间休息和会后，我向他汇报了社会学研究所和各地社会学发展的情况，他很注意听。从言谈中得知，不少情况他是知道的，他那时公务繁忙，但仍十分关注社会学的重建和发展工作。

1990 年 3 月，中国社会科学院社会学研究所召开建所十周年纪念会。为了更好地贯彻邓小平同志关于社会学要补课的指示，纪念会事先做了充分准备，开得比较隆重。会前我请宋家鼎同志专门向费先生做了汇报，请他拨冗莅会，费先生欣然答应。3 月 18 日，费先生到会，并做了长篇讲话，满怀深情地回顾了重建中国社会学、创建社会学会、社会学研究所的工作。他说："10 年前，乔木同志、力群同志找我谈，要搞社会学……我只有勉为其难。""我想的问题是怎样把一个已经停了的学科重新建立起来，这是我的任务。当然，一门学科挥之可以即去，招之不一定就来，要打断一门学科很容易，这个学科在人们脑海里消失就不存在了，可是要长出一个学科，不是那么容易的。这里要有条件，要有一套机构，一个社会组织。学科的机构是什么呢？我当时说，'五脏''六腑'。'五脏'是说：要成立一个学科，至少要有个学会，第二要有专门研究发展这门学科的机构——研究所；第三要培养人才，大学要有学系；第四要有一个图书馆；第五要向社会发表研究成果，要有刊物、出版社。这五脏全了，学科成了。"他又说："现在戏台已经搭好了，重要的问题是怎么唱了！……现在社会学的主攻方向应当是丰富和提高它的内容，要靠大家去创造。从我自己讲，我离开了中国社会科学院，还是在做学术方面的工作。"费先生是 1985 年离开社会学研究所的。后来，我们就是按照他提出建设一个学科必须具备"五脏六腑"的规划进行工作的，是在他已经打下的基础上继续充实和完善，也就是在费先生已经搭好的戏台上继续做重建中国社会学的工作。中国社会科学院社会学研究所能有今天的发展，和费先生当年打下的好的基础是分不开的。

纪念会上还有一件事使我难忘。会前有人提出关于社会学的性质问题。

费老说：不必去管它什么学，只要能解决问题，使老百姓富起来，对人民群众有益的，就是好学问。这同他一贯实事求是、脚踏实地、“志在富民”的学风是一致的，表现了一个人民社会学家的风范。

经过长期的准备，并向费先生请示和商量后，中国社会学会 1990 年 8 月在北京召开了第三届理事会，会议推选费孝通教授和雷洁琼教授为名誉会长。新的理事会成立后，中国社会学会的活动多了，同费先生的联系和往来也就多了。学会每年要开一次学术年会（在各省市轮流开）。会前一般都去向名誉会长汇报，听取他对会议的意见，每次他都向大会发出贺信，同时表达他对会议主题的看法和意见。1991 年以后，学会和社会学研究所的几个主要领导人，每年春节（一般是大年初三）都要集体去费先生家拜年，向他问好，同时汇报一年来社会学会、社会学研究所和社会学界的情况。遇有重大活动（如 1995 年第 6 次亚洲社会学家大会、2003 年第 36 届世界社会学大会），则详细向他报告会议的准备进展情况。费先生一直很关心社会学界的发展，对社会学方面的信息是很重视的，常给我们一些具体指点。费先生一般是在客厅里接见我们，同我们亲切交谈。有时，他的秘书先见我们，然后送我们上楼到书房里谈。有好几次，我们进屋，他从书桌旁站起来，桌上还摊着稿纸和刚放下的笔。一个 90 多岁的老人，节假日里还在伏案写作，实在令人感动和敬佩。

费孝通教授早年立志富民强国，虽历经磨难坎坷，仍坚韧不拔，矢志不移，毕生为之奋斗。他胸怀大志，学识渊博，执着勤奋，荣膺国际国内的多项奖励，赢得了崇高的声誉。他一生有许多桂冠，但最重要的也是他自己最看重的是，他是一个著名的社会学家。他学贯中西，在解放前就已是一位杰出的社会学家。他继承他的导师吴文藻先生的事业，较早地提倡社会学本土化，把西方的社会学理论同中国的实际结合起来，创造了诸如“差序格局”等新的概念和理论。而费孝通教授在学术上的最大贡献则是主持重建了中国社会学，培养了大批社会学人才，并且身体力行地深入农村做实地调查研究，倡导理论联系实际、学以致用的学风。中国社会学有今天的初步繁荣和发展，这是费孝通教授和他的同事们艰苦创业、辛勤耕耘的成果。我们这些后继者，要珍惜这份重要的遗产，要以费孝通教授为榜样，继承他的遗志，把中国社会学的事业办好。

胡耀邦：改革开放的第一任总工程师*

耀邦同志是伟大的马克思主义者、无产阶级革命家，是我党的卓越领导人之一。他的一生是战斗的一生、光辉的一生，为党和国家做了大量工作。特别是在1975年复出以后，夜以继日地工作，为解放思想、拨乱反正、平反冤假错案、改革开放、农村改革等作出了卓越的贡献。我们常说邓小平同志是改革开放的总设计师，而耀邦同志则是改革开放的第一任总工程师。

大家知道，在我国改革开放初期，农村率先改革，农村工作首先打开了局面，实行家庭联产承包责任制，废除人民公社，农民得到了经营自主权和实实在在的利益，调动了广大农民的生产积极性，农民普遍受惠，农业生产连续丰收，为经济体制改革、城市改革、国有企业改革奠定了物质和思想基础，为中国的改革开放立了头功。而整个农村改革从启动到突破再到全国实现普遍的家庭联产承包责任制的过程中，耀邦同志作为主持中央工作的领导同志，始终站在热情支持、积极领导的第一线。如在中国历史上起了重大作用的5个中央一号文件，就是在耀邦同志直接领导下逐个出台的。继1980年75号文件允许农民可以包产到户，也可以包干到户以后，1980年2月，党的十一届五中全会选举胡耀邦为政治局常委，设立中央书记处，耀邦为总书记。1980年11月10日到12月5日，中央政治局扩大会议建议六中全会选举耀邦为党中央主席。1981年6月，党的十一届六中全会选举胡耀邦为中国共产党中央委员会主席。7月31日，耀邦给万里写信，要再出台一个农业问题的指示。8月4日耀邦同时任农委副主任的杜润生同

---

* 本文源自作者手稿。该文稿系陆学艺为出席2008年8月30日“纪念中国改革开放30年——缅怀胡耀邦光彩讲话发表25周年座谈会”撰写的发言稿，原稿似未完成。原稿题为“在8.30耀邦同志1983.8.30关于怎样划分光彩和不光彩讲话纪念会上的发言”，现标题为本书编者根据讲话稿内容所修改。——编者注

志具体布置起草文件的工作。10 月召开农村工作会议，其间耀邦亲自召集会议，听了各地的意见。胡耀邦明确说，农村政策要放宽，包产到户不是单干。农村工作会议拟定了《全国农村工作会议纪要》（以下简称《纪要》），12 月 21 日，政治局通过了该《纪要》。12 月，杜润生同志向耀邦同志提出，建议这个农村文件在 1982 年元旦发表，为中央 1982 年第一号文件，以表示党中央重视，耀邦当即表示赞成，签发了这个文件，并说："农村工作方面，每年搞一个战略性的文件，下次还排第一号。"第一个中央一号文件就此诞生了，而且为后面几个一号文件做了预订。

农村改革之后，农村不久就产生了个体工商户和个体劳动者阶层。1981 年，全国出现了一个广东的陈志雄，一个安庆的年广久的"傻子瓜子"，还有雇工超过 8 人的，但经济和社会效果却很好，这是不是剥削？允许不允许存在？允许不允许长途贩运？胡耀邦同志旗帜鲜明地表示支持，称长途贩运是"二郎神"。现在[①]私营企业约有 523 万户，投资人有 1500 万～1600 万人，7000 多万人就业，加上个体工商户 2700 多万户，6000 多万人就业，非公有制经济在整个二、三产业中已是半壁江山，成为社会主义市场经济的重要组成部分。

① 指 2007 年。——编者注

学习费孝通先生“学以致用”“志在富民”的精神*

今年是费孝通教授百年诞辰，再过一周，是费孝通先生逝世五周年的日子。费孝通教授是中国社会科学院社会学研究所的创始人，今天我们在庆祝社会学研究所成立30周年的时候，同时开这个研讨会，来缅怀费孝通先生，以表达我们社会学研究所同仁对我们的老所长的尊敬和感激。饮水不忘掘井人，社会学研究所有今天的发展，是30年前费先生披荆斩棘、艰苦创业、聚集人才、建章立制，为我们打下了一个很好的基础。拿费先生常说的一句话，他精心为我们搭建了一个好的戏台，我们这些后继者，才有了用武的场所。

据我知道，在今年，北京、南京、上海等地的社会学界都将以各种形式来纪念缅怀费孝通教授。这是很好的，今年我们来追思费孝通教授具有特别重要的意义。

费先生的一生，横跨两个世纪，终生为中国社会学的富强、人民的幸福，为中国社会学的发展，特别是中国社会学的重建作出重大贡献。他是著名的社会活动家，是社会学的大师。

我们今天来纪念追思费孝通教授，最好的方式就是要继承费先生的遗志，把由他牵头重建起来的社会学的事业做好，并且按照他一生倡导的“学以致用”的方针，为中华民族的复兴，为中国的繁荣、富强、崛起多作贡献。

先生83岁那年（1993年），写了一首诗：“脚踏实地，胸怀全局，志在富民，皓首不移。”这是费孝通对自己一生的总结，也是真实的写照。他20

* 本文源自作者手稿。该文稿系陆学艺于2010年4月17日在“纪念费孝通先生百年诞辰研讨会”上的发言稿。原稿无题，现标题为本书编者根据发言稿内容所拟定。——编者注

岁从东吴大学医学预科转入燕京大学社会学系学习社会学开始，终其一生，从学社会学，到研究社会学，写社会学，教社会学，传播社会学，一生就在社会学领域里耕耘，成为我们时代社会学的一代宗师、社会学的大师、社会学界的旗帜。通读张荣华等同志编撰的十多卷的《费孝通文集》，可以说是他几乎所有的著作、论文和各种调查报告，都是用社会学的理论、方法和语言在论述。怎样使中国进步发展起来，怎样使中国老百姓特别是农民富裕起来，没有学究气，没有洋八股腔调，围绕着中国富强的全局，围绕着“志在富民”的矢志，这点是最值得学习的，也是今后我们社会学的同仁要继承和发扬的精粹。这是我自己向费先生学习的心得。

中国发展需要露茜这样的社会学家，两岸交流需要露茜这样的友谊使者*

成露茜教授在大陆社会学界和学术界有崇高的威望，这不仅是因为她有成家的家学渊源，秉承自强不息的家训，她有传奇式的学术经历，最主要的是因为她一生坚持公平正义，坚持追求真理、传播真理，坚持知行合一，坚持理论与实践的结合和开拓，坚持社会学的中国化、本土化，并为此风风火火、有声有色地奋斗了一生。遗憾的是天道不公，正当露茜教授社会学学术炉火纯青、传播事业走向巅峰的时候，病魔夺去了她的生命，真令人痛心。去年秋，友人告我她得了重病，年底在钓鱼台一个会上，她的兄长成思危告诉我她病得很重。我们在北京为她祈祷，但愿她渡过这一劫。今年春天，沈原教授告诉我，成教授走了！可惜啊，这样的好人，这样学术上、事业上有成就的学者，怎么说走就走了呢！我悲痛不已，请沈教授专致悼词，寄托我们的哀思。

早在20世纪70年代中期，她就进入还在“文革”中的大陆，开展中美学术交流合作，可以说她是海外社会学家到中国大陆进行学术传道的第一人。以后她在中国社会学重建中发挥了重要作用，而且从一开始她就把社会学要为改造中国、建设中国的实践服务，把社会学要本土化的理念带进了中国大陆，影响了重建中的大陆社会学界。

自改革开放以来，中国的经济发展取得了很大发展，2008年的GDP达300670亿元，比1978年的3645亿元，按不变价格计，经济总量增长15.5倍，年均递增9.8%。人均GDP增长11倍，年均递增8.6%。[①] 但在经济高速发展的同时，社会发展、社会建设却相对滞后，由此产生了诸多社会矛

---

* 本文源自作者修改的台北演讲打印稿，成稿日期为2010年6月20日。——编者注

① 国家统计局编，《中国统计年鉴·2009》，北京：中国统计出版社，2009年9月，第37、41页。

盾和社会问题。城乡差距、地区差距、贫富差距日渐扩大，基尼系数在20世纪80年代初约为0.30，现在已扩大到0.47以上。分配方式不公，官民关系、劳资关系紧张。由土地征用、房屋拆迁、企业改制等引发的群体事件增多，刑事犯罪案件大量增加，近几年发生了瓮安事件、石首事件、吉林通钢事件，近来又发生虐杀儿童和富士康民工跳楼等恶性案件。这表明中国的经济社会发展还不平衡，还不协调，出现了经济报喜、社会报忧的状况。

政府提出了要构建社会主义和谐社会的目标，经济上要转变经济发展方式，加强社会建设的措施。虽然大陆的社会学历经坎坷，但是1979年恢复重建以来，已经有了很大的发展。然而，学科发展比起社会科学的其他学科，还是很弱很小。例如，现在大陆有405个经济学博士点，每年培养的经济学博士数以千计，而社会学的博士点只有16个，每年毕业的博士，不足百人。

中国社会科学院35个研究所中，经济类的有8个所，研究人员有近千人，社会学研究所只有一个，人员不足百人。同样存在着经济社会不平衡、不协调的问题。

中国今后的发展，当然经济还要继续发展，现在正在从出口导向转向扩大内需，东南沿海的产业正在向中部、西部转移，发展势头良好，有望继续保持8%左右的高速增长的态势。但是在我看来，当务之急要加快社会体制改革，重点加强社会建设，提高社会发展的质量和水平，调整社会结构，尽快改变经济这条腿长、社会这条腿短的尴尬状况，使经济社会协调发展。

今后10年、20年、30年是中国社会发展、社会建设的重要时期，中国能否长治久安，能否从此和平崛起，重新进入先进民族之林，在经济上还有几个大坎要过，如经济发展方式转变、金融体制改革等，但我认为，社会体制的改革，社会建设的大力推进，社会结构的调整是关键。

所以今后10年、20年、30年正是中国社会学发展的黄金时期。有人已经预言，中国社会学的春天来了。这是实践的召唤，实践出真知，实践出社会学家，中国未来将产生一批有成就的社会学家，中国的发展需要露茜这样的社会学家，需要学贯中西，一生追求真理，主张公平正义，坚持学以致用、知行合一，坚持理论与实践的统一，露茜是我们的先驱。这次会议纪念研讨露茜的事迹和精神，很有意义。我们将把这次会议的精神带回大陆，在学界，特别是在社会学界广为传播、发扬光大，以期有更多的人成为露茜这样的学者，这样的社会学家。

露茜也是两岸学术交流，特别是两岸社会学合作交流的先驱。她从20世纪70年代，就走进大陆，开展了合作交流，为我们中国社会科学院建立了英语培训中心，筹划成立社会学的培训班，她在UCLA为大陆培养了多名学者，以后又常到大陆城乡开展合作研究，她为中国社会学的重建，为我们中国社会科学院、研究生院、社会学研究所的发展作了很大贡献，产生了很大的影响。以后，杨国枢教授在大陆办社会心理学培训班，前后坚持七年，培养了一大批社会心理学者，桃李遍中国。香港的社会工作专家也以各种方式为大陆培养了一大批社会工作学者，还有很多港台的同行，为中国大陆社会学的重建、发展，作出了很多贡献。

饮水不忘掘井人，中国社会学重建发展到了今天，已经有了很多成就，要感谢以露茜教授为先驱的这一批港台同行学者。今天乘这个机会，我代表中国社会学会，向诸位说声谢谢！台湾社会学比我们恢复重建得早，有一批学业有成的专家，在学术上取得了很大的成就。我希望今后一如既往，进一步开展两岸社会学家的合作交流，像露茜教授那样，做两岸学术文化交流、开展社会学合作研究的使者。

大陆目前正处于继续发展之中，处于社会转型之中，一方面有许许多多的成绩，另一方面也有许许多多的问题和矛盾，这正是社会学家施展才能的广阔天地、大有作为的好时机，可以开展各个方面的研究。欢迎诸位同仁到大陆去，继续做露茜教授未完成的事业。最近我在湖北荆门开会，遇到了一个十多年前只身到大陆创业的台商，现在已成为很有成就的商人了。我的家乡苏南无锡，还有苏州的昆山和吴江，已经有一大批事业有成的台商，有的还在当地成家立业。在这点上，我希望我们的社会学同仁要向台商学习，学他们的开拓精神。

十年前，我不当社会学研究所的所长后，被聘到北京工业大学筹建人文学院，并担任院长。现在那里已建立了社会学系和社会工作系，有教职员20人，有本科生、硕士生、博士生200多人，已经初具规模。

欢迎诸位同仁，到大陆去合作交流，调查研究。我们社会学研究所，我们北京工业大学人文学院，愿为各位前去的同行做联络工作。

续写《江村经济》的一项重要成果*

73 年前，一位名叫费孝通的年轻学者在广西少数民族地区进行社会调查，因为误入陷阱导致妻亡己伤，于是回到故乡江苏省吴江县疗伤休养。在这期间，他去了该县位于太湖边的开弦弓村进行田野调查。之所以选择这个村，是因为当时他的姐姐正在该村推广先进的蚕桑技术。在一个多月时间里，这位拄着拐棍的年轻学者串门访户，走田头，进工厂，坐航船，观商埠，认真记录。后来，他把在开弦弓村调查取得的资料整理成篇，并于 1938 年春季完成了自己的博士论文《开弦弓，一个中国农村的经济生活》。在论文中，他给开弦弓村起了个学名——“江村”。第二年，论文出版成书，这就是被誉为“人类学实地调查和理论工作发展中的一个里程碑”的《江村经济》。

20 世纪 80 年代初，费孝通先生就表达了想完成一本《江村经济》的续篇，以全面、完整地记录江村数十年社会变迁的愿望。1981 年 11 月 18 日，他在英国皇家人类学会授予他“赫胥黎奖章”的答谢演讲中曾说：“我早已有意想在我的余生中写一本书，叙述这个农村的新面貌。”并说：“如果还能给我补充的机会，那将在离开我开始在开弦弓村调查之后的 50 年，到那时候（1986 年）即使我不能在这个讲台上做一次补充演讲，希望一本《江村经济》的续篇可以在那个时候送到在座的朋友们的手上。我这个希望的根据是我们中国社会科学院的社会学研究所在我出发来伦敦之前已经作出决定，将在开弦弓村建立一个社会调查基地，一个可以进行继续不断的观察的社会科学实验室。如果这个社会调查基地能顺利建成，通过年轻的研

* 本文源自《江村七十年——中国农民的小康之路》（谢舜方、曹雪娟主编，南京：南京师范大学出版社，2010 年 10 月），第 1 ~ 2 页。原稿写于 2010 年 9 月 20 日，系陆学艺为该书撰写的序言，现标题为本书编者根据序言内容所拟定。——编者注

究工作者的集体努力，我相信刚才许下的愿是可以实现的。”① 1985年4月15日，他在为《江村经济》中译本写的“著者前言”中又写道：“自觉有责任再把江村在这半个世纪里的变化写下来，作这个书的续编”。② 然而，由于1985年3月，他从中国社会科学院到北京大学去组建社会学人类学研究所并担任该所所长之职，后来又相继担任中国民主同盟中央委员会主席，中国人民政治协商会议全国委员会副主席，第七、第八届全国人民代表大会常务委员会副委员长等重要领导职务，其学术研究又在江村经济研究的基础上，进一步向小城镇和区域经济研究领域拓展，并肩负着领导和组织中国特色社会学学科的创建和发展的重任，这一愿望一直未能实现。这不能不说既是费孝通先生的终身遗憾，也是中国和人类社会学研究领域的憾事。

1986年10月《江村经济》中译本由江苏人民出版社出版发行以后，引起了中外社会科学界的广泛关注，一些中外专家学者和国际友人，以及费孝通先生所带过的硕士、博士研究生等年轻的研究工作者，络绎不绝地到开弦弓村去做调查访问和考察研究，先后发表了一批论文、专著。但历史地、全面系统地介绍早为中西方学者所熟知的开弦弓村在《江村经济》问世后半个多世纪以来旧貌变新颜的续篇，却至今未能送到当年出席英国皇家人类学会“赫胥黎奖章”颁奖大会的朋友们手上。

令人欣喜的是，早年追随费孝通先生从事社会学研究的南京师范大学社会发展学院院长邹农俭教授给我传来了这部题为《江村七十年——中国农民的小康之路》的书稿，并在来信中告诉我，这是由南京师范大学的部分经济、政治、社会、历史等学科的学者与吴江市哲学社会科学界的学者共同组成的老中青三代结合的编写组历时三年共同完成的。

该书在坚持真实、准确、全面、深刻的调查方针的基础上，把《江村经济》问世以后七十多年的跨世纪岁月里，开弦弓村人消除饥饿、改变贫穷、解决温饱、实现小康、走向富裕的艰辛历程，分成十五章做了较为全面而又详尽的记述，具有扎实的学术功底、重要的学术意义和较强的可读性。它不仅将江村七十多年所经历的翻天覆地的巨大变化生动展现在世人面前，同时也为了解江村、关心江村、研究江村的中外学者和热心人士，提供了一份真实可靠的历史资料。这不仅有助于人们对开弦弓村这个中国

① 费孝通：《江村经济》，南京：江苏人民出版社1986年版，第250页，第263～264页。
② 费孝通：《江村经济》，南京：江苏人民出版社1986年版，“著者前言”第3～4页。

农村的窗口有一个历史的、全面的了解，而且为关注中国农村建设、农业发展、农民生活的“三农”问题的中外学者和友好人士，提供了一份较为翔实的个案研究资料。

尽管这部著作可能还不能称为完整意义上的《江村经济》续篇，但我相信，这部著作与大量的江村研究的论著一起已经构成了资料翔实、内容丰富、分析透彻的《江村经济》的续写篇章，足以了却费孝通先生续写《江村经济》的遗愿。衷心祝愿能有更多、更好的江村研究的学术成果涌现！衷心祝愿费孝通先生所开创的江村研究和具有中国特色的应用社会学和人类社会学研究事业进一步繁荣发展！

识时务者为俊杰*

很高兴来参加郑杭生先生从教 50 年和郑杭生社会发展基金会成立大会。今天对中国人民大学社会学与人口学院、社会学系、人大社会学同仁来说是双喜临门，敬向郑先生和人大同行表示衷心的祝贺！

我们有幸生活在中国，中国当代是一个经济大发展、社会大变迁的时代，正在经历三千年未有的大变局。已经由农业农村社会转变为工业化、城市化社会，中国已经在东方和平崛起，正在向社会主义现代化社会大步迈进。

时势造英雄，时势也造就学者。当然，历史唯物主义认为人民群众创造历史，我们的上一代是打天下的一代，涌现了一大批英雄人物，和群众一起艰苦奋斗，流血牺牲闹革命，统一了天下。我们这一代的历史任务，是建设新中国、建设现代化。建设现代化大业需要有一大批社会主义建设者，需要有大批的学者。

要在这个伟大的建设过程中作出重大贡献，首先要正确认识这个时代，自觉认识应当的责任，勇敢挑起这个建设的重担，所谓识时务者为俊杰，郑先生是这样一个较早认识时代并积极献身，从而做出了大成绩的人。

他原来是学哲学专业的，1956 年考入人大哲学系，毕业后就留在学校从事教学工作。改革开放后，1981 年他就到英国留学。他认识到了社会学这门学科在现代化建设中的重要性，到英国学习社会学，1983 年回国后就在人大创建了社会学研究所，后来又创建社会学系，郑先生是人大的社会学学科的创始人、奠基人。相比之下，我比郑先生觉悟得晚，我和郑先生

---

* 本文源自作者手稿。该文稿系陆学艺于 2012 年 2 月 29 日在“郑杭生教授从教 50 周年学术研讨会暨北京郑杭生社会发展基金会成立大会”上的发言稿。原稿无题，现标题为本书编者根据发言稿内容所拟定。——编者注

都是学哲学的，1984 年中国社会科学院领导就要调我到社会学研究所工作，我婉言谢绝了。直到 1987 年春，院里下了调令，我才服从组织安排，到社会学研究所报到。

郑先生是识时务的俊杰，是先知先觉的学者，30 多年来为社会学作出了很大贡献，这是我们应该向他学习的。

我和郑教授是老朋友了，祝老朋友健康长寿，老当益壮，多出力作！

“费孝通学术成就奖”获奖感言*

十分感谢“费孝通学术成就奖”评委会的诸位同志、同仁，给予我这一特别的奖励，我感到非常荣幸！同时，我也感谢吴江区委、区政府具有远见卓识，精心策划，为弘扬吴江人文精神，弘扬在本土成长起来的费孝通先生的业绩，创办了这个“费孝通学术成就奖”，这对正在成长发展中的中国社会学具有极其重要的意义。

自改革开放以后，我得过不少奖项，其中有些是国家级的，有些是社科院的，也有不少是省和部门的奖励。但我认为这次的“费孝通学术成就奖”是最重要的，是对我的最高奖赏！

费孝通教授是当代中国社会学的泰斗，费先生学贯中西，学识渊博，著作等身，是世界著名的人类学、民族学、社会学大师。

费孝通教授不仅是个学者，而且是我们当代很重要的社会活动家。他青年时期从学医改学社会学，追求理想，追求强国，志在富民。他用理论联系实际，行行重行行，注重调查研究，探索富民强国的真理。他作为学者，作为民主党派的领袖，作为国家的领导人，终其一生，都在为中华民族的复兴、繁荣、进步而奔走呼号，奋斗终生。

费孝通教授是中国社会学恢复重建的第一人，是中国社会学重建的元勋。1952 年，中国社会学被无端撤销，1957 年费孝通和社会学同仁要求重建社会学，遭到了压制打击，被定为右派，蒙受了不白之冤，这中断了其 20 年的学术生涯。1979 年，改革开放，百废俱兴，经济社会蓬勃发展，需要社会学。中央领导决定恢复重建社会学，邀请费先生出山主持重建工作。

---

* 本文源自作者为首届“费孝通学术成就奖”颁奖会准备的发言稿，陆学艺 2012 年 10 月 18 日在会上宣读了该文稿。该发言稿刊载于苏州市吴江区哲学社会科学联合会主办的刊物《江南社科》2012 年增刊（2012 年 11 月）。原稿题为《获奖感言》，现标题为本书编者根据发言稿内容所修改。——编者注

费先生顾全大局，捐弃前嫌，虽年已古稀，毅然接受了这个使命。受命之后，费先生全力以赴，夜以继日地积极开展了重建工作，凭借他的学识和经验很快就建起了中国社会学会、中国社会科学院社会学研究所，以后又在各地组建了很多社会学研究所和大学的社会学系；并且开班授课，亲自主编教材，培养人才，还亲身带领科研人员深入农村城镇，做农村调查，写出了《小城镇　大问题》这样震动全国的调查研究报告。几年工夫，他就把社会学这门已经消失多年的学科恢复重建起来，使之初具规模，为以后的发展打下了坚实的基础。中国社会学发展到今天的进步和成就，一定不能忘了费先生这位重建学科的元勋的业绩。

我今天在这里接受以费孝通教授命名的学术成就奖，感到十分高兴、十分荣幸。费先生是中国社会学会的第一任会长，我是中国社会学会的第三任会长，费先生是中国社会科学院社会学研究所的第一任所长，我是第三任所长，所以实际上我都是在继续费先生已经开拓好了的重建社会学的工作。我前后做了十年所长、九年会长，那时费先生还健在。记得我 1988 年 6 月接替何建章教授担任所长后不久，就接到费先生的邀请，参加他的第一个博士生的论文答辩会。从此以后，我每年春节都要带领社会学会和研究所的同事到费老家拜年，几乎每年社会学开年会和国际会议前，也都要去费老家请示汇报，他那时虽然公务繁忙，但总是能抽空接待我们，听我们的汇报，并给予指点。所以社会学研究所的成就和发展都是和费老的关心、支持、指点分不开的，我们在社会学重建和发展方面做了一些工作，也是和费老的帮助分不开的。今天我接受费先生的学术成就奖，不仅是对我的奖励，也是对社会学研究所的奖励。为此，社会学研究所的同仁也感谢这个奖励。

今天我在这里接受“费孝通学术成就奖”，使我更加怀念这位已故的学术大师。而最好的纪念是要继承费先生的遗志，继续完成费老曾经全力为之奋斗的社会学重建和繁荣社会学的事业。费老说过，“中国的现代化需要社会学，中国社会学也要在参加现代化事业的实践中发展起来、繁荣起来”。当今中国又到了一个新的历史转折时期。30 年来，在中国共产党领导下，中国的经济发展突飞猛进，一跃成为世界第二经济大国，2011 年人均 GDP 达到 5230 美元，但是社会矛盾、社会冲突凸显，社会形势错综复杂。战略机遇期，也是转折期，要面对社会矛盾的挑战，解决好这个问题。党中央提出要构建社会主义和谐社会，要加强社会建设和社会管理，但是社会建设提出已经几年了，社会矛盾、群体事件仍然频发。如何使经济社会协调发展，如何使社会更加和谐，需要社会学的理论支撑。可惜我国的社会学队伍依然薄弱，能够提供的社会学的理论和政策建议还是很少，我们社会学同行仍然需要努力！

今天我获得“费孝通学术成就奖”，今后我应该更加努力，以费先生为榜样，继续做好社会学的学术研究，给国家的社会建设多出主意，尽我的努力为推动社会学的建设和发展，作出应有的贡献！

自我回顾

走向田野*

陆学艺同志是我国著名的农业问题专家，但是他并不是学农业出身的。1986年底他被任命为中国社会科学院社会学所副所长，不久后被任命为所长。但是，他又不是社会学科班出身。他凭着对祖国和人民的赤诚之心，凭着对现实社会的高度敏感性，凭着敏锐的眼光和坚定的毅力，以一个知识分子兢兢业业的工作态度，在农业问题、在社会学领域中取得了相当的成就，并成为中国社会学事业的领导者之一。1990年11月记者采访了这位社会学界的知名人物。

记者：陆所长，您好！据我所知，您以前是从事中国哲学研究的专家，您为什么会放弃对中国哲学的研究而关注并研究中国农村社会的？是不是因为在您看来农村问题是中国社会最重要的问题，不了解中国农村，就不可能真正了解中国社会的内在结构和本质？

陆学艺：我本来就出身农村，和农村有着天然的联系，对农村也有着特殊的感情。在我搞中国哲学研究的时候，我同农村仍然有接触，也积累了一些材料。“文革”以后，我就更加关注农村社会的现实和前途了。1978年中共召开十一届三中全会以前，我根据自己积累的材料和对农村问题的认识，写了一篇3万多字的关于农村的文章，提出了关于加快农村发展的一些建议，这篇文章先被《国内动态清样》刊用，并且我的建议被部分采纳了。后来，这篇文章又被《内部参考》刊用，当时中国社会科学院的一位副院长看了我的文章后，便找我谈话，希望我从中国哲学史的研究转到更为迫切需要研究的农村问题方面去，并给了我两个“特权”：一是可以阅读

* 本文原载于《社会》1991年第3期，发表时间：1991年3月20日。该文系《社会》杂志记者专访陆学艺的访谈录，访谈时间为1990年11月。本文校订了个别文字。——编者注

较为内部的有关材料；二是可以到农村搞调查研究。这样我就脱离了哲学所，脱离了中国哲学的研究，转到对农村问题的研究上了。

从 1978 年冬起，我的专业方向就成了农业问题，直到现在我一直都是以研究农村、农业问题为己任的，只是前后的研究重点和角度有所不同。1979 年 6 月，也就是转到农村研究不久，我写了一篇文章《包产到户问题应当重新研究》，这是我长期思考和 1978 年冬在农村调查了近三个月后的成果。在当时提出包产到户是有很大风险的，那还是一个禁区，但不管是禁区也好，有风险也好，我都不怕，因为有人支持我，更主要的是我有调查的依据，是实事求是的，并且我认定这是农村改革的出路。1980 年 10 月以后包产到户成为合法的了，当时要不要搞包产到户的问题解决了，关键是包产到户以后怎么干。那时有很多人认为这只不过是权宜之计，既然农民吃不饱，还不如让农民自己想办法解决吃饭问题。1980 年我和王小强同志又到甘肃做了调查，在 10 月份写了《包产到户的由来和今后发展——关于甘肃省包产到户问题的考察报告》一文，发表在《未定稿》上。我认为，包产到户不会退回到原来的“三级所有”的基础上，并且包产到户可以成为中国农业现代化的一个起点，绝不是权宜之计。

1981 年，我发表了很多关于农村、农业的研究报告，1983 年甘肃为我出了一本集子《农业发展的黄金时代——包产到户的调查与研究》，这本集子收进了我 1978 ~ 1981 年在安徽、山东、甘肃等地的调查研究报告。1986 年，上海人民出版社出版了我的《联产承包责任制研究》。我在 1982 年就开始酝酿一件事，原来认为包产到户只是在条件相对较好的农村地区推广，岂知包产到户的发展势不可挡，事实上在几乎所有的农村地区都推广了这一农村社会体制的改革模式。这样一来，农村的经济基础发生了变化，那么相应的上层建筑也应有所变化，于是就设想搞一个县级的政治体制改革的试点，提出到山东办试点。

记者：您兼任山东陵县县委副书记以后做了哪些工作？这种兼职形式其实就是参与研究，您认为参与研究对社会学工作者来说有哪些作用？

陆学艺：我是 1983 年 10 月到陵县任县委副书记的。我这个试点工作其实并没有成功，因为在当时农村政治体制改革的条件还不成熟。我的试点工作是大大地超前了，县级政治体制改革是“八五”期间农村工作的重点之一，所以我这县委副书记其实只是搞调查研究工作、了解情况。尽管试点没有成功，但这段经历对我个人来说收获是很大的。机关工作的同志往往不能真正了解农村情况，至少是没有切肤感受。跟农民滚在一起，真正地参与到农村生活中去，这样才能对农村、农民、农业有最真切的感受和了解。做了三年的调查研究书记，这段经历对我现在的研究工作和我对农村问题的判断都有着很重要的意义，我对农村的一些发言权也是由此而来的。一个县是一个完整的实体，参与进去就能真正了解中国农村社会的政治、经济结构是怎样的，机制是如何的，它们又是如何运转的。我们搞社会学的、搞社会科学的同志对中国社会其实并不是十分了解的，农民是怎样生活、生产的？不知道。农村社会结构是怎样的？不知道。当前农民的心态是怎样的？不知道。这些东西不知道就不了解中国，就很难成为最优秀的社会学工作者。总之，这段经历对我个人来说，是十分宝贵的。我刚才提到了我对农村的一些发言权和对农村问题的判断与我的这段经历的关系。接下去我就更具体地说一下。1986 年 4 月，我写了一篇文章，题为《农业面临比较严峻的形势》，可以说，我是最早在农业问题上使用“严峻”一词的。当时都普遍说农村好，似乎家庭联产承包责任制是包医百病的“仙方”，可以一劳永逸地解决农村的所有问题，但是基层已感觉到不太好了。1984 年是我国农村改革以后的第一个特大丰收年，但是由于种种原因，1985 年农业大减产，基层领导已觉得问题十分严重了。当时农村形势的严峻表现在：水利失修，耕地减少，肥力下降，农机老化，从 1982 年起农业投资连年减少。如果这些问题得不到重视，那么农业将会连年减产、衰退。但有人认为这是大惊小怪。这篇文章是 1986 年 5 月发表在中国社会科学院的内刊《要报》上的。1986 年 6 月，邓小平同志在一次会议上讲到了农村问题，他所说的大意是：有位农业专家讲，这几年农业投入减少，生产力下降，农业可能要出现徘徊的局面，这个意见要重视。[①] 后来的事实证明我讲的是对的，这样的文章不深入第一线，而只是坐在办公室里是写不出的，这也是我深入农村以后才可能得出的对农村问题的比较客观的判断。1985 年，我被任命为中国社会科学院农村发展研究所的副所长。

记者：那么您是从什么时候调到中国社会科学院社会学所工作的呢？

陆学艺：1986 年底，我从山东回到中国社会科学院，不再在那里兼任县委副书记了。不过到现在我还是挂名的县委副书记。回来以后原打算好好地回顾一下我这三年的经历，把我好几大本笔记整理归纳一下，但是院领导让我到社会学所担任副所长的职务，这样我从那时开始进入了社会学界。

① 邓小平：《在听取经济情况汇报时的谈话》，载《建设有中国特色的社会主义》（增订本），第二版，北京：人民出版社，1987 年 3 月，第 132 页。

记者：您作为社会学所的领导，作为搞调查出身的农业问题专家，您是怎样在社会学领域里开展您的工作的呢？有人认为我国正处于农业社会向工业社会过渡的转型期，因此，如何使我国农村社会进入现代化是当代中国的主要任务之一，也是社会学家义不容辞的职责，对于这些观点，您是怎样看的？

陆学艺：我认为中国社会学在农村研究方面有着很好的传统，这个传统应该继续发扬。中国仍然是农业社会，农村社会学自然应该是最发达的。如果农村问题不搞清楚，对农村不了解，那就成大问题了。我们现在的活动都在城市，但问题还存在于农村。农村丰收了、稳定了，城市人的日子就好过，国家就兴旺；农村出了问题，城市就不安定，新中国成立以来的历史反复证明了这一点。1990年，城市经济面临的困难是很多的，但城市还是很稳定，群众并没有感到什么问题，粮食多了，猪肉、蔬菜等副食品便宜了，物价稳定了，一切都好办了。彩电涨价只涨一次，而猪肉涨价意味着天天涨。农村丰收了，吃的东西就便宜，群众就不会有危机感。1990年是我国农村改革以来的第二个特大丰收年，但对农民来说，增产不增收。粮食多了，价格就便宜，这会影响农民的种粮积极性。怎样继续保持农民种粮的积极性，这就很值得研究。更进一步说，就是要怎样进一步地改革，消除农业生产上的波动性。

现在对农村的研究是很不够的，中国社会学要走向世界就必须有自己的东西。我觉得有两个方面的工作是中国社会学家独占的优势，也是他们义不容辞的责任。一是中国农村社会学。中国人口占世界人口的1/5不到，但中国的农民占全世界总人口的1/6，占世界农民总数的1/3。这个庞大的农民阶层怎么转化，中国的农村怎样变迁，方向在哪里？途径在哪里？这些问题的解决不仅影响着中国的命运，也具有相当大的世界意义。因此，关于农村社会学的研究有理论上的意义，也有实践上的意义。而且，这个任务只能由中国的社会学家来承担。二是中国的社会思想。在我们的老祖宗的社会思想中，有很多能为今日社会所用的宝贵思想财富，对中国传统社会思想的研究也必然会对现代社会学起极大的积极作用。我不是说我们不需要帕森斯、迪尔凯姆等西方社会学家的理论。这些东西当然要，但对中国社会学来说，更重要的是对现代中国社会的研究和对中华民族思想遗产的研究，这是我们的优势，也是世界社会学的一部分，只有中国社会学家才能在这两方面有所贡献。

我到社会学所工作以后，并没有放弃对农村问题研究的兴趣，但逐渐转到农村社会结构方面的研究上去了，由农村问题研究转到农村社会学的研究，从零散的、经验的转到集中的、理性的研究，使农村研究更具学科特点。在社会学所建立了农村社会学研究室。对农村社会结构的研究主要是研究农村、农民的分化、分层，希望把农村改革十多年来的变化理出个头绪。中国有8.8亿农民，而事实上，农民的分化程度已经相当高了，用“农民”一词来概括实在是太笼统了。原来在农村的人靠工分吃饭，都是种田的农民。现在不同了，最穷的人在农村，最富的人可以说也在农村，中国的农民有务工的、经商的、搞运输的等，用是不是吃商品粮来划分农村人口与城市人口已经不行了。因此，必须对农村社会的分化和分层结构有深刻的研究，必须把这个问题搞清楚，否则制定政策就会有困难，农村的第二步改革也会遇到麻烦。这是一项基础研究，也具有相当的理论价值。

农村社会学研究的根本导向是：如何使中国农村向现代社会转化，我国的农民怎样从8.8亿减少到7亿、6亿、5亿、4亿、3亿，中国在现代化过程中怎么解决农村问题。只有解决了这些问题才能切实推进我国农村的现代化。

目前正在进行的另一个课题是县级经济社会协调发展，是国家重点科研项目。以前我们有个错误认识，认为生产力发展是唯一任务。因此，经济增长了，社会乱了，反过来阻碍经济的发展。现在正在搞实验区研究，黑龙江省的肇东就是其中之一。

还有一个课题是国情调查，这项工作是中国社会科学院组织的，要搞100个县、市的县情、市情调查，第一批48个县、市已经结束，拟于1995年结束全部工作，出100本书，这将对我们了解中国基本国情有很大的帮助。

记者：您作为新当选的中国社会学会的副会长兼秘书长，您对中国的社会学有何评价？对中国社会学在“八五”期间的发展有些什么设想，在未来几年里，学会的主要任务和工作有哪些，请谈谈好吗？

陆学艺：中国的社会学很难用一句话来概括，社会学重建到现在已有十多年了。用费孝通先生的话来说，戏台已经搭起来了，因此接下去的工作就是如何把戏唱好。我认为目前的基础理论研究比较薄弱，方法论体系也比较混乱，这是今后要特别注意的。另外，社会学的发展在地区上和分支学科上都还不平衡，东北、华北、西北、西南还没有社会学系，有很多分支学科还是空白，今后要努力消除这种不平衡现象和空白点。我在中国社会学会第三届常务理事会上有一个发言，是谈“八五”期间社会学学科发展一些设想的。在今后五年中，我们要在前十年工作的基础上，在老一辈社会学家工作的基础上，在总结十一年的经验教训的基础上，做好以下工作。

第一，学科建设。要强化社会学的学科意识，提高社会学在中国社会科学体系中的地位和参与现实生活的能力，为社会主义经济、社会稳定协调地发展作出更大的贡献。学科建设的主要工作有这几个方面：一是要坚持继续重视应用研究，加大理论研究的力度，坚持应用研究和理论研究、宏观研究和微观研究相结合的方针，积极投身到社会变革中去，把握时代的脉搏，关心并参与解决改革和发展所提出的重大理论问题和实际问题；二是要加强理论研究；三是组织力量，就重要的分支学科有计划、有组织地进行研究；四是开展中国社会文化史、社会制度史、社会思想史、社会学史的研究；五是社会学方法的研究；六是翻译出版一批社会学名著；七是逐步建立调查和实验基地，认识中国国情。此外，要建立图书资料中心、数据库，要建立起社会调查中心。

第二，队伍建设。我们要在现有的基础上，增加社会学专业人员队伍的数量，并提高质量。

第三，学会工作。学会工作要起团结、服务、协调的作用。学会活动要以学术活动为中心。现在有几件事要做：一是全国目前还有五个省没有社会学会，希望有条件的地方把社会学会建立到地、市一级，还要建立专业研究会；二是每年召开一次学术年会，每次学术年会定一个题目，进行学术交流。还要由学会出面组织一些调查。学会首先要做到团结，要做到公平、公道、公开。学会的理事要真正理起事来，拿出社会学的科研成果，通过社会学的实际工作，对地区、对国家的社会安定和发展作出应有的贡献。社会学的地位已经不可动摇，但关键在于我们自身的努力。

记者：谢谢您能接受我的采访，祝您取得更大的成功！

中国农村伟大变革的历史记录*

中国是一个文化悠久、地域辽阔、资源丰富、人口众多、人均资源甚少、农民占绝大多数的大国。我们已建立了社会主义制度，但目前还处于社会主义初级阶段，经济文化事业还不发达，政治经济发展很不平衡，社会主义各项制度正在改革完善之中，社会主义的优越性还没有得到充分发挥。这是我国的基本国情，我们办一切事情一定要从这一基本国情出发。迄今为止，中国的农业人口仍占总人口的74%，3/4的人口还生活在农村。8亿多农民的情况如何，对中国政治、经济和社会的发展具有决定性影响。因此，农民问题、农业问题、农村问题仍是全国上下普遍关心的最重大的问题之一。

中共十一届三中全会以来，中国实行的经济、政治、社会体制改革，首先在农村展开。10多年来，中央在农村改革中采取了一系列方针、政策和步骤，逐渐打破了原来“左”的思想对农业生产、农村经济和农民的束缚，把8亿多农民的生产积极性调动起来，使农业生产、农村经济大幅增长，农村面貌发生了历史性的变化。归结起来，农村的变革，最主要的有两条：一是党中央尊重农民的创造和意愿，在农村普遍推行了家庭联产承包责任制，使土地和重要生产资料的所有权与经营权分离，实行统分结合的双层经营，既发挥集体经济的优越性，又发挥亿万农户家庭经营的积极性，这对8亿多农民而言实质上是又一次解放，使他们获得了生产经营、生活消费的自主权，2亿多农户成为独立的商品生产者，从此农业生产、农村商品经济空前地繁荣起来；二是党中央从中国农村人多地少、劳动力资源

---

* 本文源自《当代中国农村与当代中国农民》（陆学艺著，北京：知识出版社，1991年7月），第1~6页。原稿写于1991年6月22日，系陆学艺为该书撰写的前言，现标题为本书编者根据前言内容所拟定。——编者注

没有得到充分利用的实际出发，进行农村产业结构调整，准许并鼓励、支持农民从事非农产业的生产和经营，在农村普遍兴办乡镇企业。20 世纪 80 年代初期以后，由中国农民创造的、具有中国特色的乡镇企业，在中国农村如雨后春笋般遍地崛起。1990 年全国已有各类乡镇企业 1820 万个，容纳了 9200 万个农村劳动力，年创产值 9500 亿元，其中工业产值 7000 亿元，企业利润 590 亿元，纳税 410 亿元，年创汇 130 亿美元。① 乡镇企业现已不仅是农村经济的支柱，而且已成为整个国民经济的一个重要支柱。

一个家庭联产承包责任制、一个乡镇企业，这都是在共产党的领导下中国农民的伟大创造，是马克思主义合作理论的新发展。这两种新的经济形式，适合中国的国情，适合中国农村生产力发展的水平，符合中国广大农民的愿望和要求，从而促进了农村生产力的迅猛发展，推动了农村社会的变迁和进步。可以预见，随着农村改革的深化，随着家庭联产承包责任制、乡镇企业的进一步完善和发展，中国农村的形势会越来越好，整个农村经济结构、社会结构还会继续发生深刻的变化，从而逐步实现从农业社会向工业社会、从农村社会向城市社会、从自给半自给的自然经济向有计划的商品经济转化，走出一条具有中国特色的农村社会主义现代化的道路来。

我有幸遇上了中国农村实现这一伟大转变的历史机遇，并且亲身参加了这一伟大转变的过程。收入本书的 33 篇文章和讲演稿，是我自 1978 年起前后约 12 年在各地农村调查研究、观察分析、探索思考的结果。这些调查研究报告和论文、讲演稿，从一个侧面反映了农村这场伟大变革的历史演变过程，同时也反映了我个人的工作变化及对这场农村变革的认识。

我原来是一个哲学研究工作者，1962 年从北京大学毕业以后，即考入哲学研究所，师从容肇祖教授习研中国哲学史，以后长期在哲学研究所工作。但我比较关心农村经济社会发展的实际，利用参加“四清”、下放“五七干校”等到基层去的机会，留意观察和搜集积累有关农村问题的资料。1978 年夏天，我就农业发展的若干政策问题写了一个建议书，当时正值召开中共十一届三中全会前夕，我的这些建议被有关部门注意到，文章摘要发表在新华社的内部刊物上（本全集第 1 卷的第一篇文章）。当时中国社会科学院副院长宋一平同志看到了这篇文章，他和哲学研究所党委书记孙耕

① 参见国家统计局编《中国统计摘要（1991）》，北京：中国统计出版社，1991 年 5 月，第 65 页。

夫同志商量后，同我谈话，提议要我专门从事农村问题的调查研究，这正符合我的意愿。从此，我就从中国哲学的研究转向农村问题的研究，从书斋走向了田野。

从1978年冬天开始，一直到1983年秋，我每年约有一半的时间到全国各地的农村去调查，先后去过北京、江苏、安徽、浙江、上海、山东、云南、甘肃、黑龙江、辽宁等省市数十个县的农村基层调查，就包产到户和包干到户的性质、兴起的原因、将来发展的前途以及在马克思主义合作理论发展方面的意义，写了不少调查报告和论文，本书第一部分选录的就是这批文章。

包产到户、包干到户（也就是后来的家庭联产承包责任制）发展迅猛，超出了人们的预料，到1982年、1983年就已在全国普及了。农村原来实行“三级所有、队为基础”，有700多万个经营单位，至此演变为2亿多农户家庭承包经营。农村的经济基础改变了，上层建筑必将也必定要发生相应的变化，才能适应新的经济发展形势的要求。考虑到这种新的发展需要，从1982年秋我们开始酝酿搞一个县级经济、政治体制改革试点，这个建议得到当时中国社会科学院院长马洪同志、党组书记梅益同志和中央农村政策研究室领导的支持。1983年10月，试点工作组到山东省陵县开始进行县级体制改革调查研究工作，我担任调查工作组组长，并兼任中共陵县县委副书记。县级体制是我国庞大的经济政治体制中最重要、最基本的一个环节，是新中国成立几十年来逐渐形成的，对它进行改革，牵一发而动全身，难度是很大的。陵县体制改革的试点，虽然在中共山东省委、省政府和中共德州地委、行署的支持下，取得了一些进展，但因这项改革涉及整个上层建筑，牵动各方面的利益关系，每项重大的改革和调整，需要由国家通盘考虑和部署。所以，我们的试点工作，主要还只是进行大量的调查研究，摸清情况。我在陵县蹲了3年，同基层干部朝夕相处，学到了、懂得了许多在机关里、在书本上学不到的东西。一个县是一个完整的政治实体，它既是执行机构，同时也是一级的决策机构，参与进去才能真正了解中国农村社会的政治、经济、社会结构是怎样的，运行机制是怎样的，它们又是如何运转的，农村干部、农民群众的真实生活是怎样的，他们的心态如何。这些，是要靠真正深入下去，同他们打成一片，才能逐渐体知的。这三年的经历，对我现在的研究工作及对农村问题的判断有着很重要的意义，我对农村有一点发言权，也是由此而来的。

在山东陵县三年和以后几年，我写了一批关于农业形势、棉花和粮食政策、农村第二步改革方面的文章。1986年5月我写了《农业面临比较严峻的形势》一文，发表以后，引起决策层的注意，反映不一，有赞赏的，也有批评的。我随后又写了几篇参与关于农业形势争论的文章。所有这些，不深入农村基层，不到第一线，对农村现实没有切肤的感受，是写不出来的。这组文章被收入本书的第二部分。

1985年6月，中国社科院调我到农村发展研究所任副所长，但我还是蹲在陵县，所里给我的主要任务是抓好试点县的工作。1986年冬，我回到北京，准备总结我当县委副书记三年的经历，整理所积累的大量第一手资料，写些东西。但不久，组织上又调我到社会学研究所任副所长，从此，我就进入了中国社会学界，开始了新的工作。四年多来，我在社会学研究所主要做了两方面的工作：一是大量的行政和科研组织工作，社会学是重建不久的学科，社会学研究所是新建的研究所，虽然已经有了一定的基础，但任务艰巨，还要继续做很多组织工作；二是进行社会学的基础理论和农村社会学的研究。另外，我仍比较关心农村事业的发展，有机会，还是常到各地农村基层去做些调查，运用社会学的理论和方法，从新的角度来观察分析农村问题，也写了一些这方面的文章，这些文章被收入本书的第三部分。

十多年来，我们国家在共产党的领导下，沿着建设有中国特色的社会主义道路，改革开放，各项事业都取得了历史性的进步，农村经济全面发展，工业生产迅速增长，科技文教等各项社会事业都有较大增长，城乡人民生活普遍得到改善，综合国力明显增强，由传统的农业社会向社会主义现代化的工业社会迈进了一大步。但是，我们也应清醒地认识到，中国至今还是一个以农民为主体（农业人口占绝大多数）、以农业为基础、农村经济占很大比重、政治和经济发展还很不平衡的大国。因此，农民问题、农业问题、农村问题，仍应是今后相当长一个时期里工作的重点。邓小平同志说过："对内经济搞活，我们首先从农村着手。中国有百分之八十的人口在农村。中国社会是不是安定，中国经济能不能发展，首先要看农村能不能发展，农民生活是不是好起来。翻两番，首先要看这百分之八十的人口能不能达到。"① 我们的社会科学研究、社会学研究应该从这一基本国情出

① 邓小平：《实现四个现代化的宏伟目标和根本政策》（1984年10月6日会见参加中外经济合作问题讨论会全体中外代表时的谈话），《建设有中国特色的社会主义》（增订本），人民出版社，1987年3月，第66页。

发，投入相当的力量来从事农民问题、农业问题、农村问题的调查研究，解决好这个问题，从而为我国社会主义现代化的伟大事业作出应有的贡献。我自己今后仍将把农村问题、农村社会学的研究作为工作的主要内容，这是我的心愿。

本书有几篇文章，是我分别和贾信德、李兰亭、吴象、张晓明、张晓山、冉隆清等同志合写的。我们一起下乡调查研究，一起分析讨论，得到了他们的支持和帮助。《包产到户问题应当重新研究》于1979年10月在《未定稿》发表，《农业面临比较严峻的形势》于1986年5月在《要报》发表，当时的编辑李凌、何秉孟同志是承担了风险和责任的，没有他们的帮助，这两篇文章是不能及时面世的。中国大百科全书出版社的谢曙光同志为本书的编辑出版付出了辛勤的劳动。另外，我的夫人吴孟怡同志，在我常年出差下乡时，承担了全部家务和两个孩子的教育任务，使我无后顾之忧，而且，我写的所有文稿，都是经过她整理和誊清的，这些科研成果也凝结了她的劳动。在本书出版之际，谨向他们一并致谢！

农民问题：中国社会现代化的最大问题*

一　从研究哲学到研究农民

访谈者： 您以前是从事中国哲学研究的专家，您为什么会放弃对中国哲学的研究而关注和研究中国农村社会呢？是不是因为在您看来农村问题是中国社会的最重大的问题，如果不了解中国农村，就不可能真正了解中国社会变迁的本质和社会内在的结构？

陆学艺： 我本来就出身于农村，和农村有着天然的联系，对农村也有着特殊的感情。在我搞中国哲学研究的时候，我同农村就已经有较为密切的接触了，也积累了一些资料。我于1957年9月开始就读于北京大学哲学系，在5年的学习时间里，就曾利用学校放寒暑假的机会去河南、安徽等地农村做社会调查，搜集了大量有关“三年困难”时期农村状况的第一手资料，主要是关于我对当时“饿着肚皮”搞社会主义建设，在农村中反映比较突出的问题的思考，包括大量的实地调查报告。遗憾的是这些宝贵的资料在“文化大革命”中散失了。从此以后，即便是在我考上了中国科学院中国哲学史研究生，攻读中国哲学专业，研究宋明理学的期间，我也没有放弃对中国农村的研究，而且，我的导师容肇祖教授也为我的这些研究提供了方便。他老人家是我国著名的哲学家。多年来他一直关心我的研究工作，至今我还保存着容老逐字、逐句、逐个标点符号批改过的我的作业。这种严谨认真的治学精神，成为我以后进行研究工作的准则。记得1958年

* 本文源自《社会学家的视野：中国社会与现代化》（韩明谟等著，北京：中国社会出版社，1998年9月），第35～81页。该书为“世纪经略：解析中国社会——社会学家访谈丛书”（刘应杰、张其仔策划）之一，该文为该书策划人和编者专访陆学艺的访谈录。——编者注

我还在读大学二年级，由于我的哥哥在中央党校被打成右派，牵连到我，撤销了我团支部书记的职务，那年我们北大哲学系的全体师生都实行开门办学，住在京郊大兴县芦城乡农村老乡的土炕上将近一年，在那里一边学习一边劳动，还安排我在大队部协助工作。从此，我与当地的大队干部和农民交上了朋友，至今我们还保持着联系。从那时开始我就有针对性地进行农村社会问题的专项调查了，直到回到学校后我也没有间断过。这段时间的农村实践使我对农村问题有了新的认识，促使我更加关注农村、农民问题的研究。1962 年 9 月我大学毕业，正逢全国三年困难时期，我考上研究生，这时我既是研究生又是中科院的研究人员，读了两年书。1964 年开始“四清运动”，我去了湖北省襄阳县和河北省徐水县搞“四清”，前后三年时间始终蹲在农村。这一次在农村的长期工作，使我对农村社会有了更多的了解和更深层的认识，为我以后从事农村问题研究奠定了基础。

“文化大革命”期间，中国科学院许多社会科学研究项目被终止，许多研究人员处理自己的书籍和资料，我不仅没有卖书，还用自己微薄的收入买了不少旧书，现在已成为极有价值的历史资料，为我进行纵横分析比较提供了科学的依据。1970 年之后我被下放到河北省农村“五七”干校，1972 年秋才回到北京，真正恢复我的工作还是 1975 年的事，我被安排在中科院哲学研究所中国哲学史研究室工作，由于当时家庭居室面积较小，我常常跑到中科院的图书馆读书。

我对农村社会问题有了较为系统的看法，还得从 70 年代中期说起，当时农村存在着许许多多的严重问题，怎样认识和解决这些问题，逐渐成为我的研究重点。但是，由于当时的历史环境的限制，我的想法还不能写出来，直到党的十一届三中全会前夕，我才把自己的观点写出来，写成了一篇题为《关于加快农业发展的若干政策建议》的文章，在新华社内参上摘要发表了，受到了中央有关领导的重视和采纳。此后在组织的帮助下，我从 1978 年冬天开始，就专门从事农村问题的研究，并开始了我到全国各地农村的调查。1979 年我来到了江苏、浙江、安徽、山东和辽宁等省的农村搞调查研究，对当时这些地区少数农村悄然兴起的后来引发为一场全国农村深刻变革的家庭联产承包责任制，进行实地考察，连续在为决策部门提供参考的内部资料上发表了《部分调整农村所有制关系有利于农业发展》（1979 年 4 月）、《当前农村形势和农业调整的几个问题》（1979 年 9 月）、《包产到户问题应当重新研究》（1979 年 11 月）等调查报告和建议，并最早从理论上探讨和肯定了家庭联产承包责任制，曾得到当时分别主持中共安徽省委和中共甘肃省委工作的万里、宋平等领导同志的肯定。此后，我对农村的考察和研究成为自己的首要工作，一年中大部分时间都在各地农村做实地调查，并于1984年撰写了论述农村承包制的专著《联产承包责任制研究》一书，详细地论述农村实行家庭联产承包责任制以来的状况和发展走势。

前面已经介绍过了，我原来是一个哲学研究工作者，1962年从北京大学毕业以后，即考入中国科学院哲学研究所，师从容肇祖教授习研中国哲学史，以后长期在哲学研究所工作。但我比较关心农村经济社会发展的实际，利用参加“四清”和下放到“五七”干校等在基层的机会，留意观察和搜集积累农村问题的资料。从1978年冬起，我的研究方向已完全转到了农村问题研究上了。1978年夏天，我根据自己积累的资料和对农村问题的认识，写了一篇3万多字的关于农村的文章，提出了关于加快农村发展的若干政策问题的一些建议，这篇文章先被《国内动态清样》摘要刊用，后来这篇文章又被新华社《内部参考》刊用，这时正值召开中共十一届三中全会前夕，我的这些建议被有关部门注意到，并且被部分采纳了。当时的中国社会科学院副院长宋一平同志看到了这篇文章，他和哲学研究所党委书记孙耕夫同志商量后，便找我谈话，希望我从中国哲学史的研究转到更为迫切需要研究的农村问题方面去，并给了我两个“特权”：一是可以到机要室阅读较为内部的有关材料；二是可以到各地农村搞调查研究。这样我就脱离了哲学研究所，脱离了中国哲学的研究，转到对农村问题的研究上了，这正符合我的意愿。从此，我就从中国哲学的研究转到农村问题的研究，从书斋走向了田野。从1978年冬天开始，一直到1983年秋，我每年约有一半的时间到全国各地的农村搞调查，先后到过北京、江苏、安徽、河南、河北、山东、云南、甘肃、黑龙江、辽宁等省市的数十个县的农村基层调查，就包产到户、包干到户的性质，兴起的原因，将来发展的前途以及在马克思主义合作理论发展方面的意义，写了不少调查报告和论文，我的《联产承包责任制研究》一书就是关于我自己在这方面一些见解的阐述。关于包产到户、包干到户，也就是逐步演变成的家庭联产承包责任制的迅猛发展，超出了人们的预料，到1982年和1983年就已在全国全面普及了。农村原来实行“三级所有，队为基础”的有近700多万个经营单位，至此逐步演变为2亿多农户家庭承包经营。农村的经济基础改变了，上层建筑也必定要发生相应的变化，如此才能适应新的经济形势发展的要求。考虑到这种新的发展需要，我们从1982年秋开始酝酿县级经济政治体制改革试点，这个建

议得到当时中国社会科学院院长、党组书记和中央农村政策研究室领导的支持。1983年10月试点工作组到山东省陵县开始进行县级体制改革调查研究工作，我担任调查工作组组长，并兼任中共陵县县委副书记，这件事开始的时候我已经介绍过了，我就不详细地谈了。

访谈者：中国社会科学院社会学研究所是在邓小平同志提出中国社会学要补课的精神下成立的，经过十几年的建设，已经步入了良性发展的轨道，科研成果在社会上产生了广泛的影响，成为我国不可或缺的学科和社会科学院重要的研究所。那么您是从什么时候开始中国社会学研究工作的？

陆学艺：1986年12月，我从山东回到中国社会科学院，蹲点调查研究工作告一段落，回来以后原打算好好地回顾一下我这3年的经历，把我的好几大本笔记整理归纳，要总结写书了。但是不久院领导就找我谈话，让我到社会学研究所担任副所长的职务，这样我便于1987年初进入了社会学界。十几年来，我在社会学研究所主要做的工作，一是大量的行政和科研组织管理工作，社会学是重建不久的学科，社会学研究所是新建的研究所，虽然已经有了一定的基础，但任务艰巨，还要继续做很多组织工作；二是进行社会学的基础理论和农村社会学的研究；三是人才培养和学科建设，我担任社会学研究所领导工作的10多年来，把调集社会学人才和培养博士研究生工作作为自己的主要工作之一。另外，这些年来我的一些社会学方面的文章还以农村社会研究为主，并以关注农村事业的发展为己任。有机会，我还是常到各地农村基层去做些调查，运用社会学的理论和方法，从新的角度来观察分析农村问题。根据自己的研究经验，我认为对于社会科学和社会学的研究应从我国的基本国情出发，而且应投入相当的力量来从事农民问题、农业问题、农村问题的调查研究，提出解决这些问题的办法，从而为我国现代化建设作出应有的贡献。今后，我仍将把农村问题、农村社会学的研究作为自己工作的主要内容，这是我的心愿。

访谈者：您作为搞调查出身的农业问题专家，转入社会学是不是会面临着学术上的困难？您是怎样在社会学领域里展开您的研究工作的呢？

陆学艺：我认为中国社会学在农村研究方面有着很好的传统，很注意对农村进行调查研究。尽管理论和学科上有不同之处，但从调查方法上看，并没有什么隔阂。由于长期从事农村社会调查，我对于社会学中的访谈法、参与观察法的运用并不觉得生疏。由于这个原因，我把我的研究重点放在农村社会问题的调查上。

进入社会学后我依然把农村问题作为自己的研究重点，除了历史和技术方法上的原因，还与我对中国社会学研究的重点的认识有关。我国仍然是农民占70%的农业社会，农村社会学是大有用武之地的，那么必须搞清楚农村问题，如果对农村不了解，那就成大问题了。我们现在的主要活动都在城市，但问题还存在于农村，农村丰收了，稳定了，城市人的日子就好过，国家就兴旺；农村出了问题，城市就不安定，新中国成立以来的历史反复证明了这一点。1990年的城市经济面临的困难是很多的，但城市还是很稳定，群众并没有感到什么问题，因为粮食多了，猪肉、蔬菜等副食品便宜了，物价稳定了，一切都好办。这归功于农村的大丰收，所以吃的东西就便宜，群众就不会有危机感。1990年是我国农村改革以来的第二个特大丰收年，但对农民来说，增产不增收，粮食多了，价格就便宜，这会影响农民的种粮积极性。果然1991年以后，粮食生产又徘徊了好几年。怎样处理好城乡关系，处理好城里人与乡下人的关系，怎样继续保持农民种粮的积极性，这就是很值得研究的大问题，现在对农村的研究还是很不够的。我到社会学研究所工作以后，并没有放弃对农村问题的研究，只是逐渐转到农村社会结构方面的研究上去了，由农村问题研究转到农村社会学的研究，从零散的、经验的研究转到集中的、理性的研究，使农村社会研究更具学科特点，并在社会学研究所建立了农村社会学研究室。对农村社会结构进行研究，主要是研究农村农民的分化、分层，希望把农村改革以来的变化理出个头绪。中国有近9亿农民，目前农民的分化程度已经相当高了，用“农民"一词来概括实在是太笼统了。原来在农村的人靠工分吃饭，都是种田的农民，现在不同了，最穷的人在农村，最富的人可以说也在农村。中国的农民有务工的、经商的、搞运输的等，用是不是吃商品粮来划分农村人口与城市人口已经不行了。因此必须对农村社会的分化和分层结构有深刻的研究，必须把这个问题搞清楚，否则制定政策就会有困难，农村的第二步改革也会遇到麻烦。这是一项基础研究，也具有相当高的理论价值。农村社会学研究的根本导向是如何使中国农村向现代社会转化，我国的农民怎样从8亿~9亿减少到7亿、6亿、5亿、4亿、3亿，中国在现代化过程中怎么解决农村问题，只有这样才能切实推进我国农村的现代化。我们进行的县级经济社会协调发展研究是国家重点科研项目，也是我们花费时间和精力较多的研究农村发展的大课题。以前我们有个错误认识，认为生产力发展是唯一任务，因此，经济增长了，社会问题反而增多了，反过来阻碍经济的发展。现在我们正在协助国家科委搞社会发展综合实验区研究，在全国各地设置了若干个市、县级和乡镇的综合实验区，通过这些

实验区的研究来分析社会的全面的、协调的发展模式。

中国社会学要走向世界就必须有自己的东西，我觉得有两个方面的工作是中国社会学家占有的独特的优势，也是义不容辞要去研究的大学问。一是中国农村社会学。中国人口占世界人口的1/5多一点，但中国的农民占全世界总人口的1/6，占世界农民总数的1/3。这个庞大的农民群体怎么转化？中国的农村怎样变迁？方向在哪里？途径在哪里？这些问题的解决不仅影响到中国的命运，也具有相当大的世界意义。因此关于农村社会学的研究有着理论上的意义，也有着实践上的意义，而且，这个任务只能由中国的社会学家来承担。二是中国的社会思想。在我们的老祖宗的社会思想中有很多能为今日社会所用的宝贵思想财富，对于中国传统社会思想的研究也必然会对现代社会学起极大的积极作用。我不是说我们不需要迪尔凯姆、帕森斯等西方社会学家的理论，这些东西当然要，但对中国的社会学来说，更重要的是对现代中国社会的研究和对中华社会民族思想遗产的研究，这是我们的优势，也是世界社会学的一部分，只有中国社会学家才能在这两方面有所贡献。

访谈者：中国社会学重建至今已有了长足的发展，您作为中国社会学会的会长，对中国社会学未来的发展有些什么设想？

陆学艺：中国社会学的发展很难用一句话来概括，社会学重建到现在已有10多年了，用费孝通先生的话来说，戏台已经搭起来了，因此接下去的工作就是如何把戏唱好。我认为目前的基础理论研究还比较薄弱，方法论体系也比较混杂，这是今后要特别注意的。社会学的发展在地区上和分支学科上都还不平衡，就地区来说，京津、华东、中南的社会学科研和教学队伍比较密集，华北的其他省份和西北、西南等地区多数省的大学还没有社会学系，有很多分支学科还是空白的，今后要努力消除这种不平衡现象和空白点。在今后几年里，我们要在前十几年工作的基础上，在总结过去的经验教训的基础上，做好这样一些工作。一是学科建设，要强化社会学的学科意识，提高社会学在中国社会科学体系中的地位和参与现实生活的能力，为社会主义经济、社会稳定协调地发展作出更大的贡献。学科建设的主要工作有这几个方面：（1）要继续坚持重视应用研究、加强基础理论研究的方针，坚持应用研究和理论研究、宏观研究和微观研究相结合的方针，积极投身到社会变革中去，把握时代的脉搏，关心并参与解决改革和发展所提出的重大理论问题和实际问题；（2）要加强社会学方法论的研究；（3）组织力量，就重要的分支学科有计划、有组织地进行研究；（4）开展中国社会文化史、社会制度史、社会思想史和社会学史的研究；（5）加强社会学方法的研究；（6）翻译出版一批社会学名著；（7）逐步建立调查和实验基地，研究中国国情。此外还要建立数据库和社会调查中心。二是队伍建设，我们要在现有的基础上，增加社会学专业队伍的数量，并提高质量。三是学会工作，学会工作要起团结、服务、协调的作用。学会活动要以学术活动为中心，还要由学会出面组织一些调查。学会首先要做到团结，要做到公平、公道、公开。学会的理事要真正理起事来，拿出社会学的科研成果，通过社会学的实际工作，对地区、对国家的社会安定和发展作出应有的贡献。我国的社会学地位已经不可动摇，但关键在于我们自身的努力。

中国社会学自1979年重建以来，至今已经取得了长足的发展，不仅学科理论得到了相当程度的普及，而且在实际社会生活中发挥了越来越重要的作用，它以探讨社会秩序和发展为己任的学科属性已为越来越多的人所认识。实践证明，社会学作为一门综合地研究社会的具体科学，对于我国经济与社会长期持续、稳定、协调地发展，可以发挥独特的功能。在我看来，社会学研究的着眼点应从社会行动开始。社会行动是构成人类社会生活的初始要素，也是社会学分析的基本单位和逻辑起点。因为社会行动是社会生活中最常见、最简单，也是最抽象的社会现象，同时它又蕴涵着社会生活中一切最复杂、最深刻的对立和矛盾。一方面，社会行动使个人与他人发生互动并构成一定的社会关系，从而在此基础上组成群体、组织、社区乃至整个社会；另一方面，作为一个最简单和最抽象的范畴，社会学行动由于自身的矛盾运动的结果，而不断转化和展现，也就是一个行动系统的社会形成过程。既要从动态，也要从静态观察和分析社会；既要从形式上，也要从逻辑上判断社会变迁的历程；既要从内容上，也要从实质上探讨社会从个体无序的行动进入整体有序的社会秩序。社会学的理论是需要建立在社会实践基础上的理论，而社会实践又是要在社会学方法指导下的实践。中国现代化建设是一个伟大的社会实践过程，需要社会学的指导，所以，中国社会学的发展要根据我国的基本国情，注意吸取前人优秀的学术成果，全面系统地阐述社会学的基本概念、基本观点和方法，并从中探寻中国社会持续、稳定、协调发展的根本途径。

总体而言，我认为当前中国社会学面临的重要任务有三个方面。第一，中国正处在由传统社会向现代社会转化，由计划经济体制向社会主义市场经济体制转变的这样一个历史时期。在中共十一届三中全会制定的路线指

引下，我国经济社会各个方面发展得都很快，真可谓是日新月异，不仅北京、上海等大中城市变化很快，而且偏远农村变化也很快，老街道、老房子不见了，新车站、新机场、新道路、新房子像雨后春笋一般在大量涌现；不仅看得见、摸得着的事物在变，而且所有制结构、产业结构、社会结构乃至人们的生活方式、生活习惯、社会心理，以及语言词汇也都在变。我们正处在这样一个发生历史性变化的社会变迁的时代，我们这一代社会学工作者，生逢盛世，有一个重要的历史责任，就是要把这个社会变迁及其过程利用各种形式记录下来。我们正在进行的百县市国情调查，以及同行们进行的各种社会调查，都已从各方面记述了这场伟大的社会变迁。这项工作不仅对社会学学科自身的建设有意义，而且对其他社会科学学科建设也都有意义；不仅对现在的研究决策有意义，对后世也有意义，而且年代越久远，这样的记述越有意义，价值越大。第二，中国的改革是从经济体制改革开始的。这 20 年来，经济改革、经济发展已经取得了很大成绩，但经济社会是一个有机的整体，经济体制改革必然涉及社会体制。随着社会主义市场经济的发展，原来的社会体制已越来越与经济发展不相适应，必须进行改革。诸如我国城乡分隔的户籍管理制度、社会保障制度、医疗保健体制、城乡居民的住房体制，以及科技教育体制等，现在都正在进行着改革，新的体制正在形成之中。社会学工作者要关注这些改革的进展，自觉地参与这些体制改革的调查研究等实践活动，并为这些改革提供理论、政策、方案等建议，为从中央到地方各级党政领导进行这方面改革的决策提供咨询，发挥参谋和助手的作用，这可以说是中国社会学面临的第二个方面的任务。中国社会学当前面临的第三个方面的任务就是在实践中做好社会学自身的学科建设和队伍建设，这在前面已经讲过了。

二 实践的理论和理论的实践

访谈者：在农村改革过程中您不但参与了这一历史性的变革，而且还以学者应有的学识和责任感，通过农村的大量实际调查，从理论上阐述了农村社会的改革。中央在制定农村政策和进行农村问题的决策时采纳了您对农村问题的建议，这是您理论与实践研究相结合的结晶。您在几十年的农村社会调查研究中积累了什么样的研究经验和方法呢？

陆学艺：从我个人研究的视角，总结自己几十年来对农业、农村和农民问题进行的探索和研究的历程，大体可归纳为三个阶段，即从哲学到农业经济学，最后走向社会学，现在以农村社会学研究为主。从具体研究方法上看，这些年来，我所采用的是社会人类学的实地研究法，亦即田野工作法。但与许多社会人类学者不同的是，我并不限于微观层面，不仅是对某一或某几个具体的农村社区进行考察、研究，还通过微观考察把握宏观，即从社会学的宏观研究角度，借用社会人类学方法，旨在考察和了解当代中国农村与农民问题。当了所长以后，繁重的学术研究和领导工作客观上使我难以再像以往那样，有较充裕的时间蹲在农村，但是我研究的视角却始终如一。这些年来，在我的周围形成了一批有志于农村调查研究的学术人员，成为一个我国研究农村问题的工作群体，其中有的是从实际领导岗位上退下来的老同志，有的是从事农业或农村实际工作的干部，有的是兄弟研究单位的同仁，有的是我的部属和学生。他们各自从不同方面、不同渠道与各地农村建立了直接或间接的联系，从而使我间接获取到来自农村的大量真实信息、资料。即使如此，我每年都还要安排时间深入农村搞调查，而且不得少于两次（每次不少于20天）做实地调查，搜集直接的感性资料。

访谈者：农村社会的实践是您的学术思想的基本来源？

陆学艺：是的。1979年11月，也就是转到专门研究农村问题后不久，我写了一篇题为《包产到户必须重新研究》的文章，这是我长期思考和1979年夏天在农村调查了近3个月后的成果。在当时提出包产到户是有很大风险的，那还是一个禁区。但不管是禁区也好，有风险也好，我还是坚持了这项研究，因为我认为这是符合农村改革大方向的，而原来的人民公社体制不改革是没有出路的，更主要的是我有调查的依据，是实事求是的，并且我认定这是农村改革的出路。1980年10月中央75号文件下发以后，包产到户合法化了，当时关于搞包产到户的问题的禁区突破了，关键是包产到户以后该怎么干。而且，在那时有很多人认为这只不过是权宜之计，以后还要回到集体化道路上去。1980年我又到了甘肃省做实地调查，并在11月写了《包产到户的由来与发展》一文。我认为，包产到户不会退回到原来的三级所有制的基础上去，并且包产到户可以成为中国农业现代化的一个起点，绝不是权宜之计。

1981年我发表了许多关于农村、农业的研究报告，1983年甘肃省为我出了一本文集——《农业发展的黄金时代——包产到户的调查与研究》，这本集子收进了我于1978～1981年在安徽、山东、甘肃等地的调查研究报告。1986年上海人民出版社出版了我刚才提到的《联产承包责任制研究》一书。

还有1982年的时候，我国就开始酝酿一件事，原来认为包产到户只是在条件相对较好的农村地区推广，岂知包产到户的发展势不可挡，事实上几乎所有的农村地区都推广了这一农村社会体制的改革模式。这样一来，农村的经济基础发生了变化，那么相应的上层建筑也应有所变化，于是我和几位同志就设想搞一个县级的政治体制改革试点，提出到山东办一个试点。

访谈者：您对农村社会体制改革的研究成果，为我国的农村发展在实践的基础上给予了理论方面的阐述，使农村和农民明确了未来的发展方向。农村经济发展了，农民的生活好了，但是也暴露了体制上的弊端，为了农村稳步健康的发展和长足的进步，体制改革成了我们工作的重点，选择县级进行政治体制改革试点，是因为认识到了县级作为我国社会经济政治结构管理体制的基础，在我国社会生活中起着重要的作用，具有代表意义。但从学术研究的角度看，您在山东省陵县县委兼任副书记时所做的工作，对您的研究都有哪些帮助？您认为这种参与式的研究对社会学工作者来说有哪些作用？

陆学艺：我是1983年10月到陵县任县委副书记的。这个试点工作其实并没有完全成功，因为当时农村的政治体制改革的条件还不成熟，我的试点工作是大大地超前了。县级政治体制改革是“八五”期间农村工作的重点之一，要做好这项工作，县级是基础，所以我这县委副书记其实主要是搞调查研究工作，了解情况为以后的改革做些准备。但是，这段经历对我个人来说，是十分宝贵的。我对农村的一些发言权和对农村问题的判断与我的这段经历是有直接关系的。下面，我具体地谈一下这个问题。

县级体制是我国庞大的经济政治体制中最重要、最基本的一个环节，是新中国成立几十年来逐渐形成的，对它进行改革，牵一发而动全身，难度是很大的。陵县体制改革的试点，虽然在山东省委、省政府和德州地委、行署的支持下，取得了一些进展，但因这项改革涉及整个的上层建筑，牵动各方面的利益关系，每个重大的改革和调整，需要由国家通盘考虑和部署，所以，我们的试点工作，只是进行了大量的调查研究，摸清情况。我在陵县蹲点3年，同基层干部朝夕相处，使我学到了、懂得了许多在研究部门里、在书本上学不到的东西。一个县是一个完整的政治实体，它既是执行机构，同时也是一级决策机构，只有参与进去才能真正了解中国农村社会的政治、经济、社会结构是怎样的，运行机制是怎样的，它们又是如何运转的。农村干部、农民群众的真实生活怎样，他们的心态如何，这些是要靠真正深入下去，同他们打成一片，才能逐渐体会的。这3年的经历，对我现在的研究工作及对农村问题的判断有着很重要的意义，我对农村问题的一些见解都是由此而来的。在山东陵县的3年和以后几年，我写了一些关于农业形势，关于棉花和粮食政策，关于农村第二步改革方面的文章。所有这些，不深入农村基层，不到第一线，对农村现实没有切肤的感受，是写不出来的。

1986年4月，我写了一篇文章，题为《农业面临比较严峻的形势》，可以说，我是最早在农业问题上提出“严峻”一词的。当时普遍都说农村好，似乎家庭联产承包责任制是包医百病的仙方，可以一劳永逸地解决农村的所有问题，但是到1985年以后，在基层已感觉到不太好了。1984年是我国农村改革以后的第一个特大丰收年，但是由于种种情况，1985年农业大减产，基层领导已觉得问题十分严重了。当时农村严峻的形势表现在：水利失修，耕地减少，肥力下降，农机老化。从1982年起农业投资逐年减少，这些问题如果不重视，那么农业将会出现新的衰退。但有人认为农村出现的这些问题不值得大惊小怪。这篇文章是1986年5月发表在中国社会科学院的《要报》上的。同年6月，邓小平同志在一次会议上讲到了农村问题，他所说的大意是：有位农业专家讲，这几年农业投入减少，生产力下降，农业可能要出现新的徘徊局面，这个意见要重视。后来的事实证明我讲的是对的，这样的文章不深入第一线，而只是坐在办公室里是写不出来的，这也是我深入农村以后才可能得出的对农村问题的比较客观的判断。

访谈者：您以上所说的邓小平同志的讲话，现查得是在《邓小平文选》第三卷第159页上，原文是：“有位专家说，农田基本建设投资少，农业生产水平降低，中国农业将要进入新的徘徊期。这是值得注意的。”这是小平同志1986年听取中央领导同志汇报当时经济情况时的讲话。您的关于农业这方面问题的判断得到了中央的肯定，为制定农村政策提供了科学的决策依据，这主要来源于您长期的农村基层调查研究。可以说它是建立在您对农村问题坚持不懈的研究和社会实践基础上的吗？

陆学艺：由于我是从农村走出来的知识分子，虽然现在已经是担任科研工作的领导干部，但没有忘记自己的根。根据个人几十年实践的认识和研究，我认为中国要发展，要实现现代化，归根结底是农村的发展和现代化。如果我们对农村出现的问题不重视，不去解决，农业问题积聚起来，日积月累，年复一年，农村工作就更加难做，农村就不可能得到健康的发展。农业滑坡了，困难就会很多，时间要延长，也影响了全局的发展速度。

这是有过教训的，我们把这个问题解决好了，整体发展的根基也就有了，所以说搞农业问题研究和抓农业工作都是一项长期的任务。农村问题的研究具有长期性，又有科学性，这是我多年农村实际经验的总结。所以，我一直比较关注这个关乎全局的农业问题的研究。除了《农业面临比较严峻的形势》一文，我在山东陵县期间还写过好几篇关于农业问题的文章。1983 年我国棉花获得空前的大丰收，总产量达到 8780 万担，名列世界第一位，结束了中国棉花长期进口的历史。棉花丰收了，农民欢天喜地，但也有种种议论，商业部门的人认为棉花现在过剩了，财贸部门的人认为棉花越丰收财政越困难，还有人认为应适当减少棉花种植面积、降低收购价格。面对这种情况，1984 年和 1985 年我连续写了两篇关于棉花方面问题的文章，一篇是《关于棉花政策的若干问题》，另一篇是《再论棉花政策问题》，较为详细地阐述了自己对这个问题的观点。你们可以看看这两篇文章，这里我就不介绍了。这两篇文章当时刊载在社科院《要报》上，万里同志看过后作了批示，意思是说棉花问题值得研究，过去只听财贸部门的情况汇报，现在看有片面性。后来，虽然国家对于棉花政策进行了调整，给予农民政策上的鼓励和支持，但由于政策多变，损害了农民的生产积极性。

三　百县市经济社会大调查和社会形势分析

访谈者：中国农村现代化的实现必须建立在对我国国情认识的基础上，了解我国的县情、市情对于我们分析农村的现状和未来发展具有重大意义。请您详细介绍一下在全国搞的国情调查情况，也就是常说的全国百县市经济社会的调查？

陆学艺：百县市经济社会调查，是由中国社会科学院支持组织的一个大型调查研究项目。进行这种大规模调查的目的，是加深对我国国情的了解，是建立在实事求是、一切从实际出发基础上的社会科学研究。我们从实际出发弄清国情并非易事，我党为了弄清国情经历了一个相当曲折的历史过程，并付出了巨大的代价，究其根源就在于对我国的国情没有一个正确的认识，制定的路线、方针、政策也偏离了当时中国的国情。实践证明，凡是成功的，都是符合中国国情的；凡是失败的，就是不符合中国的实际国情的。1978 年召开的中共十一届三中全会，恢复了实事求是的马克思主义思想路线。以邓小平同志为代表的中共中央总结了前 30 多年的社会主义建设的经验，对国情的认识达到了新的科学的高度，形成了关于社会主义初级阶段的理论。邓小平同志在1980年12月25日的一次讲话中，曾指出“摸准、摸清国情”对于我国实现社会主义现代化是极端重要的。他说，至于定什么样的路子，采取什么样的步骤来实现现代化，这要继续摆脱一切老的和新的框框的束缚，真正摸准、摸清我们的国情和经济活动中各种因素的相互关系，据此才是正确制定我们的长远规划的原则。这种实事求是的科学态度是我们进行现代化建设的正确指针。当然，有了这个正确的指导思想，并不等于说我们认识国情的工作就全部完成了，相反，这恰恰启发我们认识国情包含着非常丰富的内容，摸准、摸清国情是一项非常繁重的任务，所以在认识国情的问题上有着大量的工作等待我们去做。百县市经济社会调查，就是在10多年改革开放的新形势下，在实事求是的思想路线指引下，为实现“摸准、摸清我们的国情”的目的而开展的一项工作。

这次全国百县市经济社会调查是从1988年初开始的。1987年，中国共产党第十三次代表大会提出了社会主义初级阶段的理论，当时的中共中央宣传工作领导小组在1988年工作要点中提出，要开展国情调查，拓展加深社会主义初级阶段的理论研究，并指定中国社会科学院、中共中央党校等单位来组织这项调查。1988年3月，中国社会科学院科研局要求我们社会学研究所提出农村调查研究的提纲和方案，并组织进行了陵县、晋江、商县、安阳四个点的调查。1988年4月在全国社会科学院院长联席会议上，中国社科院向全国社会科学界发出了开展国情调查的倡议，很快得到了全国大多数省、自治区、直辖市社会科学院、部分党校和大学的响应，于是1988年8月国情调查的第一次协调会议在郑州召开了，会上确定了一些程序和原则，并初步提出了要调查100个县市的目标。当年，国情调查被列为中华社会科学基金会资助的“七五”哲学社会科学重点课题。从此，这项大规模的国情调查就在全国31个省、自治区、直辖市开展起来。

1989年5月在南京召开的第二次国情调查协调会议上，确定了县市情调查的写作提纲，确定了这套丛书的性质是以描述一个县（或市）的经济社会为主的发展状况的学术资料性专著，并确定了书名为《中国国情丛书——百县市经济社会调查》。1990年以后，连续四年，每年召开一次国情调查协调会议，又在全国部署了三批县市情调查点。1990年，组成了由丁伟志任主编，我和何秉孟、石磊、李兰亭为副主编的中国国情丛书编委会，并决定由中国大百科全书出版社专门成立一个编辑部负责出版。1991年，这项中国国情调查再次被中华社会科学基金会确定为“八五”哲学社会科学重点课题。

到1997年，全国共调查了119个县（市），在31个省、自治区、直辖市中最多的有6个，最少的也有2个，重点组织了全国社会科学院系统、党校系统、教委大学系统以及省市的政策研究系统的社会科学工作者约3000人到这119个县市点去同当地的干部、群众结合，蹲点调查，按照统一的提纲、问卷，收集资料，组织调查会、入户访谈，在整理、研究、分析资料的基础上，按照统一的写作提纲，写出初稿。到1997年，我们已收到了108个县市的书稿，已经编辑出版了95本中国国情丛书。每本平均在40万字左右，内容包括了这些县（市）在新中国成立40多年来的经济、社会、政治、文化的发展变化方面的比较详细的状况，每本书的数据都在2.5万个以上，并且每本书都附有这个县市的500个左右家庭问卷调查的统计分析。整套丛书已有约3万多户的家庭问卷调查，现在我们社会学研究所已经建成了数据库，其中一部分已可供社会使用。1998年我们要按原来设计的出齐100本（结果将会超出100本）。最后，我们总编委会还要做一下这套丛书的总结工作，使这项大的社会调查工程善始善终。

从总体上看，《中国国情丛书——百县市经济社会调查》基本具备了以下三种性质：一是可贵的，二是可信的，三是可用的。所谓可贵，是因为它具有开创性，以前还未曾有过100个以上的县和市如此全面、系统、翔实的发展状况的调查资料；所谓可信，不但是指各种资料都是通过实地调查得来的，而且对取得的资料进行了科学的分析和鉴别；所谓可用，是这些资料既可作为制定政策和发展战略的依据，也可成为某些社会科学专门课题研究以及进行国情教育的基础资料。因而，这套丛书具有一定的科学研究价值、实用价值和保存价值。

访谈者：自1993年开始，在您组织下每年都编写一本社会蓝皮书，即《中国社会形势分析与预测》。这本书在社会上引起了广泛的影响和各级领导的重视，成为制定社会政策的重要依据。这本书是否可以说是在对国情分析基础上关于社会形势等问题的阐发呢？是基于怎样的思路？

陆学艺：对中国国情的了解有助于我们对社会形势变化的分析，其主要方面是对社会基本形势所进行的社会学分析与预测。如果说，百县市国情调查是对以往发生过的国情做调查研究与描述，那么社会形势分析与预测则是对当年发生的现实的国情做出分析和阐述。通过国情的纵横比较和对现实的分析，揭示现实社会的形势状况，预测未来社会可能出现的问题。几年来，社会蓝皮书已引起了国内外各方面的关注，表明中国社会形势问题正成为观察中国社会发展及其前景的重要视点，也是各界了解社会形势和进行决策的参考之一。这促使我们对此进行更科学、系统的研究，提出具有权威性的报告。基于这个宗旨，几年来课题组广泛集聚起国内的学术研究、教学部门和中央各有关部委以及专业调查机构的人士，就一些当年的重点、难点、热点问题进行有深度的分析，并对许多调查资料进行了梳理，力求对社会形势的分析与预测水平每年跨上一个新的台阶。

社会蓝皮书在体例安排的格局上几年来基本保持不变，大致包括社会安定、社会发展、社会体制改革和社会心理状态等方面的内容，因为这一格局大体来说基本上反映了我们对社会形势的分析与预测的重点和思路。近几年，我们增补了“地区篇”，并强化了“专题篇”和“问卷调查篇”，意在更全面、准确地把握与社会形势演变紧密相关的问题。我们也将在现有基础上不断完善社会蓝皮书的基本框架。

社会蓝皮书作为一本完全属于学术性研究的报告，汇集了各方的研究成果和不同的看法，每名作者在报告中表述了自己的观点，这是他们自己在这方面的研究见解，充分体现了“百花齐放”的学术思想。

四　农村现代化的四个步骤

访谈者：在您的文章中对农村问题、农民问题的研究成为您论述的重点，并且深刻地剖析我国现行的农村社会结构，指出在我国农业现代化过程中，农村的发展变化对全国现代化进程起着举足轻重的作用，农业作为国民经济的基础产业，是关乎全国人民生活的大问题，农民对国民经济生活有着重大的贡献。农民是我国规模最大的社会群体，农村是农业经济的载体和农民的聚居地，那么，如何评价二者在我国现代化进程中的地位？

陆学艺：任何国家都有其特殊的国情，作为一个最大的发展中国家，中国的特殊国情就集中体现在农村。首先，人多地少，这一最显著的中国国情就体现在农村，中国农业人口之多是举世无双的，当今世界上三个农民中就有一个是中国农民；其次，中国经济发展很不平衡，城乡差别很大；再次，中国的传统文化在农村体现得最为根深蒂固；最后，与农村相对应的城市普遍面临着人口严重超负荷、设施不能满足要求、体制转轨困难重重等问题，因而对广大农村发展的辐射作用大受限制。这些特点就决定了中国现代化的关键在于农村现代化，其难点也在于农村现代化。可以说，没有农村现代化，就没有中国现代化；农村现代化的命运如何，决定了整个中国现代化的发展前途。

访谈者：世界发达国家的现代化道路并不是完全一样的，它们都能根据本国国情选择一条适合自己的发展模式，特别是农业现代化更是千差万别。中国农村现代化不能照搬发达国家的现代化模式，需要选择一条适合本国国情的发展道路，我国农村现代化应选择一条怎样的发展道路呢？

陆学艺：从理论上讲，摆在中国农村面前的现代化道路主要有三种选择，即西式（西方化）道路、苏式（苏联式）道路和中国独特的道路。若走西式道路，必须具备这样一些条件：资金、资源比较充裕，随经济发展而来的就业机会增长迅速，国内外有广阔的市场，劳动力供不应求，以及城市吸纳人口能力很强等。这些条件中国不但过去和现在都不具备，这个机遇将来也是不会再有的。至于苏联的道路，实践已经证明在我国行不通，因为苏式道路的最大缺陷是容易抹杀个人利益，遏制其积极性，结果导致发展动力的丧失。我们只有在借鉴国外现代化模式的有益经验基础上，结合对中国国情的深刻把握来探索有中国特色的农村现代化道路。一般说来，中国农村现代化是与整个中国现代化进程同时开始的，但中国农村和农民真正开始探索其现代化道路，严格说来，是20世纪70年代末期的事。经过十几年的探索，具有中国特色的农村现代化道路已在实践中形成了比较清晰的轨迹，是建设有中国特色的社会主义现代化事业的重要组成部分，实践证明这是一条切实可行的道路。若对其加以理论概括，这条道路的现实轨迹表现为：中国农民将在逐步经历家庭联产承包责任制、乡镇企业、小城镇、城乡一体化和区域现代化之后走向终结，亦即我们所称的“传统农民的终结”。这可以称为中国农村现代化的四个步骤。

家庭联产承包责任制是由农民创造而最后由政府肯定和推广的农业生产经营形式。由于它基本上符合中国农村生产力发展水平，因而它的普遍推行，很快使农民得到了自主、自由和实惠，极大地调动了他们的生产积极性，促进了农村经济的发展。我们把实行家庭联产承包责任制看作中国农村现代化道路的一个起始点，是有着更为深刻的内涵的。家庭联产承包责任制除了上述人们较易感受到的直接或显性功能，在促进农村社会结构和城乡格局的转型上还具有影响深远的间接或隐性社会功能，表现在：（1）家庭联产承包责任制的引入，为农村社会在职业、收入等方面出现分化提供了契机；(2)家庭联产承包责任制使区域流动有了可能，一方面，就地、就近的小城镇、旧集贸中心因流动而得以繁荣、扩大，另一方面，许多农村人口在完成责任田的生产任务时试探着走向大、中、小城市务工经商，从此旧有的城乡关系网络被撕开了裂口而开始变化；（3）伴随家庭联产承包责任制的实行而带来的农村商品经济的发展与繁荣，为我国从计划经济向市场经济的转变开了先河，积累了初步经验；（4）伴随着上述这些变化，农民的生活方式和价值观念也开始从传统小农经济走进了小城镇，而且发展得很快，现已基本形成一个分门别类、功能较全、具有一定层次的体系。

这几年的乡镇企业的发展为农村的小城镇建设提供了条件，而与乡镇企业相比，农村小城镇建设不仅保留和发扬了乡镇企业对农村现代化的积极作用，而且又弥补和矫正了它的不足，完善了中国农村现代化建设，主要是：（1）小城镇不仅是农村工业化的基地，而且能综合地提高农村社会发展水平，因为它不但丰富了农民的生活内涵，提高了他们的生活质量，而且还为农民创造了各种发展自我、实现自我、提高自我的机会，使他们走出传统，从生活方式、价值观念和技能、素质方面渐渐地向现代化演变、发展；（2）小城镇还是农村与外部联系的桥梁，有助于打破农村的封闭性，使整个社会的联系变得更加密切；（3）小城镇有助于农民走向市场，走向社会的广大空间，也有助于消除农村宗族、亲属关系的消极影响，建立起更加适应现代化要求的社会关系；（4）小城镇建设实现了农村劳动力向二、三产业和城镇的转移，有助于降低农业人口、农村劳动力在三大产业中的比重，逐步使农民从农村向城镇转移，提高现代化水平。按照这样的模式发展，小城镇建设确实将中国农村现代化向前推进了一大步，它不失为一条在中国城乡二元格局仍占重要地位以及大城市人口超负荷的情况下，实现农村现代化的切实可行之路。但是从发展的眼光看，现在的小城镇建设以及小城镇自身也还存在着某些局限性。总的来说，改革以来中国的小城镇建设只是从农村地区自身的发展角度来做规划的，而忽略了它与大、中、小城市之间的空间、经济、社会关系的同步和协调，所以一些农村地区虽然建了一些小城镇，但并没有因此带动周围农村的发展。当然，这背后还有另外一个重要原因，即小城镇规模小、功能不全，其辐射能力相当有限，它不像大中城市那样能带动周围很大一片农村地区发展商品农业、服务业甚至农村工业。因此，这说明小城镇建设不能不考虑它与大中城市的关系，以及与大中城市进行的相互间的有效接轨。如果失去了大中城市的依托，那么小城镇就难以有效地促进农村现代化。苏南地区的发展为此提供了经验，苏南乡镇企业和小城镇之所以发展那么快，并能在农村社会经济发展中发挥巨大的作用，一个重要原因就是它们结合了自己本地的实际，并没有照搬西方的现代化的模式。因此，只有靠中国农村和农民自己来为农村的现代化探索一条发展之路了。

访谈者： 家庭联产承包责任制这种体制在解决农民吃饭问题和全国粮食生产上发挥了不可替代的重要作用，但是随着实践的进行，这种体制也不可避免地暴露出其自身的某些局限性，它在我国农村现代化过程中将发挥什么样的作用？能够解决哪些问题呢？

陆学艺： 在普遍实行家庭联产承包责任制后不久，中国农村一方面在不断完善家庭联产承包责任制上下功夫，另一方面又开始了寻求深层的社会变迁或现代化之路，即实现农村工业化。所以说我们不能把一种发展模式认为是可以解决一切问题的灵丹妙药。家庭联产承包责任制是我国农业现代化过程中不可缺少的过渡形式，起到了一个“启动器”的作用。

访谈者： 乡镇企业的发展带动了我国农村经济的繁荣和发展，正像您刚才所讲的在巩固家庭联产承包责任制基础上，乡镇企业作为中国农村现代化的第二步，是中国农民的又一伟大创造。这一步在整个农村现代化过程中究竟能够起着怎样的作用？

陆学艺： 乡镇企业的发展，使中国农村现代化上了一个新台阶，因为：（1）乡镇企业已发展成产业和行业结构较完整的农村工业体系，它加快了中国农村工业化步伐，并最终促进整个国家的工业化进程；（2）它利用联产承包责任制提供的契机，促进了农村社会分化过程，使农村社会从简单的社会结构向多职业、多阶层的现代社会结构转变；（3）乡镇企业的经营、管理最早引进市场机制，实现了从计划经济向市场经济的转变，为国有企业实现体制转轨积累了经验，大大推动了我国现代化过程中所需要的社会转型期的经验；（4）它比家庭联产承包责任制更为深刻地影响了农村社会的传统生活方式和价值观念，并使其发生改变；（5）乡镇企业的发展打破了农村城市化因二元格局阻隔而无法取得工业支援的局面，走出了一条靠自己发展工业来实现农村城市化之路。所以，可以这样说，乡镇企业的发展，特别是乡镇工业的发展，是中国工业化（主要在城市）的另一方面军，大大加快了全国工业化的步伐，是中国特色社会主义现代化的一种经济实现形式。

访谈者： 近几年我国乡镇企业的发展速度迅猛，占国民经济收入的比例逐年提高，有力地推动了社会经济的发展，成为牵引农村现代化进程的“火车头”，但同时它也还存在着一些自身难以克服的不足。我们怎样看待发展过程中出现的这些难题呢？特别是如何同发展小城镇建设相结合起来呢？

陆学艺： 正是看到了乡镇企业在农村现代化进程中存在的诸多不足之

处，比如，人们在用“处处办厂，村村冒烟”来形容乡镇企业蓬勃发展的同时，实际上也揭示了光靠乡镇企业为什么不会自动实现农村城市化的根源所在，即乡镇企业分布的极度分散性，所以，早在20世纪80年代初期我们一批学者就提出要发展小城镇，让农民自理口粮就近进入小城镇务工经商。于是，中国农民从此又走上了独特的农村城市化之路，这也就是小城镇建设之路。随着各地的乡镇企业纷纷向小城镇集中，以及各级政府一系列鼓励小城镇发展的优惠政策的贯彻，小城镇建设已经成了各地农村现代化建设的共识。在江浙一带，依靠上海、南京以及苏州、无锡、常州等大中城市，已经形成了一个错落有致，规模层次分明，空间布置合理的由大、中、小城市和城镇构成的城市化体系，即城市带。这样的城市带有一个最大的优势，那就是功能互补、互相促进。一方面大中城市能通过小城镇的沟通，将其规模效应辐射到本区域内所有的农村，即将各种信息和技术传播到农村，使农民能更快地更新观念、获取知识和技术，同时大中城市分布密度如此之大，意味着它们对周围农村的需求也就很大，农村可以向大中城市转移一定的剩余劳动力。此外，由于大中城市技术和工业产品更新换代越来越快，一些对城市企业来说不合算但又是社会需要的行业将从大中城市中转移出来，工厂技术管理人员退休后能就近转移到农村工厂发挥作用，因而这些地区周围的农村就能迅速发展起乡镇企业。与苏南的情形相类似的，还有京津唐地区、珠江三角洲以及辽东半岛、胶东半岛等地区。可以说，沿海发达地区的农村正是借助大中城市分布密度高、辐射力强以及辐射范围大等条件，发展乡镇企业的，并以此进行小城镇建设，这才基本上满足了城乡发展同步进行的要求，并逐渐使城乡趋向一体化、区域化，最后走向现代化。

访谈者：沿海发达地区的小城镇建设速度和社会功能使我们看到了农村现代化的前景，沿海发达地区的小城镇建设水平的提高，加快了城乡一体化和区域现代化的趋势。那么，这种趋势逐步扩散到我国大部分农村地区的过程还是个很困难的历程吧？

陆学艺：困难并不意味着不可能。我认为，沿海地区的发展是先行者，代表的是一种目标，其他地区也将先后分阶段地走出这一步。因此，在以后的规划中，特别是对中西部农村发展进行规划时，一定要从区域角度出发，考虑到大、中、小城市以及小城镇的功能、作用及空间距离的关系，做出合理的布局，以更快的速度促进农村区域现代化和城乡一体化的到来。如果我国中西部农村也能发展到现在沿海农村的水平，那时就可以说，中

国现代化和中国农村现代化就基本实现了。中国农村现代化的四部曲是解决我国农村发展问题的必由之路，但要实现它所蕴含的宏伟目标，可以说是任重而道远的，在前进道路上还将面临重重困难。

五　转型中的中国社会

访谈者：人们在谈到我国社会存在的问题时，都要提到我国目前正处于“社会转型期”，但又不能解释清楚这个问题。是由您领导的社会学研究所的学者，首先把“社会转型”这一概念从实践的意义上升到了理论的高度，澄清了人们的模糊认识，成为各级部门研究认识社会的理论工具。请您谈谈由您主编的《中国社会发展报告》一书提出“中国社会转型理论”的经过？

陆学艺：近20年来的改革开放，使中国社会产生了巨大而深刻的变化。自进入近代以来，中国社会从来也没有像今天这样充满勃勃生机，中国社会的现代化进程，从来也没有像今天这样日新月异地大踏步向前发展。这些变化是举世公认的，全国人民对这些变化都有亲身的感受。我国的各门社会科学学科，也都努力基于自己的学科视角，对这些深刻变化做出反映和概括。以社会变迁为主要研究对象的社会学，自然也责无旁贷。10多年来所出版的大量社会学著作可以说都或多或少地记录了这种社会变迁过程的不同层面。然而，恰恰在这段时期内，我国的社会学尚处于恢复、重建之中，学科力量还不雄厚，尚未形成确定的学科视角，也缺乏比较系统的学科规范和成熟的概念语言，因而同其他社会科学学科相比，我们这个学科对由经济体制改革所引发的中国当代的社会变迁的研究，无论从哪一方面来看，都还不尽如人意。党的十五大确立了以邓小平理论为指导的建立社会主义市场经济体系的宏伟战略任务，这无疑对包括社会学在内的各门社会科学学科提出了更高的要求。这就意味着：中国的社会学必须更深刻地反映和概括改革开放、社会变迁的实际进程，用自己的研究成果为党和政策部门提供决策参考和理论支持。正是出于这种考虑，我们提出了“社会转型过程”理论。记得还是在1990年，我们研究所的部分科研人员，在组织撰写《中国社会发展报告》之际，就已参照国内外社会学的有关论著酝酿并初步提出了“转型社会”这个概念，希望这个概念能够成为我国社会学研究当代中国社会变迁的理论支点。这个概念我认为很有意义，这涉及理论和实践的很多问题。我们在1991～1992年，数次组织小型学术讨论会，专门讨论了“转型社会”的界定、转型的过程和特征以及与“社会转型”有关的各种问题和调控政策等；逐步形成关于“社会转型过程”的理论体系。我们自始至终将社会结构的变迁当作探索和阐述中国当代社会转型的基轴和主线。之所以这样做，我们的考虑是：20年来，在中国社会生活诸领域内，如社会行为模式、家庭结构功能、文化价值取向等领域，的确都发生了令人瞩目的变化，这些无疑都应纳入社会学研究的范畴。但是，社会结构的变迁属于深层次的变迁，上述种种其他领域的变迁，归根到底都受到社会结构变迁的制约，在某种意义上都可以看作社会结构变迁的不同指征，并由此得到解释和说明。因此，把握住社会结构的变迁，就可以设定社会学这门学科观察中国社会转型的基本视角，从而为其他各个不同分支的社会学研究提供一个用于理论整合的合理框架。在《中国社会发展报告》中尚只表现为“转型社会”概念胚胎的东西，以后才逐步形成了一系列的陈述与命题，并建构了社会转型的坐标系，用来观察社会历史的变迁过程，因此多少反映出我们认识的进程和深化。当然必须指出的是：这项研究还只是尝试性、探索性的，对于如此丰富多彩、内涵深刻的社会转型过程，我们远未形成成熟的定论。这一方面是由于这个学科尚没有提供足够的概念工具，另一方面也是由于我们的学识水平的限制。

访谈者：通过您对“社会转型”的阐述，在研究分析人类社会的变迁历程中，我们明白必须把“社会转型”置于一个设定的坐标系中来观察社会历史的变迁过程，这样才具有极大的理论价值和现实意义。有了这样一个理论分析框架，就可以说是有助于我们提高认识社会的实际理论水平吗？

陆学艺：我们在“转型中的中国社会”的研究中所说的“转型”，是指中国社会从传统社会向现代社会，从农业社会向工业社会，从封闭性社会向开放性社会的社会变迁和发展。1978年以来的改革开放，给中国社会带来了巨大进步和深刻变化，有力地推动了这一历史性转变的进程。改革开放既是社会主义制度的自我完善，又是建设有中国特色的社会主义，实现中国社会现代化的必由之路。对于改革开放以来的社会变化，我们身临其境，有着切身的感受。但是，对于社会转型的社会学研究来说，仅仅依靠感性经验是不够的，它要求进行科学的观察、抽象和概括。科学观察和日常观察是有区别的，前者是一种理性的认识活动，进行科学观察通常需要明确观察的对象的范围，建立比较分析的参照体系和概念性的分析工具等，就是要确定观察和描述社会转型的坐标，也就是将日常的观察转化为科学的观察。在社会学研究中，所采用的坐标往往不确定或者不够明确，如在观

察社会分层和流动方面的变化时，往往以经验性观察为主，并没有确定的坐标系。我们确定坐标系的实质就是界定社会转型。现在在我国“转型”一词已屡见不鲜了，但是对它的界定却是千差万别。例如，在社会发展指标的意义上有从“温饱型”向“小康型”的转变，在发展方式上有“内涵型”和“外延型”之别，在经营方式上有分散型和规模型的不同等。因此，我们也必须为“转型”概念确定较为统一的意义。我们的对象是中国社会从传统型向现代型，从农业社会向工业社会，从封闭型向开放型的转变，既然考察的重点是在这一历史总过程中进行分析和概括，那么就是以“传统”为纵坐标，以“现代（性）”为横坐标所构成的坐标系来界定“社会转型”。需要说明的有以下几个方面。第一，这个坐标系界定的“转型”，只具有理论分析的意义，就是说，它只是为理论分析提供了一种历史性的大视野，并不具有历史记述的意义。实际上，有了由“传统”和“现代（性）”构成的坐标系，我们对改革开放以来的社会变迁和发展的观察不论是采取改革开放前后比较，还是新中国成立前后比较或是中国与外国的横向比较，都要从“转型”的角度理解其意义，如此才能有统一而明确的参照系和评价尺度。而所谓社会的“转型”正是在“传统”与“现代（性）”的相互作用下实现社会变迁和发展。用这个坐标系，我们再来观察改革开放以来的变化，就可以看到用经验观察难以把握到的东西。如以乡镇企业为例，从中国社会由传统向现代“转型”的分析框架来看，就会看到，乡镇企业真正触动了中国传统的小农经济，改变了封闭的农村社会结构，创造了从农业社会向工业社会转型的适合中国国情的发展模式。它在十几年时间内成功地把近2亿农民转移到非农产业上，转移到工业生产中，这相当于新中国成立以来城市工业吸收的劳动力的总和。中国农民自己创出了一条适合国情的工业化道路。第二，“传统”和“现代（性）”，并不是我们提出的新概念。西方学者提出的所谓“发展”理论和“现代化”理论已经使用过这些概念。但是，我们对“传统”和“现代（性）”概念有着自己的独立的理解和规定。我们谈论“发展”和“现代化”是以有中国特色的社会主义理论为立足点的。我们走的是一条适合中国国情的发展道路，因此，我们的目标设定和发展道路与西方的“发展”理论和“现代化”理论有原则上的区别。第三，由“传统”和“现代（性）”构成的坐标系旨在为“社会转型”研究提供一种历史的视野。通过现实与历史的联系分析，对经验研究做理论分析上的概括，任何一个坐标系也都只能界定观察和描述问题的一种角度，它的适用性必定是有限的。由“传统”和“现代

(性)”所构成的坐标系适用于对具体的社会转型问题的研究，而不适合社会制度上的、社会形态上的转变。当然，社会形态理论与社会转型研究有着密切的关联，但它们研究的层次和角度是不同的，还有研究者的社会价值观念和专业方向也会影响对“转型”本身的理解；因各门社会科学的研究视角不同，在界定“转型”的研究对象上就会出现差异。因此，为“社会转型”研究确定明确的社会学意义的坐标系，是具有重要理论价值的，也为我们确定了社会学“社会转型”研究的视角。

六　农民各阶层的分析

访谈者：改革开放以来，农村发生了巨大的变化，现在用“农民”一词是否还能概括农村社会结构的分化？您在 1992 年由中共中央党校出版社出版的《改革中的农村与农民——对大寨、刘庄、华西等 13 个村庄的实证分析研究》一书中最早对我国农民阶层进行了系统的分析和分层，而且从中央到地方的领导管理部门都已经采用了这种分层理论。那么，农民的分层研究对于我们认识农村社会变迁有哪些帮助？

陆学艺：改革开放以来，我国农村以及城乡关系都发生了巨大变化，可谓日新月异。总体来看，这些变化经历了这样一些阶段：(1) 家庭联产承包责任制使农业劳动者获得了经营自主权，从土地的束缚中解放出来，成为相对独立的劳动者，这为他们的流动创造了前提条件；(2) 乡镇企业的崛起改变了农村产业结构，我国农村由此才真正开始大规模的工业化历程，随之而来的是农村社会分化加快，使 1 亿多农业劳动力就地转移；(3) 小城镇建设标志着我国农村走出一条有中国特色的城市化道路，开始从本质上改变农村经济社会结构。与此同时，还有大批农村人口涌向大中城市务工经商。如果说第一阶段使农村生产力得以解放，提高了农业生产率，第二阶段则改变了农村传统农业经济模式，开始了传统社会向现代社会的转型，那么第三阶段则表明我国农民自发地开始探索农村城市化、城乡一体化的历程，加快我国向现代化和发达社会转变的步伐。所以从这一点上看，小城镇建设和城乡社会流动是我国改革开放以来在农村发生的具有质变意义的社会变迁。不过人们对城乡社会流动曾有过不同的看法。如前些年一些人把进城打工的农民称为“盲流”等，这说明一方面农村实行改革后有大量的剩余劳动力要出来，另一方面城市的发展也需要大量的农村劳动力来工作，所以这几年社会舆论变了，不再称之为“盲流”，而改称“民工”

了。但问题并没有就此解决，农民工进城后还经常有这样那样的矛盾发生，所以，我们要重视这些问题的研究和矛盾解决。

随着我国现代化的进程，单纯用“农民”一词已经无法描述农村社会了。农民已发生了分化，农民分化是社会现代化的必要前提。纵观发达国家的历史，尽管社会现代化在不同国家带有不同的色彩，按照不同的顺序在不同的历史时代经过不同的阶段，但是各个国家都从不同的角度证实了同一个结论，那就是农民分化是社会现代化的必要前提。社会现代化的过程必然包含农民分化的过程。在这个过程中，既包含农民分化，也包含城市化、工业化、社会生活多样化、社会流动频繁化等。为此，它首先要求农业这个基础产业高度发达，农业劳动生产率与综合生产能力达到一个相当高的水平，使农业成为经济现代化、社会现代化的基础，必须先是农业本身的进步，最终表现在整体现代化上，即建立起广泛采用现代生产工具、现代科学技术和现代经济管理方法的农业生产体系，使得从事农业生产的劳动者逐步减少。历史上，曾经有过三次社会大分工，起初是农民从牧民中分离出来，接着手工业者又从农民中分离出来。随着商品生产与商品交换的发展，市场的形成与扩大，又出现了不从事生产，只从事买卖活动的商人。每次社会分工，都推动了社会生产力的发展与社会成员的分化。所以说，一个国家的现代化过程的社会变迁，必然包含农民分化的过程。而我国农民的分化从严格意义上说，应从 20 世纪 50 年代初期民主革命彻底完成，农民成为小土地所有者以后才开始的，但是，在此后的 20 ~ 30 年里，农民分化速度是极其缓慢的，不仅 80% 的人口滞留在农村、积淀在土地上，而且“八亿农民搞饭吃”还填不饱肚皮，农业同人民的需要与现代化建设之间存在着尖锐的矛盾。改革开放 20 年以来，农村发生了巨大的变化，农民分化过程加快了。一是农村联产承包责任制的形成与发展，为中国农民的分化创造了基本前提。这种农村体制很受农民欢迎，农民把它概括为“交够国家的，留足集体的，剩下都是自己的”。家庭联产承包责任制的确立，对于调整原有生产关系，让农民从土地上、农业中走出来，起到了“突破口”与“启动器”的作用。二是农村的农业劳动生产率的提高为农民分化奠定了基础。家庭联产承包责任制的实行，不仅同时发挥了集体的优越性与个人的积极性，而且也把集体经济积累多年的生产潜力挖掘出来，从而使农业面貌很快发生变化，大量的农产品像变魔术一样从地下“变”出来，这意味着农业基础地位的加强与商品经济的发展，商品经济的发展本身就说明越来越多的农民与农业分离。三是家庭功能变迁与农民身份变化，使农民成了独立的商品生产者与经营者，农民家庭由原来的生活消费单位，变为独立核算、自主经营、自负盈亏的经济单位，成了具有积累与再生产功能的经济实体。与此相应，农民的身份也由过去单纯的劳动者，变成既是农业生产者又是商品经营者，农民具有双重的经济身份。四是农民占有方式与分配方式的变化，使多数农民拥有自己可以支配的多少不等的从事非农产业生产与经营的初始资金。实行家庭联产承包责任制后，农民不仅拥有集体生产资料的经营权、使用权，而且还进行扩大再生产，购买、添置了新的生产资料，从而使农民家庭的所有制结构发生了根本的变化。

访谈者：农民工进城打工，能否促进我国城乡一体化进程？农民工与城市社会究竟处在什么样的整合关系中？城市目前面临的许多社会问题能否都归咎于农民工的到来呢？

陆学艺：过去学界偏重于研究农民工进城、城乡流动过程及其对经济的影响，而忽视了对上述问题的调查研究，特别是忽视了对农民工在城市社会的日常社会互动中及其与城市社会的整合关系的研究。城乡流动不只是区域空间中的人口转移，更是城乡社会关系的重新组合和创新过程；农村人口之所以涌入城市并站住脚跟，除了城乡差别外，还因为他们满足了城市的一些功能需要，推动了城市经济社会的繁荣，与此同时也从城市赚到了比务农更多的钱，由此与城市社会实现了功能互赖性整合。与他们到来相伴随的许多城市问题，不能完全归咎于他们，关键是城乡管理体制在转轨过程中没有衔接好，旧体制使城市没有培育出具有弹性的吸纳外来人口的机制。同时城市居民在长期计划体制下养成的优越感，长期形成的所谓“城里人”“乡下人”之间的隔阂等，削弱了城市制度性整合程度，并妨碍了农村人口与城市居民之间的认同，使农村社会与城市社会处于一种不合理的整合状态，即功能互补性差，制度性整合薄弱，认同性整合畸形，许多的城市社会问题也由此而生。要改变这种状况，需要加快城市体制改革步伐，改革诸如城乡分割的制度等，创建新的城乡体制性调节机制，取消计划体制时形成的身份制，以公民意识取代城乡意识，改变行业和区域性偏见，使我国社会在体制、认同和功能整合方面趋于协调一致，只有这样社会才能实现稳定发展，城乡关系才能得以理顺。

我国农村剩余劳动力转移到城市来，这一农业劳动力的转移问题，是我国社会主义工业化和现代化过程中关系全局的重大课题。人口众多，经济和文化落后，人均资源较少，这是我们始终要牢记的一个基本国情。庞

大的人口的压力以及随之而来的就业压力，是历史遗留给我们的一个不利条件。但是，也应该看到，就劳动资源和国内市场而言，我国又是世界上无与伦比的国家。面对现实，以积极的态度，从各个时期的具体情况出发，采取正确的对策，有计划、有步骤地开发和利用我国丰富的劳动力资源，特别是农村劳动力资源，要把他们当成很大的财富来开发，这就可以化不利因素为有利因素，大大促进我国的社会主义建设。我国社会劳动就业的城乡结构和产业结构虽然发生了可喜的变化，但是它还不是根本性的变化，它离我们要实现的社会主义工业化和现代化目标来说，还有一段相当大的差距。因为，一个农民占多数的国家，不可能是现代化的国家。历史是一面镜子。发达国家的历史表明，在现代化过程中，农民逐步地离开土地、离开农业，走进城市、走进工厂，转化为非农业的劳动者。即使是留在农村从事农业生产的劳动者，他们的社会身份、生产手段、生活方式、价值观念等，也将发生相应的变化，传统意义上的农民渐渐消失，新型的农业劳动者人数也极少。法国社会学家 H·孟德拉斯称这种现象为“农民的终结”。我们认为，农民的这种变迁过程就是农民的分化过程，即在现代化的道路上，农民从土地上、农业中分离出来，从农业劳动者转化为非农产业的劳动者与现代农业经营者的过程。

访谈者：在我国农村社会结构的变迁过程中，农民正在分化成不同的社会阶层。随着农民阶层分化速度逐步加快，我国农村社会结构也将发生重大的变化，因而在制定农村政策方面也应适应农村的发展变化形势。农民社会阶层的划分是社会学家研究的重大课题，这个问题是您首先理顺的，使我国摆脱了过去关于农民社会阶层划分的误区，明确了划分的标准。那么，我国现阶段的农民可以划分为哪些社会阶层呢？

陆学艺：1989 年初，我们根据调查研究中得到的认识与统计资料，将当前的农民划分成 8 个不同的社会阶层，但这只是理论假设。1990 ~ 1991 年，在国家社会科学基金的资助下，我们在 7 省 12 个县选择了具有代表性的 13 个村庄，组织了 100 多人次分别进行调查研究。在获得丰富资料的基础上，依据职业类型、生产资料的所有形式与经营形式这三个因素的组合，对 13 个村庄的现有劳动者进行综合分析和实际验证。结果表明，这 13 个村庄的劳动者仍然主要是 8 个社会阶层。我在《改革中的农村与农民——对大寨、刘庄、华西等 13 个村庄的实证研究》一书中已进行了详细的论述，不过有一点做了修正，就是农民分化的单位是劳动者个人，而不是农民家庭。下面，我分别谈谈农民的 8 个社会阶层。

一是农业劳动者阶层。它是一个由承包集体耕地，以农业劳动和农业收入为主的农村劳动者所组成的社会群体。这个阶层占有的生产资料人均规模较小，以分散经营为主，有较大的独立性与自主权，是农村其他阶层的主体与母体。他们承担着重大的社会责任（提供商品、农产品），承受着沉重的社会负担，是现阶段农村中最苦最累而收入又是最低的、人数最多的社会群体。农业劳动者阶层又可以划分为：一般农户；少数专门从事一定规模种植业、养殖业的专业户；“离乡不离土”，到非农产业发达社区仍然从事农业生产劳动的“外来工”。

二是农民工人阶层。它是一个以在乡、村集体企业里从事非农业劳动为主的社会群体。他们对集体生产资料拥有所有权与使用权，一般还经营一小块土地（责任田或口粮田），和农业有着天然的联系。多数人“离土不离乡”，他们8小时以内是工人，8小时以外是农民；既是“吃住在家”的工人，又是“劳动在厂”的农民。他们一方面接受工业文明的训练、熏陶，掌握一定的现代生产技能与工业知识；另一方面还没有割断小农经济的“脐带”，同土地、乡村、农业有着不可分离的联系。在他们身上，集中反映了我国农民在转型社会中的基本特征。但是，毋庸置疑，在中国现代化过程中，他们是农村中的产业大军，代表着农民的未来，是一个充满希望和前途并不断壮大的农村社会阶层。他们最担心企业生产不景气，更怕企业倒闭关门，重新回到土地上去。

三是雇佣工人阶层。它是由受雇于私营企业、个体工商户，通过提供劳动能力获得工资收入的农村劳动者组成的社会群体。他们出雇的主要目的，不是养家糊口，而是增加收入，学点技术，看看“外面的世界”。由于集体企业和其他就业空间的狭窄，他们在家里难以充分实现自己的劳动能力。他们可以分为“白领”或“蓝领”两大部分，前者或是因为有专业技术或经营管理能力，或是因为是雇主的亲朋好友、同村近邻，主要负责经营管理或技术岗位工作。后者从事的是体力劳动，大部分是外村人，这是雇佣工人阶层的主体部分。

四是智力型职业者阶层。它是由具有一定的专门技能，从事农村教育、科技、文化、医疗卫生、艺术等智力型职业的农村劳动者所组成的社会群体。他们都具有一定的技能或某方面的知识，用智力为其他阶层提供服务。他们的生活、工作情况，直接关系到下一代和全体村民的素质，关系到农村精神文明建设和科学技术的普及。同时他们在农村还承包土地，他们的身份并没有发生变化，还是农民身份。

五是个体工商户与个体劳动者阶层。它是生产资料归劳动者个人所有，以个体劳动为基础，劳动成果归劳动者个人占有或支配，具有专门技艺或经营能力，从事某项专业劳动或自主经营小型的工业、建筑业、运输业、商业、饮食业、修理业、服务业等的群体，多为农村中的能工巧匠。他们的经营活动方式有很大差别：有的摆摊设点，有固定场所或固定门面，有一定的经营范围，在当地的工商行政管理部门登记、注册，领有营业执照；有的独立经营，走村串巷，肩担手提，没有固定的经营场所与营业时间，散居村中，他们一般没有登记、注册，没领营业执照。少数有特殊技艺的，还可以请一两个帮手，带三五个学徒。这个阶层成员的原来职业多种多样，思想极其活跃，道德水平参差不齐。但就总体而言，他们多守法经营、凭本事、凭力气赚一个批零差价、地区差价或少许的劳务费。他们对发展农村经济、扩大就业门路、方便人民生活有着不可替代的作用。

六是私营企业主阶层。它是指生产资料归私人所有，以雇佣劳动为基础的，由营利性经济组织主要是经营者组成的社会群体。这是一个在我国于 80 年代初期重新产生、逐步发展起来的新的社会群体。他们的权力基础是对一定规模的生产资料的私人占有，并借此雇用工人，总揽企业的全部权力，拥有对企业的人、财、物的支配权，生产经营决策权、指挥权与企业内部的分配权。他们的经济收入较高，但政治地位与社会声望不一定很高。他们对国家的方针、政策极其敏感，从而也导致私营企业主阶层的畸形发展与短期行为。

七是集体企业管理者阶层。它包括乡、村集体企业的厂长、经理、会计、主要科室负责人与供销人员。他们对企业的经营管理有决策权、指挥权，与企业职工（农民工人）是管理者与被管理者的关系，与村干部（农村社会管理者）是集体生产资料的经济连带关系。他们对企业的兴衰、盈亏负责，承担的风险较大，经济收入、政治地位与社会声望都较高。

八是农村社会管理者阶层。它包括村民委员会与村党支部委员会的组成人员与村民小组长。他们是农村政治、经济和社会生活的主要组织者，是集体财产所有权的主要代表者，是党和政府各项方针、政策在农村基层的具体执行者。他们具有双重身份，既代表国家的、整体的利益，行使行政职能，又代表农民的、局部的利益，维护社区权益，处在两种利益矛盾的焦点上，农村工作中的所有难题都要通过他们解决。他们是农村的中坚，对社区经济发展、社会进步起着关键作用。他们的地位与收入水平在不同社区之间差别很大，特别是集体经济发展水平越高，他们的地位与收入就越高，权威性就越大，村民们对他们的怨言就越少，他们的工作开展也就越充分。现在的问题是多数村庄的情况还很不理想，他们的工作难度较大。

通过上述对农民阶层的划分，对我们分析农村现状、制定农村政策具有一定的指导意义和针对性。目前，由于全国各地经济社会发展不平衡，其阶层组成比例也情况不一。但是，农村市场化的进程，将继续推动农村产业结构的调整，农业劳动者这个阶层的规模不断缩小，其他阶层的规模则相应扩大。但是，在相当长的历史时期内，农业劳动者、农民工人（包括雇佣工人）将是农村中主要的社会阶层，是农村经济社会发展、巩固国民经济基础的基本力量。当今中国的所谓农民问题，就是保障他们的民主权利与经济利益，从而调动与发挥他们积极性的问题。农村社会管理者与集体企业管理者是农村的领导与主导力量，在农村社区发展中起着关键的、决定性的作用。个体工商户与个体劳动者、私营企业主两个阶层，则是农村社会结构中不可缺少的组成部分，也是发展商品经济与社会生产力的一支生力军，在农村现代化过程中发挥着积极有益的作用。

根据上述情况，我们在制定与执行农村政策时，首先要认识到当今的中国农民，已经不再是一个阶级整体，而是分化成了不同职业、不同利益与要求的社会阶层，对他们必须区别对待、具体分析，不能把9亿农民装进一个统一的模式中，也不能用一个号令指导他们统一行动。同时，在保护与尊重各阶层农民的民主权利与经济利益的基础上，坚持共同富裕的方向，效率优先，兼顾平等，在促进效率提高的前提下体现社会公平，妥善处理、调节各阶层之间的利益关系与利益矛盾，从而保证农村社会在转型过程中，经济、社会协调稳定地发展。

访谈者：中国农村社会结构的分化，产生了8个农民阶层，您的上述分析为我们研究农村社会和农民问题提供了理论依据，具有重大的现实指导意义。您对未来农民的分化趋势与农民分层结构的演化怎样看？

陆学艺：关于农民的分化，前面已经谈了。发达国家的现代化表明，当经济发展到一定水平时，第三产业的发展速度普遍高于第一、第二产业，特别是由于当前世界新技术革命及信息技术的飞速发展，发达国家第三产业产值占国民生产总值的比重和从业人数占社会劳动者总人数的比重都达60%以上，农业产值和农业劳动者人数只占百分之几。我国也不会例外。可以预见，在最近的十几年、几十年中，农民分化的速度将是较快的。原因有以下几点：第一，第三产业发展速度进一步加快，目前我国第三产业仍然落后，其产值在国民生产总值中的比重不仅大大低于经济发达国家，甚

至还低于一些发展中国家，因而影响了一、二、三产业的协调发展和社会再生产的顺畅运行，妨碍了经济效率和效益的提高。国家已经制定了加快发展第三产业的规划，力争在较短的时间内达到或接近发展中国家的平均水平；第二，非公有制经济将有进一步的发展，据预测，到20世纪末，我国所有制的产值结构将形成“三分天下”的基本格局；第三，农民的分化速度也会进一步加快，由于个人在社会中经济收入的差别是由个人职业所决定的，所以农民的职业也由城乡身份转化为由社会职业所决定，这是社会进步的表现。

关于农民分层结构的演化，在我国现阶段的农村，影响最大、数目较多的是农业劳动者与农民工人两个阶层。我们选择这两个相对规模大的阶层，作为农民分层结构的分类指标。按照他们的相对规模（占本村劳动者的比重），可以把农民的分层结构分为四种类型。第一种类型称为前分化型，其基本特征是：农业劳动者的比重在90%以上，农民工人的比重不到5%。第二种类型为低度分化型，其基本特征是：农业劳动者的比重在70%～90%，农民工人的比重在5%～20%。第三种类型为中度分化型，其基本特征是：农业劳动者的比重在20%～70%，农民工人的比重在20%～60%。第四种类型为高度分化型，其基本特征是：农业劳动者的比重在20%以下，农民工人的比重在60%以上。对于这四种类型，从横向看，代表着农民分化的四类地区；从纵向看，则代表着农民分化的四个阶段。从发展趋势看，我国农村的现代化过程，也就是农民的分层结构由前分化型向低度分化型，经中度分化型，最后再到高度分化型的过程。因为这种分层结构类型的依次变迁，代表和反映了经济现代化水平的提高。

在我们编写的《中国社会发展报告》中提出了中国今后一段时间里处于社会结构转型时期，在这种大转变时期，从社会结构到社会行为，从社会体制到社会观念都发生着或慢或快的变化。而且，中国的社会转型和体制改革几乎是同步进行的，新旧两种体制、秩序、规范和机制的并存交替局面将会持续一个较长时期，其间必然出现各种摩擦、矛盾和冲突，当前则主要表现在：社会的结构性冲突的明显化，社会运行机制的摩擦加剧，社会的利益差别扩大，科技、教育发展滞后，社会失序现象存在。而且，今后几十年是我国社会转型和社会发展十分关键的时期，也是农民分化加剧的时期，农民阶层的分化也将会越来越明显。

回乡调研常知新*

1995年，我回家乡江苏省锡山市搞调查，来到了离老家20公里的黄泥坝村。从“黄泥坝”这个村名就可知20年前，它是个典型的靠种植稻麦为主的江南农村。改革开放以后，靠创办乡镇企业发展起来，现在已经很富了。我来到田野，看到已经整治好了的高产稳产田，田埂是水泥砌的，底下是能灌能排的暗渠，背后是汽车、拖拉机进出的机耕道，道的两旁是葡萄架。远处是村民的二三层别墅式的住房，右侧是村办工业的科研楼，旁边是大片的厂房。黄泥坝村现在实际上已经是一个很大的公司，是一个很大的工业企业，农业只是一个附属的“车间”，要说村应该称为“黄泥坝二村”。

近10年来，我已经先后三次到黄泥坝村做调查，每次都看到黄泥坝村有新的变化、新的发展，使我有新的感受、新的认识。党的十一届三中全会以来，在党的领导下，我国的农村正在发生历史性的社会变迁，亿万农民正在创造新的生活。农村研究工作者应该经常到农村的实践中去，去感受农民群众的喜怒哀乐，去了解农村的新情况，总结新经验。广大群众的实践是新认识、新理论的源泉。我常常到一些我生活过、工作过、调查过的农村去，经常去访问，反复去调查，这在社会学方法上叫“追踪调查”，因为对这里的历史熟悉，容易做比较研究。温故而知新，由此容易产生新的认识，总结出新的理论。经常回“故乡”去调查研究，这是我从事农村研究工作的一个心得。

---

* 本文原载于《农民日报》1998年12月1日第14版。该文系陆学艺为《农民日报》“中国农村改革20周年纪念特刊”撰写的专稿。——编者注

我是怎么寻找“农民的真理”的?*

1962 年我从北京大学毕业后，即被中国科学院哲学研究所录取为研究生，后一直留所工作。“两个凡是”出台时，我还没有觉察。直到 1977 年 4 月，小平同志提出要完整、准确地理解毛泽东思想时，我才有所领悟。当时我一直纳闷：农民连饭都吃不饱，怎么实现现代化？小平同志讲话后，我认识到，如果按照“两个凡是”，农业现代化只能是“空中楼阁”。

党的十一届三中全会前夕，我写了一篇有关农业的文章，题目是《关于加速农业发展的若干政策问题》，摘要登在新华通讯社《国内动态清样》上，后转发在《内部参考》上。该文提出要提高粮食的统购价格、发还农民自留地、扩大农民自主权、减轻农民负担以及试办农工商联合企业的建议。当时我很困惑，农村原来的那一套“三级所有，队为基础”不行了。那么，真正的出路在哪儿？这时，正是真理标准问题讨论和党的十一届三中全会精神给了我启发，我想到了“实践”——到农民的实践中去找解决问题的方略。恰巧此时我的那篇文章受到了院领导的重视，提出要我去专搞农业，并给了我“特权”——可以到各地搞调查研究。

中国的改革是从农村开始的，而农村改革是从“包产到户”开始突破的。1979 年我到江苏、安徽等四省搞农村调查，安徽省农委秘书长刘家瑞、省政研室的卢家丰给我介绍了包产到组，特别是凤阳“大包干”的情况。由于谈得很投机，在谈话将要结束时，刘家瑞很神秘地对我说：“我们这里还有包产到户的呢！”我听了很感兴趣，要求去看看。后来经省委同意，我到了肥西县的山南区。当时正是夏收季节，我们看到的是一派丰收的景象。不同类型的生产责任制，效果各不相同，人们形象地称为“三层楼”：按生产队老办法干（被当地农民称为“大呼隆”）的，增产一倍；实行包产到组

---

* 本文源自《中国青年报》1998 年 12 月 20 日第 3 版，由肖云祥采访整理。——编者注

的，增产两倍；实行包产到户（当时已占全区生产队总数的77%以上）的，增产近三倍。

回北京后，我向院、所领导做了汇报。他们对“三层楼”的情况特别感兴趣，认为很有说服力。不久，我又收到了安徽的同志寄来的三篇文章，内容都是介绍包产到户的。文章在当地发表有困难。于是，我拿着这三篇文章找到副院长宋一平，他大力支持，同意发《未定稿》（院里的内部刊物）增刊，并对我说，你也写一篇，从理论上讲一讲。于是我写了《包产到户问题应当重新研究》，其中论证了“包产到户不是分田单干，不是搞资本主义”，提出“对1962年的包产到户问题，要重新调查研究”。这期《未定稿》发表的四篇文章，可以说是关于包产到户问题的最早的文章。文章在上层领导同志中引起较大反响。这是我在农业问题上的第一次思想解放。

那时的大背景，对包产到户争论很大。可是安徽、甘肃、内蒙古等地都在搞。到1980年，争论更大了。一些人认为，这是在搞资本主义，“一夜退到解放前”。1980年5月31日，小平同志出来说话了。他说：“……‘凤阳花鼓’中唱的那个凤阳县，绝大多数生产队搞了大包干，也是一年翻身，改变面貌。有的同志担心，这样搞会不会影响集体经济。我看这种担心是不必要的。”

1980年9月，党中央召开各省、自治区第一书记座谈会，会上发生了著名的“阳关道与独木桥”的争论。一部分同志说，集体经济是阳关道，搞包产到户是走独木桥，危险很大。而另一部分同志则说，我们犹如在深山老林里，不走包产到户的独木桥，就走不出山；我们只能先走独木桥，以后再走阳关道。可见，当时仍然把包产到户看作权宜之计。

于是我开始考虑，包产到户以后怎么办？它是不是权宜之计？1980年9~10月，我和同事王小强一起到甘肃定西、陇西等地做调查，发现这些地方很穷，实行包产到户后，效果非常显著。经过40多天的调查，我们终于得出一个结论：包产到户不是权宜之计，而是能够走出一条新路来的。10月，我们写了一篇《包产到户的由来和今后的发展》文章。该文认为，包产到户不仅是解决农民温饱的临时措施，而且很可能成为中国农业现代化的一个起点，同时提出未来农村发展的四个阶段：包产到户、兼业户、专业户、再联合，初步形成了农村发展的一条新思路。文章经过宋平同志审阅后，在甘肃省委的内部刊物上发表。此时中央会议也已结束，发出75号文件，指出发达地区实行专业承包，中等地区实行联产到劳，落后地区才能实行包产到户。这是我在农业问题上的又一次突破。

20世纪80年代初期，我调查研究的方向主要在贫困地区，到20世纪80年代中后期转到发达地区。这时我已经在思考，包产到户以后农村现代化道路怎么走的问题了，我去了我的老家苏南地区和广东、浙江、福建等地，通过广泛的调查研究，逐渐形成了包产到户以后解决我国农村问题的新想法。这些想法形成于20世纪90年代初。我把有中国特色的农村现代化道路概括为农村现代化的四部曲：中国农民将在经历家庭联产承包责任制、乡镇企业、小城镇、城乡一体化和区域现代化之后走向终结。这首农业现代化宏曲是中国农民在政府支持下自己创作的。

改革开放20年来，我对包产到户、农村现代化的道路问题的研究、建议，都是从调查研究中学来的。

披洒着田野的阳光*

学术研究要面向中国国情，面向实际生活。解决中国农村和农民问题，要走进那洒满阳光的农村广阔田野，向农民学习，向实践学习，坐在书斋里空想是想不出办法来的。有的记者曾问我肤色为什么这么黑？我指着自己这张饱受紫外线照射的脸说，太阳晒的。但是与老农民相比，我原来的底色还是很白净的。我们都愉快地笑了起来。农民说："大包干，大包干，直来直去不拐弯。保证国家的，留足集体的，剩下是俺自己的。"概括准确、责利分明、简便易行、适合国情，这是不是一种行之有效的农村经济责任制形式呢？

在我国经济学界，我是1962年就开始研究农村包产到户的少数专家之一。当时，我在中国科学院哲学社会科学部哲学研究所读研究生，就利用暑假自费到山东、安徽、江苏、河南等农村进行社会调查，考察包产到户的情况。1978年，我到湖北襄阳调查，撰写了《关于加速农业发展的若干政策问题》，被新华社南振中推荐发表在《国内动态清样》与《内部参考》上，从此，中国社会科学院副院长宋一平专门为我到农村调查研究提供了条件和支持。《中共中央关于加快农业发展若干问题的决定》吸纳了该文章中的一些意见。

1979年春，我到安徽省肥西县山南区包产到户试验点地区进行实地考察。这是改革开放以后最早推行包产到户的地区。秋收，我欣闻搞包产到户的农民粮食增产3倍，心情非常激动，随即写下了《包产到户问题应当重新研究》的论文，发表在中国社会科学院《未定稿》增刊（1979年11月8日）上，主要内容是包产到户是生产责任制的一种形式，不是分田单

* 本文源自《百位经济学家论国富》（李向阳编，福建人民出版社，2001年9月），第362～364页。该文系陆学艺对自己农村调研和农村经济研究工作的回顾总结。——编者注

干，不是搞资本主义，1962 年包产到户的问题，也要重新调查研究，实事求是地做出恰当的评价。文章引起了强烈的震动，有人要组织批判，中央有关领导认为文章的基本观点是正确的，予以肯定。后来，万里曾经说过，改革开放以后，“肯定包产到户的（第一篇）文章是社科院写的”。

包产到户实行后，上上下下都把它看作一种治穷救贫的权宜之计。1980 年 8 月，我到甘肃农村考察，发现省委书记宋平推行因地制宜的放宽农村经济政策，出现了部分养殖专业户的萌芽，我便写了《包产到户的由来和今后的发展》，指出：包产到户有强大的生命力和广阔的发展前景，“可能成为农业专业化、社会化发展的桥梁，很可能成为中国农业现代化的一个起点，从此走出一条适合中国国情的农业现代化道路来”“农村经过包产到户→兼业户→专业户后，再走向新的联合”。宋平说这篇文章写得好，并全文发表在省委的内刊上。很多农村干部十分感谢我为他们探索了一条包产到户以后应该走的道路。

全国农村 85% 实行家庭联产承包责任制后，农村经济体制改革的微观基础已经形成。我的目光投向了县级经济、政治、社会体制的改革。1983 年，我曾在山东陵县当了 3 年县委副书记，写了 5.6 万字的调查报告。这是我国农村关于县级政治体制改革的探索性论文。我的《农村发展的黄金时代》等专著，其中的《联产承包责任制研究》是此项研究的成果。

1988 年，院领导委托我在全国社科院院长联席会上发出“关于开展县情市情调查”的倡议，得到了社科界积极响应和大力支持。“关于开展县情市情调查”的目的是：实录转型期我国社会变迁状况；为决策提供政策建议；积累学科建设资料。我作为丛书的第一副主编，组织了 3000 多人进行社会调查，撰写了长达 4000 万余字共 105 卷的《中国国情丛书——百县市经济社会调查》，由中国大百科全书出版社出版。该书集中国具有典型意义的百县市近半个世纪来的经济、政治、社会、思想、文化等情况于一体，收集了大量珍贵的第一手资料，极有研究、实用和保存价值。这套书竖起来犹如中国改革开放的一座丰碑，放平了宛若面向世界的百余窗口，受到了中外学术界的欢迎与好评。最近，我还在筹备《中国国情丛书——百村经济社会调查》的出版工作。

我 1933 年生于江苏无锡农民家庭，中学时就立志要当一名农业经济学家，但却阴差阳错地上了北京大学哲学系。功夫不负有心人，虽然我没有放弃在哲学、社会学方面的专业研究，但还是在业余时间里对我国农业经济研究下了一番功夫。我所研究的农业经济问题，都是关系 9 亿农民前途和命运的大问题，我不太有兴趣捕捉那些细枝末节的问题，这可能与我的性格有关。我并非不务正业，在我担任中国社会科学院社会学研究所所长期间，我想努力帮助、扶植、培养一支梯队形的学术接力队伍。我认为，学术研究成果不在多而在精。不管洋博士、土博士，只要能出独创、过硬成果的就是好博士。

我是为农口打工的义务工作者[*]

各位同志、各位朋友：

非常感谢大家来出席这个会议！

我出身农家，是农民的儿子，生逢盛世，才有条件、有机遇上了大学，我学的专业是哲学，但我从高中毕业时就立下志愿，要为我国的农业、农村发展做点事。50 年来我学习的主要是农业、农村的理论，思考的主要是农业、农村的问题，我做的工作主要是围绕着农村的调查研究和为了农村的发展，我写的主要文章也都是农村方面的。1978 年以后，在当时哲学研究所党委书记孙耕夫同志和中国社会科学院副院长宋一平同志的特别关怀下，我专门从事农村问题的研究和写作。但我只有 1985～1986 年任中国社会科学院农村发展研究所副所长这一年半的时间从事的是名实相符的农村工作，其余时间都是业余的。所以我对杜润生同志说过，我是为农口打工的义务工作者。我是农民的儿子，我心甘情愿地当这个义务工作者，今后也还要继续当好这个义务工。

在中国共产党的领导下，我们国家正在从农业社会向工业社会转变，正在从农村社会向城市社会转变，正在由一个传统的农业国转变成工业化、城市化、现代化的国家，大批的农民工正在从农村出来转变成二、三产业的职工，转变为城市的居民。

正如刚才郭书田等同志说的，这个转变非常艰难、非常曲折，但这个转变是一定要实现的，也一定会实现的，这是历史发展的必然趋势，也是我们伟大祖国的希望所在。

---

* 本文源自作者手稿。该文稿系陆学艺为 2003 年 8 月 30 日在北京昌平召开的“当代中国社会分层与‘三农’问题研讨会”撰写的致谢辞。当日为陆学艺 70 寿辰，与会同仁向寿星表示祝贺，陆学艺特此致谢。原稿无题，现标题为本书编者根据致谢辞内容所拟定。——编者注

陆学艺学术经历自述*

本书选录了我从 1978～2004 年撰写的学术论文和调查研究报告，主要包括两方面的内容：一是关于农业、农村、农民问题的调查和研究；二是关于社会学的学术研究文章，特别是有关社会结构和社会分层问题的研究文章。全书共 47 篇文章，是按写作和发表的时序编排的。

我 1933 年 8 月出生在江苏无锡县的一个农民家庭，1946 年 10 月到上海一个袜厂当学徒（类似今日的农民工）。1950 年参加中国人民解放军，任文化教员。1954 年 10 月插班到无锡公益中学高二年级学习。1956 年 9 月考入北京工业学院学习，1957 年 9 月转考入北京大学哲学系，1962 年毕业。同年考入中国科学院哲学社会科学部哲学研究所作为研究生师从容肇祖教授学习中国哲学史。那时的哲学社会科学部（1977 年改为中国社会科学院）还没有成立研究生院，研究生入学后，就随导师在研究室学习、工作，同时也就成了研究所的研究人员。开始，专心一致地念了两年书，1964 年就和全所的大部分研究人员一起到湖北襄阳农村搞“四清”，随后又到河北徐水农村搞“四清”，一直到“文化大革命”。

我真正从事学术研究工作，在一定意义上说是从 1978 年开始的。原来我是哲学研究工作者，出身农家，在高中读书的时候，对中国的农业问题就情有独钟，最后一篇作文，写的就是我要成为一个农业经济学家。但当时学校党组织要我带头报考国防军工院校，我服从了。第二年转考入北大。1960 年三年经济困难，粮食供给出了大问题。从此，如何解决农业问题，成了我经常关注和思考的问题。在大学里，我研读了不少经济学的著作和

* 本文源自《陆学艺文集》（陆学艺著，上海：上海辞书出版社，2005 年 5 月），第 1～10 页。原稿写于 2005 年 2 月 18 日，系作者为该书撰写的自序，亦是作者本人对其学术经历的自我回顾，现标题为本书编者根据序言内容所拟定。——编者注

资料，利用寒暑假到各地农村做调查、访问。“四清”期间，我先后在一个区政府、两个生产大队，任工作队员、小组长，对区、公社、生产大队、生产队，做了深入的研究和分析，积累了对农村基层的知识。“文化大革命”中，我阅读了大量的经典著作和有关文献资料，在理论上作了准备。①

1978年夏，当我得知中央要讨论研究农村工作时，我日夜兼程，在8月份写出了《关于加速发展我国农业的若干政策问题的建议》共12条，4万多字，把我多年研究思考的想法写了出来。但当时没有发表这类文章的园地，几经周折，后来被时任新华社山东分社记者南振中同志发现了，经他推荐，于1978年10月初在新华通讯社《国内动态清样》上发表（摘了7条，9000多字，标题改为《关于加速农业发展的若干政策问题》）。同月，该文章被《内部参考》转载，受到有关领导的重视。时任中国社会科学院副院长的宋一平同志看到了此文，专门和哲学研究所党委书记孙耕夫同志商量后，亲自找我谈话：农业和农村问题是国家要解决的重大问题，要我以后专门从事这方面的调查和研究，不再担任中国哲学史研究室的工作。这正合我的心意，从此，调查研究农业、农村问题成为我的专业，这是我学术生涯的一次大的转折。

培养一个社会科学工作者，基本条件是个人要有一定的学术修养，有事业心，勤奋努力，持之以恒；另一个基本条件是要有好的学术环境。宋一平副院长同我谈话时，还指示我以后要经常到各地农村去实地调查研究，我出差的费用，院和所会保证提供。我可以到院里的机要室阅读司局级干部可以读的文件和资料（我当时还没有职称）。谈话结束，他亲自领我上机要室交代给工作人员。从此，我有了阅读机要文件的资格。开始几年，读这些文件资料，对我的研究确有很大的帮助。

1978年冬天以后，我每年有几个月到全国各地农村去调查研究，除西藏、青海、宁夏三个省区外，各省、区、市的农村，我都做过调查。1978～1983年那一段，主要是调查研究包产到户、包干到户的性质，兴起的原因以及将来的发展前景。这是农村改革的开场锣鼓，党内党外、上上下下，争论很大。我在1979年6月，到安徽肥西县山南区实地考察了由安徽省委、万里同志特批的包产到户试点，回京后向有关领导汇报了试点很成功的实况，并写了《包产到户问题应当重新研究》一文，论述了包产到户也是生

---

① 关于这些背景情况，吴怀连同志著的《中国农村社会学的理论与实践》（武汉：武汉大学出版社，1998年）做了叙述。——作者注

产责任制的一种形式，属于社会主义性质，文章于11月初在《未定稿》上发表。1980年8月，我和王小强同志到甘肃省农村调查，那时甘肃已有多个包产到户的试点，我们做了考察，并写出了《包产到户的由来和今后的发展》，提出了包产到户今后不必再回到“三级所有，队为基础”的老路，而可以通过包产到户-兼业户-专业户-新的联合形式走出一条新路来。在当时有不少同志认为包产到户只是权宜之计。这是一种新的主张，文章在《未定稿》上发表后，受到杜润生等同志的支持，但也遭到不少人的非议。包产到户、包干到户，后来被改称为家庭联产承包责任制，1982年就在全国实行，农村生产力获得了解放，大大促进了农业生产。农村的经济基础发生了深刻的变化，要求上层建筑也要有与之相应地变革，要求县和乡的政治经济体制做相应的改革。考虑到这种新发展的需要，我和院科研局的同志开始酝酿要搞县级政治体制改革的试点，这个想法得到了院长马洪同志和中央农村政策研究室杜润生主任的支持。1983年10月组成了研究小组，到山东陵县开展县级体制综合改革的调查研究，我担任农村发展研究小组组长，兼任县委副书记。

从1983年10月到1986年12月，我在陵县住了3年。先是我和研究小组一起对县直61个部、委、局、办中的31个主要机构做调研，以后又到袁桥、土桥等乡镇对乡、村、组、户做了深入的调查了解。县级机构是我国整个政治经济体制中最重要、最基本的一个环节，是新中国成立以后几十年来逐渐形成的一个完整的政治实体，对它进行改革，牵一发而动全身，难度很大。陵县的县级体制改革试点，在山东省委、省政府和德州地委、行署的支持下，取得了一些进展，但因这项改革涉及整个上层建筑，牵动各方面、各部门利益的关系，需要由国家通盘考虑和统一部署才能进行，试点研究组的工作，主要是做了大量的调查研究，摸清了情况，开了几次研讨会，提出了相应的建议。可惜此项重要的改革至今还未真正实施。

我在陵县3年，主要是和研究组同志一起调查研究，也参与一部分县里的工作，与基层干部和群众朝夕相处，使我学到了、懂得了许多知识，这是在北京、在书本上学不到的。县是一个完整的政治实体，它既是执行机构，同时也是一级决策机构，代表国家、政府管辖几十万乃至上百万人。进去参与工作才能真正了解当前中国的政治、经济、社会是怎样进行的，有哪些运行机制在起作用，国家干部、农村干部、农村群众的真实生活怎样，他们各自的心态如何。所有这些，单靠从旁观察，靠访谈是了解不来的，必须要靠深入下去，同他们打成一片，才能逐渐体知。在陵县工作3

年，实在是学了3年，对我以后的研究工作，以及对农村问题的判断，有着很重要的意义。至今，我对三农问题有一点发言权，也是靠着在陵县打下的基础。

在陵县3年，我写了多篇关于农村农业形势和农村第二步改革的文章。1984年农业获得了农村改革后的第一个特大丰收，粮食产量超过8000亿斤，棉花超过1.2亿担，农村第一次出现了卖粮难。这时，改革后出现的农业好形势导致人们盲目乐观的思想占了上风，认为农业靠政策就行了。当年就改了粮食超购加价的政策，减少了对农业水利建设的投资，取消了给农业的一些优惠政策，这直接打击了农民种粮、棉的积极性。1985年粮食减产7%，棉花减产33%。大减产之后，有关方面还认为这是计划安排的结果，认为不必过虑。我那时就在陵县，同基层干部一起感受到这次大减产是改变了惠农政策的恶果。所以我写了《农业面临比较严峻的形势》，于1986年5月在中国社会科学院的《要报》上发表。在当时，对农村农业形势一片叫好的情况下，这篇文章是比较特殊的，在决策层引起了注意，但反映不一，有批评的，认为这是散布农业悲观论的代表。6月10日，邓小平同志和几位中央负责同志谈话时说："农业上如有一个曲折，三五年转不过来。……有位专家说，农业基本建设投资少，农业水平降低，中国农业将进入新的徘徊时期。这是值得注意的。"① 小平同志讲话后，农研中心、农业部、水利部等5个单位提出了解决农业问题8条措施，对以后农业发展起了一定的作用。

在陵县期间，我还写过几篇关于讨论农业农村形势的文章，如《关于棉花政策的若干问题》《农村改革的若干基本经验》《我国农村发展的新阶段、新任务和新对策》，其正是决策部门和学界讨论农村第二步改革的目标、政策和步骤的时候，气氛很好，争论也很激烈。后来，因为改革的重心向城市转移，以及其他政治原因，到20世纪80年代后期，连农村第二步改革这个主题，也都不提了。但这些问题依然存在，有些至今还在影响农村的健康发展。

1985年6月，中国社会科学院任命我为农村发展研究所副所长，但因陵县的体制改革研究工作还在进行，所以我还是主要蹲在陵县。1986年冬，我回到北京，带回来一大批实地调查的资料，准备对陵县3年的实践做个总结，对农村、农民问题做一个系统研究，写点东西。但时隔不久，1987年2

---

① 《邓小平文选》第三卷，北京：人民出版社，1993年10月，第159页。

月，院领导就调我到社会学研究所任副所长。从此，我进入了中国社会学界，开始了新的工作，这是我学术生涯中第二次大的转折。

从 1987 年到社会学研究所至今已整整 18 个年头，大致可分为 1987～1998 年和 1999 年以后两个阶段。

中国社会科学院领导派我到社会学研究所工作的时候，专门同我谈了一次话，曾提出：你到社会学研究所，协助所长做好研究所的工作，至于你自己的专业研究，可以发挥你的特长，还可以继续研究农村问题。到任以后，我主要做两方面的工作。一是大量的科研组织和行政工作（1988 年6月任命我为社会学研究所所长）。社会学研究所是 1980 年才新建的研究所，社会学又是恢复重建的学科，经过费孝通教授和何建章研究员两位前任所长的开拓努力，已经有了一个好的基础。但学科建设、队伍建设、研究所的建设任务还很重，要做很多引进人才、科研组织和行政管理的工作。二是进行社会学理论和农村社会学的研究。我仍比较关注农村发展方面的问题，有机会还是常常到各地农村去调查，运用社会学的理论和方法，从社会学的视角来观察和分析农民、农村问题。

1987～1998 年，我的研究领域包括了两个方面：一是农业、农村、农民问题的调查和研究；二是关于社会学方面的研究。也有一些是两者结合的研究，如 1989 年发表的《社会学要重视研究当今农民问题》，提出了农村改革以后，农民已分为 8 个阶层的看法，以后还发表了多篇关于农民分化和农村社会变迁的论文。

20 世纪 80 年代后期以后，我国改革的重心转向城市，农村第二阶段改革的呼声逐渐弱化，实际是停滞了。可喜的是，在这一阶段，农村乡镇企业蓬勃发展，异军突起，一时成为农村发展新的亮点。但在农业上，因为城乡二元经济社会结构的基本格局未变，诸如户口、就业、社会保障等体制未改。常常是当粮食和主要农产品供给紧张了，国家就采取一些惠农政策，一旦粮食和主要农产品等工业原料的供给问题有了缓解，就改变惠农政策，这使农业生产陷入新的徘徊。1984 年、1990 年、1996 年三次获得特大丰收后，无一例外地都在第二年就减产，出现周期性的反复。我在这一阶段写过《关于解决农业徘徊的几点意见》《农业要警惕再扭秧歌的老路》《农村改革、农业发展的新思路》《积极发展乡镇企业、搞好小城镇建设》等论文，呼吁农村进一步改革。

我到了社会学研究所以后，对社会学研究所，同时也对社会学学科做了深入的研究。社会学是在改革以后重建的一门学科，但对我国工业化、城市化、现代化建设十分重要，应该有一个大的发展，如此才能适应社会的需要。在现阶段，社会学的主要任务有三项：一是要发挥社会学的记述功能，把当代正在发生着的经济社会结构变迁的过程和事实用各种形式记录下来，这不仅对社会学发展有意义，而且对其他学科的发展也有意义，因为在现阶段，中国还不可能形成宏观社会学理论体系；二是要为国家的决策部门出谋划策，提供改革和发展的理论咨询和政策建议，直接参与社会主义工业化、现代化建设，为社会服务；三是要加强社会学学科建设和队伍建设。我在社会学研究所主持工作近 12 年，基本上做了这三方面的工作，在这期间，我写了《社会学研究所要继续做好“补课”工作》《社会学要加强应用研究》《21 世纪中国的社会结构》《中国现代化进程中的社会学》《当代中国社会学要实现三项历史任务》等论文。

1998 年秋，我任中国社会科学院社会学研究所所长第二届将满的时候，院领导交给我一个任务：组建一个课题组，研究当代中国社会结构变迁。从此以后，我和课题组的同志在一起，把主要精力和时间都投入研究当代中国社会结构变迁方面，至今已 6 年多了。2001 年冬，课题组完成了第一个研究报告——《当代中国社会阶层结构研究报告》，由社会科学文献出版社于 2002 年初出版。2004 年夏天，课题组完成了第二个研究报告——《当代中国社会流动》，由社会科学文献出版社在 2004 年 7 月于第 36 届世界社会学大会在北京召开前夕出版。现在课题组正在进行第三项研究：当代中国社会阶层关系研究。这些成果皆是我们课题组的集体创作，从主题确定、框架分析、问卷设计、社会调查、数据分析到分工写作，都是集体讨论确定的。两本书的前言是由我为主执笔写成的。此外，在这一阶段，我还就当代中国社会阶层结构的变化问题在好几个学术会议上讲过，本书收录的有在北京大学讲坛上讲的《当代中国社会阶层结构的变迁》。社会上近几年比较关注这个重要问题的研究，但由于一些情况，至今还未达成共识。

1999 年以后，农业又陷入新的徘徊周期，连续五年减产，且粮食价格长期低迷，农民收入增幅下降，种粮、棉农民的收入实际下降，而负担屡减不下，农村社会矛盾凸显，农村面临比较严峻的形势。在这期间我虽然大部分时间在做社会分层和社会流动问题的研究，但仍然关注着农村、农民方面的发展和问题，常常为农村的发展和进步而喜悦，也常常为农村遇到天灾人祸、农业周期反复而忧虑，免不了总想发表些意见。另外，我在农村工作部门、教学研究单位和各地有一批朋友，他们一如既往，每当开“三农”问题的研讨会时，还是特邀我参加。我应约了就要写文章、讲话，还有是报刊的约稿，所以每年还要写几篇“三农”问题的文章，主要有《走出“城乡分治、一国两策”的困境》《农村要进行第二次改革，进一步破除计划经济体制对农民的束缚》《关于解决当前农业、农村、农民问题的几点意见》《农民工问题要从根本上治理》《调整城乡关系，解决农村、农民问题》。

1996 年农业改革后的第三次特大丰收，政界和学者都认为：中国的粮食和主要农产品的供给问题得到了基本解决，实现了由长期供给不足到总量基本平衡、丰年有余的转变。当时，我对于“三农”问题有个基本判断，认为中国的农业问题基本解决了，但是农村问题、农民问题还没有解决。然而实践又教训了我们，问题远没有这么简单。1999 年以后，粮食连续五年减产，2003 年粮食总产量为 8614 亿斤，比 1998 年减少了 1632 亿斤。2003 年秋，市场粮价上涨，粮食供给问题再次惊动中央，成为经济安全问题。改革开放 26 年来，农业经历了四次周期性反复，这说明了一个问题：“三农”问题是一个整体，核心是农民问题。因为农业是一种产业，是农民从事的职业，农村是农民聚居生产生活的社区。所以，要解决“三农”问题，第一位的是要解决农民问题，只有把农民问题解决好了，农业问题、农村问题才能顺利解决。可是过去我们总是把解决农业问题放在第一位，粮食、农产品供给有问题了，才想到要调整农村政策，给农民以优惠政策，以调动农民生产的积极性；一旦供给好转了，政策就变了。农业的周期反复，说到底是中国农民问题的集中反映，是国家农民政策反复的表现。我们应该总结解决“三农”问题的经验和教训，不能再走就农业问题解决农业问题的老路，而应该执行统筹城乡经济社会发展的方针，把解决农民问题放在第一位。

我们这一代知识分子，正遇上我们伟大祖国经济社会发生历史性变迁的时期，经历了由以传统的农业、农村社会逐渐向工业化、城市化、现代化社会转变，经历了由小农经济为基础的市场经济体制向高度集中的计划经济体制转变，又经历了由计划经济体制再向社会主义市场经济体制的转变。这些转变发生在拥有 10 多亿人口的大国之中，其规模之宏大、形式之多样，波澜壮阔，错综复杂，这是难逢的历史机遇。不仅我国的前代学人没有遇到过，就是欧美工业化国家的学者也没有遇到过，他们只经历了工业化过程中的某个阶段，而我们这一代人却经历了我们国家工业化的前期、初期，以及直到现在中期阶段的整个社会变迁的历史过程。

本书选录的 47 篇文章，是我 20 多年来较有代表性的文章，是我在参与我国改革开放的伟大实践过程中，调查研究、观察分析、探索思考的结果，反映了我个人对这场伟大的社会变革的认识过程，也从一个侧面反映了我们国家特别是农村社会这场伟大的变革的历史转变过程。

脚踏实地　胸怀全局*

——陆学艺访谈录

王春光（以下简称王）：陆老师，我们拜读过您的许多文章和著作，获益很多。我们也一直知道您很忙，忙于调研，忙于做课题，忙于到各地探讨我国社会经济发展之路。您的这种敬业精神对于我们年轻一代学子来说，是一笔很可贵的精神财富。我们想知道的是，是什么力量使得您对学术研究如此投入、如此兢兢业业？

陆学艺（以下简称陆）：我比你们年岁长一些，经历也多一些。虽然不能说自己一定比你们对历史有更深的理解，但是总还有不少感悟。经历多了，看得多了，觉得我们这个国家走到现在，真的是很不容易，作为一个知识分子，总有一种为国家谋划、为民着想的情怀。我上大学的时候，碰上“三年经济困难”，国家对大学生还是很照顾的，有 30 斤粮食定量，但对青年怎么够呢？同学们常常是饿着肚子的。每逢寒暑假，同学们从各地回来，反映农村的困难状况，吃糠野菜、吃观音土，得浮肿，有饿死人的。我们这些青年共产党员，对共产主义理想深信不疑。怎么会出这种情况呢？百思不得其解。总不能让人民群众饿着肚子跟着我们共产党走吧！一定是农村政策出了问题。于是有三两知己，一面念书，一面就研究农村农业问题。所以，我对“三农”问题的研究，在大学时代就开始了。1962 年大学毕业，暑假两个月，靠亲友帮助，自己一人到山东、安徽、江苏、上海、浙江、河南、河北各地的农村做调查，目睹了灾后农村凋敝、萧条，农民生活困苦的现状，更加坚定了要研究农村农业问题的决心。

我在大学和研究生期间学的是哲学，训练了我能够从理论上思考问题、

---

* 本文原载于《学问有道——学部委员访谈录》（北京：方志出版社，2007 年 8 月）第 1069 ~1076 页。该文系王春光专访陆学艺的访谈录。——编者注

观察问题的本领，这次假期调查使我认识到，研究哲学，也要与现实结合起来。我们国家自近代以来，经历了太多苦难，作为现代知识分子，有责任去探索一条振兴国家的路子。

王：听说您给新报到的硕士生或博士生上的第一堂课是有关道德文章的内容，讲解做人、做事、做学问的道理。您之所以这样做，是不是与您刚才所说的经历和感悟有直接关系？是不是向学生们灌输一种社会责任呢？

陆：我国古人早就以“道德文章”来要求知识分子。宋代著名诗人辛弃疾在其诗作《渔家傲·为余伯熙察院寿》中如此推崇“道德文章”：“道德文章传几世，到君合上三台位。”“道德文章”是对每个做学问的人的一种最起码要求。做学问，先要做人，先要遵循“道德”标准。我对学生这么说，也对我自己这么要求。我要求学生这么做，并不意味着我自己一定做得很好了，愿与学生共勉。在我看来，坚持“道德文章”，是中国知识分子的传统。我的大学老师冯友兰先生对人生境界有很深的感悟，他在《人生的境界》中提出四大境界：自然境界、功利境界、道德境界和天地境界。在他看来，前两个境界是“人现在就是”的状态，“生活于道德境界的人是贤人，生活于天地境界的人是圣人”。做学问，不能只停留在“人现在就是”的状态，虽然做不了“圣人”，但是需要做个“贤人”。他说：“还有的人，可能了解到社会的存在，他是社会的一员。这个社会是一个整体，他是这个整体的一部分。他就为社会的利益做各种事，或如儒家所说，他做事是为了‘正其义不谋其利’。他真正是有道德的人。”

在市场经济时代，虽然不可能要求人们不去考虑自己的利益，但是至少要求在谋自己利益的时候不能损害他人的利益，更不能损害社会的利益，应该首先要考虑社会的利益。做学问，更要如此，因为我们的观点和想法会对社会产生影响，因此更需要考虑社会利益，要从为社会、国家和民族承担责任的角度去选择我们要做的研究，否则的话，就有悖于社会，也做不出好的学问来。对一些人来说，我说的也许比较抽象了一点，在我们这个时代，学者更需要保持一定的“道德自觉”，不能急功近利。

我在中国社会科学院工作45年了。与我共处、共学、共事的有数百人，其中有我的老师辈、同辈、学生辈三代。据我观察，有很多人自大学毕业，就进中国社会科学院，一辈子在中国社会科学院。做了什么呢？从某一角度来分析，无非有以下四种积累：一是积累了工作经验；二是积累了一定的财富；三是积累了知识，做了学问；四是积累了人望，社会学话语叫声望。比较而言，第四条声望最重要。这是我的体验。我之所以对我的学生不断强调“道德文章”“做学问先要学会做人”，是因为这是中国知识分子的优良传统。我对学生们寄予很高的期望，希望他们做得比我好，要有为振兴中华民族而奋斗的精神和意识，希望他们今后为社会、为百姓作出更大贡献。

王：我对您的为人和学问都很崇敬，知道您不仅对学生要求严，而且对自己要求更严，您不仅是这样说的，也是这样做的。从您的文章中我们感受到您富有强烈的社会使命感，历来敢于言人家不敢言的话，甚至敢于“犯上”，不仅在中国社会科学院是出了名的，而且也为学术界所知晓。您的这种勇气来自什么地方？

陆：我最多只能说是实践了陈云同志说的“不唯上，不唯书，只唯实”的原则而已。有这样几点：第一，我说的话不是无依据的，而是以我长期的社会调查和研究为基础的；第二，出自社会责任感，我写的文章，是有的放矢的；第三，正好遇上我国经济社会大变迁的时代，我研究的领域是农村农业问题和社会结构变迁问题，都是比较重要的，所以有点机缘际会的巧合。20 世纪 70 年代末，我们国家刚刚经历了十年“文革”，百废待兴。我在农村进行调查，先后到过江苏、浙江、安徽、山东、四川、云南、甘肃等地，同农民和农村干部讨论农村经济体制改革方面的问题，总结各地的经验。正是在调查中，看到农民自发搞的包产到户的实践，大大地解放了农村生产力，给农村生产和生活带来了前所未有的积极影响。我当时意识到，这代表着我国农村发展的方向。我就把这样的想法，写成文章，发表在我们中国社会科学院的《未定稿》杂志上，引起了有关方面的重视，也遭到一些人的批判，我在文章中提到当时农民自发搞的联产承包实践符合社会生产力发展要求，符合当时国家整个改革开放的时代要求，也反映了农村的真实状况，所以，我在争论中没有动摇过。

经过 20 世纪 80 年代头几年的改革开放，我国农业取得了前所未有的发展成就，到了 1984 年我国农业生产取得特大丰收，短短的几年时间就初步解决了农村的温饱问题。当时有舆论认为我国已经解决了农业问题，特别是粮食问题。因此有些领导同志就认为，农业靠政策就行了，对农村、农业的关注开始减少了，国家对农业的投入也减少了。1985 年，粮食就减产 7%，棉花减产 33%。对此各界议论纷纷，我就进行了大量的实地调查，并根据我在山东陵县挂职实践的所见所闻，认为 1985 年减产，既非计划安排的结果，也不是由自然灾害等因素造成的，而是多种因素综合作用的结果，其中农业发展及物质基础受到严重破坏，以及农民生产积极性尤其是生产粮食的积极性受到打击是主要的。说到底，又是“轻农”导致的，即忽视农业的结果，因此这是一个信号。如果再不加以重视，农业发展可能从此又转入停滞徘徊的状态。1986 年初，我写了一篇文章，即《农业面临比较严峻的形势》一文，同年 5 月 19 日发表在中国社会科学院《要报》上。1986 年 6 月 9 日，邓小平同志在一次讲话中说：“农业上，如果有一个曲折，三五年转不过来。……有位专家说，农田基本建设投资少，农业生产水平降低，中国农业将进入新的徘徊时期，这是值得注意的。”一些好心的朋友来电话说，你胆子不小，我国的农业形势刚刚好转，大家还处于高兴状态，而你冷不丁地泼了一瓢冷水。但是，我有充分的实证调查数据和资料，我的看法是有根据的。即使有争论，我也是心中有底，胸中有数的。社会科学的优势就在于调查研究，有事实作根据。我认为，社会科学需要以深入的调查为基础，社会学尤其强调社会实证调查，这跟我的学术取向是一致的。由充分调查得出的结论是不会有大的问题的，我坚信这一点。

王：我们还了解到这样一条信息，那就是您曾当着一位政治局委员的面说现在的房改政策不灵。是不是有这样的事情？当时您怎么会有这么大的勇气当着一个领导人的面提出批评意见呢？

陆：有这么一个事情。而且后来我们社会学研究所还专门研究了房改问题。首先，我们应该正确地看待领导人，我觉得我们的领导人都是比较开明的，并不拒绝不同的意见；其次，要相信自己的判断，上面讲到过，如果没有调查和思考，就不能轻易下结论，我们提出的意见、看法一定要以事实为依据。当时我观察到，那时的房改政策还是在原先的框架内兜圈子，无法走出一条新路来。就在这个会上，这位领导同志很开明，他说，你说这套办法不灵，你拿出一套灵的办法来行不行！我当时是社会学研究所的所长，大着胆子，就接了这个任务。此后，我动员组织了一批研究人员专门投入到房改问题的调查和研究，经过半年多的努力，拿出了一个 4 万多字的研究报告。当时是 1996 年夏天，国家面临由卖方市场向买方市场转变的过程，内需不振，需要找到新的经济增长点。我们的房改报告的主题是：要改变福利分房的老办法，将实行老人老办法、新人新办法作为过渡，走住房商品化、市场化的新路，并就住房制度改革的目标、任务和实践步骤做了具体设计和论述。研究报告的摘要通过我院的《要报》发表后，受到时任副总理的朱镕基等领导同志的肯定，对我国的房改起到了一定的推动作用。在这个研究报告中，我们还提出这样的房改不但不会影响社会稳定，而且还会促进社会稳定。正如农村改革使农民有了承包耕地的自主经营权，农村就基本稳定了。如果通过房改，使城市的工人、居民家庭有了一间半房，城市也就基本稳定了。住房是城市居民的最大社会保障。“有恒产才有恒心。”这样的提法，有关领导人接受了，因为他们很关心房改会不会影响社会稳定。当然，现在反思我们提出的“旧人旧办法、新人新办法”，还有很多需要改进的地方，但在当时这个报告对推动住房改革的市场化进程是起了一定的作用的。

王：我认真拜读了您主编的《当代中国社会阶层研究报告》和《当代中国社会流动》两本专著。这两本书在社会上和学术界引起了广泛的关注和重视。你们的研究很扎实，对我国社会进行了深入的透视和分析。不知道您是如何看待这样的研究为什么能受到社会如此关注的？

陆：改革开放以来我国经济取得了举世瞩目的成就，人民的生活水平得到了极大的改善，国家综合实力得到大幅度的提高，对这些成就怎么肯定，都不为过。但是，我们也要看到我们面临着许多严峻的挑战，比如，在过去的近30年时间内，党和国家为解决“三农”问题，做了很多工作，但“三农”问题仍然很严峻，大量农民工干着脏、累、差、险的工作，他们得不到“同工同酬、同工同权”的公正的待遇；“城乡分割、一国两策”的格局没有彻底改变；城乡差距很大，而且继续扩大的趋势还未扭转。城市也有不少下岗工人陷入了贫困，新的贫困人口在增加，社会治安也不好，刑事犯罪案件增长的速度很快，社会还不安定。这背后的原因是什么呢？我们认为，当前我国虽然经济发展了，但是社会发展滞后，社会与经济存在着严重的不协调。经济发展了，经济结构变化了；与此相应，社会发展也应该有大的变化，社会结构也要相应地调整。中央提出要构建社会主义和谐社会，必须要有个合理的社会结构。在社会结构中，社会阶层结构是核心。

在过去的近30年时间内，我国社会阶层结构和社会流动机制发生了巨大变化。一方面，现代社会阶层结构的雏形已经呈现，另一方面，我国社会阶层结构还很不合理。我们认为，我国社会阶层结构趋于多样化，为社会经济发展提供了越来越多的空间和机会，比如我国已经具有了一定规模的私营企业主阶层，为中国社会主义市场经济发展奠定了一定的基础；又比如个体工商户阶层的成长为广大老百姓向上流动提供了重要的“阶梯”或台阶。但是，我们也要看到，我国社会阶层结构形态还不合理，农业劳动者和工人阶层规模过大，社会中间阶层规模过小，也就是说，“该大的阶层没有大起来，该小的阶层没有小下来”，阶层之间的关系也还不合理，例

如阶层间收入差距过大等，这些问题都不利于我国和谐社会建设。我们的研究向读者展示了我国社会阶层结构的现状，并提出相应的演变路径和可能的选择。在一定程度上，我们的研究结论比较符合人们的生活实践和体验，因此，社会反响也较大。《当代中国社会阶层研究报告》一出版，很快成为各大书店的畅销书，读者反应强烈。在北京的地铁车厢里，我们课题组成员发现有几个人拿着我们的书，边看边议论，并问对方，你究竟属于哪个阶层。还有同事告诉我们说，他在电梯里就听到有人议论这本书。有人问：你是老几（本书把社会人员分为十大阶层，问对方究竟属于哪个阶层）？当然，也有人不同意我们的观点，还有很严厉批评我们的。我们知道我们的研究还是不够的，还有不少工作要做。不过，从这里我们也进一步体会到，只有通过深入的、踏实的、科学的调查研究，社会科学才能赢得公众的认可，才能为社会经济发展发挥一定的作用。

王：并不是所有的人都能像您那样做到准确把握时代，为国家和社会出谋划策，说出老百姓想说而说不好的问题。如何把学术研究与国家决策结合起来？在您的学术生涯中，您一直走在学科研究的前沿，这对一个学者来说是格外的重要，对我国社会科学研究也具有非常重要的作用。因此，我们最想知道的是您是如何做到这一点的，有什么诀窍？能否给我们青年学子指点指点，让我们更快地成长起来？

陆：做学问，实际上没有什么捷径可走，也没有什么诀窍。开头我已经说过，做学问的人一定要有社会责任感，要有一种胸怀天下的态度。只有有了这样的责任感和态度，才会去考虑事关天下的问题。按我们社会学术语来说，那就是要有问题意识。搞社会科学研究，问题意识是非常重要的，一个人有没有问题意识，直接体现了一个人的视野和胸怀。当然，仅有社会责任感，还是不够的，良好的学术素养是落实社会责任的最起码的条件。学术素养分两部分：一部分是专业学科素养，搞社会学研究，必须扎实地掌握社会学学科的理论、方法，具备一定的社会学视野和想象力；另一部分是基础的社会科学和人文科学的素养，那就是哲学、历史和经济学等。对于一位从事社会科学的人来说，学习好、掌握好这三门知识是研究的基础。

在中国做应用性的社会科学研究，要吃透两头。一头是马克思主义，是基本理论，是中央决策的精神，这是方向，必须要吃透；另一头是农村、城市发展变化中的真实可靠的状况，是你要研究的地区、行业及具体对象的情况，也就是要研究解决的实际问题，即实事求是中的实事，是客观存在着的，是运动着的一切事物，这些更要吃透。这两头都吃透了，研究的结果才能扎实、有价值。这样做并不是要求研究者去迎合某种潮流，而是做到心中有数。在我们这样的国家，党和政府的决策对国家的发展影响很大，与此同时，社会科学研究如果要更好地发挥对社会发展的作用，那么也必须要与国家的政策和措施结合起来，或者说去影响国家的政策和措施。这就叫理论与实践相结合，也能真正为国家的科学决策提供科学服务。当然，社会科学研究不能仅仅停留在对上层的政策关注上，而更重要的是要走进人们的生活实践，走进基层，走进农村，脚踏实地地开展科学的社会调查和研究。当前社会科学研究有一种浮躁现象，即不重视脚踏实地地进行基层的调查研究。当然，脚踏实地的调查研究，不仅需要吃苦的精神，而且需要很多的时间和精力的投入，要有很多的付出。在这个追逐经济效益、追逐所谓生活质量的时代，需要很大的勇气去承受实地调查的代价和付出。因为，社会科学研究如果不走进老百姓，不走进丰富多彩的生活实践世界，要想有什么发现、有什么创新，是非常困难的，几乎是不可能的，更谈不上会对社会实践起指导作用。实际上吃透两头，两者不可偏废，更不能相互脱节，而要相互联系起来，如此才能使社会科学研究既有全局观，又能脚踏实地、充满活力。

我们这一代知识分子是非常幸运的，我们经历了国家和民族的危亡、战乱，国家的独立，各种政治运动，以及有史以来最好的建设和发展时期，经历了小农经济时代的市场经济—计划经济体制—社会主义市场经济体制的全过程，我们自己挨过饿，受过整，也享受过国家和人民给予的荣誉。所有这一切对我来说，都是一笔重要的财富，使我认识到做社会科学研究对国家的发展和人民的福祉的极度重要性。同样由于受时代以及自己的能力限制，我在社会科学研究上只是取得了很有限的一点成绩，但是，我真诚地希望年轻学子们要好好珍惜这个充满着创新机会的时代，为我国的社会科学发展作出更大的贡献。我认为，我国的社会科学研究已经迎来了黄金时代。基于对历史的认识，西方社会科学也是在西方国家处于快速发展和变迁的时代获得最为快速的发展、进而涌现出各种理论流派的。当前我国正处于我国历史上变化、发展最快的阶段，这样的变化和发展为社会科学研究提供了大量丰富的素材，也提出了超乎寻常的需求。还有一点值得指出的是，人类历史上从来没有出现过有如此多的人在实践这样的快速变迁，中国这样一个大国的工业化、城市化、现代化的伟大实践成了社会科学研究从没遇到过的最宏大、最有意义的变迁和调查对象。所以，有经济

学家预言，中国将会有不少经济学家因研究中国经济发展而获诺贝尔奖。我想不只是经济学如此，其他社会科学乃至人文科学也将会有巨大的发展和飞跃。当然，这取决于大量的年轻学子去努力，取决于国家能否为大家创造良好的科研机制和体制。希望年轻学子抓住前所未有的历史机遇，有更多的、更大的作为，取得更大的成绩。

王：陆老师，您在社会学研究所担任副所长、所长，长达 10 多年，并担任两届中国社会学会会长，您对我国的社会学研究作何评价？又有什么期望？

陆：1952 年，院系调整，取消了大学的社会学系，停止招生，教师转业。到 20 世纪 50 年代后期，实际取缔了社会学教学和研究。直到改革开放才重新恢复，在 20 多年时间里，社会学研究人才培养和学术研究都中断了。1979 年，社会学恢复重建时，面临着重重困难，可喜的是，经过改革开放以来 20 多年社会各界的支持和社会学界同仁的共同努力，社会学有了空前的发展，不仅建立了健全的教学、科研系统，而且取得了不少研究成果，比如小城镇研究、家庭婚姻研究、社会转型研究、社会阶层研究等，更重要的是社会学被全社会认可，在国家的决策中也越来越发挥重要的影响和作用。中央提出和谐社会建设，也为社会学研究和发展提供了更大的发展机遇。

当然我国社会学研究还不能完全满足时代的需求，还不能很好地承担起时代赋予的责任。与经济学相比，我国对社会学研究的重视还非常不够。社会学是适应工业化、城市化社会的需要而产生的。在发达国家，由于工业化城市化的发展，特别是第二次世界大战以后，社会学成为同经济学一样重要的学科。在那些国家里，学社会学、研究社会学、做社会工作的人很多。他们的人数和社会地位同经济学基本相当。我国由于各种因素，社会学比经济学差得太多了。就拿博士点和硕士点来说，2005 年经济学的博士点有 405 个，社会学只有 25 个（包括 9 个人类学的）；当年经济学招博士生 2720 名，社会学只招 160 名，相差十多倍。在发达国家，社会学博士点和硕士点的数量与经济学基本是不相上下的。可见我国不仅存在着经济与社会不协调的问题，而且也存在着严重的经济学与社会学发展不协调的问题。这两个不协调并不是偶然的事，折射出我国过去 20 多年来的发展思路和策略。改革开放以来，经济学对我国的经济发展发挥了很重要的理论指导作用，但是，现在要建设和谐社会，要实现社会与经济的协调发展，没有社会学、法学、政治学等学科的大发展，和谐社会建设就会受到极大的影响。我最近在撰文呼吁中央和有关部门乃至各大学和科研机构要加大对社会学等学科的投入，要更多地增加社会学博士点和硕士点，为社会学乃至和谐社会建设培养更多、更好的社会学专业人才。

社会学的春天已经来临，我们也期待着在不久的将来有更多的青年人投入社会学的队伍中来，献身社会学的教学和研究，为和谐社会建设作出更大的贡献、更大的作为。

我为什么要办这个基金会*

现在社会上有句流行的祝词，叫“心想事成”。这句话是从港台传过来的，对我们这些学哲学的人来说，向来是不以为然的。但仔细想想，也有点道理。不少人不就是因为有了要办成某种事业的志向，通过努力和奋斗成功了吗？还有种情况，你没有想，甚至你本来就没有这种想法，由于社会潮流推动着你，你去做了，居然事情也成功了。这两种情况多数是发生在社会大变动、社会大发展的历史背景下。中国现在正处在这样的历史大变迁的时代，这样的事例就多了，我自己就有这样的经历。

我成为一个农经学家，成为一个“三农”专家，是“心想事成”的事例。而我成为一个社会学家，当社会学研究所所长、中国社会学会会长，今天成为社会学基金会的名誉理事长，则是我事先没有想过的，正是在社会潮流的推动下，成为现实的。一句话，是我们这些人生逢盛世、风云际会，加之社会需要，才有了这样的结果。

我 1933 年出生在农家，那时无锡县是沦陷区，我小学毕业就辍学了，1946 年 13 岁就到上海当学徒，也就是今天的农民工，而且是童工。1949 年，该出师了，上海解放，1950 年 2 月遭国民党空袭轰炸，工厂关门，我失业回到农村。同年 10 月，考上了中国人民解放军炮兵学校，经短期培训，分配到连队当文化教员。1954 年，抗美援朝结束后，复原回无锡读高二，1956 年高中毕业前，受过社会锻炼，稍懂事了，目睹土改、合作化后农村还很不行，农业落后，农民困苦，这才立下了要当一个农业经济学家的志愿。但当时国家需要军工人才，学校校长要我带头考北京工业学院，我考了。1957 年转入北京大学哲学系，但搞农业研究的志向未变，特别是在三

---

* 本文源自作者手稿。该稿系作者在“陆学艺社会学发展基金会”成立大会上的发言稿，写于 2009 年 4 月 9 日。——编者注

年经济困难后，我更坚定了这个志向。

因为我出身农家，深感农业问题重要。那时有个口号，叫“听毛主席的话，跟共产党走”。一个朴素的想法是要让老百姓吃饱饭，只有这样他们才能跟着党走。所以我一边念哲学，一边在学习研究农业怎么发展的问题。到了哲学研究所也是如此。所以在哲学研究所，凡是有去农村的事，我都很积极，如“四清”，我参加过三期，北京郊区的小“四清”，襄阳、徐水的大“四清”，我前后参加过三次，历时两年多。1978 年哲学研究所研究生政审外调，河北、山西、湖北籍学生的政审外调，是我负责的。景天魁同志的政审，就是我去做的。

1978 年夏天，我在湖北外调时得知，中央要开会，专门讨论农村工作问题。我回家后，就写了一篇 4 万多字的文章，对农村工作提出了 12 条政策建议，摘要发表在新华社《国内动态清样》上，以后分三期被《内部参考》转载。时任中国社会科学院副院长宋一平同志和哲学研究所党委书记孙耕夫同志，通过这篇文章认识了我，并把我从中国哲学史研究室调出，专门从事农业农村问题研究。30 年来，我一直从事着农村问题的研究。这是我最感兴趣的，以至于成了习惯，每当刮风下雨，我都会马上联系到今年农业的丰歉，广播里、报纸上关于农业、农村的信息，我都很敏感，会由此产生很多联想。我对杜润生同志说过，我是不拿农口工资为农口工作的编外人员，用今天的话说，是农口的志愿工作者。

发生变化是在 1987 年 1 月。1986 年 12 月，我在山东陵县挂职调研三年，做实行包产到户后农村县级综合体制改革的研究。1986 年 12 月我带了好几箱调研资料回京，准备整理这些资料，要写研究著作。但资料箱还未完全打开，时任院秘书长的刘启林就找我谈话，大意是说：院党组研究，社会学研究所只有所长何建章同志和行政副所长两人，中央要借调何建章去写作组一年，业务没有人管，决定调我去当副所长，主持日常工作。我当时对社会学这门学科还没有认识，对刘启林说：我刚从农村回来，有一批资料要整理、要写书，另外我已经改了一次行了，不想再改了。隔了两天刘启林又找我，说：党组已经做了决定，就是要调你去社会学研究所工作，至于你自己研究农村的专业问题，你可以自己决定，但社会学研究所的工作交给你了。1987 年 1 月，我就奉命到社会学研究所工作了，踏进了社会学这门学科的门槛。这是我学术生涯的第二次转折。

进了社会学研究所，我一边工作，一边学习，渐渐地我对社会学这门重要的学科有了越来越深刻的认识。开始我只是作为一个党员，服从组织

的安排，完成组织交给我的任务。我们这一代人有这样的传统。所以，我到社会学研究所报到后，就积极地投入了工作，了解情况、调查研究、熟悉人员，随着业务工作的开展边干边学，在实践中，我认识到了社会学这门学科的重要，特别使我认识到社会学对于社会主义现代化建设的重要意义，尤其是当我了解了社会学这门学科在新中国成立后曾经被取消、人员被遣散的曲折历史，学科本身无论是在学科建设方面，还是在人员队伍建设等方面都相当薄弱，与它应担负的使命很不相称。所以，也就渐渐地由一般的奉命工作变成自觉地担当起要重建、振兴这门学科的使命，20 多年来，我一直在为社会学这门学科的发展、建设、成长而工作，为之学习和探索，出谋划策、奔走呼号。

世纪之交以来，我国的经济建设突飞猛进，经济实力蒸蒸日上，但社会问题、社会矛盾层出不穷，经济社会不协调的现象日益突出，这更让我感到社会学这门学科需要加快发展，需要加快成长，需要为解决这个经济社会不平衡发展尽我们的一份力量。

我接受学生的提议，创办这个基金会，目的就是为社会学这门学科能更好地成长和发展。

具体说来，我有以下三个方面的考虑。

第一，正如基金会宗旨所讲的，是为了社会学学科的发展。自 1979 年小平同志亲自讲了“社会学要赶快补课”的话以后，社会学发展是很快的，已经形成了一支数千人的专业队伍，有数万在学的本科生、研究生，有一批有分量的著作和论文，同国际社会学界开展了多方面的合作交流，在国际社会学界也有相当的地位。但是，因为这个学科是在白地上重建的，又因为这 30 年国家经济发展得很快，社会建设、社会体制改革没有跟上，经济社会不协调的矛盾太突出了，太需要社会学科和社会学家了。这导致供需矛盾突出。例如，这次国际经济危机，引发的中国经济问题也相当严峻。叫我看光有经济政策不够，更需要社会体制改革和社会政策。但社会学家的声音太小，像孙立平这样的社会学家的文章太少了。

现在不仅是经济社会不协调，经济学和社会学也不协调。今中国社会科学院的经济片有 8 个所、上千人，社会学研究所只有一个、不足百人；经济学的杂志有 100 多个，社会学只有 2 个；经济学的博士点有 405 个，每年毕业的博士生超过 2600 人，社会学只有 16 个，毕业的博士生只有 100 多人；经济学硕士点有 1477 个，硕士生有 15950 人，社会学只有 115 个，招硕士生 1083 人。

社会学需要大发展，但大发展的机遇过去了，现在要发展很艰难。因此，我们需要人才。

基金会能尽一点绵薄之力，将来能在开展课题研究、学术会议、合作交流方面做些工作。成立后今年的第一件事是设立一个奖项，对30年来的社会学优秀论著进行奖励，推进中青年社会学家的成长。

经济学、文、史、哲、法都已经设立了多个基金奖项，社会学已经有一个费孝通先生的教学奖项，但还没有优秀论著的奖项。待以后基金会发展了，可以开展一些推进社会学发展的活动。

第二，建立这个基金会是为中国社会科学院社会学研究所增添一个开展社会学学术研究，同各界开展合作交流的窗口，或者说是一个渠道。希望能对研究所的学术研究和中青年成长起点作用。

我在中国社会科学院工作迄今已有47年，前后在三个研究所学习工作过。哲学研究所23年，农发所2年，社会学研究所22年。当过1年半副所长、10年半所长。1998年底不当所长后，也一直在社会学研究所工作。筹建这个基金会时，从一开始就得到了所长、书记、副所长和很多同志的积极支持，原本设想，基金会挂靠在社会学研究所，由社会学研究所当业务主管。因为按现行的基金会条例，这点资金在民政部办还不够资格，所以就仿效董辅礽基金会的做法，转向北京市申报，并且得到了北京市社科联、市民政社团司的大力支持，办成了由市社科联主管、市民政局社团司批准的基金会，但基金会理事会的主要领导都是所里的领导。我是希望今后基金会的大政方针、主要活动还是由所里定。秘书处是办事机构。基金会的工作和活动能对社会学研究所的总体发展、学术研究、合作交流、人才队伍建设，特别是中青年科研人员的成长有所帮助。

第三，这个基金会最早是由学生提议办起来的。创办过程中，也是主要由学生策划、联络、办理实现的。这个基金会实际也是我的学生们继续为社会学作贡献的一个平台。

我在1984年招第1个研究生（硕士），1989年招第1个博士生，前后共培养了硕士7人，博士和博士后42人，已经毕业先后取得学位的已有43人，他们大部分都在社会学系统的研究、教学岗位上工作。

而且基金会的工作、发展、成功，也主要靠我的这些学生们去努力。现在正在酝酿组建一个同学会（这是效法董辅礽基金会的做法），这个同学会的主要宗旨，就是要办好基金会，实际是基金会的后援会。基金会今后办得成功与否，主要要靠我的学生们和子女的工作和贡献。基金会本身也是我的学生们今后为国家、为社会学学科发展作贡献的一个平台。

总体来说，办这个基金会是我接受学生的提议，前后费了6年功夫，终于办起来的，是想通过这个基金会为社会学的重建、社会学的繁荣和发展尽一点绵薄之力，同时也是为我们的国家的伟大复兴事业作一点贡献。

我前面说过，我成为一个农经学者、“三农”专家是我中学时的梦想，是“心想事成”的一个实例；而我成为一个社会学家，办成这个社会学基金会则是超出了我青年时的想象，这是我们这些人生逢盛世的幸运，是时代赋予了我的光环！我很感恩，感谢我们的党，感谢我们的祖国，感谢中国社会科学院！办成了这个基金会，对我来说，也增加了一个为社会学发展服务的岗位，我会继续努力的。

谢谢诸位的光临，谢谢大家的支持！

世事洞明皆学问*

陆学艺的头顶已经微秃，一缕头发从脑门横过去，造成“一桥飞架南北”之势。低头倒茶的时候，那缕头发从额头垂下来，泄露了他的沧桑。但他在沙发对面安顿下来，理好头发，露出铮亮的脑门，正襟危坐，侃侃而谈，又恢复到那个关心国计民生的学术带头人形象。

从20世纪80年代初期的“全国百县市经济社会调查”，到“中国百村经济社会调查”，再到近十年的“中国社会系列研究报告”三部曲，陆学艺所做的，一直是经世致用之学。作为中国社会学会会长、两届人大代表、中国社会科学院荣誉学部委员、学术委员会委员，陆学艺几次强调，他的治学体会只有两条：第一，研究要跟实践相结合；第二，对于大型社会调查和研究，组建一个运行良好的研究团队至关重要。

记者：据我所知，您是从理工科转到社会科学研究领域的。为什么？您是怎么实现自己的学术研究转型的？

陆学艺：我是江苏无锡人。1950年参军当兵，1954年才重新回学校读高二，1956年考取了北京工业学院，就是现在的北京理工大学，专业是激光光学专业。但我的志趣不在这方面，所以第二年便通过加试历史、地理，转到了北大哲学系。1962年毕业后就到中国科学院哲学研究所读研究生，毕业后留在所里工作，就一直没有动过。我在这个办公室已经20年了。以前是社会学研究所的所长，现在退休了返聘，给我安了个副所长的名头，嘿嘿。

至于为什么会转行呢？我是农村出生的，看到农民吃不饱饭，心里就

* 本文原载于《中华读书报》2010年3月10日第7版。该文系该报记者专访陆学艺的访谈录。——编者注

不明白。当时的口号是“听毛主席的话，跟共产党走”，我们跟着党走，党又是先进的，1960 年为什么还会饿肚子呢？我就想弄明白这个问题，这是我学习和研究的动力。我一辈子都关心“三农”问题，一有机会就下乡。参加“四清”工作，一去就是一年多。我研究生毕业，刚参加工作“文革”就开始了，我是积极主动下乡的，因为这样可以观察研究乡村。我和别的学者不同，他们的研究工作在“文革”期间可能都被迫中断了，而我无论在什么时候，都一样可以观察社会、研究社会，所以说，我的研究从来没有中断过。

记者：您近年来以社会结构研究而著称，但在一开始，您的研究专长是农村发展理论，后来才转到社会学研究的，是吗？

陆学艺：是。中共十一届三中全会之后，农村率先改革，普遍实行家庭联产承包责任制。我在中国社会科学院工作，就觉得我们作为党和国家的咨询机构，应该对县级经济、政治、社会体制的现状进行研究。我做研究偏好典型调查的方法，或者说“解剖麻雀式”的调查，就想找个地方蹲点调研。

这个想法很快得到了当时中国社会科学院院长马洪，还有中央农村政策研究室主任杜润生的支持，我们一商量，选择了山东德州地区的陵县作为试点基地县。当时我担任研究组长，为了便于开展工作，中共山东省委组织部还专门下文，任命我为陵县县委副书记。从 1983 年秋到 1986 年底，我在那里当了 3 年多的县委副书记呢，呵呵。如果说我对农村、农业、农民的“三农”问题有点认识和发言权的话，都是这 3 年蹲点开始打下的基础。

那时候我的体会是，搞研究工作，要吃透两头：一头是马克思主义，这是基本理论，是中央决策的精神，是根本大方向；另一头就是农村、城市发展变化的真实状况。

1986 年，我根据在农村基层的感受，写了《农业面临比较严峻的形势》一文，发表之后，在决策层引起的反应不一，有赞成的，也有认为我散布农业悲观论的。我后来又写了几篇关于农业形势争论的文章。

本来我是愿意沿着这个方向继续做下去，系统研究农民问题的。但 1987 年 2 月的时候，组织任命我当社会学研究所的副所长，从此，我进入了社会学界。在社会学研究所，我大量精力用在行政和科研组织工作，另外就是组织中国社会阶层的系列调查研究。

记者：是啊，祝贺您主编的《当代中国社会结构》出版，这本书与之前出版的《当代中国社会阶层研究报告》和《当代中国社会流动》，构成了您的“中国社会阶层研究”系列的三部曲。这三本书是货真价实的“十年磨一剑”。

陆学艺：谢谢！其实后面还有第四本《中国社会阶层关系》，是应用第三本的社会结构理论来分析中国的社会阶层关系。你说的没错，这十来年，我就做的这个。整体来说，几个调查研究的人力之多、经费之大、时间之长，可能在国内社会学界甚至社会科学界都是少见的。当然，和国外是不能比的。据我了解的情况，美国、英国、日本等发达国家，类似的社会调查每十年就进行一次，这些资料对于帮助决策者了解基本国情、科学决策有很大的作用。

记者：请您简单介绍一下相关研究吧。

陆学艺：我做的第一个社会阶层研究是从 1999 年初开始的，“当代中国社会结构变迁研究”课题立项后，我们做了 3 年，前后参与调研的工作人员有几百人，我们完成了 8 个县市、2 个大型国企、1 个乡村社区和 1 个大学社区的抽样问卷调查、入户访谈，收集了 10000 多份问卷和近千份访谈记录资料，最后形成了第一个报告——《当代中国社会阶层研究报告》。

说起来，中国社会阶层的研究历史很长，毛泽东最早写的文章就是《中国社会各阶级的分析》。我们的国旗上，围绕着中间那颗代表中国共产党的大星，有四颗小星星，分别代表工人、农民、小资产阶级、民族资产阶级。经过三大改造，后面两个阶级都消失了，这样就变成了两个阶级（工、农）和一个阶层（知识分子）。

我们的研究在此基础上，提出以职业分类为基础，将三类资源（组织资源、经济资源、文化资源）的占有状况作为划分社会阶层的标准，将当今中国的社会群体划分为十个社会阶层，分别是国家与社会管理者、经理人员、私营企业主、专业技术人员、办事人员、个体工商户、商业服务业员工、产业工人、农业劳动者、城乡无业失业半失业者。这十个阶层分成五种社会经济地位（上层、中上层、中中层、中下层和底层）。这种社会阶层划分法不一定尽善尽美，但建立在大量调研数据的基础上，有一定的说服力，现在在学界也获得了一定的认可，常常被引用。

就是在做社会阶层的研究时，我们意识到，社会阶层不是固定僵化的，而是一直在变迁的，在做垂直流动和水平流动。于是，有了第二个关于中国社会流动的调查研究。我们梳理了当代中国从 1949 年至今的五次社会流动，分析了十大社会阶层的来源和流向，以及今后各自将如何继续演化，还分析了中国社会流动的机制，探讨其需要改革和调整的地方。这个研究历时两年半。

做完社会阶层分析，顺理成章就发展到了社会结构研究。新近出版的《当代中国社会结构》，从2006年开题到完成耗时最长，有4年时间。

记者：因为社会结构是最复杂也是最重要的问题？

陆学艺：是的。社会结构一直是社会学研究的核心问题，它既是对社会做静态分析的终点，又是动态分析的起点。19世纪法国社会学家迪尔凯姆曾说："对社会结构的分析是理解一切社会现象的出发点。"我们平时所谓的社会变迁，就是指的社会结构的变迁。

我们现在的情况是，社会结构调整大大滞后于经济结构变化。目前，中国经济结构已经达到工业化中期阶段，而社会结构还处于工业化初级阶段。这是引发诸多社会问题和矛盾的重要根源。改革开放初期，我们认为，中国80%的问题是因为穷，只要把经济建设搞上去，多数问题就都解决了。30年过去了，情况怎么样呢？经济报喜，社会却报忧。以前是蛋糕太小，现在蛋糕做大了，比想象的还要大，但分蛋糕的方法有问题，甚至切蛋糕的人手脚不干净，结果反而意见更大了。不解决好利益分配的问题，以后会导致更大的麻烦。

政府、市场、社会应该三方面齐头并进。现在的问题是，党政不分，政企不分，社会出了什么问题，都怪政府，有时候也未必公平，但我们把一切事都管起来，不怪你怪谁？所以要分离，社会的事情交给社会自己来处理。现代社会一定是公民社会，公民自己管理自己。在这方面，我们的进展还是太慢。

总之，我国的经济体制改革早就开始了，但社会体制改革至今还没开始，应该说，中国社会结构滞后经济结构至少15年左右。这么多年偏重经济建设，社会建设、政治建设、文化建设都跟不上，这是不行的，一俊遮不了百丑。正当的发展顺序，当然还是经济建设第一，但接下来，就应该是社会建设，然后是政治建设，最后是文化建设。

所以，中国应该进入以社会建设为重点的新阶段。在坚持以经济建设为中心的同时，尽快把社会建设摆到突出的位置，协调经济社会发展的关系，加快社会结构调整，优化资源与机会在社会成员中的配置，这是保证经济持续、快速、平衡发展，以及社会和谐、稳定、进步的必然选择。

记者：社会建设跟不上，会导致哪些问题？

陆学艺：问题多了。"三农"问题、住房、医疗、教育，还有，现在产生了很多新词，"群体性事件"什么的，这些都是社会结构问题。以工业化和城市化为例，工业化创造供给，城市化创造需求。可我们工业化到今天，早已经是世界工厂了，在工厂里干活的还是农民，这怎么说得过去？城市应该如何接纳农民？如何改革户籍制度，推进城镇化、城乡一体？这些问题都必须解决。现在一说城市化，就是盖楼房，其实不是那么简单的。

记者：我们应该如何推进社会建设呢？

陆学艺：社会建设的关键和核心任务是调整社会结构，而目前是中国调整社会结构的关键时期。我们要调整人口结构、家庭结构、就业结构、收入分配结构、消费结构、城乡结构、区域结构、组织结构、社会阶层结构等。

具体而言，社会建设大致来说应该从三方面切入，首先是社会体制改革，包括户籍制度、城乡二元结构改革等。社会体制改革牵涉面宽，动起来不容易，但必须改。其次是加大对社会建设的投入。最后就是加强社会管理。三分建设，七分管理。管理是软件，也是生产力。大学、医院、科研机构，还有城市，都需要管理。我们的管理跟不上，在管理人才队伍的建设方面做得也不够。

记者：最后一个问题，请概括一下您的学术理想。

陆学艺：我想这么来说。我国的社会学研究可以分成三个阶段。第一个阶段，是“引进”，社会学是外来的不是本土的，连“社会学”这个名词都是日本翻译后被章太炎引进的。在此之前，我们翻译为“群学”，康梁在广东办学，就讲授过群学。这个引进的工作开始得比较早，但后来中断了，直到 20 世纪 70 ~ 80 年代才重新开始。到 20 世纪 80 年代，重要的基本概念都引进了。第二个阶段，社会科学不同于自然科学，自然科学的成果，我们拿过来直接就可以用，但社会科学的东西，比如西方的自由民主，照搬是不行的，必须有一个本土化、中国化的过程。社会学也一样，我们要用西方社会学的方法、理论框架，甚至概念，来解读中国的实际。到第三个阶段，我们还要产生自己的社会学概念和理论体系，反过来向世界输出。

我这辈子做的只是第二步的工作，以后很长一段时间，中国社会学研究还是在走第二步。我现在还兼着北京工业大学人文学院院长的职务，能做的就是培养研究生投入第二步的工作。我搞了一辈子“三农”问题，到现在我用人、招研究生，还要求招农村出身的。没有农村生活背景，做不了这些研究。

往事杂忆*

1933年阴历七月十四日生于无锡县三蠡乡①北钱村。中学时，有一次查万年历，查到1933年阴历七月十四日为阳历8月31日，以后就一直沿用这个日子。后来再查时，发现应为9月3日。

1937年12月初，无锡县被日寇侵占。

1939年9月入本村北钱小学读书。1945年7月在北钱小学毕业。

1945年7月到1946年10月，在本村随父兄务农。

1946年10月的一天，由父亲带领和胞兄陆毓麟一起在鸭城桥码头，乘班船去无锡。父亲带着胞兄去安亭，我随着介绍人——中钱村的一位老太太（钱维良之母）——乘火车去上海，送到她女婿所在的艺海袜厂当学徒。

1946年10月到1950年2月，在上海河南北路200号艺海袜厂当学徒。

1950年2月到1950年9月，在无锡县三蠡乡北钱村随父母务农。

1950年春节前，上海遭轰炸，停电，艺海袜厂停业，职工遣散，我失业回乡。

三蠡乡有近千户人家，我所在村属北片，原为第五保。解放后第一任乡指导员为屈杏根，乡长姓孙，我参加一些村里的工作。1950年6月举行乡人民代表大会选举，我当选为人民代表。1950年8月11日，由入驻本乡

* 本文源自陆学艺手稿，该稿写于2010年底，原题为“历年大事记”，系陆学艺为写传记凭记忆而起草的粗略提纲，其中许多内容极为简要，作者因此在纸上留下很多空白，以便有空时增补、修改。可惜先生因病突然去世，再也没有时间来充实和修改这个草稿了。本文根据原稿刊印，题目为编者根据手稿内容所拟定。编者对文稿的少量文字进行了校订修改，还对手稿中因作者记忆模糊造成的时间错误、信息缺失等问题，以及一些特殊内容加了少量编注，以帮助读者阅读。——编者注

① 1934年6月以后，三蠡乡隶属无锡县第二区，1948～1949年并入无锡县查桥区署东亭镇，1950年6月复置三蠡乡隶属无锡县东亭区，直至1958年撤销区级建制、实行人民公社化改制为止。——编者注

的土改工作队队员张祖骞介绍，我加入了中国新民主主义青年团。

1950 年 10 月到 1954 年 9 月，在中国人民解放军华东特种兵部队（后改为炮兵部队）服役。

1950 年 10 月中旬到 1951 年 2 月，在中国人民解放军华东特别兵学校[①]文化教员培训班学习。其间抗美援朝战争爆发。1951 年 2 月到 1952 年 12 月，在华东第三野战军新兵团二营任文化教员。1953 年 1 月到 1954 年 9 月任安徽无为转业干部速成中学文化教员，其间（1953 年 10 月到 1954 年 2 月）在华东军区陆军第一医院住院治疗肺结核。1954 年 2 月到 1954 年 9 月，在转业干部速成中学高中部学习。

1954 年 10 月到 1956 年 7 月，在无锡荣巷公益中学（1956 年改为无锡市第五中学）插班读高二、高三，1956 年 7 月高中毕业。

我从部队回无锡，到无锡县住县政府招待所，其时从部队回来的人很少，县里很重视，接待人员同我谈，可以安排到乡镇去工作。

约 1954 年 11 月初，我找到公益中学的校长吴佩兰。他听了我要求学习的陈说，就同意我插班入学。我当天就住进学生宿舍。第二天教导主任陆正一先生同我谈话说，你没有上过初中，插高二班，要测验一下。第三天，我考了语文和数学。第四天就接到通知，到高二班入学。陆先生领我去见荣鉴曾老师（班主任），荣先生领我到班上。那时，解放军在群众中威信高，特别是青年人对解放军有好感。荣先生领我到教室，一介绍，受到全班同学的欢迎。

1956 年 8 月到 1957 年 8 月，就读北京工业学院[②]。

1956 年 8 月 28 日，我同荣琴仙、荣秀霞等四人一起从无锡站乘火车到北京，在前门站下车。大哥陆毓麟来接，还陪我们在中山公园吃了饭。我们在天安门乘有轨电车去西直门，再乘公交车到车道沟，到北京工业学院新生报到处报到。当天住进红楼，一个宿舍十六人，一班 50 多人，按姓氏笔画编排宿舍，我同陆春祥、葛树明等住在一个宿舍。

1957 年 9 月到 1962 年 8 月，在北京大学哲学系学习。

1962 年 9 月到 1985 年 7 月，在中国科学院哲学社会科学部哲学研究所[③]读研究生，毕业后留所工作。

---

① 应为 1947 年 3 月成立的华东野战军特种兵纵队（1949 年 2 月改称第三野战军特种兵纵队）特科学校，该校后来演化为南京炮兵学院。——编者注

② 现为北京理工大学。——编者注

③ 后改为中国社会科学院哲学研究所。——编者注

1978年

1978年6~7月，中国社科院公开招收硕士研究生，报名极其踊跃，仅哲学所就有数百青年学子来应考。我参加了评卷。考试成绩很好的很多，按分数排名，哲学所录取了数十人。

接着，所里要派出党员干部去各地各单位查看考生档案、对考生进行政审。我先是同李曦一起去河北、山西做政审。先到张家口，第二站到大同，再到太原。太原考生景天魁成绩很好，我们找到《山西日报》的领导，对方介绍景的工作表现好，写作能力强，是报社的骨干，有不想放行的想法。给我留下较好的印象。

回来不久，所有又派我和贾泽林一起去湖北政审、外调。我那时只要有到外地农村出差的机会，都是积极应诺（那时没有课题经费，自己去外调，很困难），何况是湖北襄阳，是我参加过“四清”的地方，所以很快就上路了。到了湖北，做完了别的地区考生的政审，就去襄阳，贾泽林也在那里参加过“四清”。两人一起回了牛首、竹条，还去了江中的新中村。最后回到城区，见了老同学贾信德，他那时是襄阳轴承厂宣传部的领导。他是本地人，给我讲了不少农村的事。襄阳正在创建大寨县，当地的领导还在搞向大队核算过渡，我很不以为然，但他告诉我一个重要信息，说中央正在起草农业文件，要修改《人民公社六十条》，征求各地、各方的意见。

7月，我回到北京，证实了这个信息。于是，我闭门谢客，整理多年来调研和思考的关于农业和农村问题的想法，约30多天，写成了《关于加快发展我国农业的若干政策问题的建议》①，共12条，4万多字。夫人吴孟怡帮我，用最薄的稿纸，复写装订成六本稿子。第一本我亲自送给哲学所党委书记孙耕夫，讲明缘由后，请他阅后送呈中央关于农业问题的起草小组。约一周后，他告诉我，他看了全文，认为很有见解，很好，他已转送到陈

① 原稿标题为《关于加速发展我国农业的若干政策问题的意见》，首次以《关于加速农业发展的若干政策问题》为题摘要发表于1978年10月3日新华通讯社《国内动态清样》，后被收录于《农业发展的黄金时代——包产到户的调查与研究》（陆学艺著，兰州：甘肃人民出版社，1983年3月）、《当代中国农村与当代中国农民》（陆学艺著，北京：知识出版社，1991年7月）和《陆学艺文集》（陆学艺著，上海：上海辞书出版社，2005年5月），发表和收录文集时因版面所限均有大篇幅的删节。本书第1卷根据作者完整手稿收录了此文。——编者注

永贵办公室了，我一听就知道稿本白送了。

又送了两本，皆未有结果。8 月中旬，我和农机部宣传部的马光富同志通了电话，把稿子送到他家，请他转送给当时的部领导项南，再转到起草小组。过了三天，马光富同志来电话，说他的郑州大学中文系同学，时任新华社记者南振中，在他家见到了这个稿子。南说新华社现在正需要这样的稿子，问我能否把稿子给他，由南转送给新华社，我当即答应了。不久，新华社国内部副主任张世忱给我电话，约我去他们办公室面谈。我应约前往，张等热情地接待了我，说你的这些建议都很好，但篇幅太长，我们只发最多 2000 ~ 3000 字的文章。有两个办法，一是我们摘要分期发表；二是你自己删改、压缩后，我们再发。我答应拿回去，自己摘要。

我回家后，连夜改写。因为这十二条是多年思考的结果，自己删改很辛苦，约改写了一个星期，才压缩成约 1.8 万字的稿子，还是十二条建议，还是由夫人复写，装订成了四本。第一本就送到新华社国内部。其时，薄熙成在哲学所科研处工作，因招研究生，多有来往，比较熟。见了，我问他薄老忙吗？“没有太多的事，还在等着”。我给他讲了有这个稿本，想请薄老看，提提意见，他说好，我就送了他一本。约一周后，薄熙成把原稿还给了我。薄老看过了，还说，了解了不少农村的情况，提的建议都很好。我拿回一看，全文都看过了，差不多每页都有划的横线，还有不少批注。文章最后有这样一句：“这十二条建议都很好，有针对性，有些文字语气过重、过激，要注意分寸。”

1978 年 10 月 3 日，新华社《国内动态清样》登载了我写的《关于加速农业发展的若干政策问题》，分三期发表，小标题改为：一、目前我国农业生产存在的主要问题；二、调整落实党的农业政策是当前加速农业发展的关键；三、关于若干农村经济政策的建议。1. 调整工农业产品价格政策；2. 增加农业投资，扩大农业再生产能力；3. 调整征购政策，要考虑级差收入的问题；4. 保障农民经营自留地，家庭副业和参加集市贸易的正当权利；5. 发展社队企业，试办农工商联合企业；6. 提出每农业人口生产粮食 1000 斤、1200 斤、1500 斤、2000 斤作为奋斗目标；7. 充分利用丰富的劳动力资源。全文共 7000 多字，删掉了五条建议。

1979 年

4 月中下旬，我和贾信德到无锡参加全国价值规律学术研讨会。会议由苏绍智主持，于光远、薛暮桥、孙冶方、钱伟长、李洪林、吴敬琏等约300人参加。会议期间，院科研处李兰亭得知我们会后要去农村调研，他也要求一起去。

大会开了三天，薛暮桥、孙冶方、钱伟长分别在大会上讲话，“千规律、万规律，价值规律是第一规律”，就是在那次会上薛暮桥讲的。其时，无锡的乡镇企业（社队企业）已经兴起，但有传言，计委要压缩社队企业，认为是以小挤大。无锡的县委书记专门到会上讲话，为社队企业辩护。1978年无锡县的社队企业已达4亿元产值。会后我们三人去太湖饭店拜访薛暮桥。他那时带几个助手，在写作《社会主义经济问题》一书。他得知我们要到农村调查，很高兴，鼓励我们要到基层去调查，学问在下面。知道我们去苏北，建议我们去看看扬州的提水大工程，那是现代化的，是南北水调的第一站。

5月10日，我们先到了扬州。接着去了盐城、连云港，调查了大丰。

5月25日左右，从连云港乘火车去合肥，住安徽省政府招待所。6月1日，由刘家瑞陪同考察了肥西县山南区黄花大队的包产到户试点。

6月3日去安庆。6月10日到芜湖。6月中旬，由芜湖乘公共长途汽车去杭州。7月初到上海，由上海农委秘书长陈锡根接待。

7月中旬回到北京，前后84天。

1980年

4月，中央政策研究室借调我、彭克宏、周叔莲、朱述先四人，在理论室，讨论、研究、写文章，论述小平同志提出的“让一部分人先富起来，让一部分地区先富起来”的思想。住国务院第一招待所，我和周叔莲一间，彭克宏和朱述先一间，周、朱每天回去，我和彭常住。

8月，写好两篇论文。交稿后，室里曾征求过意见，是否愿意继续在理论室工作，只有朱述先留下了，我和周回院了。彭原是钢铁学院[①]的，不久就调到社科院马列所了。

6月间，院部决定要拆了干面胡同东罗圈十一号宿舍的平房建楼房。当时我住干面胡同东罗圈十一号的一间半平房，于是同整个大院近20户人家，临时搬迁到垂杨柳小区一区117栋一单元三楼，从此住上了两居室的楼房，

① 现为北京科技大学。——编者注

此前在平房住了 15 年。

8 月下旬，我和王小强一起，准备到陕西、甘肃、宁夏三省区调查农村包产到户等问题。第一次乘飞机到兰州，由省委宣传部副部长陈舜瑶接待，她派了理论处处长徐炳文陪我们调查了榆中、陇西、定西、渭源等县市。9 月中旬，我们两人都病了。约 9 月 20 日回到兰州，住甘肃日报社招待所，与报社刘爱知（社长）、孙民等相处甚好。我们一面养病，一面就写成了《包产到户的由来和今后的发展》一文[①]，提出包产到户后，可以不回到"三级所有，队为基础"的老框架，可以走包产到户—兼业户—专业户—再联合的新路。陈舜瑶请我们在甘肃日报社礼堂给省直机关副厅级以上干部讲了一次。

10 月中旬回到北京，11 月文章发表在《未定稿》上。

10 月 15 日，中央开了省委第一书记座谈会，会上发生了阳关道与独木桥的争论。会议决定：在"三靠"地区[②]，可以搞包产到户，在中等地区搞包产到组，在发达地区搞专业承包。

这次会后，宋平回到兰州，看了我们留下的文章稿。秘书电话告诉我，此文将在甘肃省内部文件发表。只是 75 号中央文件明确包产到户只在"三靠"地区搞，但我们的文章中说，包产到户将势不可挡，宋建议这句话要改一下。我说，按省委意见改。文章在甘肃发表后，肖华（此时是兰州军区政委）看了此文，表示很赞成，作了批示。

1980 年 11 月，我、李兰亭、彭克宏、齐翔延四人一起去安徽农村调查。先在合肥，听周曰礼、刘家瑞等介绍，1980 年 2 月万里调京、张劲夫接任安徽省委书记后的情况。万里力主搞包产到户，很得民心，但当地厅以上干部不同意，为首的是张恺帆等。张劲夫是本地人，到任后，听信了张恺帆等的意见，否定包产到户，想纠过来。

下旬，我们四人到滁县，受到陆子修等人的接待，考察来安、明光等地。在滁县遇到吴象等。

---

① 该文首次发表于中国社会科学院内部刊物《未定稿》1980 年第 30 期，发表时间：1980 年 11 月。《农业经济丛刊》（该刊现改为《中国农村观察》）1981 年第 2 期以《包产到户的发展趋势》公开摘要发表了该文第三、第四部分。该文还被收录于《农业发展的黄金时代——包产到户的调查与研究》（陆学艺著，兰州：甘肃人民出版社，1983 年 3 月）、《当代中国农村与当代中国农民》（陆学艺著，北京：知识出版社 1991 年 7 月）和《陆学艺文集》（陆学艺著，上海：上海辞书出版社 2005 年 5 月），并被收录于本书第 1 卷。——编者注

② 即吃粮靠返销、生活靠救济、生产靠贷款的地区。——编者注

1981 年

1 月《未定稿》发表我写的《关于包产到户的几个问题》[①]。

3 月《经济研究参考资料》发表了我的《安徽包产到户后的新形势和新问题》一文[②]，文章重申了包产到户势不可挡的看法，批评了安徽省包产到户反复的问题。

8～9 月连续发表了几篇关于包产到户的文章，明确肯定包产到户向包干到户的发展趋势。

9～10 月，到山东菏泽、德州农村调研，认识了时任菏泽地委书记周振兴、德州地委书记卢洪。

回京后写成了五篇德州农村调查的文章，12 月发表在《经济研究参考资料》（作为一期），其中《中国农村市场正在兴起》一文《人民日报》转载了。[③]

1982 年

年前甘肃日报的孙民同志来，他同甘肃人民出版社洽商，已同意我将这几年写的关于包产到户的多篇文章结成一集出版。我即着手编辑整理，共得 17 篇写于 1978～1982 年的文章，共 11.7 万字，约 5 月寄送甘肃人民出版社。7 月，我请吴象同志给这本书写了个序。该书以《农业发展的黄金时代——包产到户的调查与研究》为名由甘肃人民出版社于 1983 年 3 月正

① 该文被收录于《农业发展的黄金时代——包产到户的调查与研究》（陆学艺著，兰州：甘肃人民出版社，1983 年 3 月），并被收录于本书第 1 卷。——编者注

② 该文首次刊发于非正式出版的《经济研究参考资料》1981 年第 33 期，发表时间：1981 年 3 月 5 日，后被收录于《农业发展的黄金时代——包产到户的调查与研究》（陆学艺著，兰州：甘肃人民出版社 1983 年 3 月）。——编者注

③ 《经济研究参考资料》1981 年第 197 期刊登了署名陆学艺的专辑《山东农村调查》，收录了 7 篇调查报告。其中《包干到户以后，农业将会有一个较大的发展》《几统一下的包干到户将成为责任制的主要形式》《中国农村市场正在兴起》《德州人民的喜悦和忧虑》《包干农户苏兵建家调查》《精干简政、减轻农民负担》等 6 篇为陆学艺独著，《工交、财贸战线面临农村市场兴起的挑战》为陆学艺和张凯旋合著，后者被《人民日报》1981 年 12 月 12 日第 2 版转载，题为《农村市场向工交财贸战线的挑战》。上述 7 篇山东调研的报告均被收录于《农业发展的黄金时代——包产到户的调查与研究》（陆学艺著，兰州：甘肃人民出版社，1983 年 3 月），并被收录于本书第 1 卷。——编者注

式出版。这是我发表的第一本书，是一本论文集。

1980 年在中央政策研究室帮助工作以后，我同理论组的林子力、左方等多有来往，常去他们那里参会和座谈。到了 1982 年 6 月，包干到户已经遍及全国。分包以后，农民生产积极性空前高涨，农业生产持续发展，但出现的问题是：一家一户生产后，生产队这个层次被大大削弱了，农业生产的水利、植保等产中、产后服务的问题突出了。林子力、吴象等人力主要发挥大队和生产队的统的功能，提倡统包结合、双层经营。

6 月，我发表了《论农业生产责任制的统包关系》①。

7 月，我到北戴河疗养、休假。中国社会科学院从去年开始，在北戴河租了“文革”前陆定一等住过的一栋大别墅，作为研究人员夏季休养的场所。这一期所里安排我去休假，其间，我在筹划写一本包产到户问题的书稿。

休养期间，我同科研局长王焕宇和李兰亭朝夕相处，经常在一起讨论改革开放以来的好形势和一些问题。我提出，目前农村人民公社已经都实行包产到户了，实际恢复到一家一户经营的小农经济，但县、社一级的机构职能都还未变，产生了很多问题。我认为经济基础变了，上层建筑一定要跟着变。现在的问题是，县这个层次是关键层级的政权，需要进行县级体制的综合改革。社科院应该向科学院学习（其时，科学院在副院长李昌的主持下开展了农业现代化试点，搞了几个试点县），到东、中、西部去选 3～4 个县，搞县级综合体制改革试点，为中央做政策储备、决策咨询，提供改革的方案。王、李都表示，这个设想很好，建议我向院长写报告。我说，真要写报告，还要收集一些有说服力的资料，我现在正在写一本包产到户研究的专著。考虑到我写了报告，院领导会批的，谁去调研？当然就是我去。因此我说，待写完这本专著，再写试点报告。

8 月，我发表了《论正确处理统包关系，完善农业生产责任制》②。

1983 年

1～8 月，我大量收集了包产到户的历史资料和各地发展的状况，也访

① 吴象、陆学艺：《论农业生产责任制的统包关系》，载《晋阳学刊》1982 年第 3 期，后被收录于《论〈关于建国以来党的若干历史问题的决议〉》（中共中央书记处研究室编，北京：中国社会科学出版社，1982 年 10 月）和《当代中国农村与当代中国农民》（陆学艺著，北京：知识出版社 1991 年 7 月）——编者注

② 陆学艺：《论正确处理统包关系 完善农业生产责任制》，载《学术论坛》1982 年第 4 期。——编者注

问了一些当事人，如安徽的周曰礼、刘家瑞、浙江的李云河、戴洁天，在北京还找了曾希圣的女儿曾小东等人。8 月基本完成了包产到户研究一书的写作，由夫人吴孟怡专门抄了一遍，送上海人民出版社，后于 1985 年 6 月出版①。

8 月，《哲学研究》编辑部卢婉清约我写一篇从理论上总结农村实行责任制的文章。断断续续写了几个月，终于在 11 月交稿。1984 年在《哲学研究》分两期发表，后被评为论文一等奖②。

6 月，我写了关于建立县级体制综合改革试点的建议。请哲学所党委书记孙耕夫和科研局长王焕宇同志转呈院领导。时任院长马洪同志当即做了批示：这个建议很好，但这件事一定要同农村政策研究室杜润生同志商量，并取得他们的支持。建议信很快转送到杜润生同志处，杜当即表示，这件事本来应该由农研室办的，社科院提出来了，很好，我们两家合办，并要联络组王岐山同我们联系。

两位领导批示后，筹组试点工作组的工作就开始了。院里由孙耕夫（此时他已调到院部任副秘书长，主管行政和后勤）和王焕宇同我商讨，先建小组，哲学所的冉隆清、张晓明，农经所的张晓山，法学所的刘曙光参加。关于选点，院领导意见，离北京不能太远，先选一个县做起。具体做法，请教杜润生同志。

农研室比我们积极。王岐山约我去他们那里谈过几次。关于选点，考虑到社科院领导的意见，要离北京近一点，他们认为这是对的。但此时河北的几位领导正闹不团结，所以决定选在山东。杜老表示，由他出面，同省委书记苏毅然商量。不久，传来山东欢迎我们去建这个点的消息。

8 月，我带着课题组到山东，接待我们的是时任省委副书记、副省长的李振，其时卢洪已经是管农业的副省长，他们都很热情，主张我们到山东陵县去建点。课题组还专门到陵县作了考察，同当地干部见了面，听了情况介绍。陵县是当时德州地区的首县。

---

① 陆学艺著《联产承包责任制研究》，上海人民出版社 1986 年 5 月出版。本书第 1 卷收录了这部著作。——编者注

② 陆学艺、张晓明：《马克思主义的合作理论和联产承包责任制》，载《哲学研究》1984 年第 4、5 期。该文 1984 年 9 月获得中国社会科学院颁发的《哲学研究》优秀理论文章一等奖。该文被收录于《当代中国农村与当代中国农民》（陆学艺著，北京：知识出版社，1991 年 7 月）和《陆学艺文集》（陆学艺著，上海：上海辞书出版社，2005 年 5 月），并被收收录于本书第 2 卷。——编者注

9月，杜润生同志还在他办公室同课题组成员谈了一次，对课题组进点以后调查研究、策划县级体制综合改革的要点等方面作了指示。

10月，课题组正式进点，北京方面有我，张晓山，孙越生、冉隆清、张晓明、张琢、刘曙光七人。山东有社科院刘荣勤、郭爱民、张凯旋，省委党校王老师和韩宪平等五人。由我任组长，兼任县委副书记。课题组入驻县委招待所西小院。

调研课题组进点以后，先是听取了县委办公室主任田凤梅和研究室赵主任的全面介绍，对陵县的基本情况有了初步了解。接着是在办公室的安排下，听取各部、委、局、办的情况介绍。主要是请这些局、委的领导和工作人员到西小院会议室来谈，也有我们课题组的人到各部委的大院里去听他们介绍。上午、下午各一个局，先后听了约40多个局、委、部的情况。

11月初，省里派了农工部副部长金石开带一个县级改革综合试点工作组来一起调研。

约12月初，我们回了一次北京。在北京，我了解到商业部、财政部对这几年棉花连续大丰收后，纺织业用不了这么多棉花、库存大量积压的问题的担忧，财政部放出“棉花越增产，财政越困难”的信息，有关领导已有要压缩棉花生产的想法。对此我很不以为然。

12月中旬，我回到陵县，同德州地委王殿臣书记等交换意见后，我带着张晓山、张凯旋等人，从棉花生产开始调查，到收棉站、轧花站、转运站、纺纱厂、织布厂、印染厂、服装厂、百货公司，一个环节一个环节调查，最后弄清了从收购一担皮棉开始，到百货大楼把棉纺织品卖给消费者，当时政府要补贴39元，收的越多，补贴越多。所以有“棉花越增产，财政越困难”的说法。

我和张晓山等讨论了这些问题，分析了调查的情况，由我自己执笔，写成了《论棉花政策》一文，由院《要报》分三期印发①。万里看到了这篇文章，在《要报》上批示：“润生、王磊……，请你们谈谈此文。特别是

① 以《关于棉花产销的若干问题研究》为题分四期为中国社会科学院《要报》1984年第17、18、19、20期连载，并以《关于棉花产销的若干问题研究》被收录于《调查和研究》（中共中央宣传部理论局、中共中央书记处研究室理论组编）第183期、《经济研究参考资料》1984年第92期、《马克思主义合作制理论的新发展》（北京：中共中央党校出版社，1985年4月）、《当代中国农村与当代中国农民》（陆学艺著，北京：知识出版社，1991年7月）、《陆学艺文集》（陆学艺著，上海：上海辞书出版社，2005年5月），并被收录于本书第2卷。——编者注

‘棉花是否多了’，很有道理，我过去主要听财贸口的，有片面性。”有关部门原来想要压缩棉花生产，后来就没有实施。这个批示是当时在农研室联络组工作的王岐山后来转告我的。

1984年

1月，我正带着调查组在袁桥大队调研。县里派车把我接回县招待所，副省长卢洪、德州地委书记王殿臣和县委书记李宝善等都在，卢洪是从省里来看望我们课题组的。我向他们汇报了课题组这一阶段调研的情况，同省里派下来的由农工部副部长金石开带领的工作组一起开过几次会，拟定了几项关于县级改革的方案和意见。

卢洪、王殿臣和我、金讨论了县级改革的几个问题。其间，王殿臣专门提出，希望我帮德州地区办一所大学。背景是，德州500多万人的一个地区，至今只有一所师专，需要发展。

9月，德州农村发展学院开学。三个班120余名学生开始上课，工业企业管理、农村管理、文秘三个专业各40人。

1985年

全年主要精力和时间用在了筹建德州农村发展学院的校园和继续招聘教职员，组建农村发展学院的教学、行政机构，保证已开学的三个班的教学秩序。

聘请陈可贞为副教务长，实际主持日常的教务工作。任命宁森（历史所张林珠丈夫）为副院长，县委派了一位副院长和后勤处长，请了掖县的工程队负责建设，学院的设计图是社科院基建处推荐的王世臣帮我们设计的。

1986年

年前参加中央农村工作会议①。1985年粮食减产7%，棉花减产33%，是农业实行包产到户连续大增产后的第一次大减产（这几年乡镇企业异军

① 1985年12月5日至21日，中共中央、国务院在北京召开农村工作会议。——编者注

突起，农村工业、流通业发展迅速，农业中的牧业、渔业、蔬菜、水果都是大幅增产的，所以农村经济还是很好的）。对于粮棉大减产，有关方面还是认为是计划安排的结果，会上已有人提出这是从超常规发展转为常规发展。我认为这种解释是不当的。

春节以后，我回到陵县，在地委、在陵县开了几次干部座谈会，找苗玉友、高全生、郭爱民等谈了几次。农村形势是严重的，一些惠农政策都在往回收，农民务农的积极性受到挫折。

我据此在3月写了一篇文章——《农业面临比较严峻的形势》，约7000字。4月回京时，交给了当时在中国社科院《要报》编辑部工作的何秉孟，同时送给了人民日报农村部姚力文和新华社南振中，请他们在内刊发表。姚给我打电话说：（大意）现在改革派手中只有农村改革好这张牌了，把它说坏了，不好办。我说：农村真的有问题了，不是我说坏了！请你在内刊发。他后来没有发。南那边没有回应。何秉孟编成三篇，送到院里审，李慎之看了，签字同意。5月19日文章在《要报》发表了[①]。

6月10日，邓小平在听取了中央负责同志汇报当前经济情况时指出：“一是农业，主要是粮食问题。农业上如果有一个曲折，三五年转不过来。粗略估计一下，到二〇〇〇年，以十二亿人口每人八百斤计算，粮食年产量要达到九千六百亿斤……现在粮食增长较慢。有位专家说，农田基本建设投资少，农业生产水平低，中国农业将进入新的徘徊时期。这是值得注意的。”[②]

7月中旬，我到北戴河休假疗养，住在北戴河鸽子窝社科院新建的招待所里。休假期间，农村所的刘文璞等就在旁边河北省的疗养院里开会，他们这个小组在讨论农村政策问题。据他们告诉我的信息是，中央管农业的领导同志有批示，1985年粮棉大减产之后，如何进一步调动农民的生产粮棉的积极性，要有一些新的政策出台，准备要再建若干个大化肥厂和农药厂，要增加水利投资等……。后来知道，这些与我那篇文章、邓小平讲话是有直接关系的。

---

① 陆学艺：《农业面临比较严峻的形势》，载中国社会科学院《要报》1986年第18、19、20期，后被收录于《当代中国农村与当代中国农民》（陆学艺著，北京：知识出版社，1991年7月）和《陆学艺文集》（陆学艺著，上海：上海辞书出版社，2005年5月），以及被收录于本书第2卷。——编者注

② 《邓小平文选》第3卷，北京：人民出版社1993年10月，第159页。

6月，我被任命为农村发展所副所长，同时任命的有陈吉元（他是从经济所过来的）。农村所的领导班子，所长王贵宸，副所长刘文璞、陈吉元、陆学艺、张保民，党委书记（副局）秦其明，接替詹武（所长）和王耕今（副所长）。一个80多人的所，所领导6人，在全院是很特殊的。6人分工时，我当时还在陵县蹲点，所以我提出我分管试点县的工作就行。

我出任农村所副所长后，一个突出的好处是陵县课题组的成员更替有靠了。主要就由农村所派出，顾秀林、张军等就是由农村所派过来的。

春天，王贵宸还带了陈斗仁等四人也专门来到陵县，住了一阵子，后来编写的陵县农村经济社会调查一书，由王贵宸主编[①]。

春夏，我指派顾秀林、曹和平等5人，下到土桥去蹲点，专门调查研究乡（镇）、村、组、户四个层次的关系，他们前后在土桥住了约一个月。他们蹲点回来后，我专门听取了他们的汇报，讨论了二三天。一个主要的结论是：认为按现在的生产方式和组织形式，农业发展、农村经济发展的潜力已经发挥得差不多了，不会再有多少大的发展。照此发展下去，没有新的形式和投入，要建设农业现代化几乎是不可能的。

后来，我请他们具体筹办华东地区的县级体制综合改革的研讨会，他们几人全力以赴，全身心地投入，会议办得很成功。

从年初开始，[②] 在中央农村工作会议期间，我就和王岐山等人商量，陵县的县级综合试点已经近三个年头，山东省委派的工作组，已经就县级改革形成了几个文件，福建、辽宁、浙江、江苏、四川、河北也有了一些经验出来，建议能否筹备开一次县级体制改革的讨论会。后来商定，在陵县开一个华东地区的县级体制综合改革的研讨会。

春节后回陵县，课题组就筹备开这个会。其时，课题组的顾秀林、曹和平、蔡龙等同志就开始张罗。

6月，会议就在陵县县委招待所召开。与会的有浙江、福建（龙海）、江西、江苏等省的代表，辽宁、四川、广东也派人来了。会议期间农研中心王岐山等人来了，社科院哲学所、农村所的王贵宸、陈斗仁、张厚义等参加了，共有60多名代表。会议就县级综合改革的意义、开展状况、出现

① 王贵宸、陆学艺主编《农村经济典型调查——陵县经济发展的回顾与展望》，北京：社会科学文献出版社，1989年4月出版。——编者注

② 似应为“年前”。——编者注

的问题、发展的前景进行了讨论，各地都介绍了各自的试点情况，就解决的问题和出现的困难，交换了意见。辽宁海城的经验最引人注意。1984 年以后，海城在县委书记李铁映的主持下，进行体制改革，撤并了 40 多个部、委、局、办，建立 8 个大局和办公室，经过 1985 年一年的工作，1986 年在李的坐镇指挥下，全县所有的部、委、局、办都集中到新建的 8 个大局、办的大院办公，效果是很明显的。基层和乡镇干部都很拥护，但科、局长以上则很有意见。此时，正传言李铁映要调中央，于是县里传开了。群众反映：一怕铁映走，二怕政策变。科、局干部则反映：一盼铁映走，二盼政策变。后来果然李铁映在 1987 年初调中央了，大部制不久也就改回来了。

会议过后，我们课题组总结，县级体制综合改革，是一定要改的，但上层决策部门还没有这样的决心。各地的试点已经有了不少就某一、某几个方面的改革，但多数是县里自发地在改。改了的，在实践中都有成效。但是，县级改革特别是行政单位的改革必须是自上而下的，好比是蜂窝煤似的，上下必须对口。县级改了，上面省市不改，不对口，改了也白改。县里主要负责人一变动，就又改回来了。某一地、一县改革，孤军奋战，难有成效。

会后，我指定顾秀林负责整理编排这次会议的论文和讲话，编辑形成书稿。后来，她真的这样做了，也把他们研究的乡（镇）、村、组、户状态的文章编进去了，形成了《农村发展研究》第三集①，有 40 万 ~ 50 万字（前两本是孙越生编的）。

9 月，经过一年多的建设，德州农村发展学院的校园，已经基本建设起来了。正门是一个很壮观的大门，两侧是两个小门楼，正门是由胡耀邦同志题写的德州农村发展学院，由大理石镌刻的八个大字。正门后是一座四层楼的办公、教育大楼，正北约 100 米又是一栋教学楼，再往后是大食堂和伙房，东侧是四栋学生宿舍楼，西侧是四栋教职员工宿舍楼。占地是方方正正的 200 亩（13 万平方米），掖县和唐山的建筑队伍也很好，建筑质量很好，在陵县可说是破天荒地建了这么一个好大院。暑假里房子陆续交工，老师和学生也陆续搬进新居，新生就直接到新校舍报到。

9 月初开学，地委和学院在新校园举办了一个盛大的开学典礼，省里李

① 《农村发展研究——调查报告汇编》1986 年第 1 辑（总第 3 辑），德州农村发展学院内部出版物，中国社会科学院陵县农村发展研究组编。——编者注

振副书记、卢洪副省长、教育厅等厅局领导，北京的中国社科院的刘国光副院长及哲学所、农村所和科研局的领导，地委王殿臣书记和各部局的领导，以及德州各县的领导，近百名宾客和全校400多名师生员工参加了开学典礼。

这一段时间，学院建设达到了最佳状态。从1984年开始筹办，两年多来，招进了60多名教师，多数是各地招聘来的本科毕业的专业人才（地委特批了100户，可以农转非的城市户口指标），其中有高建安、党明德、刘少蕾、赵英林、郭爱民等一批很有才干的人才，主要从德州、陵县招了一批行政干部。我当时和他们商量决定，为适应德州今后经济社会发展的需要，设立了企业管理、农村经营和文秘三个专业，先后已有三个年级，300多名学生都是各县的高中毕业生。

但是学院从一开始就遇到了阻碍。1984年秋天，学院报省审批的时候，其时李振已升任省委副书记，不兼常务副省长了，不直接管省政府方面的事，省主管文教的民主党派的副省长马长贵作梗，把德州农村发展学院批为成人高校性质（当时我和学院里办事的人不懂这个差别）。成人高校就不能列入正式高校的编制，省教育厅就不按常规拨教师和学生的人头经费，学生毕业不按本科或大专学生分配，也就不能农转非。经费和学生分配都只能特报特批。

学校办起来了，但没有领上出生证，这就为后来的发展埋下了祸根。

下半年，为经费，为毕业生分配，我往济南、德州跑了多次，跑一次解决一两个问题。

11月下旬，中央农村工作会议在京西宾馆召开[①]。自1981年冬召开中央农村工作会议以来，每年召开一次，分析当年的农村工作形势，总结成绩和经验以及存在和出现的问题，提出下一年的任务和对策，形成文件。在万里、胡耀邦等领导的提议下，作为中央新一年的一号文件颁发。1982年发布的是第一个1号文件，以后每年一次会议（一般要开15~20天），出一个1号文件。此次1986年的会议是第六次会议，准备形成第六个一号文件。但因为新年期间出现了胡耀邦和赵紫阳交接的问题，1987年的一号文件变成是中央人事变动的文件，而这个农业文件，就被排为1987年第五号文件。

---

① 1986年11月8日至12日，中共中央、国务院在北京召开农村工作会议。——编者注

12月初，各地代表到齐之后，照例召开了各大组组长、负责人会议，农研室的骨干都参加了，我也参会了。会上杜润生同志总结了1986年的农村形势。1985年粮棉大减产之后，经过政策调整，各地的粮棉生产已有回升，但农村经济状况很好，特别是乡镇企业异军突起，东南诸省升幅都是20%～30%的大增。但杜老讲到中间，突然就农业生产问题讲了他的看法。他认为1985年的农业是由超常规增长转入常规增长，不同意农业进入新的徘徊期的说法，并几乎是逐条批驳了我在《农业面临比较严峻形势》的说法，其中说道：有人说，农民生产积极性下降了，不对，怎么农民还在抢购化肥呢？……。我有点感到突然，也觉得杜老今天讲话不实事求是。

吃饭的时候，正好与郭书田、段应碧、张从明等一桌。吃饭中，议论起今天杜老的讲话，我插话说，今天杜老怎么能这么讲呢？1985年明明是减产了，怎么说是转入常规增长呢？今年也还未恢复到1984年的水平。农民购买化肥，主要是因为优质化肥太少，供求出了问题。有时间，我找杜老议论一下。段应碧说，老陆，算了！你要在杜老的位置上，你也会这么说的。意谓杜老不是不明白，他是知道情况的。我默然。

会议期间，我一直在想，农业、农村发展是有问题的。例如，1985年把粮食超产加价改为按三七开比例加价，这对中西部粮产区新增产地区是不利的。1984年取消粮食统购，改为定量收购，各省都要求国家多购，国家分配定购粮数，给的指标多，目的是照顾这些穷省和稍穷的省，结果市场粮价大涨，使指标高的省区吃了大亏，很多完不成定购任务。所以这次田纪云代表中央讲话，明确地说：合同定购粮食，也是任务。“下面反映，定购定购，一定要购”。多交定购粮，就是给国家多作贡献。

有次周六，我随纪登奎同志的车回家（我们的住家只隔一个胡同），路上我们交谈，都认为1984年冬粮食大丰收，取消统购，是好机会，但如果步子跨得大一些，同时取消统销，会更好些。他也认为，这个机会错过了。我说登奎同志，如果由你定，你会怎样？他说：也许我也会分两步走，为什么呢？这叫旁观者清嘛！

参加完农村工作会议以后，我一直在想，政策部门对农村发展的现状的认识，同农村的实际状况和发展要求，看法是不同的。其时，城市的改革，国有企业的改革已经开始了，大堆的问题，注意力集中到城市了，资源还是在向城市集中，有些人还是把农村当作供给粮食、原材料的后方，有人以为农业靠政策就行了。有人已经在呼吁农村要进行第二步改革了，但怎么改？改什么？切入点在哪里？各说各的，各地的做法也不同。东南发达地区，注意力都集中到乡镇企业的发展上，农业、农村发展、基层治理的关注度弱了。

12 月下旬，我回到陵县。搞了三年的县级综合体制改革，感到靠一个点、一个县搞很困难。这不像包产到户，可以自发搞。在德州，在陵县，同一些老朋友苗玉友、郭爱民等交换意见，多数同志劝我，陵县试点可以告一段落了，劝我回京，不要在这里耽误时间了。课题组的同志多数也有这个说法。

几经商酌，我自己也反复考虑，在基层、在陵县三年是学了很多东西，也了解了农村的基本实情。但要解决农村问题，要重新思考，要研究宏观问题。上层不动，宏观决策部门还不想动，县级改革就提不上日程。最后下了决断：回京。课题组的同志，也都同意。在电话中，请示了孙耕夫等同志，他们也赞成。

临近阳历年底，我们向德州地委、陵县的同志告别。课题组撤回了北京。

1987 年

年前回到北京，带回了几个纸箱的资料和几十本三年调查的笔记。我想坐下来，对这三年的农村生活体验做一个总结，写一本书。并且要读些书和文件，对宏观形势做一个分析，补一补课。这三年，实在太忙了，没有时间冷静地思考。

年初，到北京后才得知，经农村所、社科院上报，我被评选为科委 1986 年国家有突出贡献中青年专家（第一批是 1984 年，当时社科院有邢贲思、汝信、孙尚清等）。

1 月上中旬（可能是 10 日左右），我到孙耕夫家做客。晚上了，正谈得入神，吴介民来了，告诉我们，中央人事将有变动。

20 日左右，刘启林（时任院秘书长）把我找到他的办公室，告诉我，院里已经决定，调我到社会学所任副所长，主持日常工作。因为社会学所现在只有所长何建章和党委书记、副所长王庆基。最近邓力群要组织写作班子，借调何建章去一年。王庆基不管业务，所以决定调你去。这事很突然，我没有思想准备，而且当时我正在整理从陵县带回来的资料，一心想继续研究农村问题。我当时的回答是，这件事容我考虑一下，我讲了我的设想，并说，我已经改了一次行了，从哲学研究转为研究农村，现在已年过五旬，再转行是很难的。刘说：你考虑一下是可以的，但院里已经决定了，你还是得去。

过了春节（1月29日），刘启林又找到我。他对我说：你去社会学所的事，胡绳已签字了，早晚得去。社会学所那里，老何走了，业务没有人管，拖不得。至于改不改行，你搞农村研究，院里都知道，还是可以接着搞。反正，社会学所的事，交给你了，晚去不如早去，改的可能性不大，你还是早点去为好。调我去社会学所，科研局的人也知道了。李兰亭等也来劝，社会学那边要人，你去合适。

2月，我就去社会学所报到了。从此，我转入了社会学领域。

上班后的第一件工作是，我走访了其时设在10楼1027的科研处。办公室里有三个人在，陈婴婴、张福海和胡秀春。一问，负责人单光鼐未在。陈婴婴说，她已被批准要在日本学习一年，正在等签证，一到手就会赶赴日本。张福海说，他已被批准去进修外语，不久就可以去“上课”。胡秀春是年龄最大的，大学里学的是生物，丈夫在团中央工作，她是去年才从青少年所集体转过来的，对社会学专业的业务不熟悉。

上班后接手的第一项任务是主持本年度的职称评审工作。一查档案，社会学所一共80多人，其中研究员1人（何建章），副研究员5人。当年申报晋升研究员的有张雨林等，申报副研究员的若干。我自己是1983年被评为副研究员的，按当时我已被评为国家有突出贡献的中青年专家，有资格申请破格晋升研究员，科研处和一些同志建议我申报，考虑到我自己主持评审工作，决定明年到期再报。评聘工进行得比较顺利。

通过职称评定工作，对一部分研究人员的业务水平有了一定的了解。随后，我对各研究室进行了走访。其时社会学所有近90人，由三部分组成。一是1980年费先生创建社会学所时引进的一批人，如宋家鼎、张雨林、司马云杰、陈一筠、刘沧州、杨雅彬、刘英、马有才、李汉林等人，有些是上山下乡回来的，如陈婴婴、沈崇麟、叶念先、赵平；二是原地震资料室整体并过来的，如刘志平、李金满等；三是1985年青少年研究所撤销，行政人员归人口所，业务人员全部并到社会学所，为此专门成立了两个研究室：青少年研究室（有谢昌逵、楼静波、陆建华、张萍、张荆、单光鼐等）和社会心理研究室（有李庆善、邵道生、黄瑞旭、林国灿等）。何建章主政后，引进了张琢、雷镇昌、骆小豫等。

除了上述两个研究室，还有城乡研究室、家庭研究室、社会理论研究室。此外，还有社会学研究编辑部、国外社会学编辑部、图书资料室、办公室和科研处。共五个研究室，两个编辑部，三个职能部门。一个研究所的框架结构齐全了，人员也很多，但经了解专业人员，特别是社会学专业的研究人员，只有 3～5 人。而且有些虽然学过社会学，已多年荒疏，归队后，也要重新学习。

5 月的一个晚上，北京经济学院的王胜泉同志，专门找到我住的干面胡同宿舍，自称是费孝通的学生。他知道我到社会学所工作了，曾经是搞农村研究的。寒暄一番之后，就说希望我抓一下社会学会的工作，同北大的社会学系和社会学研究中心多交流合作（其时费老从社科院撤出后，统战部等已为费老建了北京大学社会学研究中心），我表示赞同。我说，社会学所的情况正在了解，学会方面的事也在了解中，以后可以加强联系，有事可以直接找我。但我是副所长，有些事也还要和老何商量才能定。

约七八月间，当时主管社会学所的副院长赵复三，找我去谈社会学所的情况。我汇报了已经了解的社会学所的概况。我说，院领导交代的，要处理好社会学所内部以及所的成员与院的关系问题（当时社会学所有一部分人常到院里告状），已经做了一些工作，情况正在好转，再给些时间，这些问题会很快解决的。同费先生的关系，也已有些接触，也会改善的。社会学所最大的问题，是缺人才、缺业务骨干。近百人的一个所，没有几个真正能研究社会问题的，能写、能讲的人太少。

赵很同意我的判断。他说，你是社科院老人，有合适的人你可以引进。我说，但社会学所的编制是满的，不好办。他当时打电话把人事局局长米成顺请来，当着我们两人说：老陆到社会学所了，缺业务骨干，需要引进些人。现在社会学所编制满了，老米你通融一下，先借给社会学所一些编制，待将来离退休人员办了手续再还你。老米点头同意，表示具体我们商量着办吧！从此，我就院里、院外开始物色商调人员。

10 月，我受日本甲南女子大学宫城宏教授的邀请，再次到日本访问。

同月，中共十三大召开，中共中央政策研究室领导易人，邓力群不再担任政策研究室主任，原成立的课题组、写作组工作不再进行，何建章同志回到所里。

1988 年

3 月，院科研局局长王焕宇找到我，向我传达了中央宣传领导小组文件，是关于1988年的宣传工作要点。其中有一条，为了拓展、提高对社会主义初级阶段理论的认识，要开展国情调查，指定由中国社科院、中央党校、上海社科院组织调查。王焕宇征求我的意见，此项调查怎么开展？我说有两种方法，一是组织一些人，通过文献、资料研究，列出中国的政治、经济、社会等方面的数据，进行分析研究，写出国情报告；还有一种方法，是组织科研人员，对全国数十上百个各种类型的县和市，进行一个一个县和一个一个城市的调查，把农村和城市的情况基本弄清了，再在这个基础上综合研究，写出中国国情的研究报告。王倾向于第二个方案。又问，怎么开展调研？我建议，由院里指定一个所负责农村、县的调查，一个所负责城市调查，先起草调查提纲，然后组织人下去。他说，农村这一块你熟，要求我起草调查提纲并组织调查；城市这一块他准备交财贸所负责。经费问题，由院里来筹措。

不久，王焕宇向院里丁伟志副院长汇报后，丁同意这个方案。王就直接向我正式下达了任务，由我负责做农村调查提纲和调查方案。

3月下旬，我组织了张雨林、杨雅彬、樊平、于晓、李国庆、张其仔等到陵县，先在县里听了县委办等几个部门的介绍后，就直接下到边临镇，住在镇供销社的招待所，开展了镇、村、户的系统调查，初步做了改革以来农村分化的研究，并在此基础上写出了县调查提纲和调查方案。

4月初回到北京，向王焕宇作了汇报。但财贸所没有接这个任务，此时正好马列所的彭克宏愿意承担城市调查的任务，王很高兴，当时还告诉我，此项调查，丁伟志已同院的其他领导商妥，由社科基金拨款100万元（丁兼任社科基金的秘书长，社科基金当时是由院代管的），可以开始物色若干个县或市做调查试点，每个点拨款4万元。

经各方联系，第一批点是山东陵县、福建晋江（主持人是原哲学所的刘树勋，已去福建兼社科院副院长）、河北定县、彭克宏提出的河南西平。

4月中旬，全国社科院院长联席会议在北京召开。会议期间，院领导指定王焕宇和我到大会发言，讲解组织开展全国国情调查的意义、方法和实验方案，并在会上发出了开展全国国情调查的倡议书。反映很好，各省社科院回去不久，大多数的省、区、市都交来了要求开展调查的申请书。经科研局和我、彭克宏等商酌，第一批决定先在21个县、市开展调查，每省市一个，只有山东是两个，我们社会学所调查陵县，省社科院调查诸城。

经过几个月的调查实践，各点提出了不少问题。科研局和我商量，后来决定8月，在河南郑州召开第一次国情调查工作会议。会开了两天，交流了各个点调查研究的经历、经验和内容。上海的李君如、湖北的辜胜阻、河北的赵池、河南的母青松等都讲了意见，北京的彭克宏、刘树勋和新升任科研局的副局长何秉志同李兰亭参加了会议。会议主要讨论了怎么选点，怎么调查，调查什么等问题，最后由我作会议总结。我就上述几个问题作了原则性的规定，调查一定是全面的，务求真实，实事求是。会议接受代表们的建议，决定每个县、市都要做数百上千的问卷调查，也为部署第二批试点初步做了准备。我提出最终要做一百个左右的县、市的调查，每个省、市选各种各样类型的3~5个县、市做调查，据此，可以做出省情、国情的分析研究。

5月，赵复三副院长找何建章和我到他办公室谈话。先是对社会学所近几年的工作做了简要的总结和肯定，讲了社会学所愈来愈受到社会的重视。然后，讲了院里正在做所局长的换届工作。院党组决定，由我接任社会学所所长，何建章同志仍留所当研究员，并要求我回所后，商量研究，提出副所长和党委书记名单，报院里讨论决定（当时社科院实行的是所长负责制，所长兼所分党组书记）。

这项任命很突然，我事先没有思想准备。如何组建新的所领导班子，院里明确是一正两副，由三人组成。同何建章等同志商量，王庆基留任为党委书记兼行政副所长，但还要物色一位专业副所长。开始想从所外找一名，我想到哲学所的吴之梁，但和所长邢贲思协商，老邢不肯放，并且劝我正副所长都从哲学所出不大好，他建议我还是找一位熟悉社会学业务的人为好。

几经协商，决定请所里理论室的杨雅彬出任，何建章和王庆奎都同意。在所里找，那是她出来比较合适，她是北大历史系出身，本是宗教所的，建院后，去科研组织局，还参加过费老举办的第一期社会学培训班，有一定的专业水准。另外院里要求要及早上报所三人领导的名单，所以，在5月下旬就上报了。

5月底，院里同我谈话的信息已经传出去了。还没有正式公布，北大那边就给我打电话，请我当费孝通带的博士生沈关宝的论文答辩委员，会议在6月北大勺园举行（以前两家不通话的）。我当即答允，一定准时参加会议。

6月，我直接去北大勺园。费先生已经在了，袁方、韩明谟等也到了。我到了，费先生很客气，要我坐在他边上。答辩委员有好几个，答辩会开得很轻松，大家对沈关宝写的关于开弦弓村的研究评价很高。最后费先生讲话，他对沈关宝的论文做了评述，既肯定，又提出了不足的方面。还说，一篇硕士论文，把研究的问题说清楚就可以了，但博士论文要求就高得多，一定要有一些新的观点、新的资料，要有创新才行。会后，我留下在勺园吃饭。席间费先生讲了北大和社会学所之间要多一些合作和交流。我也表了态，今后一定加强两个单位之间的交流合作，共同来推动社会学的发展。

7月，接到中组部的通知，院里也通知，要我参加中组部组织的全国专家到烟台休假。中旬直接到烟台芝罘宾馆报到。社科院有邢贲思、李京文、我三人，还有科技界的赵忠贤、潘承洞，文艺界的王立平等，共30余人，具体由中组部知识分子办公室负责。休养期间还到刘公岛、张裕酒厂参观，烟台市市长俞正声还来介绍了烟台的情况。前后两个星期，从此认识了不少科技界和文艺界的人。休养期间，邢贲思接到电话，通知要他出任中共中央党校的副校长，他就提前回去了，夫人留下和我们一起活动，约到8月初我们才回到北京。

7~8月，院里正式批复所里呈报的领导班子组成的报告，下文正式任命我为所长，王庆基为党委书记兼副所长，杨雅彬为副所长。所班子几经协调，决定何建章为学术委员会主任，沈原为科研处长，马贵明为办公室主任，刘志平为副主任。社会学理论研究室主任芳国熙、城乡社会学研究室主任朱庆芳，农村社会学研究室主任张厚义，青少年社会学研究室主任楼静波，社会心理研究室主任李庆善，国外社会学研究室主任刘成彬，家庭社会学研究室主任刘英，编辑部主任张琢。

自6月在北大参加沈关宝博士论文答辩以后，同北大社会学系、同费先生的来往就多了。其中，有一个重要的问题是如何恢复中国社会学会的工作和活动。自1982年在武汉开了第二届理事会以后，因为不久费先生就不当社会学所所长了，主要工作转到民盟中央（主席）和政协（副主席），但中国社会学会的主管单位是社科院，秘书处设在社会学所。后来何建章教授出任社会学所所长，他不是中国社会学会的理事，工作上有诸多不便。费先生是学会的会长，但秘书处在社会学所。社会学所所长召开全国的会议，也只好用全国社会学所所长联席会议的名义，邀请教育系统的同仁参加。

几经协商，决定以中国社会学会和社会学所的名义，8月在黑龙江伊春召开一次学术会议（得到了黑龙江省社会学会和哈尔滨市社会学会的支持）。事先报告了费孝通和雷洁琼教授，他们都很支持，分别给大会发了贺信。

全国各地的社会学同行，有150多人参加了会议，就社会主义初级阶段与社会学的任务这个主题做了研讨，还讨论了如何恢复和增加社会学会的学术活动和筹备召开中国社会学会第三届理事会等问题。全国性的社会学会的会议已经六年未开了，很多老朋友在伊春见面，格外亲切，会议开得很成功。

会后我应黑龙江省社会学会会长马骏和秘书长王雅林的约请，到哈尔滨参加了几次座谈，并专门到他们的联系点肇东县做了调研，受到了县委书记和干部的热情接待，并就在肇东建立经济社会协调发展试点县达成了合作协议。以后肇东就成为社会学所在东北的调查联络点。

10月，按照社科院同英国荷兰的合作交流协议，我和戴可景应邀访问英国。这是第一次访问欧洲。

从北京机场第一航站楼出发，大约是下午两点，一直向西。北京同英国伦敦有8个小时的时差，一路上都是白天。越过太行山后，俯瞰都是黄的。途径阿联酋，中途加油，再飞，还是黄的。一直到进入欧洲，才看到绿色。到伦敦是当地时间下午5点。出站有人举着牌子接我们。我还以为是英方工作人员接我们，实际上是他们雇的出租司机，把我们送到预订的宾馆，人就走了。

第二天，先到伦敦大学的亚非学院，有伊莎贝尔和王斯福等接待我们。交谈中，黄平来了，自称是南开社会学系的，通过王宽诚奖学金在伦敦经济学院社会学系读博士，是社会学家斯克累尔的学生，他正在做论文。我请他有便能与我们一起活动。我们先后访问了牛津、剑桥和伦敦经济学院，参观了大英博物馆，马克思墓等名胜古迹，还到伊顿中学做了考察。在剑桥会见了吉登斯，对这所大学的古老建筑印象深刻。

到了曼彻斯特大学，该校社会学系主任同我们会谈。中午，他请我们吃饭，他问我喜欢吃什么？我说当然要吃英国大餐，他连连摇头，说英国菜难吃，结果上了一家意大利饭店。一路上走，街上很是脏乱，比去年在日本看到的差得多了。同行的人说，这都是撒切尔夫人弄成这样的。

我们还考察了加迪夫，印象最深的是这里有一个民俗博物馆，陈列了六代工人家庭生活的变迁。第一代工人家庭，同农户差不多，平房，有院子，还养着猪，家具中还有长凳。到第五代、第六代已经现代化了。

此外，我们还访问了苏塞克斯大学，这是个左派的红色大学，有不少人从事苏联和中国的研究。

11 月上旬，从伦敦飞到阿姆斯特丹。接待我们的是一对老夫妇，老太太还专门到机场接我们。车在路上坏了，我想麻烦了，她找到公路旁的电话亭，给保险公司打了电话，不到半个小时，维修的车就到了，换了个零件，就又上路了。

老两口在郊区有栋别墅，我们就住在他们家，戴住二楼，我住三楼。房间里有很多陈设和印尼的古董文物。老两口对中国很友好，去过中国多次。每天一直陪着我们，访问了莱顿大学等。

1988 年是十一届三中全会召开十周年。年初，中宣部、中央党校等单位组织发起征集纪念论文并评选优秀论文，在冬天举行理论研讨会，并在会上发奖。

夏天，段若非、何秉孟几乎是同时给我打电话，约我写一篇关于农村发展的文章。我在休养期间，构思和着手写了一篇《改革开放以来农村发展的成就、经验和前景》。回到北京后，最后定稿。因已到截止时间了，结尾还未完全写好（讲了农业、农民问题，还未写农村问题），就上交了。10 月或 11 月，就通知我，已评定为优秀论文。

12 月，改革开放以来优秀论文颁奖和理论研讨会在大兴一个宾馆开会。胡启立等主持，赵紫阳都去了。我获得特别优秀论文奖。共有 100 多篇论文得奖，其中有 20 篇被评为特别优秀论文奖，周叔莲和我等人的论文在内。上台领了奖。得奖论文后来编成四本，发行了①。

得奖论文公布之后，《改革》杂志的兼职责编薛小和专门来找我，要求我把得奖论文改写、缩写后给他们杂志刊用（此刊是吴敬琏主编，刚创刊不久，名义是重庆社科院出的，实际上几个主要编辑都在北京）。年底我改写好了，压缩为近万字，但加写了“农村问题”一节。这样我把第三部分“存在问题”写成“存在农业问题、农民问题和农村问题”。薛小和编好，

① 陆学艺：《我国农村改革与发展的成就及当前面临的几个问题》，载《理论纵横－经济篇》（下）（沈一之主编，石家庄：河北人民出版社，1988 年 12 月）。该文为 1988 年 12 月中共中央宣传部、中共中央党校、中国社会科学院评选的“纪念党的十一届三中全会十周年理论讨论会优秀论文”获奖论文。该文被收录于《当代中国农村与当代中国农民》（陆学艺著，北京：知识出版社，1991 年 7 月）和《陆学艺文集》（陆学艺著，上海：上海辞书出版社，2005 年 5 月）。该文稿 1988 年提交时尚未完成，缺少第三部分第三小节及以后的内容，补足上述内容后以《我国农村改革与发展的成就及当前面临的几个问题》为题被收录于本书第 3 卷。——编者注

发表在《改革》杂志 1989 年第 2 期上①。

整个 1988 年，我都在物色、引进人才。谈了几个同志，年初就陆续报到。其中有沈原、苏国勋、魏章玲、张厚义、徐凤贤、李培林等，这一年一共进了 16 个人。

1989 年

沈原到所不久，我召集理论室的人开过一次会。当时杨雅彬是主任，我布置他们室一个任务，要编一本马恩列论社会学的语录，都说马克思也是社会学的鼻祖之一，看看这些经典作家是怎么说的，有哪些理论。他们接受了这个任务，历经近两年，约有 20 多万字，编成一本书。联系了人民出版社，1989 年上半年出版了。

4 月初日本以福武直为顾问、青井和夫为团长、柿崎京一教授为秘书长的日中社会学会一行近 20 人的访华团来京，第一站是社会学所。所里全所动员，精心做了准备，事先我让陈婴婴、李国庆等人把福武直先生前几年送给社会学所的福武直先生的所有藏书、刊物一一做了登记、编目、上架，在图书资料室专辟一室做陈列，还制作了福武直文库牌匾。当时所里经费困难，让办公室买了一套餐具，准备包饺子，以家人礼招待他们。

访华团到达的第二天，全所举行欢迎仪式，向他们介绍了中国的社会发展形势和社会学所的情况。团长青井和夫发表了讲话，表示了日本社会学界与中国同行合作交流的盛意（会前，请他们参观了全所，并举行福武直文库的揭牌仪式）。会上，我们向福武直颁发了中国社科院研究生院社会学系的兼职教授的聘书，他很高兴地接受了聘书，并发表了热情的讲话。他表达了自己目睹新中国日新月异的进步，了解了中国社会学恢复的成就，表示由衷地高兴，对于这次社会学会的接待，十分满意。他表示要做好日中社会学界中青年学者交流的桥梁，让他们世代友好下去。他说，刚才参

① 作者于 1989 年 2 月修改压缩了《我国农村改革与发展的成就及当前面临的几个问题》一文第三部分第一、二小节内容，补足了所缺的第三小节“农村问题”，并增写了“对策与建议”一节，以《我国农村当前面临的几个问题》为题发表于《改革》1989 年第 2 期，后被收录于《当代中国农村与当代中国农民》（陆学艺著，北京：知识出版社，1991 年 7 月）、《“三农论”——当代中国农业、农村、农民研究》（陆学艺著，北京：社会科学文献出版社，2002 年 11 月）和《陆学艺文集》（陆学艺著，上海：上海辞书出版社，2005 年 5 月），并作为《我国农村改革与发展的成就及当前面临的几个问题》的一部分被收录于本书第 3 卷。——编者注

加了文库的揭牌仪式，接受了聘书，甚为感动！最后他说了句不大吉利的话：在中国看到这些，我死也值了！

代表团在北京访问了四天，第五天我亲自送他们去上海，陪他们一起访问了复旦大学、上海社会科学院社会学研究所等。第三站到苏州，福武直要到苏州枫桥镇回访，他1941年作为东大学生，在枫桥镇考察访问了几个月，回国写的毕业论文就是关于中国农村社会结构方面的研究。可惜因为此时我接到老家电话，我哥哥被卡车压了，正住医院治疗。所以我只好在苏州车站向他告别，他们由沈关宝、陈婴婴等陪同去苏州枫桥，我则继续乘车西行。告别后，老教授一直站在月台上，目送车开行后，才慢慢离去。可惜，从此永别，福武直教授第二年在东京病逝。

4月15日，胡耀邦同志逝世。围绕着对耀邦同志的评价问题，4月中下旬，北京出现了学生和群众的几次游行。

5月，按照年初的安排，我接受德国诺曼基金会的邀请去德国访问，接着再去法国。5月8日乘飞机到法兰克福，先去的王步涛在机场接我，一起直接去波恩，再去海德堡大学。我们同韦伯基金会交流，商量约定明年在北京开一次韦伯学术研讨会。然后我们去慕尼黑，还游览了阿尔卑斯山等，最后一站是西柏林。

5月19日从柏林飞巴黎。从北京直接去法国的徐鹏，在巴黎机场等我。在去往机场的路上，徐鹏对我说，所里要她带口信给我。

在法国，接待我们的是法国社科文化交流中心。我们被安排住在市中心离社科文化中心不远的宾馆里。交流中心的让托夫人很热情，同我们交谈了几次，商讨如何增进中法两国社会学家的交流和合作。中心有位广东来的姓麦的青年，他已同法国的女同事依里结婚，他们都关注中国农村的发展。徐鹏还陪我一起访问了巴黎第四大学，同该校的著名社会学家孟德拉斯会谈，他送给我一本他的专著《农民的终结》，他自己还对书名做了解释（我带回后，请李培林翻译，并出版了）。

6月3日晚上，北京发生了政治风波。当晚中国驻法大使馆给我打了电话，按日程安排，6月4日上午我们乘火车到波尔多大学访问。一起去的有法方的翻译，他陪我已多天，是研究王船山哲学的，我本来是研究宋明理学的，我们这些天谈得很投机。上火车后，他发现我脸色不好，就问所以。我说，我儿子还在天安门，他听了也为我着急。到了波尔多大学，副校长带了社会学系的几个老师接待，同我和徐鹏交流，翻译就到旁边去给北京家里拨电话。我们会谈不久，他就过来说通了！通了！要我过去接，我一听，就是夫人的声音，她告诉我儿子、女儿这两天都被她叫回家了，一块石头落地。波尔多的访问按计划顺利进行。第二天，当地的主人还陪我们考察了几个葡萄酒的庄园。

6 月 5 日晚回到巴黎。6 日早上我的翻译说，我们中心的领导说了，陆教授你访问的时间可以延期。我说，只要法兰克福到北京的航线不停运，我还是按原来的日程回国（我预定的是法兰克福至北京的往返票）。徐鹏打通了电话，汉莎航空不变（法航、英航等都停了），于是商定还是按原日程不变。

7 日，我从巴黎去法兰克福，转机乘汉莎航空的飞机回国。机上只有三成乘客，都是中国人。

8 日上午到北京机场，陈婴婴和杨文茂开车来接。路上他们告诉我这些天所里的情况，大家平安无事。

中午回到家里，我同杨雅彬、沈原等通了电话了解情况。

六月中下旬，中央就派工作组进驻搞清查，组长是郁文。不久，社会学所也派了工作组，组长是中纪委的一位副局长。

5 月到 6 月初，我不在家，王庆基（党委书记）也出差了，杨雅彬在所，她很懂事，未参与什么活动。

8 月，中央办公厅通知，要我在下旬不要出差，中央领导同志要开座谈会，后来又通知会议在 24 日开，要就农业问题听取意见，事先要准备书面稿子。星期天（8 月 22 日）我到所里，请高鸽也来，我一边写，她一边打，当天写就了《当前农业、农村形势的几个问题》[①]。文章主要是讲 1985 年粮食减产以后，1986 年做了政策调整，粮食逐年恢复，但增长的幅度不大，棉花则还未恢复到 1984 年的水平。但乡镇企业发展很快，农村经济形势是好的。六四风波，农村是稳定的，当时的问题是市场粮价和合同订购价格相差较大，国家要适当提高收购价，以调动农民种粮棉的积极性。有人认为农业波动是政策不当的原因，有些人批评家庭联产承包制是不对的。

8 月 24 日，江泽民同志在中南海 152 会议室主持座谈会，请了何康、郭书田和我等七八个同志参加，座谈当前的农村、农业形势问题[②]。江讲了

---

① 原稿题为《关于解决农业徘徊问题的几点意见》，写于 1989 年 10 月 22 日，后收录于《当代中国农村与当代中国农民》（陆学艺著，北京：知识出版社，1991 年 7 月）和《陆学艺文集》（陆学艺著，上海：上海辞书出版社，2005 年 5 月），并收录于本书第 3 卷。——编者注

② 1989 年 10 月 24 日，江泽民同志于中南海主持召开了有关农业农村形势的座谈会，陆学艺等专家出席座谈会。——编者注

农业、农村工作的重要性，他自己说，过去主要是在工业系统和城市工作，对农村情况不熟。他说，1985年他到上海工作时，胡耀邦同志同他谈话时说，1984年农业大丰收，吉林、黑龙江粮食多得不得了，每天有好多车皮往回运也运不完。但他到上海不久，轻工业局的同志就向他告急，说生产酒精用的白薯干供不应求，调不到。他说，可以调玉米做嘛！下面说，玉米也调不到。所以他问：1984年粮食大丰收是真的还是假的？我们发言中都提到1984年的大丰收是真的。

那天，温家宝（当时是中办主任）坐在我旁边，会议间歇时，我们讨论了物价问题。价格要改革，但事实证明，1989年想一次性解决问题是不行的。可行的办法是，可以一步一步解决。先准备条件，一次或一年解决一个或几个领域的价格问题，积少成多，逐步就可以把价格双轨制问题解决了。

9月，人民日报理论部来约稿，要求写一篇纪念建国40周年的文章。写成了《农业发展40年的成就和基本经验》，在10月发表①。

8月至9月间，院里清查工作转入对重点事和人的事实核对，研究处理等问题，但清查工作还持续进行着，有些单位还抓得很紧。

我在所里同几个业务骨干多次商量，社会学所新建，社会学学科建设薄弱，人才稀缺，要抓紧补课。大家赞成先编写一本《社会学》，作为干部读本，有必要普及社会学的理论知识。从十月中下旬开始，每到周三，我带着一批业务骨干，到人大西面万泉河渔场的招待所，进行《社会学》一书编写的研讨。大家的心很齐，出席的人很多，苏国勋、李培林、方明、陆建华、折晓叶、邵道生、沈大德、张厚义、单光鼐、张荆，还约请了外单位的景天魁、王春光等人。谢寿光当时还在大百科，正在组织大百科全书《社会学卷》的编写，也很积极；表示此书由大百科出版。沈原当时是

① 该文以《社会主义道路与我国农业的发展》为题发表于《人民日报》1989年9月29日第6版，后被收录于《当代中国农村与当代中国农民》（陆学艺著，北京：知识出版社，1991年7月）和《陆学艺文集》（陆学艺著，上海：上海辞书出版社，2005年5月）。1989年10月陆学艺还撰写了《农业发展的基本经验和教训——为纪念新中国成立40周年而作》一文，并以《农业发展的基本经验和教训》为题发表于《农村经济研究》1990年第2期，以《四十年农业发展的基本经验和教训》为题发表于《中国经济体制改革》1991年第2期。该文还以《40年来农业发展的基本经验和教训》为题收录于《“三农论”——当代中国农业、农村、农民研究》（陆学艺著，北京：社会科学文献出版社，2002年11月）、《陆学艺文集》（陆学艺著，上海：上海辞书出版社，2005年5月）。上述两篇文章均被收录于本书第3卷。——编者注

科研处处长，具体负责组织、协调。先讨论框架，确定章节目录，一讨论，争论得很热烈，会议常常开到深夜。一开会就是几天，星期天放大家回去。有时每周开会，有时隔一周开，从秋天开到冬天。从框架设计到章、节、目安排，最后大家分工，分头去写作。初稿完成后，再逐章讨论、评论、再修改……。临近春节，院里的清查工作告一段落时，我们的《社会学》一书的初稿也编成了。

经过这一个冬天的集体写作，大家在一起有一个长时间的交流（这些业务骨干都是近几年才调进社会学所的），增进了互相的了解，建立了友谊，共同提高了业务水平，实际上我也从这个课题组、这本书的写作过程中，了解熟悉了这个所的业务骨干的情况，或者，也可以说，社会学所这个学术团队是从这本书的写作过程中建立起来的。

第二年开春以后，我请沈原找了一个僻静的地方——冶金部在十三陵西北山里的一个招待所，请苏国勋、李培林带着《社会学》的初稿，逐章进行修改、定稿。我和沈原、谢寿光定期、不定期去看望他们，前后有两个月，终于完成了《社会学》的写作。1990 年，大百科全书出版社正式出版了这本《社会学》中高级读本的书[①]。

伊春会议以后，在着手筹备第三届社会学理事会的过程中，我考虑到各个学科每年都有一本年鉴问世，我找杨雅彬、沈原等商量，要着手编一本社会学年鉴。先编第一本，是从 1979 年社会学恢复重建到 1989 年这十年的。商定由杨雅彬牵头，由张宛丽等组织一个班子，能在第三届理事会开会前出版。谢寿光很积极，表示可在大百科出版。杨雅彬等人的工作小组，工作很认真负责，1990 年初，第一本社会学年鉴编成了，大百科全书出版社于 1990 年出版了该书[②]。

在编写社会学年鉴的过程中，谢提出要我写一篇专论，我答应了。在 1989 年初我就开始酝酿，想写一篇“社会学要重视农村问题研究”的文章。那时各方面的工作很多，断断续续地写。记得我在访德、访法的过程中还抽空在写。文章最后是在 1989 年底交稿的，稿中写到了改革开放后，农村发展了，农民分化了，农村形成了八个不同的阶层。我的这篇专文除了刊登在社会学年鉴上，还在《社会学研究》上发表了，农民分化成八个阶层的说

① 陆学艺主编《社会学》（中高级读本），北京：知识出版社 1991 年 8 月出版。——编者注

② 中国社会科学院社会学研究所编（陆学艺主编）《中国社会学年鉴（1979～1989）》，北京：中国大百科全书出版社 1989 年 10 月出版。——编者注

法从此在学界、社会上传开了。这可以说是我转入社会学界后写的第一篇专业论文。①

1990 年

1979 年 3 月，胡乔木、邓力群邀请费孝通出山，恢复重建社会学学科，同时委任他在社会科学院创建社会学研究所。费先生在 1979 年 3 月受命后，在建立中国社会学研究会时，就同时着手筹建中国社会科学院社会学研究所，调集人员，建立机构，调查研究，开展学科建设的工作早就开始了。国务院正式发文批准成立社会学所是 1980 年的 1 月 8 日，所以这一天就被定为社会学所的正式建立日。

1990 年 1 月 8 日是社会学所建所十周年。

对于社会学学科、社会学所面临的形势，我们社会学所开了办公会议磋商，决定在 3 月 18 日举行社会学所创建十周年纪念会。春节以后，全所就积极筹备，得到了院领导、院各职能部局和社会学界的大力支持。纪念会开得很隆重，费孝通、雷洁琼两位社会学的前辈都亲自参加，邓力群同志出席了，胡绳院长也来了，副院长刘国光、丁伟志、汝信、郑必坚、李慎之等都出席了，北京社会学界的郑杭生、袁方、宋书伟等都参加了，还有本院各职能局、兄弟所和本所的全体成员，共 150 多人参加了会议。会上胡绳院长发表了演讲，费先生、雷先生还有多位嘉宾讲了话，肯定了社会学学科的重要性和在社会主义现代化建设中的地位和作用，肯定了社会学所十年来的成绩，谈了他们对社会学学科建设和社会学所发展的殷切希望。我就社会学所建所经过和十年来的工作和科研成果、今后的设想做了发言。会上为建所以来的优秀论著及党政先进工作者颁了奖。开幕式上，胡绳院

① 该文原手稿题为《社会学者要重视研究当今的农民问题》，写于 1989 年 7 月。该稿部分内容最初以《现阶段中国农民已分化成八个阶层》摘发于中国社会科学院《要报》1989 年第 69 期（1989 年 7 月 30 日）。该稿全文以《社会学要重视研究当今农民问题》为题首次公开发表于《中国社会学年鉴（1979～1989）》（中国社会科学院社会学研究所编，北京：中国大百科全书出版社，1989 年 10 月）。1989 年 11 月 20 日，《社会学研究》1989 年第 6 期以《重新认识农民问题——十年来中国农民的变化》为题发表了该文，《新华文摘》1990 年第 2 期以《目前中国农民的八个阶层》为题摘编了部分内容。该文还被收录于《当代中国农村与当代中国农民》（陆学艺著，北京：知识出版社，1991 年 7 月）、《陆学艺文集》（陆学艺著，上海：上海辞书出版社，2005 年 5 月）和《中国社会结构与社会建设》（陆学艺著，北京：中国社会科学出版社，2013 年 8 月），并被收录于本书第 3 卷。——编者注

长亲笔写了一对条幅送给费孝通教授。

1988年伊春会议之后，中国社会学会秘书处就开始筹备，同各省、各单位联络，商酌推荐理事，听取意见，准备召开中国社会学会第三届理事会。理事会原本准备在1989年召开，因为有了政治风波，被推延下来了。1990年春天，我和宋家鼎、沈原等一起去费先生、雷先生家，专门就第三届理事会问题作了汇报，听取他们的意见，费老和雷老都积极支持召开这个会议，恢复社会学会的工作，推进社会学学科的发展。

5月，第三届理事会在青年政治学院万年青宾馆召开[①]。全国有近百名理事和社会学者参加。费孝通、雷洁琼两人专门向大会发了贺信。经过两天会议，通过了工作报告，通过了新的学会章程，选举了新的理事会。北大的袁方教授当选为会长，王辉、邓伟志、吴铎、谷迎春、郑杭生、我、赵子祥、王思斌当选为副会长，我兼秘书长。推选费孝通、雷洁琼为名誉会长。从1982年开了第二届理事会，到这次会议，前后8年间，社会学涌现了一批中青年新秀，大部分被选为理事和常务理事，从此社会学会的学术活动在各地重又开展起来。

《社会学》中高级读本出版后，有些同志建议我，这个课题组不要散，我接受了这个建议。我们商量研究什么，方明建议，可以组织编写一本《中国社会发展报告》。我赞成，不少同志也赞成。于是，几乎是原班人马，从1990年秋天开始，又到万泉河渔场招待所，集体研究创作《中国社会发展报告》。最初商定的框架是15个分课题，大家分头去研究和写作。两年后，成书时，李培林已担任工业社会学研究室主任，我委托他负责统稿，最后是由辽宁人民出版社出版的。[②]

7月，日中社会学会秘书长[③]邀请我参加他们的年会，我应邀前去，在早稻田大学开的会。会后在东京参加了几个活动。

年会结束的第二天，庆应大学的社会学系主任十时严周请我到庆应大学给师生作了个学术报告，主要讲当时中国的经济、社会形势。其中第一次讲到了中国已经有了第一个亿元户，讲得比较乐观。讲完报告，第一个

---

① 1990年8月6~8日，中国社会学会第三届理事会在京召开。会议推选费孝通、雷洁琼为名誉会长，选举袁方为中国社会学会会长，王辉、陆学艺、何肇发、吴铎和郑杭生为副会长，陆学艺兼秘书长。——编者注

② 陆学艺、李培林主编《中国社会发展报告》，沈阳：辽宁人民出版社1991年11月出版。——编者注

③ 时任日中社会学会秘书长柿崎京一教授。——编者注

发问的是系主任十时严周，他问：像陆教授这样，对中国形势看得这样乐观的人有多少（“六四”以后，国外政界、学界对中国发展很悲观，十时先生对中国很友好，“六四”以后，他也很迷茫，还听了不少中国去的学者的悲观论调。我知道这些情况）？我趁这个讲台，大讲了一番我的看法。我说：中国至今还是个农村社会，农民占绝大多数的国家。改革开放后，农村率先改革，农民首先得到实惠。农村是稳定的。今年农业又将大丰收，农村的乡镇企业大发展，每年以 20% 的速度在发展，刚才讲到的亿元户，就是搞乡镇企业的老板。我是主要搞农村研究的，了解农村情况。农村发展方兴未艾，农村定，则天下安。而且，城市改革也开始了，国有企业正在改制，将来发展也会很好的。

讲课后，他专门请我们吃饭。餐桌上，他又问了不少问题，我分别作了回答，介绍了不少实例，打消了他的一些疑虑。以后中国的发展，使他信了。我们成了好朋友。他访华，一定到社会学所来。我访日，他总要请我去他那儿。后来，他把他的博士生派到我们所来，专门研究中国农村问题。他退休时，把他所有的书刊送给社会学所，社会学所专门建了“十时严周文库”。后来他代表日本社会学界，提议在中国召开第五届亚洲学会，并不辞辛苦，为开好这个大会多方筹集资金、出谋划策，最后开成了这个大会。

9 月中旬，我和刚来报到的郭于华一起到东北农村调查。第一站到公主岭市，这里地处玉米黄金带，是吉林省的粮食主产区之一。副市长郭铁成等带我们看了好几个乡镇，庄稼长得很好，丰收在望，估计今年能增产一成以上。

第二站是哈尔滨，省社会学会会长马骏和省里的几位老同志热情接待，同他们一起商讨肇东经济社会协调发展试点县（市）的工作问题。

再到肇东市（县级市），这是个大县，有 3900 平方公里，也是主产玉米。当时已过了 9 月 20 日，还未来初霜，丰收已成定局。群众说：今年自老山①了（大丰收年）！在东北玉米带，过了秋分节气是玉米成熟期，到霜降就完全成熟了，其间初霜早来一天，就会减产 10%。在肇东市，同当地干部讨论建立经济社会发展试验市的安排，其时省社会学研究所所长王雅林挂职为副市长，在昌五镇蹲点，他向我们介绍了试点的一些设想。

① 东北方言，指秋霜来得晚，天气迟迟不见冷，庄稼能得到充足光照而自然成熟在地里，当地人把这种现象称为“自老山”。出现自老山的年份自然是个丰收年。——编者注

在公主岭、肇东考察，我发现，虽然粮食丰收了，但群众生活困难，县里财政拮据。从肇东回京后，我写了《东北粮食大丰收后的忧虑》一文，在《要报》发表。①

12 月，全国百县市经济社会调查项目第三次协调会议在北京青龙桥军队的一个招待所召开，全国各地 50 多个调查点近百人参加，丁伟志、我、何秉孟、石磊、谢寿光等都到了（院里已经确定，丁伟志出任国情调查丛书主编，我、何秉孟、石磊等为副主编，并已商定丛书在大百科全书出版社出版，出版社专门成立了一个国情丛书编辑部，负责出版这套书）。②

这次会议的主题是讨论如何定稿、审稿，以及出版的要求，各调查点已有 7 ~ 8 本写出初稿，并已有几本送到总编委。丁伟志在会上提出了齐、清、定的要求，并提出了这套丛书要做到全面、真实、系统、深刻的方针。我在会上做了总结，并做了第三批试点的部署安排。

在这次会上，山西社科院社会学所所长秦谱德向我反映，现在下面当选一个副县长，要花 10 万元钱。这是我第一次听到有买官卖官的信息。

1991 年

春节后，我参加了江泽民、李鹏等中央领导同中国社会科学院的院、所两级领导座谈会。

3 月，参加温家宝同志（时任中办主任）在中南海召开的座谈会，有工商局副局长、统计局副局长和我、张厚义等 7 ~ 8 人参加。会上温查询：有个资料称“现在中国有 4 万个百万富翁”，这个资料是否属实？

6 月，参加在天津杨柳青召开中国社会学第一届学术年会，由天津社会

① 原稿题为《丰收以后国家要注意保护农民利益——关于东北农村情况的调查》，写于 1990 年 9 月 25 日，署名作者为史维国、陆学艺、郭于华，陆学艺执笔。该文 10 月 6 日以《农业丰收后要注意保护农民利益》为题刊载于中国社会科学院内部刊物《要报》1990 年第 67 期，10 月 11 日以《农业丰收后要注意保护农民利益——关于东北农村形势的调查》为题刊载于国务院办公厅秘书局编的内部刊物《信息参考》1990 年第 11 期，12 月 5 日以《越是丰收越要注意保护农民利益——东北农村调查》为题刊发于内部刊物《农村工作通讯》1990 年第 12 期。该文还以《农业丰收后要注意保护农民利益》为题被收录于《当代中国农村与当代中国农民》（陆学艺著，北京：知识出版社，1991 年 7 月）、《陆学艺文集》（陆学艺著，上海：上海辞书出版社，2005 年 5 月），并被收录于本书第 2 卷。——编者注

② 《中国国情丛书——百县市经济社会调查》丛书，丁伟志主编，陆学艺、石磊、李兰亭、何秉孟副主编，北京：中国大百科全书出版社，1991 年 4 月起陆续出版。——编者注

学会承办[①]。

7月，参加国际社会学会在神户召开的学术年会。

9月，黎宗剑、王春光、杨海波到社会学所报到，这是我今年招的三个博士生。

10月，大百科全书出版社出版了国情丛书第一批书，共五本，有定县、常熟、诸城等卷。为此，在院里开了新闻发布会。丁伟志和我一起去陈翰笙家请他出席，陈老欣然前来参加了。

12月，我和李培林访美，先后去了加州大学洛杉矶分校、芝加哥大学、杜克大学、哈佛大学、麻省理工和华盛顿大学，最后从纽约返回北京。

1992年

3月，到杭州参加中国社会学会第二届学术年会[②]。

4月，由江苏社会学所所长吴大声陪同，先考察了吴县、昆山，再到太仓。经同苏州市委邬大千、吴大声等商讨，决定就在太仓建立社会学所的调查基地。太仓县委书记周振球、办公室主任金世明、研究室主任朱汝鹏等都很欢迎。我们一起商定，成立社会学研究所太仓社会发展研究中心。8月，中国社会科学院副院长江流等到太仓，为研究中心揭牌，任命金世明为主任，朱汝鹏为副主任。

6月，我和苏国勋到福建省委党校参加一个学术会议，认识了副校长关家麟、教务长魏子熹和黄陵东等同志。由魏、黄等陪同，我们一起到晋江，受到县委书记施永康、办公室主任许仲谋等的欢迎。我们考察了磁灶、陈埭、安海等乡镇，此时正是晋江蓬勃发展的时期，印象深刻。

7月，主管政法社会片的副院长江流，找我和科研局长议事。去年，经济片出版了经济形势分析与预测，他提出政法社会学片也要搞出一本年度社会形势分析与预测。我回所后，就委任沈原和方明筹划此书。我们开了多次会议，策划这本书是从讨论社会形势的定义开始的。

---

① 由中国社会学会、天津社会科学院和天津社会学会联合发起，由天津社会科学院主办的中国社会学会1991年学术年会于1991年5月14~17日在天津举行，年会主题是："社会学——社会稳定和发展的理论与实践"。——编者注

② 1992年3月28~31日，中国社会学会1992年学术年会在杭州召开，年会主题为："当前中国社会变迁与小康社会研究"。——编者注

1993 年

年初得到通知，我被选为第八届全国人民代表大会的代表，是由江苏人民代表大会选出的。1993 年 3 月，参加全国人民代表大会会议。

3 月下旬，第三届中国社会学会学术年会在广州、深圳召开①。

经过数月的努力，社会形势分析与预测一书编撰完成，由中国社会科学出版社出版。②

7 月应台湾中国现代化研究会邀请，我随中国社会科学代表团第一次访问台湾，出席在园山饭店现代化学术研讨会，一同出席的社会学界同仁有李培林、李银河、戴建中、孙立平、李强等。我还访问了新竹、高雄等。

9 月下旬，我接受日本学术振兴会的邀请，赴常磐大学（柄泽行雄教授安排）作学术交流和考察，共 45 天，于 11 月初归国。

下半年，所领导班子换届，我连任所长兼党委书记，张建任副所长兼副书记，李培林任副所长。

1994 年

3 月，中国社会学会第四届年会在上海浦东召开③，雷洁琼副委员长出席。

7 月，我应日本青山学院大学邀请，赴日参加该院 120 周年校庆及该校举办的主题为“二十一世纪的中国”的学术会议。团长是国家副主席荣毅仁，代表成员有刘国光、江平、吴敬琏、黄朝翰等。我讲演的题目是“中国社会结构变迁”，这是该大学教授石川子出的题目。此文后来由《社会学

① 1993 年 4 月 3 ~ 8 日，中国社会学会 1993 年学术年会在深圳市召开，年会主题为：“改革开放与社会发展”。——编者注

② 第一部年度社会形势分析与预测系列出版物（又称《社会蓝皮书》）《1992 ~ 1993 年中国：社会形势分析与预测》由中国社会科学出版社于 1993 年 3 月出版。该社会蓝皮书前 5 部由江流、陆学艺、单天伦主编，中国社会科学出版社出版。从第六部（1998 年）开始，改由社会科学文献出版社出版。1998 ~ 2001 年由汝信、陆学艺、单天伦主编，2002 ~ 2012 年由汝信、陆学艺、李培林主编，2013 年由陆学艺、李培林、陈光金主编。——编者注

③ 1994 年 5 月 6 ~ 9 日，由中国社会学会、上海市社会学会和上海浦东新区社会发展局联合主办的中国社会学会 1994 年学术年会在上海浦东新区召开，年会主题为“健全社会保障 促进社会发展”。——编者注

研究》发表。[①]

应云南人民出版社约稿，我以此题目组织王春光等编写了一本书。第二年在云南出版社出版。[②]

1995 年

1993 年我在日本访问时，十时严周向我提出，希望能在中国举办亚洲社会学家大会，并且表示，日方一定大力支持，我同意举办。筹备了一年多，决定就在 1995 年召开。

从年初开始，社会学所开了多次会议，决定把开好这次大会作为 1995 年所里的重点工作来抓，并作了分工。其中有一次办公会议，专门讨论了筹备会议的后勤保障工作。会上决定，为科研处购置一台磁带录音机和传真电话机，为司机杨文茂买一个 BP 机。

9 月，亚洲社会学家大会在华都宾馆召开，亚洲主要国家的社会学同仁共有 100 余人来参加会议。日本、韩国、以色列三国来的人最多。会议开得很成功。十时严周教授会前几天就来中国，参加了会议的全过程。[③]

5 月，我被评为全国劳模（先进工作者），出席了全国劳模大会。

8 月接到中办的一个急件，附江苏省农业厅厅长的一篇文章，他预计今明两年，中国将增产 1000 亿斤粮食。中央某位领导批示，要请专家评论这个预计有没有可能？我当即写文章表示，只要这几年的农业政策不变或者有更多的惠农政策下达，这种大幅增产的可能性是有的。[④]

院领导接受李京文、王家福和我的书面建议，决定成立中国社会科学院学术委员会，共有 20 多名委员，我是委员之一。[⑤]

---

① 该文以《21 世纪中国的社会结构——关于中国的社会结构转型》为题发表于《社会学研究》1995 年第 2 期（1995 年 3 月 20 日）。本书第 7 卷收录了该文。——编者注

② 陆学艺主编的《21 世纪的中国社会》1996 年 12 月由云南人民出版社出版。——编者注

③ 第六届亚洲社会学大会于 1995 年 11 月 2～5 日在北京举行，会议主题为“21 世纪的亚洲社会与社会学”。——编者注

④ 陆学艺：《要为形成新的粮食增长高峰准备条件》，该文刊发于非正式出版物《小城镇建设快讯》1996 年第 6 期。该文被收录于《1995～1996 年：中国社会形势分析与预测》（北京：中国社会科学出版社，1996 年 1 月），并被收录于《“三农论”——当代中国农业、农村、农民研究》（陆学艺著，北京：社会科学文献出版社，2002 年 11 月）、《陆学艺文集》（陆学艺著，上海：上海辞书出版社，2005 年 5 月），以及本书第 4 卷。——编者注

⑤ 1998 年，中国社会科学院正式设立院级学术委员会，陆学艺为该委员会委员。——编者注

1996 年

1 月，全院循例召开一年一度的院工作会议。会议第二天中午，常务副院长王忍之召集 6 个片的召集人到他办公室开会，说今天下午李铁映要发表讲话（时任政治局委员、国务委员、分工联系社科院），他要求先听意见，然后再讲。你们每人讲 10 分钟，讲什么，你们自己定，实事求是，不要光讲成绩，也不要只讲问题。大会开始后，各片召集人讲话，我们政法社会片最后讲。我说，中国现在的问题主要不是自然科学的问题，主要是社会科学的问题，许多问题，理论上说不清，政策就制定不好。例如……住房问题，住房是商品，还是福利，不清楚、不明确。李铁映插话：住房问题，最近中央有文件，按这个文件办就好了。我说，这个文件我看过了，这个文件不灵，还不能解决问题。为此，在会上争执起来。他说：既然这个不灵，你搞个灵的行不行？我说，有院领导的支持，我们社会学所搞个方案是可以的。他说，那你就搞个灵的方案出来！

我们对房改方面是有些想法，但要真的搞一个住房改革方案，谈何容易！但在那种场合定的事情，不搞也不行了。我去请示汝信同志（他分管我们所），汝院长说：你都立了军令状了，退是不行了。他还答应，拨 5 万元科研经费。于是，住房改革研究就动起来了。我开了全所的专业骨干会议，请大家一起来研究这个问题。先收集各种文件和资料，召开各种座谈会，访问这方面的实际工作人员和专家学者，得到了各方面的支持。所里张仙桥同志曾经是住房研究会的副秘书长，把 20 世纪 80 年代以来的文献资料送来了，我们还专门收集了香港、新加坡一些发达国家关于住房体制的文献和资料。时任中国房地产公司总经理的孟晓苏同志是我的老朋友，他亲自同我们谈了几次，把住房的现状、问题、改革的设想同我们讲了。我们还先后分头到外地房改有成绩的试点县市进行调查，我自己带队就专门到密云和厦门市做了调查，还有到上海、成都等地的调查。开了多次内部的研讨会，集体出谋划策，理出了一些思路。住房是商品，现行的住房体制是福利分房，一定要按市场经济的要求进行改革；现行的城镇住房太短缺了，城镇居民住房平均只有 8 ~ 9m^2，而且很多是平房、筒子楼，很不配套。居民迫切要求改善居住条件，需求很大，住房体制改革好了，是一个很大的经济增长点。中国人有深厚的传统观念，富裕了之后，就是置地、建房。所以住房也不仅是商品，而且是一种特殊的商品，也是一种特殊的社会保障，有稳定人心、稳定社会的作用。我们通过对几个县域和城乡接合部的调查，得出一个结论：农村实行改革，使农民有了一亩半地的使用权，农村就稳定了。在这个基础上进行改革就顺利了。如果通过住房体制改革，使城镇居民有了一间半房，大部分居民都成了有产者，城镇居民的心就定了，社会就稳定了，再在这个基础上，进行各项改革，就有了很大的忍受力，改革就顺当了。

大规模的调查进行了三个多月，到5月底，就转入集体讨论和形成框架，进入写作阶段。开始是李春玲先写第一稿，接着是张其仔写，都没通过。其间，景天魁、李培林等也就某些问题，写出了专稿。郑也夫从上海调查回来后，也写了一稿。6月中旬，这些资料和初稿都汇集到我处，我闭门谢客，在已有资料和初步成果的基础上，形成了一个关于住房体制改革的若干意见。全文共4万多字，课题组认可了这个文稿。请张其仔据此写出了一个近两万字的稿本和近一万字的摘要稿。这两个稿本一起送到李铁映同志办公室，后一个摘要稿送院《要报》编辑部，他们编辑加工后，分两期在《要报》发表。①

8月初，朱镕基副总理在《要报》上批示，“此件请李铁映同志阅”。铁映同志就在此件上接着批：“镕基同志，这个报告是我让他们做的，他们所提的建议，我们正在研究中，准备请社会学所成立一个住房研究室，继续进行研究，并培养人才。”镕基同志又批：“请陈锦华同志阅”（陈此时是国家计委主任）。

我们接到这个批件的复印件后，如释重负，总算完成了任务。自此以后，还参加了多次李铁映召开的住房体制改革的会议。

8月，中国社会学会在沈阳召开了第四届理事会②。会议改选了学会领导，我当选为中国社会学会会长，王辉、郑杭生、景天魁等为副会长。

会后我陪同与会的院秘书长吴介民到吉林榆树县一带作农村调查。20

① 原稿题为《建立城镇住房新体制的基本思路和对策研究》，写于1996年6月，定稿时间为6月30日。该文首次在中国社会科学院《要报》1996年第55、56期（7月24、25日）摘要连载，后又分别公开或非公开摘要发表于《人民日报 内部参阅》1996年第34期（8月26日）；《经济研究参考》1997年第10期（1月11日）；《中国新时期社会发展报告（1991～1995）》（陆学艺、李培林主编，沈阳：辽宁人民出版社，1997年8月）；《中国房地信息》1998年第2～5期（2月15日～5月15日）等书刊。该文还收录于《陆学艺文集》（陆学艺著，上海：上海辞书出版社，2005年5月）和《中国社会结构与社会建设》（陆学艺著，北京：中国社会科学出版社，2013年8月）。本书第9卷收录了此文。——编者注

② 1996年8月2～6日，中国社会学会1996年学术年会暨第4届理事会在沈阳召开，年会主题为：“社会转型时期中国社会学面临的机遇和任务”。——编者注

世纪40年代，他在这里当过县委书记，见了不少老朋友。也给我们谈了不少农村的情况。

今年风调雨顺，东北粮食肯定大丰收了。9月，各地农业增产的捷报不断传来。同时已经出现卖粮难，粮价下掉等问题。我写了一篇《今年农业大丰收，明年不要又掉下来》，交给《要报》发表①。不久，收到姜春云秘书孙庆云同志发来的传真，姜在此件上批示，“这是一个很值得的要重视的问题。请文件（指农业文件）起草组同志阅”。

9月，中央政策研究室通知我开会。上午到会议室后，工作人员给我们参会的八位同志发了中央十四届六次会议关于加强精神文明建设决定的文件稿。王维澄主任说：今天请大家来，上午先阅读文件，下午中央领导同志来，听取大家的意见。下午三点开会，胡锦涛同志主持会议。我发言中谈到，建议在扫黄打非中，要加一句打黑的话，我从几个县的调查中，已发现，在一些地方，黑社会势力在为非作歹，已经在蔓延了。

12月，听取了几个省社会学所所长的建议，所里决定从今年起每年召开一次社会学所所长会议，讨论一些所长们共同关心的问题。今年先在浙江杭州召开，谷迎春所长做东。会是在杭州郊区龙井茶叶产地的一个村召开的，开得很成功。

在浙江农村发展研究中心邵峰的陪同下，我和李培林去台州考察，听了不少关于浙江大发展的故事，目睹了浙南欣欣向荣的景象，甚为高兴。

回京时，途经上海，听了不少关于近几年农村乡村集体企业转制的问题，基本上都是由公有转为私有，大多数的集体所有制企业卖给了原厂长或经理。对此，不少老同志十分忧虑。上海有位农委的领导说，连苏南都顶不住改制了，那还行吗？我问，改制后，生产怎么样？他说，那是好多了。我说，那就顶不住了。

---

① 原稿写于1996年10月26日，首次刊发于中国社会科学院《要报》1996年增刊第34期（1996年10月28日）。该文还以《1996年粮食丰收后应注意的问题和政策建议》为题刊载于《1996～1997年中国社会形势分析与预测》（北京：中国社会科学出版社，1997年1月），以《居安思危：防止1997年粮食产量下滑》刊发于人民日报《内部参阅》1997年第1期（1997年1月8日），以《粮食大丰收后可能出现的问题和对策》为题发表于《经济界》1997年第2期（4月2日），并收录于《经济界名家文萃》（肖灼基主编，北京：经济科学出版社，1999年8月）、《“三农论”——当代中国农业、农村、农民研究》（陆学艺著，社会科学文献出版社，2002年11月）和本书第4卷。——编者注

1997年

3月，参加第八届全国人民代表大会第五次会议。

5月，参加在昆明召开的中国社会学会1997年学术年会①。

1998年

2月，当选第九届全国人民代表大会代表。

3月，参加第九届全国人民代表大会第一次会议，分在徐州、淮阴地区组。

5月4日上午，参加北京大学建校100周年纪念大会。报告会后，参加57级同学集会。会后，同李发起、王树人等一起去燕南园看望冯友兰教授。

5月4日下午，到中南海参加十五届三中全会文件起草工作小组的会议，江泽民在会上讲中央决定十五届三中全会文件主题是加强农村、农业工作。会后，文件起草小组的同志直接去玉泉山。

5月5日上午，起草小组开会，文件起草小组组长温家宝同志讲话，副组长是华建敏同志。

7月，到福清参加中国社会学会1998年学术年会②，在会上致开幕词。参加了一天会，第二天随魏子熹到福建省委党校，给学员讲了一次课。当晚就回北京。

7月中旬，文件起草小组去北戴河。

8月初，李铁映同志约我去他住所谈话。他向我提出，要社会学所成立课题组，研究中国社会结构变迁。就1911年、1949年、1978年和现在就这几个阶段，把社会结构做一个截面，看社会发生的变化。我们讨论了他的设想。我们认为就是要对中国社会进行阶级、阶层分析，把上述每个阶段作为一个剖面揭示出来，形成中国社会结构的变迁史。他同意这个设想。我说这是个很大的课题，可以先从调研当前的阶级阶层现状做起，后者同样也是个大课题。他要我回京后，写出报告和方案来，他去筹措经费。

---

① 1997年5月27～30日，由中国社会学会主办、云南省社会科学院承办的中国社会学会1997年学术年会在昆明市召开，年会主题为："走向21世纪的中国社会学"。——编者注

② 1998年5月26～29日，中国社会学会1998年学术年会在福建省福清市召开，会议主题为"社会主义初级阶段的中国社会与社会学"。——编者注

8月初，在北戴河，遇到中央宣传部副部长白克明同志，他在北戴河开另一个会议，同住一栋楼。我向他提出：百县市国情调查已经结束，出版了一百本国情丛书，社会反映很好。一些学者提出还应该做一个百村调查，希望全国哲学社会科学规划工作办公室、国家社会科学基金能补立一个项目，进行百村调查。他认为这个设想好，但国家社科基金九五重点项目立项已经完成了，钱也用完了。经协商，他同意追加经费，补立一个重点课题。

8月中旬回京，继续修改起草文件。

10月，在人民大会堂参加十五届三中会议，作为工作人员，到各小组听取委员修改意见。直到第二天（10月14日）中午，按委员们的意见逐条修改、定稿，提交下午召开的大会。会议闭幕，常委同写作组同志合影。

9月初回所一次，同李培林、景天魁、李春玲、王春光等商讨，如何进行社会结构变迁的研究，商定先成立一个课题组。

10月中旬返回所里，着手社会结构变迁课题组的组建。找了不少同志谈话、商量，请李春玲起草向社科院申报的课题立项申请书。

11月，经与院领导、科研局几次商谈，社会结构变迁课题组正式成立，院里批准立项。第一次立项申报书申请的经费是495万元。原来的设想，这笔经费由院里直接向财政部申报。但因1998年特大洪水，财政有些紧张，院里就压下来，未向上报。李铁映在申请书上批示，“这个课题是我提出的，现在经费是个问题，请科研局处理”。当年科研局全部科研经费是900万元，当然是无法立这个项。几经商酌，科研局批准拨50万元。

课题组开始酝酿运作。李春玲、王春光、李炜等就着手做方案。

12月中旬，我、陆会平、孟秀云（外事局）三人乘飞机去莫斯科，第一次访俄。由俄罗斯科学院社会学所接待。还访问了远东所、莫斯科大学、杜马农业委员会和城郊农村，以及克里姆林宫、红场等，第二站是圣彼得堡、东宫、夏宫、大学等。在莫斯科过了圣诞节，1月6日回国。

1999年

1月，回国时，所里换届已经结束。去莫斯科前，院里已同我谈过。所里的新班子：由景天魁任党委书记，李培林、黄平、张建任副所长。

1月中旬，我同李京文、刘文璞、张文武等六人同李铁映在一起开午餐会，会上，我们提出社科院如何发挥老专家、老所局长领导的作用，做好新老交接的工作。我说，社科院的业务同自然科学不同，也不能按人事部的年龄标准，安排所、局长的工作。

4 月，中国社会学重建 20 周年，中国社会学会 1999 年学术年会选在武汉举办，由华中科技大学社会学系承办。① 这时该系主任已由刘中荣交给风笑天，会议期间，系副主任雷洪还是尽力做好年会各方面的工作。

学会年会后，我和何秉孟等一起到他的老家汉川县做社会结构变迁的第一个县的调查。何的堂兄何秉发当时担任孝感市委副书记。市委党校校长水延凯对我们的调查很热心，王春光、李春玲、张大伟、李炜先前已和水延凯在党校讨论了几天，事先做好工作。我和何到了后，带着社会结构课题组成员，直接去孝感市，先住在市委党校。第三天同何秉孟一起去汉川县，参加课题组第一个调查点的开点工作。汉川开了全县的干部动员会，我、何秉孟和何秉发副书记在会上都讲了话。会后，汉川调查就正式开始了。

7 月，院学术委员会委员们及其家属到大连考察、休养。其间，副院长陈佳贵来开会专门传达中央会议精神。

会议期间，李铁映也来了，并且找来海城县委书记，当面向这位书记交代，我们课题组要去调查，要他协助做好这次调查。会后我同秦其明一起到海城，具体商谈进点调查问题。

10 月中，我带着课题组进入海城市，这是第二个调查点。海城方面有办公室主任潘丰余，挂职在海城的副市长高德三等的热情接待，调查进展得很顺利。20 日，我回北京，课题组指定樊平负责。课题组成员有张大伟、王春光、陈光金、李春玲、李国庆、李炜等。

2000 年

3 月，课题组到深圳调查，这是课题组的第三个点。由深圳市委党校接待，迟书君安排，认识校长汪开国等。

7 月，参加在南京召开的中国社会学会 2000 年学术年会和中国社会学第五届理事会②。理事会选举我、郑杭生为会长，景天魁、王辉等为副会长。

---

① 1999 年 6 月 12～14 日，“回顾与展望——纪念中国社会学恢复重建 20 周年暨中国社会学会 1999 年学术年会”在湖北武汉华中理工大学举行。2000 年 5 月 26 日，原华中理工大学、同济医科大学、武汉城市建设学院合并组建为华中科技大学。——编者注

② 中国社会学会 2000 年学术年会暨中国社会学第五届理事会于 2000 年 9 月 22～24 日在江苏南京召开，年会主题为“面向 21 世纪的中国社会学”。——编者注

7 月，在南京同胡福明商定，请他出面，我陪同他一起回去商讨在无锡设点的问题。我们同无锡市委书记洪景新商定，把无锡市作为课题组的点，由王安岭同江南大学李弘毅负责调查。

8 月，李昌平写给朱镕基的信发表，信中向总理反映农村现状，“农民真苦、农村真穷、农业真危险”，切中农村时弊，深有感触，写就了《农民真苦，农村真穷》一文，在《读者》发表①。

11 月，社会科学文献出版社的范广伟给我打了电话。不久，冯培（北京工业大学党委副书记）、杨茹、田玉蓉到我家，说左铁镛院士 1996 年到校任校长以后，设想把北工大办成综合大学。目前已有经管学院，现准备筹建人文社科学院，还要接着办外语学院，校方请我去筹建人文学院。② 此事我考虑了，当即表示同意。

12 月，中俄经济社会学术研讨会今年在莫斯科召开，院里派裴长洪、吕正文、我、刘溶仓、李京文参加。这是我第二次赴俄。

2000 年下半年，课题组已调查了汉川、镇宁（贵州）、合肥、海城、深圳等地，还请吉林大学的同志调查了长春汽车制造厂等工矿企业。课题组一面调查，一面综合分析，也开了多次研讨会，听取了同行专家郑杭生、王思斌、李强、孙立平、沈原、戴建中等人的意见，就社会分层框架有了一些初步的想法，可以开始写作了。但课题组的李炜、李春玲、王春光等多次提出，我们虽然做了这么多调查，也做了约一万份问卷调查，访谈了数百个各类人员，但是中国这么大，12 亿多人，2000 多个县市，虽然也分了上、中、下县，作了平原、丘陵、山区的分类，得出的这些数据资料有普遍性、代表性吗？国际学术界能认同吗？他们提出，最好还要进行一次全国性的抽样调查，才能完美，要做就做一个完善的、最好的调查。我接受了这个建议，并向院领导、院科研局写出了申请报告，要求再继续做一次 6000 份问卷的抽样调查。几经协商，科研局黄浩涛局长批准了这个报告，并再拨款 40 万元作为课题的追加经费。

---

① 原稿最初题为《读报点评》，写于 2000 年 9 月 6 日。后以《“农民真苦，农村真穷”?》为题摘要发表于《读书》杂志 2001 年第 1 期，并为《中国经济快讯》、《雨花》和《领导文萃》等多家报刊转载和转摘。该文还收录于《“三农论”——当代中国农业、农村、农民研究》（陆学艺著，北京：社会科学文献出版社，2002 年 11 月）、《陆学艺文集》（陆学艺著，上海：上海辞书出版社，2005 年 5 月），以及本书第 5 卷。——编者注

② 2000 年 1 月 24 日，北京工业大学校长办公会研究决定聘请陆学艺为该校人文社科学院院长。3 月 8 日，左铁镛校长向陆学艺颁发了院长聘书。北京工业大学与陆学艺的前期接触应为 1999 年底。——编者注

2001年

从2001年初开始，我们就着手设计问卷，请全国著名的抽样专家在全国抽了12个省区、72个县市。并在上述省、市委托了调查单位。课题组成员分派到各地去督察、检查。各地的调查从4～5月就陆续开始了。

7月1日，中共中央总书记江泽民发表了纪念中国共产党成立80周年讲话。讲话里面讲到了改革开放以来，中国的社会发生了深刻变化，产生了一些新的阶层。

我感觉这是个新的说法。我们课题组进行的社会阶层研究，已近三年，很多单位知道，不久就会向我们要数据、要说法。我同在京的课题组成员商量后，决定召开一个学术研讨会，要求去各地的课题组成员立即返回北京，问卷调查全部委托各地的同行进行。

研讨会开了两天。会后，课题组的主要成员，我、李春玲、陈光金、王春光、李炜、张林江、樊平、高鸽和张宛丽、石秀印等到房山六渡租了一个农家乐大院，集中进行研讨，设计写作框架，分头写作。从8月20日到9月14日，写出了总报告初稿。委托福建、深圳、镇宁、汉川写出了分报告，几位同志写的专题报告，不久也陆续送到。

9月中下旬到十月、十一月上中旬，修改、定稿。11月25日全书最后定稿，送交出版社。社科文献出版社的谢寿光组织几位编辑负责加工，于12月10日印出样书50本，我们带着50本样书，到福建福清市举行新书出版座谈会。

书名定为《当代中国社会阶层研究报告》，第一次印5000本，一上市很快就卖光了。12月和1月又各加印了一万本（书实际是2001年12月开印的，因为出版社2001年的书号已经用完，借用下一年的书号，所以才有2002年1月出版的字样）。①

去年底②应聘到北京工业大学担任人文学院院长。3月，春节开学，去过北工大几次，人文学院的前身，是马列主义教研室，共有40余名教师和职工。3月，学校正式发文成立人文社会科学学院，任命我为院长，冯培为书记、张晓华为副院长，杨茹为副书记，李东松为副院长。我当时正在开

① 陆学艺主编，《当代中国社会阶层研究报告》，北京：社会科学文献出版社，2001年1月。

② 应为1999年底。——编者注

人代会，学院的几个同志提出要做块学院的牌子，先是我到于光远同志家，请于老为我们题写了一个院名，不久，于老用圆珠笔写了个院名，由他的秘书胡冀燕同志交给了我。与此同时，我在人代会期间，请团内宜兴的工艺美术大师谭鑫培代表，写了一个院名（现在人文楼七楼的学院标牌就是谭的手笔）。

学院成立后的第一年，业务主要还是教好“两课”[①]。同时，我和冯培、张晓华、杨茹、李东松等人几经商酌，决定先筹建社会工作系、广告系。委托田玉蓉筹建社会工作系，委任傅德根博士筹建广告系。不久，田玉蓉找了杨荣、魏爽，组成了筹备工作小组。傅德根找了涂小琼等，组成了筹备小组。大家一边招兵买马，一边向上打报告，申请成立专业和系。[②]

7月，参加在山东济南召开的中国社会学会学术年会。山东省社科院社会学所承办会议，所长彭立荣主持。[③]

12月24日，江泽民在中南海主持召开农村问题座谈会。约请了政界、学界20多人参加，有王洛林、周小川、王岐山、李剑阁、郭树清、吴敬琏、王慧炯、陈锡文、我和曾庆红、华建敏、王沪宁、贾廷安等。座位是按正部、副部、学者排位的。椭圆形桌子，吴敬琏和我分别坐到主席的对面和边上。吴和我先到，按位就座后，吴对我说：我的学生都坐到前面去了。

江讲了会议讨论的主题。开始发言，是按正部、副部的位列讲的，第一个讲的是王洛林，轮到王岐山（此时，他是体改办的主任），他讲了两点：一是现在社会对孩子上学，下面意见很大。他建议，农村办教学要量力而为，能办9年制就办9年制，不能办的，就办6年制，有些地方实在不行，只能办4年制，就办4年制。二是关于农村税费改革，他调研了一下。现在一年的农业税，只有300多个亿，只占整个财政收入的1%，而收税成本很高，农民还有意见，不如全免了。

岐山讲完，江泽民插话说：“岐山，你这个意见好！你看，我江某人当政时，把皇粮国税免了，多大的功劳。但是，将来财政不行了，再要收税，怎么说呀？”

隔了几个人，李剑阁发言，他是早有准备的，他讲了很多农村的问题。

---

① 指我国普通高等学校开设的马克思主义理论课和思想政治教育课，现在统称“思想政治理论课”。——编者注

② 此处所说的事情，应发生在2000年。——编者注

③ 2001年6月6~9日，中国社会学会2001年学术年会在山东省济南市召开，年会主题为“21世纪中国社会发展”。——编者注

自改革开放以来，农村原来的合作医疗体系垮了，许多地方的赤脚医生没有了，村卫生室也没有了，许多农村的缺医少药状况十分严重。农民看病难、看病贵，小病拖成了大病，大病看不起，只好拖，发生了许多悲剧！农民家有一个病人，全家返贫。听到这里，江泽民同志说："都说，改革开放以来，农村形势大好，什么都好了。事实并非如此。剑阁讲的，都是事实，农村的医疗卫生问题就还很严重，还不如人民公社时期。这件事，就值得我们重视了。"

会议开得很认真，发言的同志，畅所欲言，开到下午近 5 点了，还有不少人未讲。江泽民插话说，会开得很好，了解了很多情况，大家放开讲。今天讲不完，明天接着开。近六点散会。我回去后，让杨文茂到办公室，取了三包新出版的《当代中国社会阶层研究报告》。

12 月 25 日 9 点接着开会。吴敬琏、王慧炯讲后，我也讲了约 15 分钟。散会后，我给每个参会者送了一本。曾庆红、华建敏、王沪宁、王梦奎等，我是亲自送他们的，江泽民一本是送给贾廷安转交的。会后，江泽民同志请我们在这个楼的食堂里吃了中饭。这是很少的，以前多次座谈会结束，就各自回去了。

2002 年

1 月，院工作会议。循例，工作会议第一天中午，在圣士饭店二楼餐厅，代表吃自助餐，我和何秉孟等一起上楼，看到李铁映也在用餐，他桌上人不多，我和何秉孟一起到李铁映旁边，他见我就说："你们可好，三年不鸣，一鸣惊人啊！"我说："新书收到了？"他说："收到了"。我说："还要请您说几句话。"他说："报上已经说得很多了，我再说什么？"我说："还是请您说几句，不一样的。"

2 月到 6 月，课题组连续开过几次会。我向课题组转达了关于这本书的种种议论和问题。同时，课题组也讨论了下一步研究的新课题内容。到 6 月，几经商量，课题组决定，下一个课题是研究社会流动，研究改革开放以来中国的社会结构构成，怎么由"两个阶级、一个阶层"转变为十个阶层的，这些阶层将来会怎么发展和变化。课题组几乎是原班人马，随即转入当代中国社会流动的研究。

7 月，中国社会学会 2002 年的学术年会在甘肃兰州召开。会议由省社会科学院承办，刘敏（省社科院副院长）主持。有150多人参加了会议。[①] 会上省委宣传部部长到会讲话，他说到随着经济建设迅速发展，社会也发生了很大的变化，要使经济社会协调发展，下一个30年应是社会学发展的黄金时代。

会后，由冯世平陪同，我、苏国勋、高鸽、王新华、罗琳母女、张宛丽等一行十人，由兰州，经武威、张掖、酒泉、嘉峪关到敦煌，考察旅游了8天，对河西走廊有了初步的印象。

11月，王思斌介绍在北京认识了佐佐木正道教授，他时任国际社会学会主席，他提出建议，2003年的36届世界社会学大会在北京召开，我当即表示赞成。第二天请他到社会学所和景天魁、李培林、汪小熙等正式会谈，确定了具体的会议安排。筹备工作也从此开始了。

2003年

3月，“非典”[②] 侵袭北京。

5月1日，我同孟怡在王府井散步，街上行人空前的少。到王府井百货大楼，售货员们都带了口罩，客人寥寥，店员比客人还多。

原定7月召开的世界社会学大会，因“非典”原因，筹备组同国际社会学会商量，决定延至明年召开。

抗击“非典”疫情之后，经济社会逐渐恢复正常，但世界社会学大会延期通知已向各国、各地发出，不能再改。

社会学年会自1991年以后年年召开，但约定若有国际社会学会议在北京召开，这一年的学术年会就不开了。8月至9月间，有学者建议，既然国际社会学会议今年不开了，那还是要开本年的学术年会。秘书处经协调后，决定还是开，由四川省社会学学会承办，延到11月开。

11月，在四川大学召开中国社会学会2003年学术年会。[③] 会议结束那

---

① 2002年7月26~29日，由中国社会学会主办、甘肃省社会科学院社会学研究所和西北师范大学政法学院社会学系联合承办的中国社会学会2002年学术年会在甘肃兰州召开，年会的主题是：“全球化与中国社会发展”。——编者注

② 亦称“非典型性肺炎”，即由SARS冠状病毒（SARS－CoV）引起的重症急性呼吸综合征。2002年在中国广东发生，并扩散至东南亚乃至全球，形成了一次全球性传染病疫潮。2003年中期以后疫情逐渐得到控制。——编者注

③ 2003年10月31日~11月2日，由中国社会学会主办，四川大学公共管理学院社会学系、四川省中英性病艾滋病防治合作项目办公室、四川省社会学学会共同承办的中国社会学会2003年学术年会在成都召开，年会主题为“全面建设小康社会与中国社会结构变迁”。——编者注

天，11 月 2 日晚上，成都市委组织部部长来四川大学，接我去金牛坝见李春城书记。李对我说，他在中央党校学习时，读过我的《三农论》[①] 一书。成都市委现在正在推行十六大提出的统筹城乡经济社会发展的战略，但下面的干部对这个战略认识还跟不上，进展不理想。知道我到成都了，希望我能在成都给三级干部讲一次课，讲一讲书中讲过的关于城乡协调发展、经济社会协调发展的问题。我答应接受这个邀请。但是，因已接到北京的电话通知，明天[②]就回北京，参加回良玉召开的粮食涨价问题的座谈会，于是只能对他说，报告会待我座谈会后再来成都讲。

11 月 4 日，到中南海参加回良玉同志召开的关于粮食涨价问题的座谈会。

11 月 8 日我和张林江、宋国恺、陆雷一起回成都，住在成都会议中心。第二、第三天由市委安排考察、调查了双流、新都等几个县区，并在此调查的基础上写出了讲稿。

11 月 12 日在成都会议中心，给成都市和县区及少数乡镇三级干部讲了统筹城乡经济社会协调发展的报告，李春城书记主持。报告会之后，他提出希望我当成都市的顾问，以后能常来成都。

11 月，参加北京市第四次城市发展规划修编会议，接受市政府聘请，担任本次修编关于社会发展专题的首席专家。[③]

2004 年

年初开始到北京市城市规划委员会参加多次关于北京市第四次城市规划修编会议，接受任务，要写出北京市社会发展的方案。

开始组建课题小组，北工大人文学院的钱伟量、李东松、丁云、李晓婷、胡建国、刘金伟、杨桂宏、姜惠等都参加了。但因任务重，时间紧，人员不够，我还约请了社科院的朱庆芳、唐钧、唐灿等参加。社会发展规划研究工作，成为北工大人文学院本年度的主要工作，收集资料，调查考察，集体讨论。约在当年 8 月，写出了北京市社会发展规划，交出了初稿。

---

① 陆学艺著，《“三农论”——当代中国农业、农村、农民研究》，北京：社会科学文献出版社，2002 年 11 月。——编者注

② 指 2003 年 11 月 3 日。——编者注

③ 参加《北京城市总体规划（2004～2020）》修编第四次重要工作协调会议，担任总规修编研究专题 7“城市社会发展问题研究”的首席专家。——编者注

2月，出席温家宝总理在中南海召开的对政府工作报告修改意见专家座谈会。出席会议的有吴敬琏、李京文、刘国光、张卓元等8位经济学家和王思斌、我两个社会学家。会上我就经济社会要协调发展问题讲了三点意见，并说了一句：今天会议的参加人员，经济学家和社会学家是8：2，也反映了经济社会发展的不平衡。当晚的中央电视台新闻联播播报总理召开专家座谈会的内容时，只有王思斌和我两人发言的镜头。

4月，参加国家马克思主义建设工程①会议，成为《社会学概论》编写组成员。从此，开始了《社会学概论》的写作，我分工负责写“社区、城市化”一章。此书编写工作开始后，年年开会，年年修改，反复讨论、反复修改，直到2010年定稿、出版。②

从2002年开始，社会结构变迁课题组着手编写《当代中国社会流动》，经过二年多的调研，集体讨论，分工写作，2004年5～6月完成全书，由社科文献出版社赶在世界社会学大会前出版。③

7月，参加世界社会学大会。我以中国社会学会会长的名义，在开幕式致欢迎词。④

9月，中国社会结构变迁课题组开会，商定第三本书研究“当代中国社会阶层关系”。会后，第一个调查点是深圳。

11月，接受牛文元教授的约请，参加中国科学院路甬祥主编的《中国可持续发展丛书》中《中国社会进步与可持续发展》卷的工作。组建课题组，由我和钱伟量、邹农俭分别为组长、副组长，人文学院教师为主要骨干。至此，人文学院已经有力量做大型重要课题了。⑤

2005年

1月，春节前，成都派金嘉祥来北京，约我们课题组节后再去成都。

---

① 2004年1月，中共中央发出《关于进一步繁荣发展哲学社会科学的意见》，提出实施马克思主义理论研究和建设工程。之后，中共中央办公厅转发《中央宣传思想工作领导小组关于实施马克思主义理论研究和建设工程的意见》，对实施工程作出部署。2004年4月27日至28日，中央召开工程工作会议，标志工程正式启动。——编者注

② 《社会学概论》编写组编，《社会学概论》（马克思主义理论研究和建设工程重点教材），北京：人民出版社，2011年4月。——编者注

③ 陆学艺主编，《当代中国社会流动》，北京：社会科学文献出版社，2004年7月。——编者注

④ 第36届世界社会学大会于2004年7月7～11日在北京举行。——编者注

⑤ 陆学艺主编，《中国社会进步与可持续发展》（路甬祥总主编《中国可持续发展总纲》的第15卷），北京：科学出版社，2007年2月。——编者注

3 月，我和王春光、张宛丽等到成都，省委农工委接待。金嘉祥对我说："这次李书记请你们来，主要是请你们到各县区看一看，我们统筹城乡经济社会发展已经推行了两年，结果怎样？帮我们评论一下，看还有哪些方面需要改进的。"这次又看了锦江、新都、新津、都江堰、大邑等区县，看到这些区县都有了很大变化，各县的工业化、城镇化都有较大发展，特别是在农村新建了很多学校、医院，农村的社会发展也提上了日程。考察期间，李春城还专门请我们吃饭，交换了意见。回京后，我们课题组讨论了几次，我执笔写成了《成都正在破解城乡二元结构的难题》。①

5 月，在成都考察期间，课题组到大邑，县委书记曾万明亲自陪同到乡镇考察，同我们特别亲切。晚宴时，我坐在他边上，席中他对我说：我还存有你的照片呢！问其所以，他说："你 80 年代到新都调研时，是我父亲陪你的，当时拍的照片，留下了（他父亲当时是县委办主任），我自己也跟你干过活。"他后来就在新都县政府办工作，百县市调查中的新都卷，他也参加了，其中概论部分是他执笔写的。这样就成为老朋友了，在大邑调研结束时，我向曾万明书记提出：我们课题组正在做中国社会阶层关系调查，而且正在找几个县市做调研基地，能否把大邑作为调研基地，进行深入调查，他当即表示热情欢迎。

5 月中旬，我带着王春光、王颉，樊平、张宛丽、李炜、宋国恺、胡建国、刘金伟、杨桂宏、杜焕来、李春玲等十余人，一起到了大邑，县委专门派县办主任和政策研究室何汝云、主任余立等配合协助我们调研。其时，曾万明已调任成都副市长，由蔡亦如接任县委书记。

我们先是听取县委、县政府的 30 多个部、委、局、办的汇报和介绍他们各自的情况，第二步是下几个乡镇蹲点调查，第三步是在各个阶层选代表人物进行入户访谈，第四步（与二、三步同时）在全县做 1000 份问卷调查。前后历时约 2 个月，第一轮调查结束，我们在七月中旬结束。

11 月，课题组再去大邑作补充调查。还是由办公室、政研室配合调研。

---

① 原稿写于 2005 年 4 月 13 日，题为《成都：破解城乡二元结构的探索》，作者：陆学艺、王春光、陈光金、张婉丽、李炜，发表于中共中央党校《理论动态》2005 年第 17 期。该文还以《成都正在探索破解城乡二元结构的难题》为题收录于文集《走城乡统筹科学发展之路》（成都市社会科学院编，成都：四川人民出版社，2007 年 3 月）、《社会建设论》（陆学艺著，北京：社会科学文献出版社，2012 年 3 月）、《"三农"续论——当代中国农业、农村、农民问题研究》（陆学艺著，重庆：重庆出版社，2013 年 5 月）。本书第 6 卷收录了该文。——编者注

此时，大邑调查的成果《大邑社会各阶层关系状况调查》初稿已经写出。

成果之一，通过1000份问卷的数据整理，把大邑50多万人的社会阶层结构的状况做出来了。有一天，李春城同志在成都请我吃饭，金嘉祥陪同。我把大邑阶层分析的图表带去了。从此表列的数据表明，大邑经济还不发达的主要原因是私营企业主太少了，全国当时的私营企业主阶层的总数已占总就业人口的1.2%，而大邑只有0.56%。所以大邑要发展经济，主要不是培训农民工的问题，主要是要训练培育一批私营企业主。李书记对这个调查很感兴趣，还说，请你们给成都也搞一个调查吧！

在大邑还有几个发现，一是我们进行了一年多的社会阶层关系研究，总抓不到要领，理不出这本书的主线。在大邑长期调研还有一个发现：当下中国社会阶层关系复杂，各种新问题、新矛盾层出不穷。这些矛盾和问题在我们计划经济时期，在资本主义国家发展时期是没有的。主要原因有两点。

一是劳资矛盾的双方都是新的。老板和私营企业主是新的（改革开放前他们都是工人、农民、一般干部、一般的专业知识分子）。几年工夫，在各种情势下当了老板，他们同原来的民族资本家没有任何的传承关系。怎么当老板？怎么对待工人，对待政府干部，怎么对待同行，包括怎么对待自己，他们都没有经验，不知如何是好，于是出了许许多多奇奇怪怪的事。工人也是全新的。他们原来大多数是农民，当了工人、职员，不知如何对待老板、对待同事，如何依靠政府，如何保护自己权益，如何对待自己，他们都没有经验。常遇到老板不能按时发工资，急了，就把老板捆起来，打、逼。或者是爬上电线杆以自杀威胁老板……。而应该站在老板、工人的上面主持公道的政府官员也是新手，也没有经验。由此，新的矛盾、冲突就在所难免了。

二是免了农业税以后，首当其冲的是县、市、镇的财源断了，经济更加拮据。我在大邑韩场镇蹲点，了解到当时县里每年只给一个乡镇发4万元钱，而要运转一年，没有40万~50万元过不去。怎么办呢？再向农民伸手不行了，只有想土地的办法。如扩展镇区，搞土地财政。

11月，去安徽合肥召开第六届社会学会理事会暨社会学学术年会①。理事会换届选举，选举郑杭生为会长，李培林、宋林飞、蔡禾等为副会长。我被推举为名誉会长。

① 2005年11月11~13日，中国社会学会2005年学术年会暨第六届理事会在安徽合肥举行，年会主题为“和谐社会构建——社会学的神圣使命”。——编者注

下半年，中国社科院酝酿建立学部委员制。院里决定70岁以上的原学术委员会委员，除了还任政协委员、人大代表的以外，一律办理离退休手续，我已不担任人大代表，也办理了退休手续。

2006年

1月，社会结构变迁课题组经过一年多的调研，深感“当代中国社会阶层关系”是个重大课题，但多个社会阶层都在发展变化，各种社会关系都在重建，此时要作出概括总结，难度很大。几经讨论，多数同志认为现在要写出关于社会阶层关系的论著，还不成熟。张林江等建议，要另起题目。

1月中，课题组集中到香河县足球集训基地，就下一个研究主题专门进行了讨论，最后决定，第三本书的主题定为《当代中国社会结构》。从此，新课题调研工作就开始了。

1月21日，胡锦涛同志在中南海召开新农村建设座谈会，约请了林毅夫、我、翟虎渠（农科院院长）等七人参加。回良玉和农业部部长杜青林、陈锡文等听会。大家就新农村建设问题展开了讨论，我在会上就新农村的社会发展等问题发了言。

会后，胡锦涛同志请我们一起吃中饭。席间，胡锦涛同志问我：陆教授，按中国现在的经济发展状况，城镇化发展到多少比较合适？我和林毅夫回答：城镇化应是今后发展的战略重点，要处理好城镇化与新农村建设的关系。按我国的经济发展状况和趋势，“十一五”期间发展到50%，达到世界平均水平为好。

3月，在丰台一家宾馆，召开《社会可持续发展卷》[①] 的统稿定稿会议，我、钱伟量、邹农俭和北工大的李东松、唐军、胡建国、宋国恺、李晓婷、刘金伟等近20人参加。这个课题主要是人文学院老师和一部分博士生做的，2005年做了一年调研，开了多次研讨会，到丰台会议最后统稿定稿。

会议结束的时候，我和钱、邹等漫谈。以这支队伍为基础，人文学院的老师们还能做什么，进行哪个大的课题比较合适？既是国家需要的，又能把大家的积极性调动起来。经过漫谈，大家认为，考虑到北工大是市属院校，应该面向北京、为首都服务，我们已完成了北京市城市规划中的社

① 指《中国社会进步与可持续发展》一书。——编者注

会发展问题研究。也考虑到再过几年，就是新中国成立60年，于是决定做一个“北京社会发展60年”课题很有必要。如果用两年时间，到2008年完成，恰逢北京解放60周年（北京的解放可以定位在1948年冬天，也合适）。大家赞成，这个新课题就定下来了。后来，因为2007年开了十七大，社会建设的实践和研究提上日程，所以这个课题最终就改称为“北京社会建设60年”。

7月，中国社科院举行学部委员大会，我当选为荣誉学部委员。

8月，参加在山西太原召开的中国社会学会学术年会。[①] 这几年，参加学术年会的人员越来越多，山西会议参会人员达到400多人，这是空前的。

2007年

春节以后，经过酝酿准备，数易其稿，起草写成了为加强中国社会学建设给胡锦涛的信。

4月，每年一次的社会科学基金课题评审会。会上我把草拟的给胡锦涛同志的信给郑杭生、李培林、王思斌等同志看了，他们都同意，并在信上都签了名。李培林说：这个信很有必要，但光我们社会学界同仁签字还不够，老陆你在学界老朋友多，还需要这些朋友的支持。

会后，用了两个多月的时间，又分别请胡福明、宋林飞、吴敬琏、高尚全、邢贲思、汝信、江平、江流、丁伟志、黄楠森、李强和景天魁等签名，共十六人签了名，准备找合适的机会送上去。

5月，萌萌带着汉娜（5岁）[②] 回北京出差、休假。前后一个多月。有一段时间，每天送汉娜去地安门附近的民航局的幼儿园。开始时，我和孟怡一起送，后来请了个张岩师傅，每天接送汉娜，大部分时间由孟怡一个人陪着送和接。6月中旬，萌萌出差结束，带着汉娜回美国。

这一段时间孟怡过于劳累、紧张，送走萌萌，她大大松了口气。约8月，对门王海波的夫人廉永红对雷雷[③]说，你妈最近有点反常，说话常常前言不搭后语，要我们注意。雷雷当天就告诉了我。

---

① 2006年7月15～17日，由中国社会学会主办，山西省社会学学会承办、太原市政府协办的中国社会学会2006年学术年会在山西太原召开，年会主题为“科学发展，共享和谐”。——编者注

② 陆学艺先生的女儿陆萌以及她的女儿。——编者注

③ 指陆雷。——编者注

自 2003 年孟怡退休回家（1998 年她满 60 岁，办了退休手续，但《国土报》继续返聘她在年鉴编辑部继续工作）后，对门的廉永红已经内退在家，她们两人关系亲密，两人除节假日外，几乎是天天一起出门，一起购物，一起逛超市。她的谈话使我很警觉，我也几次当面询问过小廉。

自此，我就注意了，果然觉得孟怡是有问题了。以后陪她一起上协和医院、隆福医院、北京中医医院（宽街）看过病，医生按一般的失眠、焦虑对待。因为那时去看病，孟怡谈吐还正常，回答问题还是清楚的。

3 月间，晋江市委宣传部张永宁、理论处长姚运志等来所，提出今年是晋江撤县建市 15 周年，邀请我组织力量到晋江调研，总结晋江十五年来经济社会发展的经验，写一本书。我同所里商量后，接受了这个任务。

4～9 月，我带着王春光、张宛丽、石秀印、胡建国、杨桂宏、谢振忠、宋国恺等 10 余人，先后三次到晋江调研，对晋江十五年的发展做了全面的总结和概括，提出了将新晋江模式作为主题的建议。10 月间，集体创作，在京写出了《晋江模式新发展》一书。11 月约请了国内三十多名专家到晋江开了《晋江模式新发展》的学术研讨会，同时举行了《晋江模式新发展》的首发式。[①] 这本书在福建、在晋江得到了较好的评价。12 月，晋江举行了隆重的建市 15 周年庆祝会，会上晋江市人民政府授予我晋江荣誉市民的称号。

8 月，中国社会学会在湖南举行学术年会[②]。冷溶出席了会议。时任湖南省委书记张春贤、省长周强专门宴请了冷溶和学会的主要领导和我等。会议期间我和颜烨一起访问考察了湘阴县，这是左宗棠的家乡。

十七大以后，北京工业大学要我在全校作了一次学术报告，讲稿在《北京青年报》上摘要发表了[③]。

我注意到社会建设问题日益受到重视，逐渐转变到实践中去。到年底，

① 陆学艺主编，《晋江模式新发展——中国县域现代化道路探索》，北京：社会科学文献出版社，2007 年 12 月。——编者注

② 2007 年 7 月 19～21 日，中国社会学会 2007 年学术年会在湖南长沙举行，年会主题是“和谐社会与社会建设”。——编者注

③ 指陆学艺 2007 年 11 月 28 日在中共北京市教育工委、北京市教委联合人民网共同举办的“百万首都大学生同上一堂课”上主讲的第六讲《关注民生、改善民生，推进和谐社会建设》，以《高校岂能党政机关化》为题摘要发表于《北京青年报》2007 年 12 月 5 日 D2 版。完整的讲稿以原题发表于《北京工业大学学报》（社会科学版）2008 年第 1 期。该文还收录于文集《社会建设论》（陆学艺著，北京：社会科学文献出版社，2012 年 3 月），以及本书第 9 卷。

我写就《中国社会建设的理论与实践》一稿[①]。

2008 年

1 月，到成都，参加省社科院召开的农村发展理论研讨会。我在会上讲了城镇化与新农村建设的关系问题。会后，此文在《经济学家》杂志发表[②]。

会议期间，会见了章玉钧、秦代红和达凤全等同志，也见了李春城同志，他向我谈了近几年成都城乡统筹发展的情况，也谈了他自己的一些经历。

5 月，我把给胡锦涛同志的信送出。7 月 19 日，胡锦涛同志在信上作出了批示。

直到 10 月，我才得知这个批示内容。院里也得知领导同志的批示，王伟光同志专门召集会议，讨论了这个问题，责成李汉林、李培林等起草关于贯彻这个批示的做法。10 月中，院长办公室讨论了李汉林、李培林写的报告，形成了向中央报告的文件。主要内容有：（1）召开一次社会学工作会议。建议最好由中宣部主持为好，或者由中国社会学会召集开，由中央领导同志讲话；（2）增设社会学博士点。建议国务院学位办能按照中央领导的批示精神，酌情增加，中国社会学会可以提出应在哪些省区、大学具体增设授权单位的建议；（3）中国社科院增设有关社会学的研究所。中国社科院拟先增设一个社会政策研究所，待以后条件成熟再增设几个所，形成社会学研究片。

这个报告，以中国社科院党组名义，上报中宣部。刘云山、李长春同志批示后，再报胡锦涛同志，锦涛同志批示同意。中央领导同志对院党组报告批示后，院里开过几次会，再报中央编制办等单位。

这个报告直到 2009 年才正式得到批复。社科院同时上报的城市研究中

---

① 原稿题为《提出“社会建设”概念的重大理论价值和实践意义》，以《关于社会建设的理论和实践》为题发表于《国家行政学院学报》2008 年第 2 期，越南社会科学院哲学研究所主办的刊物《哲学》2008 年第 12 期刊载了该文的越南文版。该文还收录于文集《社会建设论》（陆学艺著，北京：社会科学文献出版社 2012 年 3 月），《中国社会结构与社会建设》（陆学艺著，北京：中国社会科学出版社 2013 年 8 月），以及本书第 10 卷。——编者注

② 陆学艺 1 月 12 日在成都锦江统筹城乡发展论坛上的讲话，以《统筹城乡发展，农村要进行第二次改革》为题发表于《经济学家》2008 年第 2 期。——编者注

心升格为城市研究所，以及新增的国际法研究所，当年就挂牌成立了。几经周折，建议增设的社会政策所被更名为社会发展研究所，该所于 2011 年成立。更遗憾的是关于增设社会学博士点的建议，教育部接到批示后，没有任何反应。

7 月，在吉林长春，举行第六届中国社会学理事会暨学术年会[①]，选举李培林为会长，郑杭生为名誉会长。会上，我应李春玲、刘欣的约请，到社会分层专题小组参加会议，主持了一场中产阶层问题的研讨。在会上讲了我对国内中产阶层研究的一些看法。

会议期间，我专门到公主岭市去调研了一天。今年吉林粮食大丰收，公主岭市就将收获 40 亿斤玉米，但公主岭市已经建立起来几家玉米加工的大企业，可以完全消化这些玉米。

7 月，萌萌回京出差度假，我们陪同孟怡一起去协和神经内科门诊。大夫检测孟怡时，我们在场就惊呆了，孟怡居然已算不出 100 减 7 等于多少、93 减 7 等于多少，这样的数目。检测的结果：几位年轻大夫说，可能是血管型的痴呆，老大夫张振馨看了他们的检测数据和目诊后，就说是老年性痴呆。萌萌当场就哭了！我也懵了，怎么好好的，会得这样的病。

自 2006 年春天北工大人文学院决定编撰《北京社会建设 60 年》以后，共有近 30 位教师和博士生参加了此项课题，共分 26 章，各位作者都尽心尽力，收集资料、参阅文献，到 2007 年底，各章已都有了初稿，开过两次统稿协调会。2008 年 9 月，中国科学出版社很认真地编辑出版了《北京社会建设 60 年》[②]，大部头，170 万字，26 章，封面和装帧都很美。责任编辑李敏很敬业，很负责，认认真真地编好了这本书。封面设计了几个，为选定封面，专门打电话给我，要我去选封面。我拗不过她的执着，专门去科学出版社新办公楼，听他们介绍、评论，和他们一起选了现在这个封面。10 月，在北京工业大学逸夫楼举行了首发式。

12 月，在市政协会议中心，大课题组集中讨论《当代中国社会结构》的初稿。初稿已经交齐，总报告也有了。课题组逐章讨论修改意见，对总报告提了不少意见。还就社会结构的定义，讨论了一整天，有了自己的定义和社会结构的框架设计图。会议确定，书稿要进一步修改，争取明年出版。

---

① 2008 年 7 月 20～23 日，由中国社会学会主办，吉林省社会科学院、吉林省社会科学界联合会、吉林大学、吉林省社会学会共同承办的中国社会学 2008 年学术年会暨第七届理事会在长春隆重召开，年会主题为“光辉的三十年——改革开放与中国社会学”。——编者注

② 陆学艺主编，《北京社会建设 60 年》，北京：科学出版社，2008 年 10 月。——编者注

2009年

年初，自孟怡被确诊患病之后，在协和诊治了近半年，服药，也去宽街中医院、武警总队医院、隆福医院，找了私人诊所，还去上海，在龙华医院等门诊，都说如何治这个病是医学界还未攻克的难题。

年前萌萌从美国来电话，她怀孕了，这是喜讯。预产期是5月初，我原先应诺过去帮忙，同时，也陪孟怡去美国诊治。所以，过年以后，就着手办理去美的各种手续，还算顺利。

4月15日，我和孟怡一起去美国旧金山，萌萌他们家在旧金山市东，核桃溪市郊的一个住宅区，是一个联排的别墅，二层楼，有200多平方米，环境很好，原来是丘陵地带的农区、果树区，20世纪70年代初改造为住宅区，已不种任何农作物，都是草地和树木。

萌萌身体很好，临产前还在家里办公。5月1日她的第二个女儿出生了，取名为瑞娜。上午生的，下午我和孟怡去看望，小家伙眼睛很有神，我当即对萌萌说，这丫头将来肯定很厉害的，培养好了，会很有出息的（我的大外孙女和大孙子都是很和善、老实的）。

三天就出院了。美国的医疗保险体制不错，萌萌在单位有医疗保险，住院生孩子，个人只出200美元，其他一切费用都由保险公司出了。产假期间，单位要扣工资的，但市里社会保障部门会出资，补足被扣的部分。

在美国期间，我做了两件事，一是通过萌萌的亲友，了解美国基层社会的状况，通过跟着他们去学校、医院、教堂等公共场所，以及参加萌萌的朋友、同事节假日的集会，了解美国人，特别是美国华人社会的民情风俗。

二是找机会去询问、了解孟怡这种病的诊断和治疗，专门去阿尔茨海默病的服务中心咨询过。美国这种病人约有500万，各州、各市都有诊治这种病的机构，但也没有好的治疗办法。他们把这种病翻译成“失智”，很形象、很人性化。

从旁观察，美国的自动化程度很高，加油站没有加油工人，只有一个监察的，车主把车开到加油泵前，插入信用卡，自己动手加油，取卡，一切都完成了。银行也是，不仅有自动取款机，而且有自动办理各种票据以及存款等的无人服务的机器。汽车开到服务柜前，不用下车，塞进票据，按动号码，就交易办成了。

美国在居民区没有小商店，我购物要到中心服务区去，大部分都在大超市里解决了，少部分在中心的专门商店解决。

问题最大的是他的制造业、加工业已经都搬迁走了，第二产业空心化，只有航空、汽车工厂等几个产业。萌萌生孩子期间，要用的许许多多用品，大多是中国生产的，少数是墨西哥、印尼、马来西亚等地区生产的。农业还行，集中在加州的中部，大片的果树区、蔬菜区、粮食区，都是机械化的，用的人也很少。一方面，高度的自动化、机械化，工资高，用人少，但另一方面又有大批失业的人。这个社会能太平吗？当然美国最大的问题是把制造业丢了，轻工业几乎没有了，加工业都迁出去了。作为几亿人的大国，这肯定是有问题的。从长远讲，大国的一、二、三产业必须是齐全、协调发展的，否则早晚要出问题。20世纪60年代，经济学家们过分推崇第三产业，搞三、二、一格局，很值得反思。

到了6月，萌萌身体恢复得很好，小家伙长得很可爱，很健康。我放不下《当代中国社会结构》这本书，空下来一直去修改，重新设计，写总报告那一章。上旬，我同萌萌商量，准备月底回北京。

6月中，女婿开车，全家去洛杉矶走了一趟，到洛杉矶分校黄宗智家，谈了半天。沿途看了加州的农业区，还看了几个大学。我和孟怡还去了趟西雅图，胡杰接待了我们。在华盛顿大学开了一次座谈会，加州图书馆馆长还领我们参观了他们的藏书，有一些古版的线装书。

6月26日我和孟怡乘飞机回国。

7月，到西安参加中国社会学会学术年会①，省社科院承办这次年会，石英副院长主持。住丈八沟省委的宾馆。会议期间，我到西安郊区高陵县访问，参观泾渭分明的汇流处，还参观了西汉景帝的地下宫殿。

8月，北工大校长范伯元召集我们开了个会，要我们办一个新农村建设的研究中心，为北京市的新农村建设做些贡献。学校科技处杨建武处长负责，组织我们考察了昌平、怀柔等几个点，后来我建议请市里确定一个区或县，我们人文学院组织人员去做农村社会建设的调研，为这个县做出一个社会建设的规划方案来，然后请各院派人去，共同把这个区或县的社会建设工作做好，总结经验，向其他区县推广。范校长和学校同意这个方案，报到市农工委，请他们协商，选一个县（区），我们再去。到年底，市里才

① 2009年7月20~22日，中国社会学会2009年学术年会在陕西西安召开，年会主题是“中国社会变迁：60年回顾与思考”。——编者注

答复，点选在延庆县。

10月，经过数年的酝酿，由陆雷、王春光、黎宗剑等筹集了200万元资金，正式向北京市民政局申报（由北京市社科联作为主管单位），几经周折，成立了“北京市陆学艺社会学发展基金会”。汝信、丁伟志为顾问，李培林出任理事长，景天魁为监事长。2009年4月，在国际饭店举行了基金会成立大会。

2010年

我从美国回京之后，召集课题组开了几次统稿会，专门就《当代中国社会结构》修改定稿的工作进行了讨论，还就总报告部分专门讨论，终于在2009年11月收齐了稿本，我写了前言，并交出版社。1月《当代中国社会结构》一书由社科文献出版社出版。[①]

当月，在文献出版社召开新书首发式，有不少学者和媒体、记者参加。会上问得最多的是社会结构与经济结构的关系，为什么当前社会结构落后经济结构15年等问题，我作了相应回答。

2月，春节期间，我同沈原、谢寿光等商量，鉴于各地社会管理、社会建设的工作陆续开展起来，社会建设的理论研究应该加紧开展起来。建议在北京每月开一次社会学家关于社会建设的座谈会。

3月27日在张林江办公室召开了第一次座谈会。我讲了第一讲，讲了开这个月谈会的意义，动员社会学家投身到社会建设的工作中来。讲了当前的形势和社会建设开展的状况。议定每月最后一个星期六为开会日，事先约定一个学者先讲，然后大家讨论（这个会在2010年开了8次）。

3月，受上海社科院邀请，到上海参加上海社会学所成立三十周年的学术研讨会。在会上专门讲了社会建设的形势和北京市社会建设的进展（新组建的上海社工委办公室的施南昌主任等也来听会，会后作了交流）。会议结束后，到崇明岛作了一天的考察。

4月，我带着北工大的唐军、胡建国、宋国恺、刘金伟、杨桂宏等一行十余人到延庆县，调研社会建设工作。先是作了全面调查，又到各乡、镇去调查，并作了1000份问卷调查。先后三次进出，共蹲点108天，我自己

① 陆学艺主编，《当代中国社会结构》，北京：社会科学文献出版社，2010年1月。——编者注

在延庆住了约60天。最后写成了《延庆社会建设》一书。[①]

5月，在江苏昆山周庄召开了陆学艺社会学发展基金会的学术委员会，讨论了由评选小组提出的社会学优秀成果得奖论文和著作的推荐名单，并投票通过了其中得奖的3本书和6篇论文[②]。

2010年是社会学所成立30周年，也正逢费孝通先生诞生100周年，所里准备召开一个纪念研讨会。为举办这次会所里作了精心准备。会议筹备期间印了所里的年鉴、社会学年鉴、纪念册。筹备组事先还同我商量决定，基金会评出的优秀论著也在这个会上举行颁奖典礼。

5月，中国社会科学院社会学研究所举行成立30周年纪念学术研讨会开幕。会议请了华建敏副委员长出席并讲话，院里几任领导也都到会。会议期间还为费先生铜像揭了幕。[③]

会议专门有一个单元是社会学优秀成果的颁奖仪式，第一届社会学优秀成果获奖人是郑杭生、李培林、王思斌、宋林飞、张乐天、张雨林等。张乐天、张雨林、李培林、孙立平等上台领了奖。

6月，我和王焕宇、赵克斌3人应台北世新大学邀请到台湾，参加成露思教授逝世一周年追思会。

7月，受浦东干部学院邀请去上海讲课。讲社会结构与社会建设。第二天由学院教务处小戴陪同参观了世博会。

8月出席在黑龙江召开的中国社会学会学术年会。[④]

---

① 延庆调研从2010年3月23日到7月9日，前后历经108天。这是北京工业大学人文社会科学学院“北京区域社会建设规划研究课题组”、中国社会科学院社会学研究所“当代中国社会结构变迁课题组”部分成员共同完成的一次大规模调研活动。调研结束时向当地政府提交了《延庆县社会建设“十二五”规划》《延庆县委社会工委“十二五”规划》《延庆县社会工作人才队伍“十二五”规划》三个规划的建议稿。最终调研成果形成陆学艺主编的《延庆调查——县域社会建设考察报告》一书，2018年5月由社会科学文献出版社正式出版发行。——编者注

② 2010年3月27日，陆学艺社会学发展基金会的学术委员会在江苏昆山周庄召开，讨论并通过了第一届社会学优秀成果得奖论文和著作。——编者注

③ 2010年4月17日，中国社会科学院社会学研究所在北京举行“社会学研究所建所30周年暨费孝通先生百年诞辰纪念大会”，全国人大常委会副委员长华建敏出席并致辞。会上，华建敏副委员长和陈奎元院长为新落成的费孝通先生塑像揭幕。纪念大会之后还开展了系列学术活动，以及陆学艺社会学发展基金会首届“社会学优秀成果奖”颁奖仪式。——编者注

④ 2010年7月24日，由中国社会学会主办，黑龙江省社会科学院、黑龙江省社会学会承办，哈尔滨市社会科学院协办的中国社会学会2010年学术年会在黑龙江省哈尔滨市隆重召开，年会主题是“中国道路与社会发展”。——编者注

9月申报国家社科基金重大课题“中国社会管理体制的改革”，获得通过。

12月，受成都市委邀请，出席成都市委工作会议，在会上作了加强社会建设的发言。晚上市委书记李春成宴请，席间，我同他说，成都统筹城乡试点做得很成功，这为成都下一步开展社会建设打下了基础，今后希望在社会建设方面多下力气，做出成绩和经验来，这是国家很需要的。

关于农村社会分层的研究确定了我在社会学领域的研究方向*

我从1987年调入中国社会科学院社会学研究所以后，主要从事社会学理论与社会问题的调查研究和农业、农村、农民问题的研究，在这两个方面都写了不少学术论文和调研报告。本文集初选时，这两方面的文章都选了，但限于篇幅，最后确定本文集只集中选社会学方面的，农业、农村、农民问题的文稿再另作安排。本书共收录自1989年至今的36篇文章，按发表的时间编排，只有最后一篇是例外。

改革开放以后，我就主要从事农村方面的调研。转到社会学研究所工作、进入中国社会学领域，于我是学术生涯的一次大的转折。开头几年，因为一到研究所就组织常务工作，加之学科建设、引进人才、组织科研、行政管理等方面的工作十分繁重，所以，直到1989年，我才写出第一篇社会学的文章《社会学要重视研究当今农民问题》。所以，把这篇文章编为本文集的首篇。在这篇文章中，我把改革开放10多年来，中国农民在经济地位、职业结构、农民分化、收入增加、文化水平提高、政治观念6个方面的变化做了分析和论述。在“农民分化”一节中，我把农民划分为农业劳动者、农民工、雇工、农民知识分子、个体劳动者和个体工商户、私营企业主、乡镇企业管理者、农村管理者8个阶层。这是中国存在城乡二元经济社会结构体制产生的一种特有现象，也可说是有中国特色的农村社会阶层状况。我当时设想，随着全国经济社会的发展，这种农村分层的状况是会变化的。不曾想20多年过去了，农村这种分层的格局，还基本存在着，只是

* 本文源自作者手稿，大约写于2012年，原本是为中国社会科学院学部委员专题文集《中国社会结构与社会建设》一书作的自序，似未完成。该书出版时先生已经去世，故未使用，代以“编者的话”。作者在本文稿中提到该文集收录文章的篇数和顺序安排，在文集实际出版时有所变动。——编者注

各个阶层的数量有了变动。这是城乡二元结构的体制还没有破除的缘故，这也是中国农业、农村、农民问题至今没有解决好的病根。

我当时写成这篇农村社会分层的文章，有两个原因。一是我到社会学研究所已经两年多了，虽然工作繁重，但因为到了一个新的学术领域，抓紧研读了许多社会学的经典和文献。其时，社会学界正在开展社会分层与流动的调研，我对此项学术活动比较关注，认为这是认清国情的一个重要切入点。二是我长期从事农村调查，特别是此前不久我在山东陵县蹲点3年，积累了很多资料和想法，对县以下的各类成员比较熟悉，像文学创作者一样，心中有很多各种人物形象的原型。所以，一旦确定了要写这篇文章，写作过程就比较顺利。当写到“农民分化”一节时，我只是把脑海中的许多原型，做了分类、排列，信手写来，自然成篇。文章公开发表之后，总有几位同行问我：你把农村分为8个阶层，是用的职业分层方法？我答：应该是吧！其实，也像文学作品一样，作者写作时不一定事先就有框框模式。写成了，文学评论家才对作品进行分析、并总结出用的是什么方法，根据的是什么模式，等等。我想，社会学的成果，也可作如是观。

不曾想这篇《社会学要重视研究当今农民问题》，就确定了我在社会学领域里的研究方向。回顾这20多年，我在社会学学术方面的研究，基本上是循着这个方向走过来的。先是研究中国农村社会分层，再是研究中国社会结构变迁，研究中国社会阶层结构，研究中国社会阶层流动，研究当代中国社会结构，研究当代中国经济结构与社会结构的关系，直到近几年研究当代中国社会建设。这一方面是因为改革开放以来，随着经济体制的深刻变革，经济持续快速发展，中国的社会结构发生了深刻的变化，中国正在由农业社会变为工业社会，由农村社会变为城市社会，由此出现了许多正面和负面的现象。我的调查和研究，既记述了这个历史变动的轨迹，也做出了理论分析，提出了相应的政策建议。另一方面也因为我大学本科和研究生阶段学的是哲学，加上我长期关注农村农民问题的调查研究，对中国农民这个最大的社会群体的分化与流动比较熟悉，所以这项社会阶层、社会结构的研究，就这样一路走了下来。

社会学是通过对人的行动的分析来研究社会结构和社会过程的规律性的科学，是一门应用性很强的科学。中国自1949年以来，特别是自1978年改革开放以来，经济发展很快，一直保持着近10%的高速增长，2010年国内生产总值超过日本，成为世界上仅次于美国的第二经济大国。与此同时，社会结构也发生了深刻的变化。中国已经从一个传统的农业、农村国家转变为工业化、城市化的现代国家，实现了“千年未有之大变局”。我们这一代人生逢盛世，有幸参加了“大变局”的全过程。

我做“三农”研究，是从芦城开始的*

1958 年 8 月，北京大学哲学系响应党中央号召，全体师生到大兴县开门办学。我们年级一班和二班的一部分被安排在芦城，和冯友兰、张岱年、周辅臣、李曰华、李世繁、颜品忠等老师，都住到老乡家里。张秀亭、李发起、陈瑞生、牟忠鉴、冯增铨等在西芦城；李德顺、贾信德、我、李志平、林鸿复、张德才、包纪耀等住在东芦城。我和黄福同、陈文伟住在盛洪奎家里。盛家有个小院，三间朝南的瓦房，用篱笆和老盛家隔着，是典型的北方农舍，中间是门厅，东西两房，靠窗户是土炕。我们去后，盛家夫妇和三个孩子都住到东房去了，腾出西房给我们三个人住。在盛家，我们一直住到第二年 5 月回校，前后 8 个多月。

1958 年是“大跃进”的年代。我们到了芦城，不上课了，就跟着社员下地干活，同农民同吃同住同劳动。到了 8 月下旬，县里响应毛主席办人民公社的号召，决定成立黄村人民公社，把黄村镇周围的几个小乡的农业合作社合并成一个数万人的大公社。8 月下旬的一天，黄村公社在黄村镇举行了隆重的有万人参加的黄村公社成立大会。我们跟着社员一起参加了大会。与此同时，各村办起了公共食堂。我们也和社员一起同吃大锅饭。东芦城大队的第一生产队，办了一个食堂，设在一个较大的四合院里，搭起了芦席棚作食堂，每日三餐，一百多人就在这个食堂里用餐，一般是一家一个炕桌。我们同学几个另放了几个小桌和他们一起吃。社员大锅饭是不交粮钱的，真的实行着“鼓足干劲生产，放开肚皮吃饭”。我们系里还派了戴凤岐等几个同学进食堂做饭。芦城这里生产京西稻，中午主食是大米饭，菜

---

* 本文源自《青春岁月在北大——哲学系 1957 级同学回忆录》（陆学艺主编，北京：社会科学文献出版社，2012 年 10 月），第 226 ~ 236 页，原稿写于 2012 年 5 月 2 日。该文还作为“后记”收录于《“三农”续论：当代中国农业、农村、农民问题研究》（陆学艺著，重庆：重庆出版社，2013 年 5 月）。——编者注

肴并不好，但大米饭香喷喷的放开吃。早晚是棒碴粥和窝头。食堂开办时，粮食是充足的，副食有些困难，要队干部和食堂人员操心筹措；最伤脑筋的是燃料，做大锅饭菜靠原来一家一户时烧的秸秆柴草是不行的，也不够了。要烧煤，这是一大笔开支。以后经费供不上了，就砍树烧。芦城是平原，没有树林。实行了公社制，一切归公了。开始砍的是各家门前屋后的大树，以后连中等的树也砍来当柴烧了。20 世纪 60 年代以后，各地、各村的大树都没了，办公共食堂是一个重要原因。

办了人民公社，实行政社合一。芦城分为东芦城、西芦城两个大队。东芦城下设三个生产队，大队长是杨国维，支书是刘洪彬，我的房东盛洪奎是副大队长，第一生产队队长是杨凤海。开始时，会还不多，我们常常就随杨凤海队长下地干活。1958 年是个风调雨顺的好年头，全国各地都大力宣传鼓足干劲、力争上游，贯彻总路线的方针，干部和群众的积极性都很高，庄稼长得很好。但是，自从办了人民公社，吃了食堂，特别是到了秋收时，收获的稻子，都往生产队集体的场上堆放，碾出大量的稻谷往公社粮库里交，稻米往公共食堂里送。年初合作社定的劳动工分分配方案没人提了。社员问干部，“年终怎么分配”？队长和会计也不知道，只说要等上面来的指示。这时，报刊上、广播里都在宣传，要实行供给制，有的说要实行供给制加工资。有人算过：这点生产，除了吃喝，每个工作日（10 个工分）只能分 4 角钱。眼看着自己辛勤劳动，却没有指望，而且也不知道今后的“政策”会怎么样，社员们的生产积极性就像泄了气的皮球，渐渐地降了下来。只有盛洪奎、杨凤海等这些大、小队干部，他们是党的积极分子，坚信党的路线和政策，所以还是每天早出晚归，领着社员在田里干。但是，社员们已经无心干活，消极怠工的人越来越多。芦城的田多，庄稼长得又好。1958 年秋收时间拖得很长，到霜降了还有不少稻子长在田里。公社、大队的干部都急了，下令要各个生产队抓紧秋收，要挑灯夜战。我们这些大学生，是大队、生产队里的积极分子，干部指到哪里，我们也跟着干到哪里。在连夜收割稻子的那些日子里，我们也都参加了。但因为多数社员消极了，割稻的进度还是很慢。只要主要的干部不在场，干部前脚走，就有人喊“歇着了”，大伙坐的坐，躺的躺，就不干了。夜战时，干部们开会去了，大伙干脆就在地里睡觉，估摸干部开会快散了，再起来装模作样地割几刀，等着干部来喊收工。1958 年是个丰产年，但没有丰收到家。为什么，1959 年春天以后，不少地方的公共食堂吃不上饭了，就因为 1958 年秋后大“政策”变了，社员消极怠工了，丰产没有丰收，很多粮食被糟蹋在地里，这是一个很重要的原因。当然，这些关于政策方面的因果关系，是后来才弄明白的。当时，我们并不懂。我们亲历了农村轰轰烈烈的人民公社成立前后的全过程，许多经历至今记忆犹新。

1959 年 5 月，按照学校的安排，我们回学校了。在芦城我们住了 8 个月，同社员朝夕相处，同房东、同干部、同社员混得很熟了，临走时，大家依依不舍。头天晚上，在一队的公共食堂里，干部和一部分社员设宴欢送我们，相互有说不完的话，喝的是白薯干酒。我是一队学生组的组长，代表“北大学”① 的人和他们干杯，盛情难却，一碗又一碗，直到喝醉，是同学把我架回房东家的。第二天校车来接，我还没有醒，还是同学把我抬上车的。

1959 年冬天，学校派我们再次到芦城，参加农村正在开展的社会主义教育运动，这次不是全系去，只派少数教员和几个班级的学生去。我们年级的同学还是在芦城。我这次和牟忠鉴等住在西芦城大队最西边的李春生家里。这时已经是冬季，地里没有什么活了。同学们主要是参加各种会议。班上派我和姜宏周到西芦城大队去当秘书，主要是帮助支部书记常福海做些工作。常福海同志是“土改”中培养起来的干部，所以对东、西芦城都很熟悉。公社化后他担任西芦城大队的支书，有工作能力、有经验、有办法，在当地上下很有威信。和他共事几个月，与其说是我帮他工作，不如说是他帮助我更为确切。他很健谈，我们常常在大队部谈话到深夜。既谈公社建立后的多种工作和“社会主义教育运动”的事，也谈新中国成立前和新中国成立后土改和合作化的各种变化和问题。实在说，我对农村的认识是从他开始的。而且从这次共事后，我们成了朋友。以后，我每次到芦城，第一件事必定是要先去找他。他教给了我很多农村的知识。

1961 年 3 月，中共中央《农村人民公社工作条例（草案）》（以下简称《农业 60 条》）出台。北京市派副市长王纯带了一个十多人的工作组，下到大兴县，做贯彻落实《农业 60 条》的宣教工作。北大哲学系派杨克明、陈瑞生和我参加工作组。到了大兴，工作组分派我和杨克明两人在简报组。那时，白天工作组的领导到各公社和大队宣讲《农业 60 条》，并接着开座谈会，听取当地干部和社员对《农业 60 条》的意见。晚上，王纯副市长和农工部的领导听汇报。我和杨光明等在会上记。汇报会常开到深夜。会散

① “北大学”是北京大学在北京市大兴县开门办学时，下放锻炼的学生成立的学生小组名称。——编者注

了，我们两人还要写简报，常常写到两三点，再把打字员喊起来打印，第二天一早，给市委送去。在工作组工作的这些日子是很辛苦的，但也确实受教育、受锻炼、长见识。对人民公社成立以后出现的种种问题，以及中央和市委是如何应对解决这些问题，把农村的生产、生活一步一步地组织起来的，有了一个初步的认识，工作组在大兴工作了近两个礼拜，工作一结束，我们就回学校了。

1962 年，我考入中国科学院哲学社会科学部哲学研究所当研究生。贾信德被分在农业机械部。1963 年春节期间，我们两人还专门到东芦城大队住了几天，这时原来的黄村公社已被划小，成立了芦城公社，管辖东西芦城、鹅房、康庄等大队，公社就设在西芦城西边，原来糖厂斜对面、红专学校的原址。其时，农村已实行“三级所有，队为基础”的体制，东芦城大队还是三个生产队，还是杨国维当大队长，杨凤海为一队队长。我和贾信德和东芦城的社员很熟，访问了好多个家庭，他们对我们都很热情，问长问短，打听同学们的去向、下落。他们说，这些年到芦城的干部、学生很多很多，唯有“北大学”的这帮同学，他们最惦记。

1962 年是个丰收年，这年的年终分配比较好，多数社员过年都能吃上饺子了。一些中老年社员说，总算挨过来了。但队里还有不少困难户，特别是原来村东南有个小村南程庄，十几户人家“大跃进”时拆并到大村里来了，当时，还寄居在人家院里，吃住都有很大困难。盼着能早日落实政策，对他们将来有个说法。我们两人回到北京后，同时任中国科学院哲学社会科学部副主任潘梓年的秘书周云之同学说起这些农村调查的见闻。不久潘老还专门约我们两人到他家座谈。潘老对农村的情况听得很认真，会后还要我们把农村这些情况写出来。后来，这篇调查报告在北京市委内刊《北京内参》上发表了。这是我们合写并发表的第一篇农村调研文章。可惜，现在已经找不到了①。

1963 年 5 月，农村开始搞小“四清”。原来在黄村公社当书记的尹俊峰同志已出任大兴县农村工作部的副部长，我同他通了电话，他把我介绍给了正在黄村公社（划小后）的“四清”工作组，我随他们下村工作了一段。那时的小“四清”，还是清账目、清仓库、清工分、清财务，主要是从生产队清起的。我从中学到了很多基层的知识，为我 1964 年、1965 年到湖北襄阳、河北徐水搞大“四清”（清政治、清思想、清经济、清组织）打下了

① 已收录于本全集第 12 卷。——编者注

基础。

“文革”期间，我多次去芦城访问，有几次是一个人骑自行车去的。有几次在外地工作的同学到北京来，都知道我和芦城有联系，要我向他们介绍芦城的情况，有的还要求我陪他们去芦城看看。印象最深的有几次。其中，一次是戴凤岐从新疆来，我陪他去了。那时是“文革”中期，我们先到了杨国维家。老杨告诉我们，洪奎出事了，我说：“洪奎是个好干部，怎么会有事？”杨说，“他家成分高，家境也好些，日伪时期参加过日伪组织的自卫团活动。新中国成立后，入党时，都说清楚了的。有次大会上，有人揭发他参加过自卫团活动。那时的大队是年轻造反派掌权，不分青红皂白，拉出去就批斗了，也免了副大队长的职，哪容你申辩。洪奎是个内向的人，受这样大的打击，郁闷着，第二年就没了。在那个时代，我和老戴也无法，只有在私下里，给增文、增武（盛洪奎的儿子）说些安慰的话”。还有一次是在安徽工作的张德才来京，他好不容易找到我，见面就问芦城的情况，并且急着要我陪他去芦城。我知道他的心情。我说：“小珍子现在生活得很好，你不要去了，留个好印象吧！”我怎么说他都不听，我还是陪他去了。到了东芦城，先找到杨贵英家，她是当年的团支书、青年突击队长，婆家姓刘，丈夫复员回来，当时是东芦城的党支书。一进院，刘支书向我们介绍村里的情况，杨贵英派她儿子出去，不一会儿，一个农村女干部装束的胖大嫂出现了。我站起来说，小珍子，德才从安徽来看你了。张德才也站起来，伸手握住刘玉珍的手，两人怔怔地对视了好一会儿。杨贵英拿张椅子，拉张德才就坐在玉珍的身边，继续听刘支书讲村里的事。刘支书很知趣，很快就讲完。张刘两人就对话开了。我坐到支书身边，继续向他问农村的情况。十多年前，我们在东芦城时，刘玉珍正是妙龄少女，是村里最漂亮的女孩。我们天天在一起劳动、开会，有时还搞文娱活动，在一起排练。班上有好几个男生都很喜欢她、心仪她。大家都是同龄人，她也喜欢这些同学，愿意和这些“北大学”的人交往。我们回校以后，她和杨贵英等还几次去过北大，看望同学们。张德才在回京路上，说了一句话：“人怎么会变得这么快呢？”我说：“岁月沧桑啊。”

改革开放以后，我还是常去芦城。1978 年，我写的《关于加速农业发展的若干政策问题》被新华社内刊《国内动态清样》和《内部参考》摘要发表了。时任中国社会科学院副院长的宋一平看到了这篇文章，提出要我以后专门从事农村、农民问题调查研究。从此我就不再担任哲学研究所中国哲学史研究室的工作。他还建议我要经常到各地农村去调查。1979 年春天，我开始专门调研农村的第一站就到了芦城，住进了公社大院，调查的重点还是在东、西芦城两个大队。当时，在安徽、贵州等地，已经开始搞包产到户试点了，但在芦城、在京郊还是实行“三级所有，队为基础”的体制，正在酝酿联产承包到组的试点。社队干部普遍感到这套办法，要种好田、要增产、要增收，太吃力了。问其所以，干部们说，不管你怎么说，劳力们就是不干啊。要么不出工，就算出工了也不出力，田怎么能种得好！我就从这个问题开始调查。芦城公社共1万多人，有公社编制的干部20多名，加上抽调来的工分干部和勤杂人员，共50多人。一个大队名义上只有4~5个吃补贴的干部，但加上电工、农机员、赤脚医生等也有十来人。生产队有队长、副队长、会计、工分员、饲养员、车把式，也有近10人。当时，芦城公社已有几个社办、大队办的农机厂、砖窑等社队企业，工人都是从各队抽调上来的，但还在生产队里记工分。而所有这些人，绝大多数都是男劳力，他们想出各种办法，通过各种关系，都转到这些非农的岗位上，到秋后照样有工分，参加分配。真正到农田里干活的男劳力越来越少。我注意到了这种状况，专门回东芦城大队，找干部座谈，详细记录、统计了这些数据。这时，正是春耕大忙季节，我随着第一生产队出了一次工。好不容易在队部门口等齐人下地了，近20人的队伍，只有队长和几个青年是男的，大多数是女的。我问：“怎么今天出工的都是女劳力？”队长说：“不光是今天，常常是这样的。”小青年说了，我们队长是“妇女队长”嘛！还有个青年说：“现在哪是人民公社，早就是‘人民母社’了！”这句话，小青年说时是句开玩笑的话，但我记住了。

回到北京，我把这次芦城调查的情况写成了一篇调查报告，题目是《为什么在田间劳动的只剩下一些妇女》，把上述男青年的那句话也写进去了。登载在中国社会科学院编的《未定稿》上。后来这期杂志传到美国，有个学术刊物来信提出要专门就此问题来采访。

20世纪80年代以后，我又去过多次芦城。2007年，我们北京大学哲学系1957级的同学入学50周年，在中共中央党校聚会。大家都提出要到芦城去看看。会议工作人员专门租了两辆丰田面包车，组织同学们回芦城。芦城方面接待我们的是东、西芦城两个村的现任领导和当年的大小队领导，还有不少过去和我们一起劳动、共过事的老房东、老朋友，都已白发苍苍了。欢迎会议在原西芦城大队书记李春生儿子办的一个建筑公司的大会议室里举行。主持人是建筑公司的副经理，叫李如意（李春生的孙女），会上杨国维、李春旺等老人和李发起、苏振富、王崇焕等同学都讲了话。会后，

同学们分别到各自的老房东、老朋友家去看望。我和李志平等先到了东芦城老盛家。原来的三间瓦房已经翻建改成了五间大房，原来的小院也建成平房了。看过的几户，都是这样，房子已经成倍地增建了，所有能建房的空地都建满了房子。路上还堆放着许多红砖和沙子，还要继续建房。一方面这些房是租给外地农民住的，另一方面，这里已经规划为城区了，等着拆迁。因为拆迁补偿多少是按已有的建筑面积算的，所以建房的积极性怎么挡也挡不住。

盛家的几个孩子，成长得很好。洪奎的大儿子盛增文，参军回来，安排在县人民法院工作；老二盛增武，“文革”中就抽调到芦城公社工作，后来是黄村镇的公务员；小儿子盛增起，“文革”中市里招工，到市里建筑公司工作，户口已转到城里了；两个女儿都嫁在邻村，家境都很好。同学们在村子里转了一圈，最后集中到西芦城原支书李春生家里，很大一个院子，房子也很多。听老乡介绍，东西芦城两个村，400 多户人家现在发展得最好的是李家。春生的大儿子，早在 1980 年代后期就办起了一个建筑公司，经营得很好，现在已经是大兴区有一定规模的民营企业了。

2011 年 9 月，我们课题组在大兴区星明度假村讨论《当代中国社会建设》一书的初稿。会议结束的那天，大兴区委党校的党委书记张书记，请我们课题组的部分成员到党校开座谈会。区委党校就建在芦城村的南边，1958 年建的两个大水柜旁边。在会上谈到了我们当年在芦城开门办学的情况，张书记是当地人，他说他知道这事，村里的老人们经常谈起“北大学”在芦城的故事。会开得很亲切。我还谈起 2012 年我们 1957 级同学毕业 50 周年，要在北京聚会，还会到芦城来的。张书记说，那一定到我们党校来，还说，我们这里有房子，到党校来住都可以。会后，学校还专门请了黄村镇的组织科冯科长，陪我们一起去芦城。几年不去，芦城又大变了，公共汽车已经通到芦城，937 路从狼垡过来，有芦城西口、芦城电管站、芦城南口等四个站。东西向、南北向两条街。芦城西边、北边已是高楼林立，东、西芦城两个村的人已经不种田了，但住的还都是平房，村里住的外乡人比本村人还多。两个村的四周，用围墙和铁丝网封了起来，只有几个进出口。我们是从南口进村的，入口还专门有查证件的。芦城实际上已经成了“城中村”，据说很快就要拆迁了。

从 1958 年到现在，这 54 年，芦城这个大村，经历了整整一个时代。从小农经济到合作化、公社化；从“三级所有，队为基础”到家庭联产承包责任制；从两个大队、生产队到两个村委会、村民小组；从纯粹种田的农民到少部分农民从事社队企业工作的“离土不离乡”的农民工，到20世纪80年代后期大量出村打工的农民工，再到如今已经都不种田成为各个行业的职工，虽然户籍还是农业户口，但实际都已成为干部、老板、个体工商户和工人了，现在芦城已经没有还靠农业为生的农民了。从20世纪80年代开始，芦城的耕地逐年被征用，到20世纪90年代中期以后则大片大片地被征用，现在已经基本没有成片的土地了，都开发建设成工厂、商场、学校和住宅小区了。现在的芦城，只剩下两个村数百户村民的住宅，还完整地保留着，两个村的村委会、党支部及各种组织都完整地保留着。据说，整个芦城村已经被规划成大兴西区街道的一个部分。只待时机成熟，整个芦城很快就会被拆迁掉，村民也会被安置到附近的高楼里居住。至此，芦城村就终结了，芦城的农民也会终结，只留下芦城这个地名和几棵大树。

1958年，我25岁，跟着哲学系的老师、同学一起到了芦城，从此同芦城的乡亲们结下了不解之缘。开始，我只是凭着青年人的一股热情，响应党中央的号召，和大家一起到正在发生变化的农村实践中去受锻炼、受教育。我是农家出身，对农村并不陌生，所以很快就和当地的干部群众熟悉了，相处得很好。一个偶然的机会，班上派我给支部书记常福海当秘书，参加了很多大队部初建时的各种工作，懂得了很多农村基层的常识，这在书本上是学不到的。当时自己就觉得很有收获，很有长进。所以，学校派我们到农村去开门办学，前后两次差不多有整整一年，农村的生活条件比学校艰苦得多，虽然在农村参加劳动比在校读书要劳累得多，但我并没有觉得苦和累，也没有觉得耽误了学习，故而，以后凡是学校有下乡的任务，我都是积极主动接受的，有几次还是争取着去的。

现在回顾起来，在北大5年，到农村去、到芦城去，当时主要还是党组织派遣、凭热情、凭兴趣爱好。我真正自觉地调查农村、研究农村则是在“三年困难”时期以后。那场灾难席卷全中国，也波及学校。凭粮票吃饭，伙食很差，吃不饱，有些人得了浮肿病。寒假以后，学生从各地回来，传言很多，而报刊还在宣传形势大好。我们几个同学私下里议论，这肯定是农村政策出了问题。但农村政策到底有什么问题，为什么会造成这么大的挫折，怎么解决好这个问题，我们当时也并不清楚。于是，我们先是在课余研读有关农村、农业的各种著作和文献。有机会，我们也到各地农村去实地调查。1962年暑假，我专门到安徽、江苏、江西农村做了一次深入的调研。1963年春节，我和贾信德一起去了芦城，这可以说是比较自觉的研究农村问题的调查了。

自此以后，每遇到研究中的问题，或者一有机会，我就去芦城、黄村，常常是一个人去，有时也和同学、同事一起去，有几次还和夫人、孩子一起去。改革开放前后那些年，我差不多年年去，自我调到社会学研究所后，去的次数就少了。但家里有了电话，一有问题，就给他们打个电话，也有他们来北京或打电话来的。屈指算来，我到芦城前后有40余次，我和芦城一直保持着联系，对于芦城这半个多世纪来的变迁、转型，我是了解的。对于常福海、杨国维等老干部和盛洪奎、李春生两个老房东家以及很多老朋友家的变化，我是熟悉的。

芦城是我蹲的第一个点，是我研究农村解剖的第一只麻雀，是我分析观察农村运行、政策臧否的一个窗口。我的许多关于“三农”问题的知识从芦城来，我有许多确实可靠的信息从芦城来，我对农村未来发展一直很乐观的信心和力量从芦城来，因为我还是看到芦城一年一年在好起来。关于芦城我写成并发表的调查报告只有两篇，但我记录的关于芦城事实的笔记有几十本，我写的很多篇比较重要的“三农”论文，都有芦城的影子。芦城一直是我研究、写作“三农”问题的参照系。芦城对我的影响太深刻了，对我的教育、促进我成长的意义太重要了，可以和我的故乡（无锡县北钱村）并提，说芦城是我的第二故乡是恰如其分的。谢谢芦城！谢谢芦城的父老乡亲们！

陆学艺生平及重要活动年表

1933 年

8 月 31 日，生于江苏省无锡县三蠡乡北钱村一个传统的、重视教育的小农经营者（小土地出租者）家庭。兄弟姐妹六人，排行老二。父亲：陆爱棠，母亲：华任娣。

1938 年

父亲与同村几户人家，在村里兴办了一所北钱小学。

1939 年

9 月，进入北钱小学读书。

1945 年

9 月，小学毕业。受家中经济状况影响，失学。在家从事农业劳动。

1946 年

10 月，进入上海艺海袜厂，当学徒工，至 1950 年 1 月止。

1947 年

冬天，进入上海市商会办的补习学校，利用业余时间学习文化。

1949 年

5 月上海解放前夕，加入上海市商会组织的人民保安队，参加维护交通秩序、护厂、看仓库等保卫工作。

7 月，加入上海市百货业工会组织。

9 月，利用业余时间，到上海市立职工补习学校业余中学学习。

10 月，任上海市百货业工会北区分会执行委员，后任青工股副股长。

1950 年

春节前，上海艺海袜厂停业，回乡随父母从事农业生产。同时帮助三蠡乡政府工作，担任整赋工作员，参加整赋和土改工作。

6 月，被选为三蠡乡农协委员，担任宣教委员。

8 月 11 日，加入新民主主义青年团。在整赋工作中荣立三等功，获得政府嘉奖。

10 月，参军，加入中国人民解放军南京第三炮校文教队。

1951 年

2 月，在中国人民解放军华东第三野战军新兵三十九团四营，任文化助教。

6 月，立四等功，受营党委物质奖。

8 月，在中国人民解放军华东第三野战军新兵三十九团二营，任文书。

1952 年

5 月，在中国人民解放军华东炮兵干部文化补习学校一队，任文化教员。

1953 年

1 月至 7 月，在中国人民解放军华东军区陆军第一医院住院治疗肺结核。

7 月，在安徽省无为县转业干部速成中学一部（高中部）学习，至 1954 年 9 月止。

1954 年

9 月底，从部队转业。

11 月初，到私立无锡公益中学（1956 年更名为无锡市第五中学，1984 年建校 65 周年时恢复公益中学校名），通过测试，入校学习，插班读高中二年级，先后任班长、团支部书记和团总支委员。

1955 年

任无锡公益中学团总支书记，获无锡公益中学优秀学生称号。

1956 年

4 月 20 日，在无锡市第五中学加入中国共产党。获无锡市第五中学优秀学生称号。

4 月，出席无锡市学生“三好”积极分子代表大会。

9 月，由无锡市第五中学考入北京工学院（现北京理工大学）四系（光学仪器系）学习，担任系团总支委员。

1957 年

4 月，在北京工学院转正，成为中国共产党正式党员。

9 月，转入北京大学哲学系（1956 年北京工学院招生人数太多，允许一部分学生转到其他学校。经组织批准，1957 年 9 月转到北大哲学系学习）。

1958 年

7 月 16 日，当选为北京大学共青团第四次代表大会代表并出席会议。

8 月，随北京大学哲学系全体师生到北京市大兴县参加开门办学活动，被安排到黄村公社东芦城大队（今东芦城村），担任东芦城大队第一生产队学生组组长。

1959 年

5 月回校，前后在东芦城大队住了八个多月。

冬天，被学校派往芦城参加农村社会主义教育运动，在西芦城大队（今西芦城村）当秘书，主要协助大队党支部书记常福海工作。

1961 年

3 月，受北京大学哲学系派遣参加北京市派出工作组，到大兴县做贯彻落实《农村人民公社工作条例（草案）》的宣教工作。被分到简报组，负责会议记录和写简报。

1962 年

7 月，于北京大学哲学系哲学专业本科毕业，报考研究生。

8 月 25 日，收到北京大学研究生办公室签发的研究生录取通知书，被录取为中国科学院哲学社会科学部哲学研究所宋明元哲学史专业研究生。

9 月，师从中国哲学史专业容肇祖教授，学习中国哲学史，至 1965 年 7 月止。

12 月，在中国科学院哲学社会科学部哲学研究所加入工会组织。

利用暑期到山东、安徽、江苏北部、浙江、江西、湖北、河北等省农村做了一次考察。

1963年

春节期间与同学贾信德去芦城公社调查。2月15日，与贾信德合作撰写了第一篇农村调研文章《芦城公社见闻》，发表于北京市委内刊《北京内参》。

5月，经北京市大兴县农村工作部介绍，加入黄村公社的四清工作组，下村工作锻炼。

1964年

4月初，被派往湖北省襄阳市（县）竹条区牛首公社黄丰大队参加农村“四清”运动工作组，任工作组员。后到中原大队帮助开展工作，至1965年7月止。

4月11日，与吴孟怡女士结婚。

1965年

7月，研究生毕业，留所参加工作，做容肇祖研究员的助手，主要从事宋明理学的研究。同时，继续深入实地调查研究农村问题。

9月，被派往河北省保定市徐水县户木公社德山大队（现户木乡德山村）参加农村“四清”运动工作组，任工作组长，至1966年5月止。

1970年

5月，下放到河南省息县中国社会科学院“五七”干校劳动锻炼，至1972年10月止。

1972年

10月，从河南省息县返回北京。

1975 年

恢复业务工作。曾担任中国社会科学院哲学所哲学史研究室负责人。期间，组织《中国哲学史资料选辑》先秦部分重版编著工作。选注《易经》、《易传》、《国语》等，至 1978 年止。

1978 年

7 月，写成《关于加速发展我国农业的若干政策问题的意见》一文，共计 4 万字。

10 月 3 日，在新华通讯社《国内动态清样》发表了上述论文的部分内容，题目改为《关于加速农业发展的若干政策问题》。（中国社会科学院副院长宋一平和中国社会科学院哲学研究所党委书记孙耕夫看到文章后，建议陆学艺以后专门从事农村问题的调查与研究）。

1979 年

3 月 11 日写成《关于部分调整农村所有制关系的几个问题》一文，该文 4 月 15 日发表于在新华通讯社《国内动态清样》1979 年第 1119 期，题为《中国社会科学院陆学艺同志认为部分调整农村所有制关系有利于农业发展》。

4 月中下旬，去无锡参加全国价值规律学术研讨会。

4 月 20 日到 7 月 8 日，赴江苏省无锡市出席“社会主义经济价值规律问题”讨论会，会后实地调查了江苏省扬州、盐城、连云港、大丰，安徽省肥西、岳西、宣城，浙江省绍兴和上海市嘉定等 4 省市 8 县（市）11 个公社 13 个大队的包产到户情况，前后用了 80 多天时间。其中 6 月 1 日对肥西县山南区黄花大队包产到户试点的考察感受尤其深刻。

9 月 30 日，在中国社会科学院写作组《未定稿》第 40 期，发表《当前农村形势和农业调整的几个问题》的调查报告，（与贾信德、李兰亭合作撰写）。

11 月 8 日，在中国社会科学院写作组《未定稿》（增刊）发表与贾信德、李兰亭合作撰写的《包产到户问题应当重新研究》一文（这篇文章是根据对安徽省1978年第一个实行包产到户试验的山南区调查后写的，提出包产到户不是分田单干，而是生产责任制的一种形式，所以对包产到户应该重新研究。该文发表后，引起万里、李登瀛等领导同志关注，并被万里称作“最早为包产到户做宣传的文章”）。

11月，在中国社会科学院哲学研究所被评为助理研究员。

1980年

8月下旬，到甘肃省调查农村包产到户问题，实地考察了榆中、陇西、定西、渭源等县市。

11月，在中国社会科学杂志社《未定稿》1981年第30期发表《包产到户的由来和今后的发展——关于甘肃省包产到户问题的考察报告》一文（与王小强合作撰写）。

11月，再一次走访安徽省有关部门，又到巢湖、六安、滁县、无为、金寨、霍丘、肥西、来安、嘉山等县的10多个社队考察包产到户后的农村形势问题。

1981年

1月，在新华通讯社《国内动态清样》1981年第7期发表《来安县蔬菜大队实行包产到户 解决了城镇居民吃菜问题》一文。

1月，在全国历史唯物主义讨论会发言，题目为《包产到户的由来和今后的发展》，后收录于《农业发展的黄金时代——包产到户的调查与研究》一书，甘肃人民出版社1983年3月出版。

3月5日，在《经济研究参考资料》第33期，发表《安徽调查》（与李兰亭、齐翔延、彭克宏合作撰写）。

3月14日，在中国社会科学院农业经济研究所《农业经济丛刊》1981年第2期发表《包产到户的发展趋势》一文（与王小强合作撰写）。

7月，在北京出版社《新时期》杂志1981年第7期发表《农村包产到户后的发展趋势》一文。

8月5日，在《农村工作通讯》1981年第8期发表《为什么说包产到户仍然坚持了社会主义方向》一文。

8月至9月，连续发表了几篇关于包产到户的文章。

9月至10月，到山东省菏泽、德州地区农村调研，结识时任菏泽市委书记周振兴、德州市委书记卢洪。回京后写成七篇山东农村调查的文章，12月发表在《经济研究参考资料》(1981年第197期)。

10月22日，在中共中央书记处研究室理论组编写的《调查和研究》(内部资料) 1981年第105期，发表《近两年德州地区农业大发展的启示》。

12月12日，在《人民日报》该日第2版发表《农村市场向工交财贸战线的挑战》(与张凯旋合作撰写)。

1982年

7月，在《学术论坛》1982年第4期发表《论正确处理统包关系 完善农业生产责任制》一文。

7月至8月，在北戴河休假期间，向中国社会科学院科研局长王焕宇和李兰亭同志建议，中国社会科学院应该建一个理论联系实践的试验基地，以便于社会科学研究者同农村建立直接联系，运用社会科学理论支持农村改革，在实践中发展理论。

筹划写一本关于包产到户问题的书稿。

1983年

3月，完成《农业发展的黄金时代——包产到户的调查与研究》一书的定稿工作，请国务院农村发展研究中心副主任吴象作序，由甘肃人民出版社出版。该书收集了陆学艺1978~1981年所写的关于农村体制改革的17篇调研报告和论文。这是陆学艺出版的第一本关于农村研究的论文集。

5月，给院领导递交了《关于建立农村体制改革试点县的建议》，得到院领导和中央书记处农村政策研究室主任杜润生同志的重视和支持。

8月，在中国社会科学院哲学所被评为副研究员。

8月，经杜润生介绍、山东省委书记苏毅然同意，受中国社会科学院派遣带几位同志到山东选点，受到时任山东省委副书记李振、副省长卢洪会见，双方商定将德州地区陵县作为试点基地县。

9月，与杜润生同志一起到山东陵县，与建点的课题组成员谈话。

9月下旬，参加山东省委农村政策座谈会，听取了十多个县的情况介绍。

10 月，负责组建的陵县农村发展研究组成立。研究组成员来自中国社科院有关所、局，山东省社科院和德州地区、陵县的有关部门，一共 18 人。被任命为陵县县委副书记兼任陵县农村发展研究组组长。

10 月 25 日，陵县农村发展研究组正式进驻陵县。从 1983 年 10 月至 1986 年底，三年时间，绝大部分时间都在陵县主持农村调查工作。社科院各所先后有 50 多位同志到陵县从事调查研究，共写出 30 多篇调查研究报告，编印了三本《农村发展研究》，共计 100 多万字。

11 月 9 日，在《解放日报》理论宣传部、文学艺术部编的《新论》（未定稿）1983 年第 80 期发表《当前农村形势和值得注意的几个问题》一文（与李兰亭、张晓明合作撰写）。

此后，多次参加中央农村工作会议。

1984 年

初春，受山东省委和德州地委的委托，和陵县农村发展研究组同志一起，帮助德州地区创建德州农村发展学院，主持招聘教师、招生、基建、教学秩序等日常工作。经过两年多努力，学院初步建成。

6 月，带领陵县农村发展研究组同山东省委农村工作部副部长金石开率领的工作组一起在陵县开展调查研究，因为陵县已被定为山东省委直接领导的三个农村综合改革试点县之一。

4 月至 5 月，在《哲学研究》1984 年第 4、5 期上连载发表《马克思主义的合作理论和联产承包责任制》一文（与张晓明合作撰写）。9 月，该论文被评为中国社会科学院优秀理论文章一等奖。

12 月，与张晓山同志一起，到山东对棉花问题进行调查，二人合作撰写了《关于棉花政策的若干问题》一文，并以《关于棉花产销的若干问题研究》为副标题在中国社会科学院《要报》1984 年第 17 ~ 20 期上分 4 期连载。

1985 年

年初，在中央农村工作会议期间，与相关同志协商，准备召开一次县级体制改革研讨会。

3 月，在中国社会科学院哲学研究所培训班编印的《哲学现代化刊授讲

义》（上册）发表《农村改革的若干基本经验》一文。

5月21日，被山东省德州地委任命为德州农村发展学院副院长、党委副书记、院务委员会副主任。

5月18日到23日，出席国务院农村发展研究中心在陵县召开的华东地区经济体制改革试点县讨论会。华东6省1市有关部门的负责人和16个试点县的代表，以及北京有关部门的同志和理论工作者，共50多人参加了会议。

7月，被任命为中国社会科学院农村发展研究所副所长。

9月，访问日本，进行学术交流。

1986年

5月15~19日，所撰写的研究报告《农业面临比较严峻的形势》在中国社会科学院《要报》1986年第18~20期上连载，此报告1993年12月荣获中国社会科学院1977~1991年优秀科研成果奖（6月10日，邓小平同志在听取中央负责同志汇报当前经济情况，谈及农业问题时，肯定了《农业面临比较严峻的形势》一文中的观点。邓小平同志说："农业上如果有一个曲折，三五年转不过来。粗略估计一下，到二〇〇〇年，以十二亿人口每人八百斤计算，粮食年产量要达到九千六百亿斤……现在粮食增长较慢。有位专家说，农田基本建设投资少，农业生产水平低，中国将进入新的徘徊时期。这是值得注意的。"——《邓小平文选》第三卷，第159页）。

5月，在上海人民出版社出版专著《联产承包责任制研究》。

8月20日，参加山东省德州地区农村发展学院第一届学生毕业典礼并讲话。

10月18日，在《经济时报》上发表《发展乡镇企业是农村第二步改革的关键》一文。

11月下旬，参加中央农村工作会议。

12月，在《中国农村经济》1986年第12期发表《我国农村发展的新阶段、新任务和新对策》，《新华文摘》1987年第2期转载。

年底，经院领导和德州地委同意，结束陵县的工作，回到北京。

其主持的"县经济社会发展研究"课题作为国家"七五"重点课题，通过国家社会科学基金会审评立项，被确定为课题组负责人。

被中华人民共和国人事部认定为中青年有突出贡献专家。

1987 年

2 月，被任命为中国社会科学院社会学研究所副所长。

7 月 20～25 日，赴旅顺参加辽宁省社会科学院社会学研究所与中国社会科学院社会学研究所共同举办的“国外社会学”讨论会。

9 月 1 日，被聘为中国社会科学院研究生院硕士研究生指导教师。

10 月，应日本甲南女子大学宫城宏教授邀请访问日本。

1988 年

4 月，接受中国社会科学院委托，参与组织开展“全国百县市经济社会调查”课题工作。

6 月 1 日，被任命为中国社会科学院社会学研究所所长。

7 月，在中国社会科学院社会学研究所被聘为研究员。

8 月 5～9 日，赴黑龙江省伊春市参加中国社会学会、中国社会科学院社会学研究所、国家教委、光明日报理论部、黑龙江省社科联、黑龙江省社会科学院、黑龙江省哈尔滨市社会学会、伊春市委等单位在伊春市举办的“全国社会主义初级阶段理论与社会学”学术会议，讨论恢复和增加中国社会学会的学术性活动等事项。会后，到黑龙江省肇东县做调研，就在肇东县建立经济社会协调发展试点县与县委达成合作协议，肇东县成为社会学研究所在东北的调查联络点。

伊春会议之后，着手组织所内科研人员编写第一本《中国社会学年鉴》，内容包括自 1979 年社会学恢复重建开始至 1989 年间全国社会学研究、发展情况。

8 月，出席其参与组织的“中国国情丛书——百县市经济社会调查”总课题组在河南省郑州市召开的第一次课题协调会议。

9 月 9 日，在中国社会科学院社会学研究所组织召开了首届“全国现代化理论研讨会”并发言。

9 月 29 日，在《光明日报》该日第 3 版上发表《改革和发展需要社会学》。

10 月 3 日至 11 月 2 日，应英国学术院邀请，赴英国进行学术访问，访问了伦敦经济学院、伦敦大学、苏塞克斯大学、雷丁大学、剑桥大学、牛津大学等，并顺访荷兰一周。在剑桥同著名社会学家吉登斯会谈。

12 月，出席由中宣部、中央党校、中国社会科学院为纪念党的十一届三中全会十周年召开的理论讨论会，提交的论文《我国农村改革与发展的成就及当前面临的几个问题》被大会评为“优秀论文奖”。

1989 年

2 月 28 日，出席由中国社会学会、中国社会科学院社会学研究所、北京大学社会学系、中国人民大学社会学系在京共同主办的“社会学月谈会”，主讲了第一讲，题目为“中国农村改革现状与当前农村的社会问题”。

3 月 28 日，在京主持接待以福武直先生为顾问、青井和夫为团长，柿崎京一教授为秘书长的日中社会学会一行近 20 人的访华团，致欢迎词，接受福武直教授捐赠给中国社会科学院社会学研究所的 4033 册藏书并举行“福武直文库”揭牌仪式。

5 月，应德国诺曼基金会的邀请访问德国，顺访法国，同著名社会学家孟德拉斯会谈。

5 月 24 ~ 25 日，出席其参与组织的“中国国情丛书——百县市经济社会调查”总课题组在南京师范大学召开的第二次课题协调会议。

7 月，其主编的《社会主义初级阶段中的社会学》由知识出版社出版。

7 月，撰写《社会学者要重视研究当今的农民问题》一文，该文稿部分内容最初以《现阶段中国农民已分化成八个阶层》为题于 7 月 30 日摘发于中国社会科学院《要报》1989 年第 69 期。11 月，全文在《社会学研究》1989 年第 6 期以《重新认识农民问题——十年来中国农民的变化》为题发表，《新华文摘》1990 年第 2 期以《目前中国农民的八个阶层》为题摘编了该文部分内容。

9 月，写成《农业发展的基本经验和教训——为纪念新中国成立四十周年而作》一文，该文部分内容首次以《神州四十年：黄土地 · 红土地 · 黑土地》为题发表于《学习》1989 年第 12 期。

10 月，主编的《中国社会学年鉴：1979 ~ 1989》由中国大百科全书出版社出版。

10 月 24 日，参加江泽民同志在中南海主持的农村、农业形势座谈会，并在会上作了“关于解决农业徘徊问题的几点意见”的发言。

经陆学艺提议和组织，在中国社会科学院社会学研究所增设农村社会学研究室，任命张厚义为第一任室主任。

1990年

1月，与张厚义共同撰写的论文《农民的分化、问题及其对策》发表于《农业经济问题》1990年第1期，该文获得中国社会科学院社会学研究所建所十周年优秀科研成果一等奖。

3月17日，组织举办中国社会科学院社会学研究所建所十周年纪念会，会上就社会学研究所建所十年来的回顾和展望作了报告。

4月3日，出席在北京召开的“亚太地区家庭未来学术研讨会”并致辞。

春天，同社会学所的同志一起去费孝通先生家和雷洁琼先生家，专门就召开中国社会学会三届理事会问题作了汇报，听取他们的意见。

6月2~11日，应日中社会学会邀请，赴日本出席在早稻田大学召开的日中社会学会年会。会后在东京参加活动，并接受庆应大学的社会学系主任十时严周邀请，到庆应大学给师生作了题为“正在转型中的中国社会”的学术报告。

8月，参加在北京召开的中国社会学会第三届理事会，当选为中国社会学会副会长兼秘书长，负责学会的全面工作。在会上做了“八五期间社会学学科发展的几点设想”的发言。

8月，出席其参与组织的“中国国情丛书——百县市经济社会调查”总课题组在北京市召开第三次课题协调会议，由中国社会科学院批准任命为《中国国情丛书》总编委会副主任。

8月，接受中国大百科全书总编辑委员会聘请，担任《中国大百科全书·社会学卷》编辑委员会委员。

9月1日，被聘为中国社会科学院研究生院博士研究生指导教师。

9月中旬，同郭于华等一起到东北农村调查。先到公主岭市调研乡镇，再到哈尔滨，同黑龙江省社会学会会长马骏等商讨肇东市经济社会协调发展试点县（市）的工作问题。到肇东市后，同当地干部讨论了经济社会协调发展试点县（市）的安排。在公主岭和肇东市考察后，回京后合作撰写了《农业丰收后要注意保护农民利益——关于东北农村形势的调查》（与史维国、郭于华共同署名）一文，10月6日发表于中国社会科学院《要报》1990年第67期。

秋天，组织中国社会科学院社会学研究所业务骨干到北京市万泉河渔场招待所，集体研究写作《中国社会发展报告》。

12 月 29 日，当选为北京市东城区第十届人民代表大会代表。

12 月，在北京出席全国百县市经济社会调查课题组第三次协调会议，全国各地 50 多个调查点近百人参加，在会上做了总结，并做了第三批试点的部署安排。

1991 年

年初，陪同来访的柿崎京一教授等日本课题组成员到山东省莱芜市（现为济南市莱芜区）房干村进行实地考察，并共同确定房干村为中日学者合作开展研究的调查基地，至 2000 年止。此后，中日学者数十次赴房干村调研。

1 月 20 日，出席北京市东城区第十届人民代表大会第一次会议。

春节后，参加江泽民、李鹏等中央领导同志同中国社会科学院院所两级领导座谈会。

3 月，参加中共中央办公厅主任温家宝在中南海召开的座谈会。

5 月 14～17 日，参加在天津召开的主题为“社会学：社会稳定与发展的理论与实践”的中国社会学会 1991 年学术年会。

7 月 4 日，接受中国社会工作者协会聘请，担任中国社会工作者协会理事。

7 月，出席国际社会学会在日本神户召开的学术年会。

7 月，其撰写的《当代中国农村与当代中国农民》一书由知识出版社出版，书中辑录了 1979 年至 1990 年间陆学艺撰写的 33 篇文章、调查报告及讲演稿。

7 月起，接受国务院颁发的政府特殊津贴。

8 月，组织中国社会科学院社会学研究所科研骨干集体编写并担任主编的《社会学（中高级读本）》一书由知识出版社出版。

9 月，参加在中国社会科学院召开的“全国百县市经济社会调查”国情丛书第一批成果发布会，该丛书由中国大百科全书出版社出版。

9 月 25 日，接受全国哲学社会科学规划领导小组聘请，担任全国哲学社会科学“八五”社会学学科规划小组成员。

11 月，出席北京市东城区第十届人民代表大会第二次会议。

11月，与李培林共同主编的《中国社会发展报告》由辽宁人民出版社出版。

12月5日至1992年1月5日，赴美国进行学术访问。

1992年

3月28日，参加在浙江省杭州市召开的主题为“当前中国社会变迁与小康社会研究”的中国社会学会1992年学术年会。

4月，其主编的《改革中的农村与农民——对大寨、刘庄、华西等13个村庄的实证研究》一书由中共中央党校出版社出版。

4月，到江苏省考察吴县、昆山、太仓。经江苏省社会科学院社会学研究所所长吴大声同志推荐，与太仓县领导共同商定，决定在太仓建立中国社会科学院社会学研究所的调查基地，成立社会学研究所太仓经济社会发展研究中心。

6月，到福建省委党校参加学术会议，会后到晋江考察了磁灶、陈埭、安海等乡镇。

7月，根据中国社会科学院副院长江流提出的政法社会学片要组织出版社会形势分析与预测报告的要求，在社会学研究所组织、召开多次会议，从讨论“社会形势”的定义开始研究该项目的实施。

7月，与张厚义合作撰写的论文《转型时期农民的阶层分化——对大寨、刘庄、华西等13村的实证研究》发表于《中国社会科学》第4期。

10月8日，随同中国社会科学院副院长江流等到江苏省太仓县，参加“中国社会科学院社会学研究所太仓经济社会发展研究中心”揭牌仪式。

10月，担任中国社会科学院社会学研究所第一届专业技术职务评审委员会主任。

12月17日，主持日本学者十时严周教授3000余册藏书的捐赠仪式，并为中国社会科学院“十时严周文库”揭幕。

12月20日，接受农业部软科学委员会和农业部农村经济研究中心聘请，担任农业部农村经济研究中心特邀研究员。

主持国家重点课题“十一届三中全会以来中国农村的社会变迁”。

1993 年

年初，当选为第八届全国人民代表大会代表。

3 月 15 日，出席第八届全国人民代表大会第一次会议，提交了“关于加快社会学学科发展的步伐，适应社会主义市场经济发展的需要”的提案。

3 月，组织撰写的《1992～1993 年中国：社会形势分析与预测》年度报告（社会蓝皮书第一册，陆学艺为主编之一）完成并由中国社会科学出版社出版。

4 月 3 日，出席在广东省深圳市召开的主题为“改革开放与社会发展”的中国社会学会 1993 年学术年会。

6 月 16 日，被聘为中国社会科学院第四届学位委员会委员。

7 月，在北京出席中国社会科学院国情调查与研究中心成立大会并讲话，会上当选为该中心主任。

7 月，其主编的《县级综合改革与经济社会的协调发展》由中国社会科学出版社出版。

8 月 1～7 日，应台湾促进中国现代化学术研究基金会邀请，作为大陆社会科学家代表团成员访问台湾，出席在园山饭店召开的“海峡两岸及海外华人现代化研究”学术研讨会，会后在台北、新竹、台南、高雄进行了学术访问。

8 月 23～29 日，赴辽宁省沈阳市出席中日双方共同组织的“区域经济合作与社会发展”国际研讨会。

8 月 31 日，在社会学所领导班子换届中连任所长，并兼所党委书记。

10 月，其主编的《传统农业县的社会转型》一书由北京农业大学出版社出版。

11 月，应日本学术振兴会邀请，赴常磐大学作学术交流和考察，访问了日本学术振兴会、日本国际交流基金会和部分大学，并发表学术演讲，会后进行了调研活动。

12 月 8 日，其撰写的论文《农业面临比较严峻的形势》获中国社会科学院第一届优秀科研成果奖。

12 月 8 日，与李培林共同主编的《中国社会发展报告》获中国社会科学院第一届优秀科研成果奖。

在福建省晋江市市委书记施永康的陪同下，考察多个乡镇的农户，一起讨论双方长期合作调研的事项，从此，晋江市成为社会学研究所的调查基地。

1994 年

1 月，与张厚义、陈斗仁、王颉合著的《房干村的变迁》一书由中华工商联合出版社出版。

3 月 10 日，出席第八届全国人民代表大会第二次会议。

3 月，与景天魁共同主编的《转型中的中国社会》一书由黑龙江人民出版社出版。

5 月 6 ~ 9 日，出席在上海市浦东召开的主题为“社会保障与社会发展”的中国社会学会 1994 年学术年会，并致闭幕词。

5 月 23 ~ 27 日，赴河北省邯郸市出席由中国社会科学院社会学研究所和河北省邯郸市市政府办公厅共同主办的“农村城市化理论研讨会暨中国农村社会学研究会成立大会”，与郭书田同志一起被大会推举为理事会会长。

6 月，其主编的《中国社会主义道路与农村现代化》一书由江西人民出版社出版。

7 月，担任中国社会科学院社会学研究所学术委员会主任。

10 月 28 ~ 31 日，应日本青山学院大学邀请，赴日参加该校 120 周年校庆及主题为“21 世纪的中国”的学术会议，会上以“21 世纪中国社会结构的变迁”为题作了演讲。该文 1995 年 3 月以《21 世纪中国的社会结构——关于中国的社会结构转型》为题发表于《社会学研究》1995 年第 2 期。1996 年 12 月作为导言收录于云南出版社出版的《21 世纪的中国社会》一书。

11 月，其主编的《中国社会学年鉴：1989 ~ 1993》由中国大百科全书出版社出版。

1995 年

年初开始，多次组织中国社会科学院社会学研究所召开各部门会议，把开好“亚洲社会学大会”作为 1995 年所内重点工作并作了布置和分工。

1 月，被聘为《中国社会科学》杂志编辑委员会委员。

2月，担任中国社会科学院社会学研究所第二届专业技术职务评审委员会主任。

3月2~16日，赴丹麦哥本哈根出席“联合国社会发展大会”。

4月，被国务院授予“全国先进工作者”称号并出席全国劳模（先进工作者）大会。

9月，主编的《晋江模式与农村现代化》，由知识出版社出版。

11月2~5日，出席由中国社会科学院社会学研究所主办，在北京召开的第六届亚洲社会学大会，在会上作“21世纪的亚洲社会与社会学”的主题发言并致闭幕词。

12月5日，接受安徽省阜阳地区行政公署聘请，担任行署经济顾问。

1996年

1月，在中国社会科学院召开的院年度工作会议上，接受李铁映交办“住房体制改革研究”的课题，任课题组组长。

3月5日，出席第八届全国人民代表大会第四次会议。

6月30日，组织“住房体制改革研究”课题组执笔的研究报告《建立城镇住房新体制的基本思路和对策研究》完成，全文共4万多字。该报告由课题组成员张其仔缩写，于7月24、25日摘要发表于中国社会科学院《要报》1996年第55、56期上发表，该成果被评为中国社会科学院1996年度“优秀对策研究成果·优秀信息”二等奖。

8月2~6日，出席在辽宁省沈阳市召开的以“21世纪中国经济社会发展与社会学的历史使命”为主题的中国社会学会1996年学术年会暨中国社会学会第四届理事会，在第四届理事会上做了中国社会学会第三届理事会（1990.8~1996.8）工作报告并致闭幕词。会上当选为中国社会学会第四届理事会会长。会后到吉林榆树县一带作农村调查。

8月，其主编的《中国社会学年鉴：1992.7~1995.6》由中国大百科全书出版社出版。

9月27日，参与主编的《中国国情丛书——百县市经济社会调查》获中国社会科学院第二届（1992~1994年）优秀科研成果荣誉奖。

9月，参加时任中共中央政治局常委胡锦涛同志主持的关于十四届六中全会文件征求意见座谈会。

9月开始，带领中国社会科学院社会学研究室农村社会学研究室的科研人员赴河北省三河市行仁庄调研，在三河市和行仁庄领导的支持下，把行仁庄确定为“中国百村经济社会调查”课题的第一个调研村庄。此调研先后进行了四年多，社会学研究所多位科研人员和研究生都曾参与其中，还多次接待外宾的参观考察。

10月28日，其撰写的调研报告《今年粮食大丰收，明年不要又掉下来》发表于中国社会科学院《要报》（增刊第34期），该文获得中国社会科学院1996年度“优秀对策研究成果·优秀信息”二等奖。

11月11～16日，赴上海出席“海峡两岸促进中国现代化”学术研讨会。

11月，赴杭州出席由中国社会科学院社会学研究所与浙江省社会科学院联合主办的全国社会科学院系统社会学研究所所长联席会议。会后，到浙江省台州市、温州市进行社会调查。

12月，应邀访问波兰、荷兰，考察了两国的农村情况。

12月，担任中国社会科学院社会学研究所第三届专业技术职务评审委员会主任。

1997年

3月1日，出席第八届全国人民代表大会第五次会议。

5月27～30日，出席在云南省昆明市召开的主题为“走向21世纪的中国社会学”的中国社会学会1997年学术年会，致开幕辞并作会议总结。

8月，与李培林共同主编的《中国新时期社会发展报告（1991～1995）》一书由辽宁人民出版社出版。

11月，参加在河南省郑州市举行的，由中国社会科学院社会学研究所主办，河南省社会科学院法学社会学研究所承办的全国社会学研究所所长联席会议。

11月，与景天魁合作撰写的论文《中国现代化进程中的社会学》发表于《中国社会科学》1997年第6期。

12月，与葛道顺、张其仔、刘应杰合著的《社会结构的变迁》一书，由中国社会科学出版社出版。

12月，其主编的《21世纪的中国社会》一书由云南人民出版社出版。

12月30日，接受社会科学文献出版社聘请，担任该出版社专家委员会委员。

主持国家重大课题“邓小平关于社会发展的理论和体制转换时期我国社会结构研究”。

1998 年

1 月，担任《社会学研究》杂志主编。

2 月，当选为第九届全国人民代表大会代表。

3 月 5 日，出席第九届全国人大代表第一次会议。

4 月 20 日，接受全国哲学社会科学规划领导小组聘请，担任国家哲学社会科学研究“九五”规划社会学学科规划小组（学科评审组）成员。

5 月 4 日上午，出席北京大学建校 100 周年纪念大会，会后参加 57 级同学聚会。

5 月 4 日下午，参加在中南海召开，由中共中央总书记江泽民同志主持的中国共产党十五届三中全会文件起草工作小组会议，会后去北京西郊玉泉山集中，参与起草文件。

5 月 18 ~ 20 日，赴香港出席中国社会科学院社会学研究所和香港树仁学院当代中国研究中心联合主办的“中国经济开放与社会结构变迁”研讨会。

5 月 26 ~ 29 日，出席在福建省福清市召开的主题为“社会主义初级阶段的中国社会与社会学”的中国社会学会 1998 年学术年会，并致开幕辞。会后到福建省委党校给学员讲课。

7 月，应日本早稻田大学柿崎京一教授邀请，出席日本早稻田大学学术研讨会，提交的论文题目“中国土地制度的变迁”，并作会议总结。

7 月中旬，赴北戴河参与中国共产党十五届三中全会文件起草小组工作。

8 月中旬回京，继续修改起草文件。

9 月，与王春光、张其仔合著的《中国农村现代化道路研究》一书由广西人民出版社出版。

9 月 30 日，卸任中国社会科学院社会学研究所党委书记兼所长职务。

10 月，参与组织完成了对全国 100 余个县、市的经济、社会、政治、文化等方面的全面调查，共 105 卷的《中国国情丛书——百县市经济社会调查》最后一卷出版。

10 月 12 ~ 14 日，在人民大会堂参加中国共产党十五届三中全会会议，作为十五届三中全会文件起草小组的工作人员，到各小组听取委员们的修改意见，按委员们的意见修改、定稿。会后中共中央政治局常委同写作组同志合影。

10月21～25日，出席在天津市举行的，由中国社会科学院社会学研究所与天津市社会科学院联合主办的“社区服务与社区建设研讨会暨全国社会学研究所所长联席会”。

11月，其所主持的“当代中国社会结构变迁研究”课题组成立。

12月11日，被聘为中国社会科学院第一届学术委员会委员。

12月中旬至1999年1月6日，应俄罗斯科学院社会学研究所邀请访问俄罗斯远东所、莫斯科大学、杜马农业委和城郊农村，与俄罗斯学者进行学术交流。

主持社科基金课题“中国社会思想史研究”。

主持中国社会科学院重点课题“1949年以来的中国社会结构变迁”。

1999年

3月5日，出席第九届全国人民代表大会第二次会议。

4月，与张大伟合著的《光辉的历程》一书由江西人民出版社出版。

6月12～15日，出席在湖北省武汉市召开的主题为“中国社会学恢复重建二十年周年的回顾与新世纪前瞻”的“中国社会学恢复重建二十年周年暨中国社会学会1999年学术年会”，并致开幕辞。会后，带领“当代中国社会结构变迁研究”课题组成员，赴孝感市、汉川县参加课题组第一个调查点的会议，并在会上讲话。会后带领课题组成员去汉川调查。

7月，院学术委员会委员在大连考察休养期间，经院领导支持和协助沟通，确定“当代中国社会结构变迁研究”课题组将到辽宁省海城市调研。

10月中旬，带领“当代中国社会结构变迁研究”课题组部分成员进入海城市，建立课题组第二个调查点。

10月下旬，出席香港中文大学亚太所“华人社会阶层”学术研讨会。

2000年

1月7日，在人民大会堂出席在京人大代表听取国务院有关部委工作汇报会。

1月24日，受聘为北京工业大学人文社会科学学院院长，4月13日接受左铁镛校长亲自颁发聘书。

1月，与朱明共同主编的《从贫穷到富裕：晋江的现代化之路》一书由社会科学文献出版社出版。

3月5日，出席第九届全国人民代表大会第三次会议。

3月，带领“当代中国社会结构变迁研究”课题组到深圳调查，并建立课题组第三个调查点。

9月，在报上读到湖北省监利县棋盘乡党委书记李昌平写给国务院总理朱镕基同志的信以后，对信中反映的农村现状和切中农村时弊的三句话——“农民真苦、农村真穷、农业真危险”深有感触，写就了《关于中国农民、农业、农村现状的几点思考》一文（原题为《读报点评》），首次以《“农民真苦，农村真穷”?》为题于2001年1月10日摘要发表于《读书》杂志2001年第1期，并以《关于中国农民、农业、农村现状的几点思考》为题收录于论文集《“三农论”——当代中国农业、农村、农民研究》（社会科学文献出版社2002年11月出版）中。

9月22~24日，出席在江苏省南京市召开的主题为“面向21世纪的中国社会学”的中国社会学会2000年学术年会暨中国社会学会第五届理事会，会上续任中国社会学会第五届理事会会长。

10月，其主编的《中国社会学年鉴：1995.7~1998》由社会科学文献出版社出版。

11月1日，接受北京市人事局聘请，担任北京市社会科学研究系列高级专业技术职务评审委员会委员。

12月，出席在莫斯科召开的“中俄经济社会学术研讨会”。

2001年

年初开始，组织“当代中国社会结构变迁研究”课题组进行一次全国性抽样调查，在全国抽了12个省区、72个县市，4月至5月，各地的调查陆续开展调查了汉川、镇宁、合肥、海城、深圳等地，以及长春汽车厂等工矿企业。

3月5日，出席第九届全国人民代表大会第四次会议。

3月11日，会见时任国际社会学学会主席的佐佐木正道教授，就2003年在中国举办第36届社会学大会达成共识。

5月，其主编的《内发的村庄》（中国百村调查丛书·行仁庄）一书由社会科学文献出版社出版，该书为中国百村调查丛书第一部。

6月6~9日，出席在山东省济南市召开的主题为“21世纪中国社会发展”的中国社会学会2001年学术年会，并致开幕辞。

8月，其主编的《中国农村现代化基本问题》一书由中共中央党校出版社出版。

从8月20日到9月14日，组织“当代中国社会结构变迁研究”课题组的主要成员到北京市房山县六渡村集中研讨，设计写作框架，分头写作。课题组写出了《当代中国社会阶层研究报告》总报告初稿，并由福建、深圳、镇宁、汉川的几位同志写作专题分报告。

9月中下旬至11月上中旬修改总报告和分报告。

11月25日，其主编的《当代中国社会阶层研究报告》（中国社会结构研究报告之一）最后定稿，并于12月10日印出样书。

12月5~7日，赴福建省福州市出席由中国社会学会、社会科学文献出版社、福建省委党校联合举办的“当代中国社会阶层研究”理论研讨会，并致开幕辞。

12月24日，出席江泽民同志在中南海主持召开的农村问题座谈会。

12月，接受国务院人口普查办公室聘请，担任“人口普查资料开发利用专家小组”成员。

主持中国社会科学院重点课题“中国现阶段各社会阶层的现状分析”。

2002年

1月，其主编的《当代中国社会阶层研究报告》由社会科学文献出版社正式出版。

2月，与龚维斌、陈光金合著的《邓小平理论与当代中国社会阶层结构变迁》一书由经济管理出版社出版。

3月5日，出席第九届全国人民代表大会第五次会议。

4月16日，接受中国大百科全书出版社聘请，担任《中国大百科全书》第二版“社会学”卷主编。

6月，召开“当代中国社会结构变迁研究”课题组会议，商量决定：下一个课题研究当代中国社会流动，研究改革开放以来，中国的社会结构构成怎么由“两个阶级、一个阶层”转变为十个阶层，这些阶层将来会怎么

发展和变化。组织课题组原班人马转入当代中国社会流动的研究。

7月26～29日，出席在甘肃省兰州市召开的主题为“全球化与中国社会发展”的中国社会学会2002年学术年会暨中国社会学会第五届理事会，会上与郑杭生共同当选为中国社会学会第五届理事会会长。会后到兰州、武威、张掖、酒泉、嘉峪关、敦煌考察。

8月29日，出席北京工业大学人文学院首届本科生迎新大会并致辞。

10月，应日本早稻田大学邀请赴日本东京参加学术会议。

11月，邀请国际社会学会主席佐佐木正道教授来中国社会科学院社会学研究所正式会谈，确定了第36届世界社会学大会2003年在北京召开的具体时间、安排，由此开始组织实施第36届世界社会学大会筹备工作。

11月，其撰写的论文集《“三农论”——当代中国农业、农村、农民研究》由社会科学文献出版社出版，该书共收录了陆学艺45篇论文和研究报告。

12月18日，在北京工业大学为全校师生做学习贯彻党的十六大精神的辅导报告。

2003年

4月19～21日，在北京参加由中国社会科学院农村发展研究所、北京市房山区委、区政府等单位共同举办的“第三届中外农业现代化比较”国际研讨会。

4月18日，接受中国大百科全书总编辑委员会聘请，担任中国大百科全书总编辑委员会委员。

9月，开始在北京工业大学经济与管理学院招收社会管理方向的博士生，其后十年在北京工业大学共培养博士研究生19人。

10月31日，出席在四川省成都市召开的主题为“全面建设小康社会与中国社会结构的变迁”的中国社会学会2003年学术年会，并作总结发言。会议期间，接受成都市领导邀请，计划下个月给成都市的三级干部做一次讲座，初定题目为：“关于城乡协调发展、经济社会协调发展的问题”。

11月4日，出席国务院副总理回良玉同志在中南海主持的“关于粮食涨价问题”座谈会。

11月8日，重返成都市，调查考察了双流、新都等几个县区，并在此调查的基础上写出讲稿。12日，在成都会议中心，给成都市和县区及部分乡镇三级干部做了“统筹城乡经济社会协调发展”的报告。

11 月，参加《北京城市总体规划（2004～2020）》修编第四次工作协调会议，接受市政府聘请，担任本次修编“城市社会发展问题研究”专题的首席专家。

12 月 25 日，接受杜润生邀请，担任农村发展研究专项基金专家评审委员会委员。

12 月，出访新加坡参加学术会议并发言，发言题目“当代中国社会结构变迁和中国共产党”。

2004 年

1 月下旬，应泰国马哈德大学人口与社会研究所邀请，赴泰国参加学术会议。会后到泰国农村调研。

1 月，多次参加北京市城市规划委员会关于北京城市总体规划修编的会议。组织北京工业大学人文社会科学学院部分教师，撰写“城市社会发展问题研究”专题研究报告。

2 月 3 日，出席国务院总理温家宝同志主持召开的关于“政府工作报告”（征求意见稿）的专家座谈会。

2 月，接受中共河北省石家庄市市委、石家庄市政府聘请，担任石家庄市市委、市政府决策咨询委员会委员。

3 月 20 日，在北京工业大学出席并主持“全国人才发展战略高峰论坛暨北京经济社会发展研究院人力资源研究中心成立大会”，出任该研究中心主任。

4 月，出席中国农村社会学研究会在江西省委党校召开的研讨会，会议主题是“统筹城乡经济社会协调发展”，全国 100 多位农村社会学和“三农”问题专家出席会议。在中国农村社会学研究会换届会上当选为中国农村社会学研究会会长。

4 月，出席国家马克思主义建设工程会议，成为《社会学概论》编写组成员，参与《社会学概论》的编写，负责写“社区、城市化”一章，直到 2010 年定稿，2011 年出版。

5 月 15 日，赴天津出席“城市社会学与城市发展学术研讨会暨中国社会学会城市社会学专业委员会（筹）成立大会”并发言。

5 月 19 日，出席在中国社会科学院社会学研究所召开的“现阶段中国

社会收入分配差距及其解释的方法论问题”学术研讨会。该研讨会是福特基金会资助项目“中国社会改革开放以来的职业结构和收入分配变迁研究”的阶段性工作之一，陆学艺是该项目的负责人。

7月7~11日，出席在北京召开的第36届世界社会学大会，以中国社会学会会长的名义在开幕式上致欢迎词。

7月10~11日，出席在北京召开的“亚洲社会变迁与社会分层”学术研讨会，该研讨会是福特基金会资助项目“中国社会改革开放以来的职业结构和收入分配变迁研究”的阶段性工作之一。

7月，其主编的《当代中国社会流动》（中国社会结构研究报告之二）一书由社会科学文献出版社出版，这是继《当代中国社会阶层研究报告》之后，“当代中国社会结构变迁研究”课题组推出的第二部研究成果。

8月30日，组织北京工业大学人文社会科学学院部分教师完成北京市城市总体规划修编专题报告《城市社会发展问题研究》初稿，10月定稿，12月结题。

9月，组织“当代中国社会结构变迁研究”课题组开会，商定第三本书研究当代中国社会阶层关系。会后，赴深圳调研。

10月25日，赴广州在中共广州市委宣传部主办的“广州讲坛”上主讲第十六讲“中国社会阶层的变迁与流动人口问题”。

11月12日，其撰写的论文《走出“城乡分治，一国两策”的困境》获得首届“中国农村发展研究奖”论文提名奖。

11月23日，出席在中国社会科学院社会学研究所召开的“和谐社会及其运行机制”学术研讨会。该研讨会是福特基金会资助项目“中国社会改革开放以来的职业结构和收入分配变迁研究”的阶段性工作之一。

11月，接受中国科学院可持续发展战略研究组组长、首席科学家牛文元教授的约请，承担中国科学院院长路甬祥主编的《中国可持续发展总纲》第15卷《中国社会进步与可持续发展》的撰写工作，并以北京工业大学人文社会科学学院部分教师为主要骨干组织团队，开展工作。

2005年

1月，被聘为中国社会科学院第二届学术委员会委员。

3月，到成都市，考察了锦江、新都、新津、都江堰、大邑等区县。

5月21~23日，在北京九华山庄组织中国社会科学院社会学研究所

"当代中国社会结构变迁研究"课题组主办"协调社会阶层利益关系，构建和谐社会"学术研讨会。

5月，其撰写的论文集《"三农"新论——当前中国农业、农村、农民问题研究》一书由社会科学文献出版社出版，该书收录了陆学艺32篇论文和研究报告。

5月，其撰写的论文集《陆学艺文集》（中国社会科学院学术委员文库）由世纪出版集团、上海辞书出版社出版，该书共收录陆学艺45篇论文和研究报告。

6月，带领"当代中国社会结构变迁研究"课题组部分成员到成都市大邑县调查，听取县委、县政府的30多个部、委、局、办的汇报和介绍，到乡镇蹲点调查，进行入户访谈，在全县做了1000份问卷调查，整个调查前后历时约两个月。

7月，接受中共无锡市委、无锡市政府聘请，担任无锡市经济社会发展战略专家咨询委员会咨询专家。

9月24日，为南方农村报题词"深入农村基层，倾听农民声音，为农民群众说话，构建社会主义和谐新农村"。

10月21日，出席并主持北京工业大学人文社科学院主办的"中加非政府组织与社区发展"学术研讨会。

11月11～13日，出席在安徽省合肥市召开的主题为"和谐社会构建——社会学的神圣使命"的中国社会学会2005年学术年会暨中国社会学会第六届理事会，任名誉会长。

11月，在《江苏社会科学》第6期发表论文《构建和谐社会与社会结构的调整》。

12月，办理退休手续。

2006年

1月21日，出席总书记胡锦涛同志在中南海主持召开的"新农村建设"座谈会，在会上就新农村的社会发展问题做了发言。

1月，组织"当代中国社会结构变迁研究"课题组几经讨论，最后决定，第三本研究报告的主题定为《当代中国社会结构》。此后，课题组开始新的调研工作。

3月，在北京市丰台区召开《中国社会进步与可持续发展》一书的统稿

定稿会议。会后与课题组骨干商议，如何组织实施一个新的大项目来进一步凝聚队伍，提升科研水平，更好地面向北京、为首都服务。最后商定这个新项目题为“北京社会发展60年”，2007年以后改为“北京社会建设60年”。

4月29~30日，应台湾政治大学邀请，赴台湾出席“中国市场转型与社会发展：变迁、挑战与比较”学术研讨会，会上发表了题为“中国市场经济转型与社会变迁”的演讲。会后在台北、台中多地考察、座谈。

5月25日，在北京工业大学人文社会科学学院召开“北京社会发展60年”课题组全体成员第一次会议，正式启动该项目的研究。课题组集中了该学院社会学学科及相关学科30余位教师和研究生。

6月22日，参加北京工业大学人文学院第一届毕业生典礼并致辞。

7月15~17日，出席在山西省太原市召开的主题为“科学发展，共享和谐”的中国社会学会2006年学术年会。

7月，当选为中国社会科学院荣誉学部委员。

9月，应韩国社会学会会长、韩国釜山大学社会学系主任金成国教授邀请，在釜山大学社会学系作了题为“当代中国社会变迁与中产阶层”的学术报告。会后到釜山郊区农户家调研。尔后又赴首尔出席韩国社会学2006年“亚洲社会结构变迁研究”学术年会，在会上作了“当代中国社会分层研究”学术报告。

9月30日，执行中国社会科学院与俄罗斯科学院学术交流协议，赴俄罗斯进行学术访问。

11月8~9日，出席在北京召开的中国可持续发展研究会2006年学术年会，并在开幕式上发言。

11月30日~12月2日，出席在北京政协会议中心召开的由中国社会科学院社会学研究所、中国社会科学院国情研究中心主办的“中国改革发展和改革”论坛，第一次论坛题目为“中国城乡结构与新农村建设”。

12月4日，在北京工业大学人文社会科学学院接待来访的俄罗斯科学院社会学研究所副所长戈莲科娃教授，主持了戈莲科娃教授题为“俄罗斯的社会结构与社会分层”的学术研讨会。

12月28日，出席“中国青年政治学院社会工作学院成立典礼暨社工专业教育与社会工作人才队伍建设”主题论坛并致辞。

12月，与王处辉共同主编的《中国社会思想史资料选辑·先秦卷》和《中国社会思想史资料选辑·秦汉 魏晋 南北朝 隋唐卷》由广西人民出版社出版。该资料选辑的宋元明清卷、晚清卷和民国卷（上、下）由该出版社于 2007 年 7 月出版。

2007 年

春节后，经过酝酿准备，数易其稿，起草了给胡锦涛同志的信，主要内容是“构建和谐社会需要社会学学科有个大发展”。

2 月，其主编的《中国社会进步与可持续发展》（《中国可持续发展总纲》第 15 卷）由科学出版社出版。《中国可持续发展总纲》于 2010 年 12 月获新闻出版总署颁发的第二届中国出版政府奖（图书奖）。

4 月，在社会科学基金课题评审会上，把草拟的给胡锦涛同志的信请郑杭生、李培林等同志传阅，他们在信上签了名。会后，用了两个多月的时间，又请邢贲思、汝信、江平、吴敬琏等人签了名。直至 2008 年 4 月，共征得 16 位学者的共同署名，并转呈胡锦涛同志。

4 月至 9 月，带领王春光、张宛丽、石秀印、高鸽、胡建国、杨桂宏、谢振忠、宋国恺等 10 余人，先后三次到晋江调研，对晋江十五年的发展做了全面的总结和概括。

7 月 19 ~ 21 日，出席在湖南省长沙市召开的主题为“和谐社会与社会建设”的中国社会学会 2007 年学术年会，在“工业化过程中的城市社会结构变迁”分论坛（北京工业大学主办）上作了主题发言。会后考察了岳阳市湘阴县。

8 月 18 ~ 25 日，带领北京工业大学人文社科学院 5 名教师赴美国进行学术交流。

11 月 10 ~ 11 日，赴福建省晋江市出席“中国县域现代化道路（晋江）”研讨会并致开幕辞，同时举行了《晋江模式新发展——中国县域现代化道路探索》新书首发式。

11 月 28 日，在北京工业大学在线主讲中共北京市教育工委、北京市教委、人民网共同举办的“百万首都大学生同上一堂课”第六讲“关注民生、改善民生，推进和谐社会建设”。

12 月 8 日，出席福建省晋江市建市十五周年大会，会上被晋江市人民政府授予“晋江市荣誉市民”称号。

2008 年

1 月，到成都市参加四川省社会科学院召开的“农村发展理论”研讨会，在会上发表题为“城镇化与新农村建设的关系问题”的演讲。

3 月 23 日，出席在浙江省温州市由中国社会科学院社会学研究所、社会科学文献出版社、中共温州市委党校、温州市行政学院共同举办的 2008《温州蓝皮书发布会》暨“温州发展研究中心”“中国社会科学院社会学研究所温州国情调查基地”成立仪式。

5 月，给胡锦涛同志的信送出。7 月 19 日，胡锦涛同志对陆学艺等同志建议加大对社会学发展建设的扶持力度的来信作出了批示。

7 月 20～23 日，出席在吉林省长春市召开的主题为“光辉的 30 年：改革开放与中国社会学”的中国社会学会 2008 年学术年会暨中国社会学会第七届理事会，任名誉会长，在“社会建设的理论与实践”分论坛（北京工业大学主办）上作主题发言。会议期间，到公主岭市区调研一天。

9 月 25 日，接受北京市社会建设工作领导小组聘请，担任北京市社会建设专家顾问团成员。

10 月，其主编的《北京社会建设 60 年》由科学出版社出版，并在北京工业大学逸夫楼举行了该书的首发式。

11 月，应越南社会科学院哲学研究所邀请，赴越南出席“民生问题与社会和谐”学术研讨会，会上作了题为“中国社会建设的理论与实践”的演讲。

11 月 23 日，与家人、学生共同出资设立的“北京市陆学艺社会学发展基金会”获得北京市民政局核准成立。

12 月 16～17 日，在人民大会堂出席由中国社会科学院组织召开的“改革开放三十年”国际学术研讨会。

12 月，赴江苏省太仓市参加中国社会科学院社会学研究所与太仓市联合主办的“苏南模式新实践——中国县域（太仓）现代化道路探索”理论研讨会。

被中国经济体制改革研究会、中国经济体制改革杂志社、中国改革开放 30 年论坛暨评选活动组委会授予“中国改革开放 30 年 30 名农村人物”荣誉称号。

2009年

1月，因其“为北京市学位与研究生教育改革与发展作出的突出贡献”而获北京市教育委员会、北京市学位委员会颁发的荣誉证书。

4月10日，在京出席“北京市陆学艺社会学发展基金会”成立大会暨第一届第一次理事会会议。中国社会科学院院领导、北京市民政局领导、北京市社会科学界联合会领导到会祝贺。来自北京市社团办、社科联、中国社会科学院、高校的50余人出席大会。

4月15日至6月26日，与夫人吴孟怡一起去美国旧金山女儿家探亲。

7月1日，接受国家行政学院院长马凯聘请，担任国家行政学院兼职教授，聘期三年。

7月20～22日，出席在陕西省西安市召开的主题为“中国社会变迁：60年回顾与变迁”的中国社会学会2009年学术年会，在“社会建设：理论探索与检测评估”分论坛（北京工业大学主办）上作主题发言。会议期间，到西安郊区高陵县考察。

8月，其主编并组织北京工业大学人文社会科学学院教师撰写的文集《伟大的历程——改革开放30年》一书由知识产权出版社出版。

9月16日，出席由中共北京市委社会工作委员会等单位主办、北京工业大学承办的北京市“十二五”规划社会建设与发展专题座谈会，在会上就我国经济社会结构不协调、社会建设落后于经济建设的问题作了重要发言。

9月，为社会科学文献出版社题字：“办成中国最大的社会学学术出版基地”。

11月，应澳大利亚悉尼大学社会科学研究所邀请，赴悉尼大学参加学术活动，参会论文题目为《中国社会结构变迁》。

下半年，召集“当代中国社会结构变迁”课题组召开多次研讨会，就《当代中国社会结构》一书修改定稿工作进行讨论，就总报告部分进行了专门讨论，11月最后定稿。

2010年

1月25日，接受中共北京市委干部理论教育讲师团聘请，担任中共北

京市委讲师团专家团成员。

1月29日，接受最高人民法院聘请，担任最高人民法院特邀咨询员。

1月，接受国家图书馆邀请，担任“文津讲坛”特聘教授。

1月，其主编的《当代中国社会结构》（中国社会结构研究报告之三）一书由社会科学文献出版社出版，当月在社会科学文献出版社召开新书首发式。该书于2011年12月27日获得新闻出版总署颁发的“第三届‘三个一百’原创出版工程”奖，于2013年11月5日获得第四届（2013年度）中国软科学奖的专项奖——荣誉奖。

2月8日，出席最高人民法院第三届特邀咨询员会议。

2月，春节期间，同沈原、谢寿光等同志商量，提议每月与北京市的社会学同行召开一次关于社会建设的座谈会。次月，第一次“月谈会”召开，会上讲了月谈会的意义以及当前社会形势和社会建设开展的状况。

3月23日，带领由北京工业大学人文社会科学学院的部分教师和学生60余人组成的延庆调查课题组到北京市延庆县开展社会建设工作调研，至7月9日止，共109天。课题组与中共延庆县委、县政府，各委办局，有关乡镇、街道和社区居委会等共38个机构和部门，以及若干领导一起召开了58场座谈会，全面了解了延庆社会建设的总体情况。然后课题组分工到各乡镇蹲点调查，并做了1200多份问卷调查。7月，完成了关于《延庆县社会建设“十二五”规划》《延庆县委社会工委“十二五”规划》《延庆县社会工作人才队伍“十二五”规划》三个研究报告。11月完成了《延庆调查——县域社会建设考察报告》一书初稿。该书2018年5月由社会科学文献出版社正式出版。

3月27日，出席在江苏省昆山市周庄镇召开的“北京市陆学艺社会学发展基金会”第一次学术委员会会议，讨论并投票选出第一届“社会学优秀成果”奖的三本著作和六篇论文。

3月，应上海市社会科学院邀请，赴沪出席上海市社会科学院社会学研究所成立三十周年的学术研讨会，在会上作了社会建设的形势和北京市社会建设的进展情况的报告。会后，到崇明岛考察。

3月，与王处辉共同主编的《思想、价值与实践——中国社会思想史论集》由知识产权出版社出版。

4月17日，出席中国社会科学院社会学研究所在北京举办的“社会学研究所建所30周年暨费孝通先生百年诞辰纪念大会”，北京市陆学艺社会学发展基金会评出的首届社会学优秀成果在会上举行了颁奖典礼。

6月，应台湾世新大学邀请，赴台湾出席成露茜教授逝世纪念活动。

6月，接受国家图书馆聘请，担任“国情咨询专家”。

7月17日，在北京工业大学主持“北京工业大学北京社会建设研究院成立暨《2010年北京社会建设分析报告》出版发布会”。

7月24~26日，出席在黑龙江省哈尔滨市召开的主题为“中国道路与社会发展”的中国社会学会2010年学术年会，在“社会建设的理论与实践：本土化的探索”分论坛（北京工业大学主办）上作主题发言。

7月，应浦东干部学院邀请去上海讲课，课题目为“社会结构与社会建设”。

7月，与张荆、唐军共同主编的《2010年北京社会建设分析报告》，由社会科学文献出版社出版。

9月，申报2010国家社科基金重大项目《当代中国社会管理体制改革研究》，并于年底获得立项。

10月，与王处辉共同主编的《中国社会思想及其现代性——中国社会思想史论集》由知识产权出版社出版。

11月3日，出席并主持北京工业大学人文社会科学学院建院十周年庆典活动。

12月25~26日，在北京工业大学出席由中国社会学会、北京工业大学共同主办的“中国社会建设与社会管理”学术研讨会，在会上作了题为“以社会结构调整推动社会建设”的主旨演讲，并致闭幕辞。

12月，受成都市委邀请，出席成都市委工作会议，在会上作了加强社会建设的报告。

2011年

3月4日，在北京工业大学人文社会科学学院会见前日本社会学会负责人佐佐木卫教授一行，出席并主持了中日社会学家学术交流与合作研讨会。

3月28日，受成都市委、市政府邀请去成都共商“十二五”期间成都市社会建设发展规划，会上被聘请为成都市社会建设专家咨询小组首席专家，打算以成都市社会科学院为研究基地，合作开展成都市社会建设规划研究。

3月，到江苏太仓、福建晋江、厦门、福州调研。

3月，到广州市和佛山市南海区调研。

4月至11月，受中共成都市委邀请，带领中国社会科学院社会学所“当代中国社会结构变迁研究课题组”业务骨干，联合成都市社会科学院、成都市社会建设工作办公室、北京工业大学、国家行政学院、农业部农村经济研究中心等机构成员组成的课题组，先后5次前往成都，对成都市社会建设状况进行深入细致调研，前后共计70余天，完成了《成都市社会建设规划建议》《成都市阶层调查报告》和《成都市社会建设指标考核体系》三项研究成果。

5月17日，出席北京市郑杭生社会发展基金会成立大会并致辞。

5月21日，出席北京工业大学人文社会科学学院主办“当代中国社会建设与社会工作研讨会”，在会上作了“社会建设就是建设社会现代化”的主题发言。包括港台地区的境内外学者150余人参加了研讨会。

5月，获得北京工业大学授予的“校长特别嘉奖”。

7月23~25日，出席在江西省南昌市召开的主题为“新发展阶段：社会建设与生态文明”中国社会学会2011年学术年会，在“社会建设的理论与实践：社会管理体制的改革与创新”分论坛（北京工业大学主办）上作主题发言。

7月，其主编的《中国社会建设与社会管理：探索？发现》《中国社会建设与社会管理：对话？争鸣》由社会科学文献出版社出版。

9月11~18日，应英国诺丁汉大学和英国伦敦经济政治学院的邀请赴英参加学术会议和进行学术交流。9月13日，出席在英国诺丁汉大学召开的“第四届当代中国研究”国际论坛，并在论坛上作了题为“建设社会现代化是中国未来三十年的主要任务”的主题报告；9月14日在伦敦经济政治学院作了题为“中国现代化与中国社会建设”的演讲。访问期间与英国诺丁汉大学中国学研究中心共同商定，2012年8月上旬在北京工业大学由双方共同主办“第五届当代中国学研究国际论坛”。

9月21日，以“心系社会，笃学成才”为题给北京工业大学人文社会科学学院2011级新生上了第一课。

11月24日，接受北京市信访研究中心聘请，担任北京市信访矛盾分析研究中心指导专家。

2012年

3月10日，在北京工业大学出席由北京市陆学艺社会学发展基金会主办、北京工业大学人文社会科学学院承办的“2010年中国社会建设论坛暨第二届社会学优秀成果奖颁奖仪式”，并主持学术研讨会。

3月，其撰写的论文集《社会建设论》由社会科学文献出版社出版，该书共收录陆学艺40篇论文和研究报告。

6月21～24日，应韩国社会学协会会长李恩金和庆南大学社会学系邀请，赴韩国出席在庆南大学举办的“韩国2012年社会学年会”，并在开幕式上以“当代中国社会发展与社会建设”为题做主题发言。

6月，因其“为马克思主义理论研究和建设工程作出的贡献”而获得中共中央宣传部、教育部颁发的荣誉证书。

6月，其主编的《中国社会建设与社会工作》一书由社会科学文献出版社出版。

6月，将其第五部“三农”文集《“三农”续论——当代中国农业、农村、农民问题研究》的书稿交给重庆出版社，其后又陆续提交了“前言”和“后记”，审读了书稿校样、版式，并对封面设计提出修改意见。2013年5月，在其去世后3天，该书由重庆出版社正式出版。该书共收录陆学艺40篇论文和研究报告。该书于2014年9月获全国城市出版社优秀图书一等奖，于2015年2月获第五届中华优秀出版物奖图书奖。

7月1日，接受国家行政学院院长马凯聘请，继续担任国家行政学院兼职教授，聘期三年。

7月13～15日，出席在宁夏回族自治区银川市召开的主题为“社会管理创新：理论与实践”的中国社会学会2012年学术年会并致辞。

8月7～9日，在北京工业大学出席由中国社会学会、北京工业大学和英国诺丁汉大学共同举办的以“中国未来的发展——社会建设与社会治理”为主题的“第五届当代中国学国际论坛”，在闭幕式上做大会总结并致闭幕词。

8月20日，接受北京市哲学社会科学规划办公室、北京市教育委员会聘请，担任北京社会发展研究基地首席专家。

8月29日，接受外语教学与研究出版社和施普林格出版集团聘请，担任外研社·施普林格中华学术文库学术委员。

9月，其论文《社会建设的实质是建设社会现代化》获中国社会科学院2011年优秀对策信息对策研究类二等奖。

10月18日，荣获由中国社会学会、中国社会科学院社会学研究所、光明日报社、江苏省吴江市政府联合颁发的首届“费孝通学术成就奖”，并赴

吴江市出席颁奖大会暨“文化自觉与率先基本实现现代化（中国·吴江）”学术研讨会，在会上发表了获奖感言。

10月29日，在中国社会科学院《要报》2012年第201期发表《关于把东北平原建成我国未来大粮仓的建议》一文，该文2013年9月获中国社会科学院优秀对策信息对策研究类三等奖。

10月，与陆留生共同主编的《社会现代化：太仓实践》（上下册）由社会科学文献出版社出版。

10月，其主编的《青春岁月在北大——哲学系1957级同学回忆录》由社会科学文献出版社出版。

11月18日，正值中国社会科学院社会学研究所太仓经济社会发展研究中心成立20周年之际，赴江苏省太仓市参加“社会建设的太仓实践”学术研讨会。会后，到江苏省常熟市调研。

11月21～22日，赴浙江省杭州市出席浙江大学举办的“构建浙江现代大民政——2012年度浙江社会管理创新暨浙江民政论坛”并做专题演讲。

11月，其主持完成的《成都市社会建设研究》（研究报告）获得成都市第十次哲学社会科学优秀成果一等奖。

11月，撰写《从“四位一体”到“五位一体”是坚持科学发展的体现》一文，该文2013年9月获中国社会科学院优秀对策信息对策研究类三等奖。

12月，受聘为晋江发展战略研究院荣誉院长。

初步选定了其第二部学部委员文集《中国社会结构与社会建设》（中国社会科学院学部委员专题文集）的文章，并撰写了《自序》。2013年8月该书由中国社会科学出版社出版，共收录陆学艺37篇论文和研究报告。

2013年

春节前夕，召开《当代中国社会建设》一书的最后一次统稿会。

春节期间，修改《当代中国社会建设》一书的总报告。

4月13日，在北京国际饭店会议中心参加“社会建设与社会治理研究中心”的工作会议，在大会上发表了以“遵循社会建设原则，积极稳妥推进城镇化”为题的演讲，该文10月发表于北京工业大学学报（社会科学版）2013年第5期。

4月，其主编的《当代中国社会建设》（中国社会结构研究报告之四）

定稿并印出样书，7月由社会科学文献出版社正式出版。

5月4日，出席国务院发展研究中心、中国发展观察杂志社主办的“刘奇‘三农观察’专题座谈会并作演讲，该演讲以《还是农民在支持咱们这个国家啊》为题发表于《中国发展观察》2013年第6期。

5月7日下午，在北京工业大学人文社会科学学院出席“立德树人”首场主题论坛，以“当前经济社会形势、社会建设和社会管理”为题给全院师生作了专题报告。

5月10日上午，出席公安部会议，研讨户籍改革问题。下午，在北京工业大学人文社会科学学院召集社会学学科团队，开会研讨学院和学科发展问题。

5月11日上午，出席由中央编译出版社、搜狐财经主办的《吴敬琏文集》首发式暨中国改革座谈会并做了演讲。下午，在电话中向助手高鸽布置了需要尽快完成的几项工作：《当代中国社会阶层研究报告》一书修改、百村课题的总序和编委会名单的修改等。

5月12日上午，撰写13日拟赴苏州参加学术会议的讲稿。下午，指导北京工业大学人文社会科学学院的博士生、博士后，直至晚上10点40分。

5月13日9时8分，因心脏病突发不幸辞世，享年80岁。

附　录

2013年

5月24日，北京工业大学追授人文社科学院院长陆学艺教授“立德树人”榜样特别奖。

8月31日，由中国社会科学院社会学研究所、北京工业大学人文社会科学学院、国家行政学院文化与社会教研部、社会科学文献出版社、陆学艺社会学发展基金会联合举办的“社会学与中国社会建设暨陆学艺学术思想研讨会”在北京国际饭店召开。

10月29日，北京工业大学校长办公会决定，开设“陆学艺学术讲座”作为学校学术交流平台。陆学艺先生去世后，北京工业大学与陆学艺社会学发展基金会坚持长期联合举办陆学艺学术讲座系列，截止2022年底已举办30余场。

11 月 11 日，北京工业大学人文社会科学学院决定基于“首都社会建设与社会管理协同创新中心”平台成立“北京工业大学陆学艺学术思想研究中心”，以开展陆学艺学术文献资料的整理和利用，推进陆学艺学术思想研究，主办陆学艺学术思想研究的学术活动，以陆学艺为楷模对大学生进行思想政治教育和专业认知教育。

2014 年

5 月 10 日，由中国社会科学院社会学研究所、北京工业大学、陆学艺社会学发展基金、社科文献出版社共同举办“纪念陆学艺先生逝世一周年学术座谈会”在北京工业大学召开。会上举行了陆学艺家属向北京工业大学人文社会科学学院捐赠藏书仪式和“北京工业大学陆学艺学术思想研究中心”揭牌仪式。

12 月 13 日，由北京市陆学艺社会学发展基金会、北京工业大学陆学艺学术思想研究中心共同举办“当代中国农村改革发展历程”学术研讨会在北京工业大学召开，陆学艺的老友、农村政策研究者郭书田、蒋中一、高以诸等到会做主题发言。

2015 年

10 月 31 日到 11 月 1 日，由北京工业大学陆学艺学术思想研究中心、中国社会科学院社会政法学部和中国人民大学可持续发展高等研究院共同举办的“区域社会发展和社会建设基本经验——苏南与北京的比较”研讨会在北京工业大学召开。著名学者景天魁、温铁军做主题演讲，来自全国各地的 60 多位专家学者和基层干部围绕苏南和北京的社会建设与社会发展展开了热烈的讨论。

2016 年

5 月 13 日，为纪念陆学艺先生逝世 3 周年，由陆学艺社会学发展基金会、中国社会科学院社会学研究所、社会科学文献出版社、北京工业大学陆学艺学术思想研究中心共同举办的“中国社会结构变迁与趋势学术研讨会暨陆学艺社会学发展基金会社会学优秀成果奖获奖论文集《群学荟萃》

首发式”在社会科学文献出版社蓝厅举行，70 多位专家学者出席了会议。

9 月 3 日，由北京市陆学艺社会学发展基金会主办“新形势下社会结构变迁”学术研讨会在中国社会科学院社会学研究所举行。

2017 年

3 月，《中国社会结构与社会建设》一书获 2016 年国家社科基金中华学术外译项目资助。

5 月 13 日，由陆学艺社会学发展基金会、中国社会科学院社会学所、中国社会科学院社会发展战略研究院、北京工业大学人文社科学院、国家行政学院社会治理研究中心、社科文献出版社共同主办，北京工业大学陆学艺思想研究中心承办的“当代中国社会变迁研究”学术研讨会在北京工业大学召开。

5 月，《陆学艺学术讲座》辑录（一）由社科文献出版社出版。

2018 年

5 月 13 日，“中国社会结构与社会现代化”学术研讨会暨“当代中国社会结构研究报告”重印首发式在社科文献出版社召开。社会科学文献出版社将陆学艺率领的“当代中国社会结构变迁研究”课题组四部产生巨大影响的研究成果结集再版重印，以《当代中国社会结构研究》重版典藏集（《当代中国社会阶层》《当代中国社会流动》《当代中国社会结构》《当代中国社会建设》全四册）的形式向学界和社会隆重推出。

12 月，《陆学艺学术讲座》辑录（二）由社科文献出版社出版。

2019 年

8 月，北京市陆学艺社会学发展基金会编纂的《陆学艺文萃》由三联出版公司出版，该书是“中国社会学经典文库”中的一册，书中选编了陆学艺的 24 篇论文。

2020年

1月18日，中国社会学研究所在京举办了“新时代中国社会学的使命与担当——中国社会科学院社会学研究所建所40周年学术研讨会”，会上举行了陆学艺先生铜像揭幕仪式。

5月13日，为纪念陆学艺先生逝世7周年，陆学艺社会学发展基金会组织了主题为“后疫情时期的社会治理与社会建设：理论与实践”的线上学术研讨会。

8月，由陆学艺社会学发展基金会资助、中国社会科学院社会学研究所指导的二位博士后李晓壮、周艳出站。

篇目索引*

1956～1977 年

1978～1980 年

* 本索引篇目后半角方括号中的数字为所在卷，其后的数字为该卷的页码。例如：［12］3，即第 12 卷第 3 页。——编者注

1981 年

1982 年

1983年

1984年

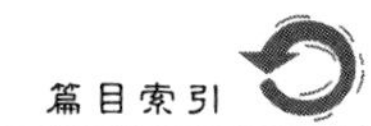

1985 年

1986 年

1987 年

1988年

1989年

1990 年

1991 年

1992年

1993 年

1994 年

1995 年

1996年

1997 年

1998年

1999年

2000 年

2001年

2002 年

2003年

2004 年

2005 年

2006 年

2007 年

2008年

2009 年

2010年

2011年

2012 年

2013 年

主题索引*

B

* 本索引共收集反映陆学艺重要观点、重要研究方向或语言特色的关键词、短语和命题共计400多条，分二级编排。一级术语按汉语拼音字母顺序排列（一级术语仅仅是分类项，不是检索项）；二级术语、短语或命题为检索项，在所属一级术语下按内容排列。检索项后面半角方括号中数字为该项目所在卷，其后的数字为该项目所在卷正文的页码。例如："燎原生产合作社　［1］215，217，220；［4］281；［5］39"表示"燎原生产合作社"一词在《陆学艺全集》1～12卷正文中分别出现在第1卷第215、217、220页；第4卷第281页和第5卷第39页。

C

D

F

G

H

J

L

N

S

X

Z

后记

他走得很急，医生事后安慰我，“几秒钟的事，人就过去了，没受什么罪”。他是那类精力旺盛的人，既能吃能睡，又坚持锻炼。认为自己命硬，有个病，咬咬牙就过去了。“八十岁不稀奇，九十岁小弟弟”，他笃定自己能延续社会学家长寿的“传统”。在他的告别仪式上，播放过一个纪录他生命最后一周活动的短片。片中，年近八旬的老人神采飞扬，但过于紧凑的日程安排也令人扼腕、唏嘘。长年保持高强度的工作节奏，就是他想要的人生吧！只是这一次命运的恶趣味，太过决绝。他在最后那一瞬，该是怎样的遗憾啊！那些原以为可以再等等的工作，可以十年后再开始的工作，再也没有机会了。

家父 1933 年出生在江苏无锡一个农民家庭。我祖父不识字，但识大体，侠义仁厚，是父亲终身的德行榜样。在村里的私塾念过六年小学之后，13 岁到上海一间织袜厂做学徒工。1950 年工厂倒闭，不得已回乡务农。同年入伍，当兵四年，入党、提干。复员后到无锡公益中学插班读了两年高中。1956 年考入北京工业学院（现北京理工大学）光学仪器系，在那里结识同班的吴孟怡，我的母亲。翌年转考入北京大学哲学系。1962 年考取中国科学院（现为中国社会科学院）哲学研究所中国哲学史的研究生，师从容肇祖先生，专业方向是宋明理学。毕业留所工作，时年 32 周岁。

“比较而言，我在班级上是中上水平，最后学业有成，我想主要靠几条。一是我选的农业农村问题和后来的社会研究是符合国家需要，符合大局发展的；二是我能一以贯之，几十年主要从事这两个方向的研究，日积月累，几十年下来就有了成绩；三是我先入北大，又入社科院，在这两个最高学府受到了最好的教育和培养；四是我比较勤奋，身体也好，精力充沛，许多机遇就有条件变为现实了。”

这是他晚年日记中的一段话。文中难得地流露出自得之情。他对自己的一生应该是满意的。甚至遇到一些意难平的场合，他会说“不能什么好事都让一个人占了”，借以安慰自己，表达作为一个他这样出身的人，已经很好了，不必再好了。的确，他是一个非常好的向上流动的例证，靠个人努力改变命运，是一个正面的时代个案、励志故事。

我曾经问过他，“如果没有49年，你这一辈子会怎么样？”他略微沉吟，回答说，“可能会是一个小老板吧”。他认为新中国改变了他的人生轨迹，让他有机会再读书，上北大，到社科院工作，成为一个受人尊敬的社会学家、“三农”专家。这超出了他自己的想望。他感恩、认同这个时代。虽然他不能算“根正苗红”，但“小土地出租者”（相当于中农）的出身，革命军人的个人成分，对他始终是一个正面的因素。他被认作新中国培养的第一代“自己的”大学生，组织信任他，他忠于组织。那个时代对军人、对党员十分看重，因此，他从中学时代起一直都是班干部。而学生干部的角色慢慢培养出他对集体事务负责的态度，再进一步发展为强烈的主人翁意识——认为这个国家是他的国家，对党、对社会也始终是一种“我们”的心态。对自己是共产党员的身份由衷的自豪，认为同龄人中的优秀分子成为党员，理所当然，是互证关系。浓厚的道德优越感和使命感构成他立身出处的根本。

记得一次和他讨论“科班出身”的问题。我问他，

“你做的是哪一科啊？”

“哲学，中国哲学呀！”

“中哲不就是教人怎么做一个好人吗？”

“能做一个好人，难道还不够吗？”

他从高中时代起就明确要做一名“农业经济学家”的志向，一生的研究都是围绕“三农”问题的，研究如何把中国建设成为一个现代化的社会。但他不是通过学习现代化的理论或研读西方现代化的历史去完善自己的知识结构，而是依靠自身方法论的训练以及哲学的抽象能力去分析、厘清从调研中收集的材料，用朴素的视角去写作，用常识去建构他的策对，他的文章。

他少年时立志做农经学家，是基于他的农民出身和当时农业的重要性。大学期间经历“三年自然灾害”，利用假期坐绿皮火车从北京回无锡车票7

天有效期的便利，他沿途下车，到附近的村庄了解农村的人口情况。这让他真切地体会到中国农民经历的苦难，更加坚定了他的决心。

他自己后来成为知识分子，住进了北京。但他知道能靠读书改变命运的永远只是少数。大多数人该怎么办呢？终其一生，他都站在农民的立场上发声。在他眼里，为农民利益建言不仅是在帮助农民，而更是在捍卫他自己的本心。我因为他的缘故，最终也进入了农经学领域。但“三农”于我只是一个研究领域，认为学者应取价值中立，遵循《老子》说的“天地不仁，以万物为刍狗”，才是更客观公正的态度。这和他对农民饱含深情的取向迥然不同。

他是一个勤奋的人。他用的笔记本有些扉页上会有题签、座右铭之类的，其中最常见的是“勤能补拙”四个字。少年人这么写的不少见，一个年过古稀的老人总这么写，应该不多有。他下功夫最多的是基层调研，调查研究是他学术安身立命之所在。如果算上“四清”，他蹲点式调研超过半年或者回访超过10次以上的调查点不下十处。从1979年农调差旅可以报销起，他每年出差天数都超过120天。他生命中最后一个有意义的动作是发短信给外地的朋友说，“抱歉，今天的差怕是去不成了”。

他的调查方法非常简单，就是和农民、干部聊天，了解他们的生产、生活情况。他曾经非常自得地说他能清楚地叫出2000个人的名字，对得上号，知道谁对哪一个问题了解得深，有见解。这个能力帮他交到很多朋友，方方面面的朋友。例如，他一辈子都非常关心粮食产量，不论是改革开放前统计资料不公开，还是其后统计数据开始定期公布，他都更愿意相信自己用土办法对全国粮食产量的预估能力。比统计局的数据早，甚至比它准。他说他靠四条：一是往下面跑，看田间农作物长势；二是从上面看国家粮食政策出台的意愿和力度；三是结合农贸市场的粮食价格和农资价格，判断农民的种粮积极性；四是到了麦收季节，给各地的老朋友打电话，了解各产粮大省的内部信息。最终凭经验和感觉得出估算数。很多年份，尤其是20世纪八九十年代，他“拍脑袋”的数据得到很多专业人士的认可。

另一个例子，是一次他和我说，有人把他20世纪90年代写的关于农民分化的文章拿出来分析，有说是按职业分层的，有说是按收入分层的，最后问他当时到底是怎么想出来的？他回答说，他脑子里有大量各种各样农村农民的形象，觉得张三和李四明显不同，于是就将张三归为一类将李四归为另一类。对不同类型农民的描述就更简单，张三和李四就在那里，他把一个个具体形象的大活人写进类别里就可以了。他们的生活、生计对他而言是活脱脱的，不需要总结归纳，描述就好了。

在很多人眼里，他是一个有担当、有作为的学者，而在我眼里，他更是一位社会活动家。他愿意、也善于和各种人交谈、交流，分享信息，想人所想，急人所急。同理心不仅是一种意愿，更是一种能力，他在这方面天分很高。他曾经对我说，他年轻时坐火车会一路走，一路找人聊天。一整天，他能从车厢头聊到车厢尾。而他最得意的是，和人聊天时，他能很快了解对谈人的情况，但对方却猜不准他的身份。有说他是老农民的，有说他是工厂里做销售的，有说他是城里的干部的，唯独没有人猜他是大学里的老师！

我最看重他的历史贡献是在社会学学科重建中充任学术经理人的角色，用优秀的组织协调工作，提升了中国社会学的凝聚力和影响力。在中国学术机构中选任一位领导并不容易，因为学术能力和行政能力兼备的人并不多。他总结领导能力包括三条，遇事“有主意、肯担责、能吃亏”。做领导学术能力差，会降低本单位在学术界的社会地位；学术过硬，缺乏行政能力的人做领导，会造成混乱和内耗，产生不了优秀的集体成果。很多不合适的人坐在那个位置上，既耽误了自己，也损害了单位。在这一点上，他算是一个正面榜样。虽然行政工作耗费了他很大的精力，但他乐在其中。与大多数知识分子将个人学术成就置于首位不同，他更看重对事功的追求。求仁得仁，这也是他对自己满意的又一个方面。

他们那一代人和我们这一代人的差别很大（其实，中间还隔着 1948 ~ 1958 年那十年出生的“文革”一代），从“三观”到知识结构，时代的烙印显著。他是中国哲学出身，经史子集，尤其是《资治通鉴》《四书五经》对他潜移默化的影响最大。记得 1981 年中华书局出版两卷本《十三经注疏》影印版，他花二十几块钱、小半个月的工资把书买回来，兴奋了好一阵子。但其实，他之后再也没有时间读它。后来见他认真读书，比较集中的阅读，印象中只有 1986 年他转职到社会学所。他找来一摞一人高的社会学相关书籍，恶补了半年。其实，他每天的阅读量很大，但主要是报纸和杂志，尤其是各种《内部参考》，还有就是收集各类数据和研读政策文件。对于西方，尤其是西方当代理论，他多是通过间接的途径，略知一二而已。至于马列主义的著作，他年轻时肯定是下过功夫的，写文章想表达某个意思能用上马恩的原话，肯定会引用，但仅此而已。

改革开放后有出国机会时，他已经50岁了。他十分珍惜外访的机会。欧美主要发达国家，他都去过一两次。日本，因为汉字的缘故，距离又比较近，他去过不下10次。他认为日本是现代社会的楷模，与其向欧美学习，中国向日本学习可以少走弯路。外访开阔眼界，看到差距，更坚定了走现代化道路的信心。他设想中的因应非常明确——了解国情，知道自己在什么地方；了解历史，知道惯性和路径依赖是什么样的；了解西方，尤其是其工业化、城市化的进程；然后找到一条中国能走的现代化道路。

他（他们这一代人）的局限是对西方理论产生的历史背景了解得少，对其所以然的必然性欠缺自觉。看重“理论拿来”的实用方面，又吃过“理论教条”的苦，对宏观理论的建构兴趣不大或力有不逮。他这一代人中学术成就高的，多是在对策建议上有所建树。这一方面是因为那个时代有太多紧迫的问题需要面对，另一方面也是因为体制限制了对基础理论与原理的讨论。久而久之，体制内的学者并不认为批评是知识分子最重要的工作。他们认为能发现问题、认识问题、解决问题，有办法能出主意、出好主意是体制学者的本分和价值所在。

他个人对一些哲学概念有特别的偏好，比如他在多个场合说到过“白马非马”的故事（他去世前两天在《吴敬琏文集》发布会的发言就是以此为主题的），讲特殊与一般的关系，强调社会科学和自然科学一样，都是科学。但他没有再进一步针对时政和理论展开。特殊性是蕴含在一般性中的，再特殊的个体也是一般中的个体，具有一般普遍性的基本性质。可以强调特色，也应该强调特色，但必须明了特色被蕴含的一般是什么？否定一般，断言它不存在，就等于同时否定了特殊性。另起炉灶？那也是需要正面建构的，而仅靠否定对手和苏维埃逻辑的宣示是远远不够的。可惜当年我也见不及此，若当面与他讨论，想来他也会有同感吧！

他和我个性不同，待人接物的风格亦迥异。我内向，万事不求人。在电讯尚不发达的时代出差，他每每会写上三五封信作为路条交给我，说遇到事儿可以去找他们帮忙。我极少用到，但他每次听说我要去哪里，都还是会写开口信以备非常。一次我因为自己的差池，大大地劳烦到了他的一个朋友，非常过意不去。回京后，我和他念叨，问怎么谢谢人家才好。他回答说，“不用啊，我帮他也会毫无保留，他帮你是应该的”。他看到我困惑的表情，又找补了一句，“不是我现在有小汽车坐了才这么说，我们当年靠两条腿走，骑着自行车跑遍北京城，为别人的事，忙前忙后，也就是为了不负所托，一声谢谢而已”。他在人情世故方面是一个非常传统的人，是一个饱含深情的人，而我们这一代人更愿意用市场的方式解决问题。这是因为效率高，也更经济。在他则认为人情往来才是最正常的，是生活本身不可或缺的组成部分。

所以，当面对一些事情，比如编辑这套《陆学艺全集》，需要进行大量的考订、修正、检索等繁杂的学术性和事务性工作，在高鸽老师的组织协调下，在钱伟量老师的主持下，多位他的前同事和学生（王颉、周艳、李晓壮、邹农俭、鞠春彦、杜永明、张大伟、张林江、颜烨、宋国恺、李晓婷、魏爽、胡建国、赵卫华、杨桂宏、杨荣、李阿琳、李升等），念及他生前的情谊，参与了编校工作。北京工业大学社会学专业的多名研究生也参与了资料整理、文字处理和校对工作。经过大家近十年的共同努力，今天终于可以付梓了。编纂这样的事，用市场的办法也能做，但绝不会做得像现在这么好。

家父，老陆，陆老师是一个极其注重名声的人，而在所有的名声里最真切的是身后哀荣。告别会上有你们，更难得的是，此刻为了《陆学艺全集》的顺利出版，还是你们。我和家姐谢谢你们，也谢谢为《陆学艺全集》作序的陈锡文、李培林、谢寿光三位家父的生前好友，中国社会科学文献出版社童根兴、谢蕊芬、裴钰以及群学出版分社参与《陆学艺全集》编纂的所有编辑，谢谢你们！

陆　雷

2022.6.4

图书在版编目(CIP)数据

陆学艺全集：全12卷 / 北京市陆学艺社会学发展基金会编. -- 北京：社会科学文献出版社，2023.5
ISBN 978-7-5228-0461-3

Ⅰ.①陆… Ⅱ.①北… Ⅲ.①三农问题-中国-文集
Ⅳ.①F32-53

中国版本图书馆CIP数据核字(2022)第135723号

陆学艺全集（全12卷）

编　　者 / 北京市陆学艺社会学发展基金会

出 版 人 / 王利民
责任编辑 / 谢蕊芬　李明锋　孙　瑜　李　薇　庄士龙
　　　　　孟宁宁　赵　娜　杨桂凤　胡庆英　孙海龙
责任印制 / 王京美

出　　版 / 社会科学文献出版社·群学出版分社（010）59367002
　　　　　地址：北京市北三环中路甲29号院华龙大厦　邮编：100029
　　　　　网址：www.ssap.com.cn
发　　行 / 社会科学文献出版社（010）59367028
印　　装 / 北京联兴盛业印刷股份有限公司

规　　格 / 开　本：787mm×1092mm　1/16
　　　　　印　张：374　插　页：7　字　数：6310千字
版　　次 / 2023年5月第1版　2023年5月第1次印刷
书　　号 / ISBN 978-7-5228-0461-3
定　　价 / 3480.00元（全12卷）

读者服务电话：4008918866